타입스크립트와
Next.js로 완성하는
웹 애플리케이션

타입스크립트와
Next.js로 완성하는
웹 애플리케이션

초판 1쇄 인쇄 2026년 1월 2일
초판 1쇄 발행 2026년 1월 12일

지은이 안귀정
펴낸이 한준희
펴낸곳 (주)아이콕스

책임편집 더태그
디자인 홍정현
영업 김남권, 조용훈, 문성빈
경영지원 김효선, 이정민

Education by Sympathy

주소 (14556) 경기도 부천시 조마루로 385번길 122 삼보테크노타워 2002호
홈페이지 www.icoxpublish.com
쇼핑몰 www.baek2.kr (백두도서쇼핑몰)
이메일 icoxpub@naver.com
전화 032-674-5685
팩스 032-676-5685
등록 2015년 7월 9일 제 386-251002015000034호
ISBN 979-11-6426-276-2 (13000)

※ 정가는 뒤표지에 있습니다.
※ 잘못된 책은 구입하신 서점에서 교환해 드립니다.
※ 본문 및 표지 이미지 출처 : 프리픽(https://www.freepik.com/)

처음 배우는 풀스택 웹 개발

타입스크립트와 NEXT.js 로 완성하는 웹 애플리케이션

with React+Node.js 실전 프론트&백엔드 프로젝트

안귀정 지음

프로그램 개발을 10년 넘게 해왔지만, 최근 몇 년간의 변화 속도는 그 이전의 모든 기간을 합친 것보다 더 빠르게 느껴집니다. 과거에는 새로운 프레임워크나 도구가 나와도 몇 년에 걸쳐 점진적으로 채택되었지만, 지금은 AI 에이전트가 등장하여 개발 방식 자체가 근본적으로 바뀌고 있으며, 이런 변화는 주 단위로 일어나고 있습니다.

AI 에이전트는 단순히 코드를 생성하는 것을 넘어서, 개발자의 의도를 이해하고 맥락에 맞는 해결책을 제시합니다. 이 변화는 개발자에게 새로운 기회이자 도전입니다. 더 이상 모든 문법을 외우거나 모든 API 문서를 암기할 필요가 없습니다. 대신 문제를 명확히 정의하고, AI에게 적절한 질문을 던지고, 생성된 코드를 이해하고 개선해 나아가는 능력이 중요해졌습니다.

심지어 이런 AI 에이전트들은 시간이 갈수록 더욱더 빠르게 업그레이드되고 있습니다. 대표적인 툴 중 하나인 Cursor IDE는 코드베이스 전체를 이해하고 맥락에 맞는 코드를 생성하며, 복잡한 리팩토링 작업도 수행합니다. Claude Code 역시 유명하죠. Claude Code는 Anthropic 社가 개발한 AI 코딩 어시스턴트로, 긴 컨텍스트를 활용하여 대규모 프로젝트의 구조를 이해하고 개선안을 제시합니다. 또한 최근에 발표한 구글의 Anti Gravity는 차세대 AI 코딩 도구로, 더욱 정확한 코드 생성과 자동화된 테스트 작성 능력을 보여주고 있고요. 특히 브라우저를 토큰화하여 직접 통합되는 것이 큰 장점입니다. 이는 AI가 웹 페이지의 구조와 상태를 직접 이해하고 조작할 수 있게 해주며, 프론트엔드 개발과 디버깅 작업을 더욱 효율적으로 만들어 줍니다.

이 책을 쓰는 중에도 새로운 AI 에이전트가 계속 출시되고 있으며, 각각의 성능과 기능이 이전 버전을 훨씬 뛰어넘는 수준으로 발전하고 있습니다. 불과 몇 달 전만 해도 상상하기 어려웠던 기능들이 이제는 일상적인 도구가 되었고, 앞으로도 이런 발전 속도는 더욱 가속화될 것입니다.

이제는 '완벽한 준비'보다, '우선 시작'하는 것이 더 중요합니다. 모든 개념을 먼저 익히고 나서 프로젝트를 시작하려고 하면, 기술은 이미 또 다른 버전으로 업데이트되어 있을 수 있죠. 대신 떠오른 아이디어를 바탕으로 작동을 먼저 구현하고, 필요할 때 AI의 도움을 받아 기능을 확장시켜 나가는 방식이 더 효과적입니다. Cursor와 같은 AI 도구를 활용하면, 복잡한 라이브러리 사용법을 물어보고 즉시 코드 예시를 받을 수도 있습니다. 새로운 프레임워크를 배울 때에도 구체적인 질문을 통해 빠르게 학습할 수 있습니다.

이런 변화 속에서도 가장 중요한 것은 도전에 대한 '자신감'입니다. 새로운 기술을 만났을 때 두려워하지 않고 시작할 수 있는 용기, 에러가 발생했을 때 포기하지 않고 해결해 나가는 끈기, 완벽하지 않아도 작동하는 것을 만들고 점진적으로 개선해 나가려는 태도가 필요합니다. 이 책은 바로 그런 자신감을 기르기 위한 실습 중심의 가이드입니다.

이 책에서는 웹 개발의 모든 개념을 다루지는 않습니다. 대신 실제로 동작하는 애플리케이션을 만들면서 필요한 개념을 익히도록 구성했습니다. 데이터를 수집하고, 저장하고, 사용자에게 보여주는 완전한 웹 애플리케이션을 단계별로 만들어 보면서, 각 단계에서 필요한 기술을 배웁니다. 처음에는 하드코딩된 데이터로 시작하지만, 점진적으로 실제 데이터베이스와 연결하고, 사용자와의 상호작용을 추가하면서 스타일링을 개선해 나갑니다. 이러한 접근 방식은 복잡한 개념을 한 번에 이해하려고 하기보다는, 작동하는 것을 먼저 만들고 그 다음에 개선해 나가는 실무 방식을 경험하게 해줍니다.

이렇게 실제로 동작하는 프로그램 위주로 작성한 이유는 AI 에이전트 시대에서는 무언가를 만들어 냈다는, 도전에 대한 자신감이 더 중요하기 때문입니다. 이론을 많이 아는 것보다, 실제로 작동하는 결과물을 만든 경험이 더 큰 자신감을 심어 줍니다. AI 도구가 모든 코드를 생성해 줄 수 있는 시대라도, 문제를 정의하고 해결책을 구상하고, 최종적으로 동작하는 프로그램을 완성해 본 경험은 누구도 대신해 줄 수 없습니다.

AI 시대의 개발은 빠르게 변하고 있습니다. 하지만 변하지 않는 것은 문제를 해결하는 사고 방식과, 도전에 대한 자신감입니다. 이 책이 여러분의 개발 여정에서 그런 기반을 마련하는 데 도움이 되기를 소망하며, 그 과정에서 끊임없는 경험과 학습을 통해 실력을 키워 진정한 개발자로 거듭나시기를 기원합니다.

02 내 웹 사이트에 데이터를 추가해 보자

03 데이터 시각화

소스코드 저장소
https://github.com/kj-ahn-n/web-book-source-code

01

개발?
먼저 시작해 보자

프로젝트 개요 및 목표

많은 사람들이 프로그래밍을 처음 배울 때, 보통은 이론이나 개념을 먼저 체계적으로 공부하는 방식을 떠올립니다. 실제로 이런 방식은 오랜 기간 검증된 효과적인 학습 방법이죠.

하지만 필자의 경험상, 프로그래밍을 배울 때 처음부터 복잡한 개념을 이해하려고 시도하는 것은 학습의 흥미를 떨어뜨리고 장기적으로는 오히려 더 어렵게 느껴질 수 있습니다. 프로그래밍을 처음 배울 때 이론을 먼저 배우기보다 미숙하더라도 기초적인 내용부터 실제로 코딩을 진행하면서 작으나마 그 결과를 확인하는 식으로 진행해 보면 의외로 흥미를 유지하기에도 쉽고, 자연스럽게 필요한 개념을 이해하기에도 좋죠.

'이런 기능이 있으면 좋겠는데?' 또는 '이 기능을 만들려면 어떻게 해야 할까?' 이러한 질문들과 동기가 학습 속도를 높이는 촉매라고 생각합니다. 예를 들어 자전거 타기를 배울 때 우선 이론으로 무게 중심을 잡는 방법을 배우기보다, 얼마 안 가 넘어지더라도 직접 타보며 시작하는 것이 효과적인 것과 비슷한 원리이죠. 프로그래밍도 직접 하나씩 필요한 기능을 구현해 보고, 오류를 경험하며 이를 해결하는 과정을 거치게 되면 이론을 더욱 깊이 이해하고 기억할 수 있습니다.

또 최근에는 생성형 AI 기술의 발전 덕분에 프로그래밍 역시 더욱 편리하고 쉬워졌습니다. 자연어만으로도 간단한 프로그램을 AI가 대신 만들어 주는 것이 가능해졌고, 복잡한 코드 작성이나 오류 해결 또한 AI의 도움을 받을 수 있는 시대가 된 것입니다.

이러한 흐름 속에서 최근 주목받는 개념이 바로 **바이브 코딩(Vibe Coding)**입니다. '바이브 코딩'은 전통적인 방식처럼 완벽한 설계나 깊은 이론부터 시작하는 것이 아니라, 마치 음악을 즐기듯 직관적이고 창의적인 방식으로 프로그래밍에 접근하는 방법론이죠. 코드의 구조나 완벽한 기능 구현보다는 빠르게 아이디어를 실현하고, 결과물을 즉각적으로 확인하며 직관적으로 개발해 나아가는 방식이죠.

기존 개발

바이브 코딩

바이브 코딩의 특징을 간략히 정리하면 다음과 같습니다.

01 자연어 입력 : 사용자가 원하는 기능이나 프로그램의 동작을 자연어로 설명합니다.

02 AI 코드 생성 : AI는 입력된 설명을 바탕으로 코드를 생성합니다.

03 검토 및 수정 : 개발자는 생성된 코드를 검토하고, 필요한 경우 수정을 요청하거나 직접 수정합니다.

04 테스트 및 반복 : 생성된 코드를 테스트하고, 원하는 결과가 나올 때까지 반복합니다.

바이브 코딩 시대에는 완벽한 문법이나 세부적인 기술 지식이 아니라, 아이디어를 빠르게 구현하고, 반복적으로 개선할 수 있는 '실행력'과 '창의성'이 점차 중요한 역량이 될 것입니다. 이러한 환경에서는 AI와의 협업이 필수적이며, AI가 코드의 정확성이나 세부 구현을 도와주면 개발자는 창의적인 문제 해결과 아이디어 도출에 더욱 집중할 수 있겠죠.

이러한 바이브 코딩 시대에, 프로그래밍은 더 이상 전문가의 영역이 아닌 누구나 쉽게 접근할 수 있는 도구가 되어가고 있습니다. 하지만 그렇다고 해서 코딩의 중요성이 줄어들었다고 볼 수는 없습니다. 오히려 코딩의 역할이 변화했다고 봐야 할 것입니다.

AI가 코드를 생성해 줄 수는 있지만, 완벽하게 사용자의 의도를 파악하고 최적화된 코드를 만들어 내는 것은 아닙니다. AI가 생성한 코드는 기본적인 기능은 수행할 수 있지만, 사용자의 특정 요구 사항이나 세밀한 조정이 필요한 부분에서는 다소 부족할 수 있습니다. 이때, 코드를 이해하고 직접 수정할 수 있는 능력은 매우 중요하겠죠.

특히, 디테일한 부분을 직접 수정하는 것은 다음 이유들로 더 중요해질 가능성이 높습니다.

- **맞춤형 기능 구현** : AI가 생성한 코드를 기반으로, 특정 기능이나 동작 방식을 사용자의 필요에 맞게 조정할 수 있습니다. 예를 들어, AI가 만든 웹 페이지의 디자인을 미세하게 변경하거나, 특정 버튼의 동작을 사용자가 원하는 방식으로 바꾸는 것은 직접 코드를 수정할 수 있어야만 가능합니다.
- **성능 최적화** : AI가 생성한 코드는 최적화되지 않았을 수 있습니다. 이때 불필요한 코드를 제거하거나, 알고리즘을 개선하여 프로그램의 실행 속도를 높이는 것은 전적으로 개발자의 몫입니다. 직접 코드를 수정하여 성능을 최적화하면, 그만큼 사용자 경험을 향상시키고 자원 낭비를 줄일 수 있겠죠.
- **오류 해결 및 디버깅** : AI가 생성한 코드에 오류가 있을 경우, 오류의 원인을 파악하고 수정하는 것은 개발자의 중요한 역할입니다. 코드를 이해하고 디버깅할 수 있는 능력은 프로그램의 안정성을 확보하는 데 필수적입니다.
- **창의적인 문제 해결** : 널리 알려진 바와 같이, AI는 이미 존재하는 패턴이나 지식을 바탕으로 코드를 생성합니다. 하지만 새로운 아이디어를 구현하거나, 복잡하고 독창적인 문제를 해결하기 위해서는 개발자의 창의적인 사고와 코딩 능력이 필수적입니다.

이렇듯 바이브 코딩 시대에는 AI를 '도구'로 활용하여 모두가 코딩 생산성을 높일 수 있습니다. 간단한 프로토타입 개발 정도는 코딩을 전혀 몰라도 가능할 수 있을 정도죠. 그렇지만 역설적으로 코드를 수정/보완하는 개발자 본연의 능력은 여전히 중요할 것으로 예상합니다. 모두가 AI를 활용해서 개발을 할 수 있게 된다면, 결국 개인화된 아이덴티티가 차별화 요소가 될 것이기 때문입니다.

이 책은 위에서 설명한 취지를 최대한 살려 실제 프로젝트를 통해 웹 개발의 핵심 개념과 기술을 쉽게 익히도록 설계되었습니다. 책을 따라가면서 간단한 웹 사이트를 만들고, 백엔드 서버에서 데이터를 수집하여 프론트엔드 화면으로 표현하는 경험을 직접 진행하게 될 것입니다.

그 과정에서 우리는 개발에 필요한 핵심 개념들을 자연스럽게 익히는 것이 목표입니다. 이 책의 궁극적인 목표는 개발 과정을 스스로 경험하면서 얻은 자신감을 바탕으로, 다른 개발 프로젝트 역시 자신 있게 도전할 수 있도록 돕는 데에 있습니다.

개발도 실행부터

프로그래밍을 시작하려면 복잡한 개발 환경을 구축해야 한다는 선입견이 있습니다. 하지만 최근 클라우드 기반의 개발 환경이 보편화되면서, 언제 어디서나 쉽게 개발을 시작할 수 있게 되었죠. 이 책에서는 **GitHub(깃허브)**와 클라우드 **IDE(Integrated Development Environment, 통합 개발 환경)**를 활용하여 최소한의 준비로 바로 프로그래밍을 시작하는 방법을 소개합니다.

먼저, 각자의 'GitHub' 계정을 생성하고 이 책에서 사용할 프로젝트를 여러분의 계정으로 '클론(복제)'합니다. 직접 활용하지 않는 이들조차 꽤 익숙하실 GitHub는 코드 관리 및 협업을 위한 필수 플랫폼으로, 전 세계 수백만 명의 개발자가 소스 코드를 공유하고 함께 작업할 수 있도록 지원하는 서비스입니다.

GitHub를 사용하면 소스 코드의 변경 사항을 쉽게 관리할 수 있고, 다른 사람과의 협업도 간편해집니다. 오픈 소스 프로젝트뿐 아니라 개인 프로젝트 관리에서도 매우 유용한 도구죠.

○ ○ ○ GitHub와 Git

Git은 소프트웨어 개발에서 소스 코드의 버전을 관리하는 도구입니다. 개발자가 코드를 작성하고 수정할 때마다 그 변경 사항을 추적하여 필요할 경우 이전 버전으로 되돌릴 수 있게 해줍니다.

Git의 버전 관리는 다음과 같은 이유로 소프트웨어 개발에서 매우 중요합니다.

- **변경 이력 추적 :** 모든 코드의 변경 사항이 누가, 언제, 왜 변경했는지 기록되어 프로젝트의 진화 과정을 명확히 파악할 수 있습니다.
- **실수 방지 :** 실수로 코드를 삭제하거나 잘못 수정했을 때 이전 버전으로 쉽게 되돌릴 수 있어 안전하게 작업할 수 있습니다.

- **병렬 개발 지원 :** 여러 개발자가 동시에 다른 기능을 개발하거나 버그를 수정할 때 코드 충돌을 효과 적으로 관리할 수 있습니다.
- **실험적 개발 가능 :** 새로운 기능을 개발하거나 시도해 보고 싶을 때 브랜치를 만들어 안전하게 테스 트해 볼 수 있습니다.
- **코드 리뷰 용이 :** 변경된 코드를 명확하게 확인하고 리뷰할 수 있어 코드의 품질을 향상시킬 수 있습 니다.

Git은 주로 개발자의 컴퓨터에서 로컬로 동작하지만, GitHub와 같은 원격 저장소와 연동하여 더 강력 한 협업이 가능해집니다.

GitHub는 Git을 기반으로 한 웹 서비스로서, Git의 모든 기능을 클라우드에서 사용할 수 있게 해주며 여기에 추가적인 협업 기능을 제공합니다. 개발자들이 코드를 공유하고 함께 작업하며, 프로젝트를 관 리할 수 있는 온라인 플랫폼이죠. 따라서 간단히 비교하여 정리하면 다음과 같습니다.

- **Git :** 개인 컴퓨터에서 작동하는 버전 관리 시스템
- **GitHub :** Git을 온라인으로 확장한 협업 플랫폼으로, 코드 저장소(Repository)를 인터넷에 호스팅하 고 여러 사람이 함께 작업할 수 있게 해줍니다.

이렇듯 GitHub는 Git의 기능을 더 쉽게 사용할 수 있게 해주는 동시에, 이슈 트래킹, 코드 리뷰, 프로젝 트 관리 등 다양한 협업 도구를 제공합니다.

그럼 우리는 우선 GitHub 서비스 가입 방법과 함께 클론하는 방법을 간단히 익힌 후, 첫 코드를 클라우드 IDE 상에서 실행해 보겠습니다. 이 책에서는 GitHub의 클라우드 기반 개발 환경인 '코 드스페이스(Codespaces)'를 활용할 텐데, 이렇게 코드스페이스를 사용하면 별도의 소프트웨어 설치 없이 브라우저만으로 바로 프로그래밍을 시작할 수 있습니다.

실제로 프로젝트를 열고 간단한 웹 페이지를 만드는 과정과 경험을 통하여 개발에 대한 자신감도 얻게 될 것입니다. 그럼 먼저 GitHub 가입을 진행해 보겠습니다.

프로젝트를 시작하기 위해서는 먼저 GitHub 서비스에 가입해야 합니다. 만약 이미 가입되어 있다면 건너뛰어 주세요. 가입을 위해선 다음 링크를 방문합니다.

→ https://GitHub.com/signup

GitHub는 이메일을 통해 가입할 수 있습니다. 그림과 같이 사용하는 이메일과 비밀번호, 그리고 사용할 이름을 Username에 입력해 가입해 주세요. 가입은 일반적인 웹 서비스와 비슷합니다. 가입 후 이메일 인증이 필요하니 사용할 수 있는 이메일로 가입해 주세요.

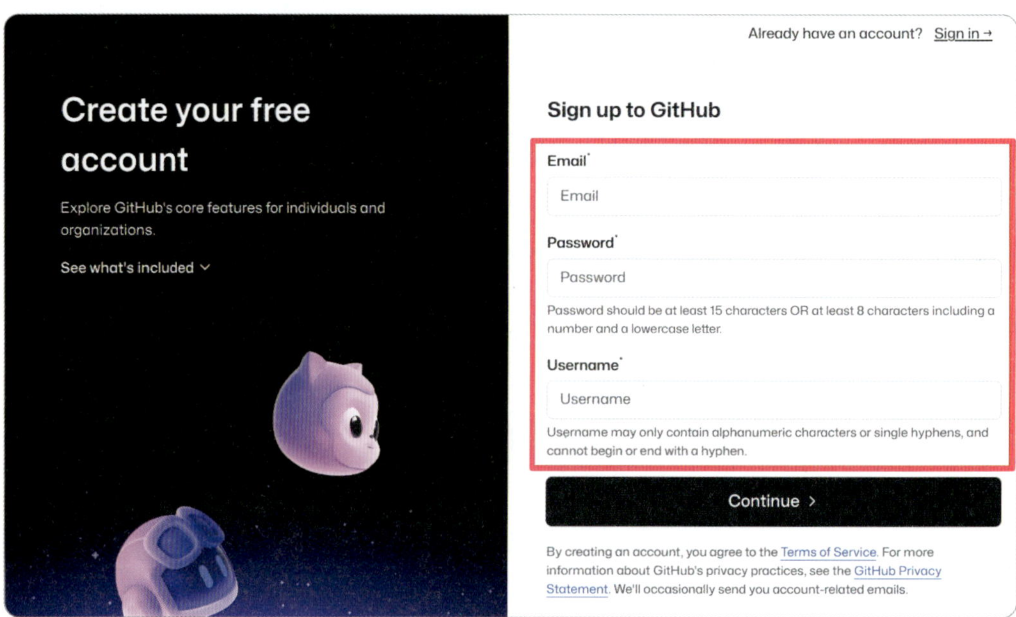

이제 이메일로 온 인증 번호를 다음과 같은 인증란에 적으면 가입이 완료됩니다.

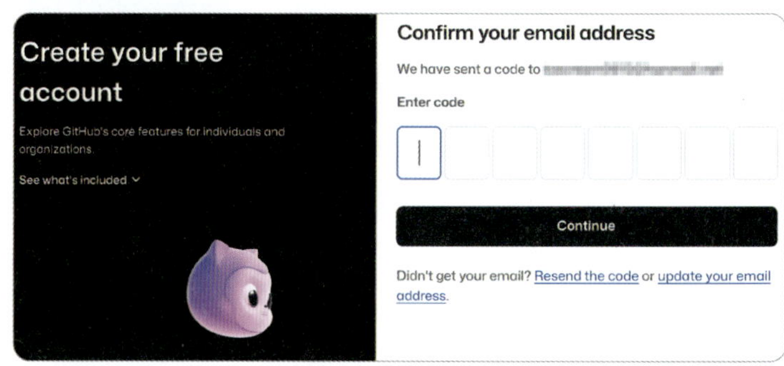

가입이 완료되면 가입한 이메일과 비밀번호로 로그인하면 됩니다. 로그인하면 다음과 같은 초기 페이지를 볼 수 있죠.

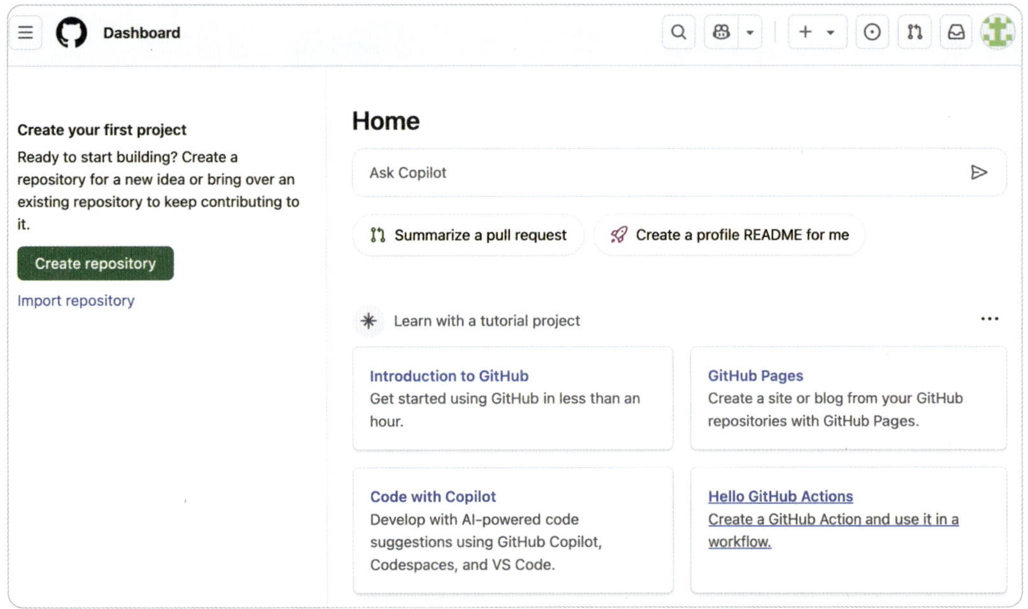

가입을 축하드립니다! 이제 여러분의 개발 여정이 본격적으로 시작됩니다. GitHub는 단순한 코드 저장소를 넘어 전 세계 개발자들과 소통하고 협업할 수 있는 최고의 플랫폼입니다. 함께 멋진 개발 여정을 시작해 봅시다.

1.2.2   GitHub 소스 코드 FORK

GitHub에 가입이 완료되었다면 다음 링크에 접속해 주세요. 이번 챕터에서 사용할 코드가 있는 저장소의 링크입니다.

→ https://GitHub.com/kj-ahn-n/nextjs-boilerplate

링크에 접속하면 다음 화면을 볼 수 있습니다.

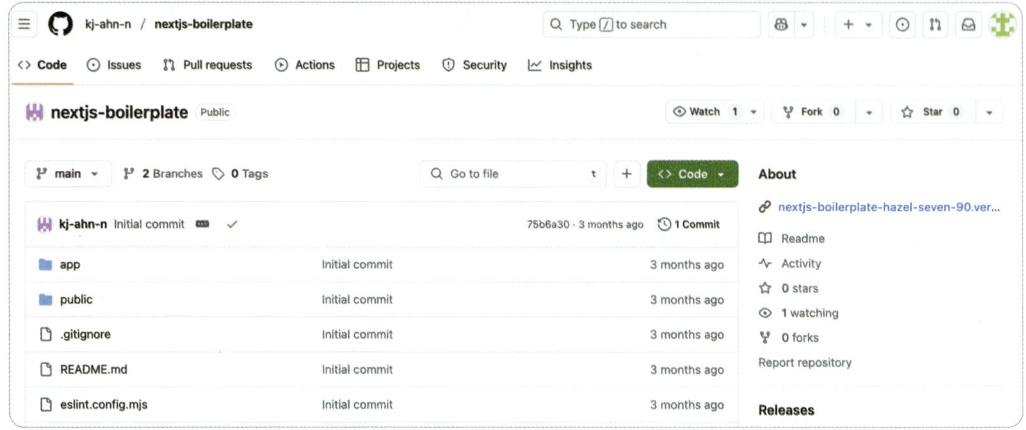

GitHub에는 수많은 소스 코드의 저장소가 존재합니다. 지금 보이는 화면은 이번 챕터에서 사용할 소스 코드의 저장소인데요. 상단의 [Fork] 버튼을 확인해 주세요.

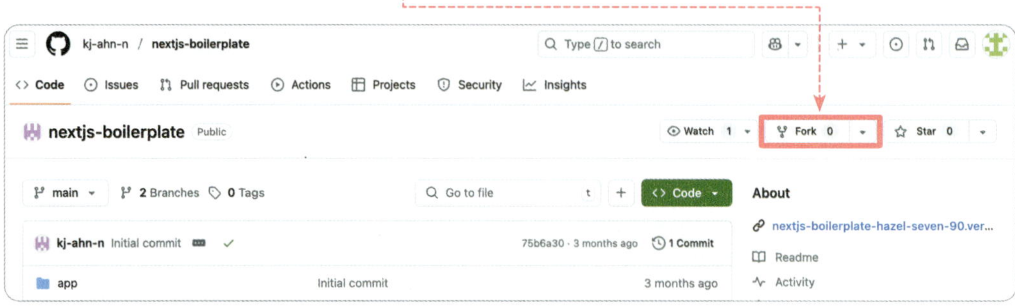

○ ○ ○ GitHub의 저장소(Repository)와 포크(Fork)

깃허브 저장소(Repository)는 프로젝트의 모든 파일과 변경 이력을 저장하는 공간입니다. 또한 **포크 (Fork)**란 다른 사람의 저장소를 내 GitHub 계정으로 복사하는 기능을 의미합니다. '포크'의 주요 특징 은 다음과 같습니다.

- 원본 저장소의 모든 파일과 변경 이력이 내 계정으로 복사됩니다. 내 계정에 복사된 저장소는 원본과 독립적으로 관리됩니다.
- 원본 저장소에는 어떤 영향도 주지 않습니다.
- 내 저장소에서 자유롭게 코드를 수정하고 실험할 수 있습니다. 필요시 원본 저장소의 소유자에게 내 변경 사항을 제안할 수 있습니다.

이렇게 하면 원본 프로젝트를 방해하지 않으면서 자유롭게 코드를 사용하고 배울 수 있습니다.

그림과 같이 [Fork] 버튼을 클릭하면 다음과 같은 화면이 나타납니다. 기본 설정 그대로 하단의 [Create fork] 버튼을 클릭해 주세요.

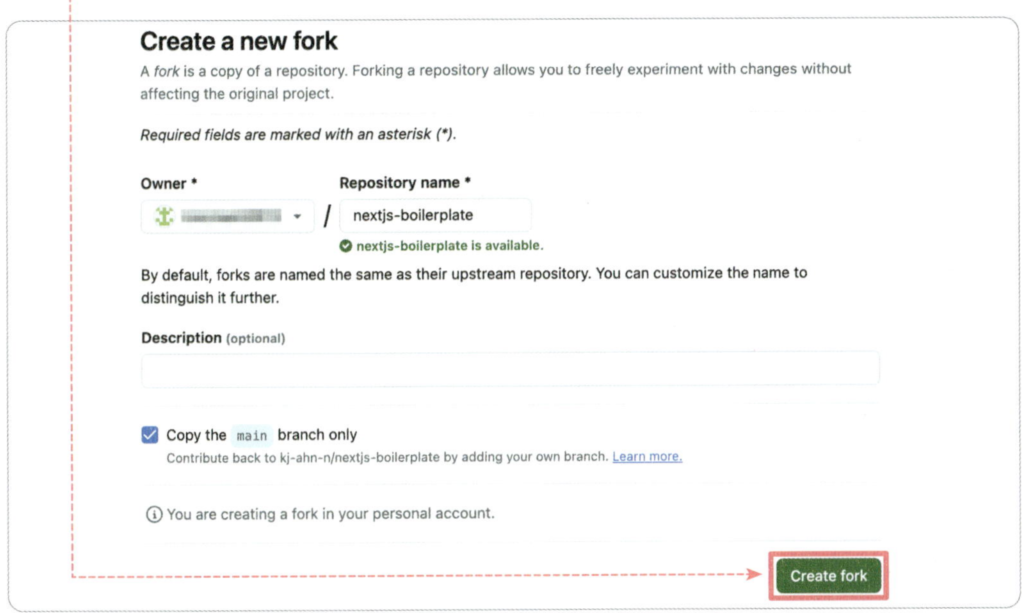

잠시 후 독자 여러분의 계정으로 프로젝트가 복제됩니다. 이제 이 프로젝트를 소유하게 되었으므로, 자유롭게 수정하고 실험해도 원본 프로젝트에는 영향을 주지 않죠. 마음껏 수정하면서 개발해 보세요!

1.2.3 코드스페이스에서 프로그램 실행하기 ○○○

이제 복제한 프로젝트를 실행해 보죠. GitHub는 **코드스페이스(Codespaces)**라는 클라우드 기반 개발 환경을 제공합니다. 이를 통해 별도의 프로그램 설치 없이 브라우저에서 바로 코딩을 시작할 수 있습니다.

○○○ 깃허브 코드스페이스(GitHub Codespaces)

코드스페이스는 클라우드 기반의 개발 환경으로, 다음과 같은 특징을 가지고 있습니다:

01 별도 설치 없이 사용 가능

- 로컬 컴퓨터에 개발 도구를 설치할 필요 없이 웹 브라우저만으로 개발을 시작할 수 있습니다.
- VS Code와 동일한 개발 경험을 제공합니다.

02 어디서나 접근 가능

- 인터넷만 연결되어 있다면 어떤 기기에서든 개발 환경에 접속할 수 있습니다.
- 작업 내역이 자동으로 저장되어 언제든지 이어서 작업할 수 있습니다.

03 사전 구성된 개발 환경

- 필요한 개발 도구와 의존성이 이미 설치되어 있어 바로 코딩을 시작할 수 있습니다.
- 프로젝트별로 다른 개발 환경을 쉽게 구성하고 전환할 수 있습니다.

04 강력한 컴퓨팅 자원

- 로컬 컴퓨터의 성능에 구애받지 않고 클라우드의 강력한 컴퓨팅 자원을 활용할 수 있습니다.
- 대용량 프로젝트도 원활하게 처리할 수 있습니다.

05 통합된 개발 경험

- GitHub 저장소와 완벽하게 통합되어 코드 관리가 용이합니다.
- Pull Request, Issues 등 GitHub의 모든 기능을 개발 환경에서 바로 활용할 수 있습니다.

이 책에서는 이렇게 편리한 GitHub Codespaces를 활용하여 별도의 개발 환경 구축 없이 바로 코딩을 시작할 수 있도록 안내합니다.

복제한 저장소 페이지에서 초록색 [< > Code] 버튼을 클릭하고, [Codespaces] 탭을 선택한 다음 [+] 버튼을 클릭해 새 코드스페이스를 생성합니다.

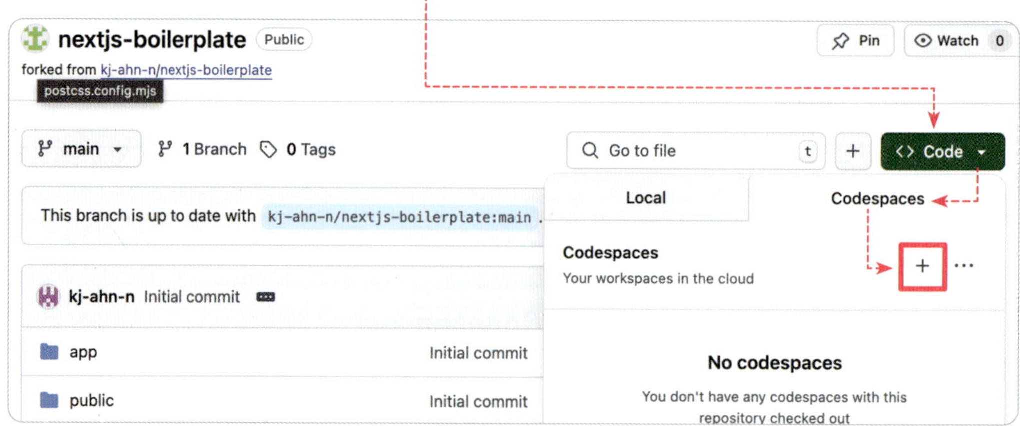

코드스페이스가 생성되는 동안 잠시 기다려 주세요. 처음 생성할 때에는 몇 분 정도 소요될 수 있습니다. 코드스페이스가 준비되면 'Visual Studio Code'와 유사한 인터페이스가 브라우저에 나타납니다. 여기까지 진행하면 클라우드 개발 환경 준비의 절반은 이미 마쳤다고 볼 수 있습니다.

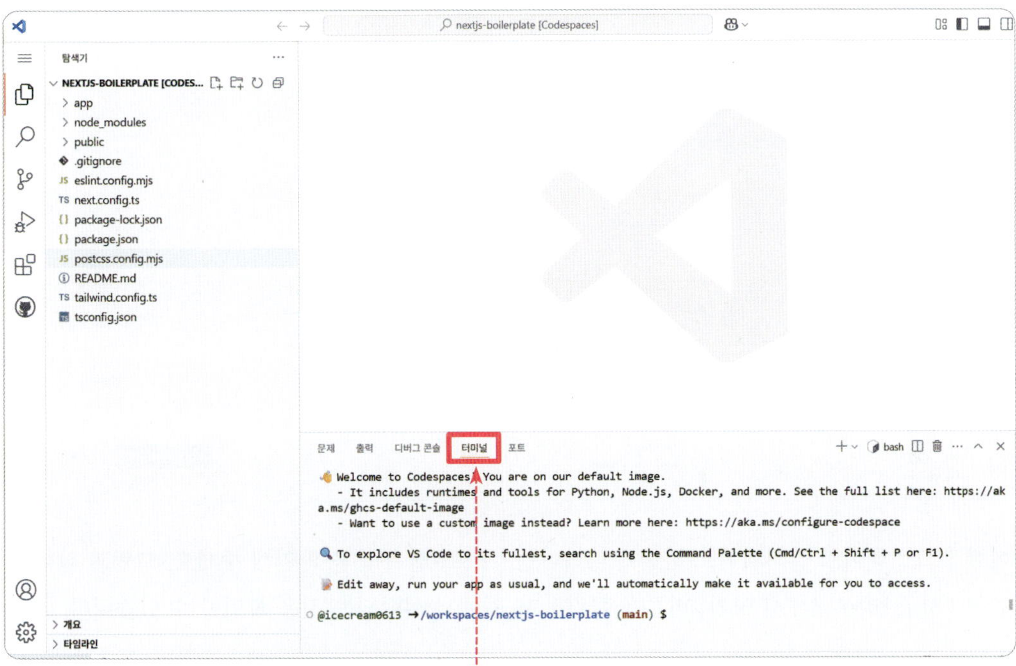

앞서 여러 번 언급했듯이 실행을 먼저 해보겠습니다. 코드 스페이스 하단의 터미널에 커서를 클릭하고, 다음 명령을 입력합니다.

```
npm install
```

설치가 완료되면 다음 명령어로 개발 서버를 실행합니다.

```
npm run dev
```

서버가 성공적으로 실행되면 다음과 같은 화면이 나타납니다.

이제 코드스페이스 인터페이스 하단에 나타나는 [포트] 탭 부분을 확인해 주세요. 그림과 같이 팝업창에서 [브라우저에서 열기] 버튼을 클릭하면, 웹에서 실행되는 것을 확인할 수 있습니다.

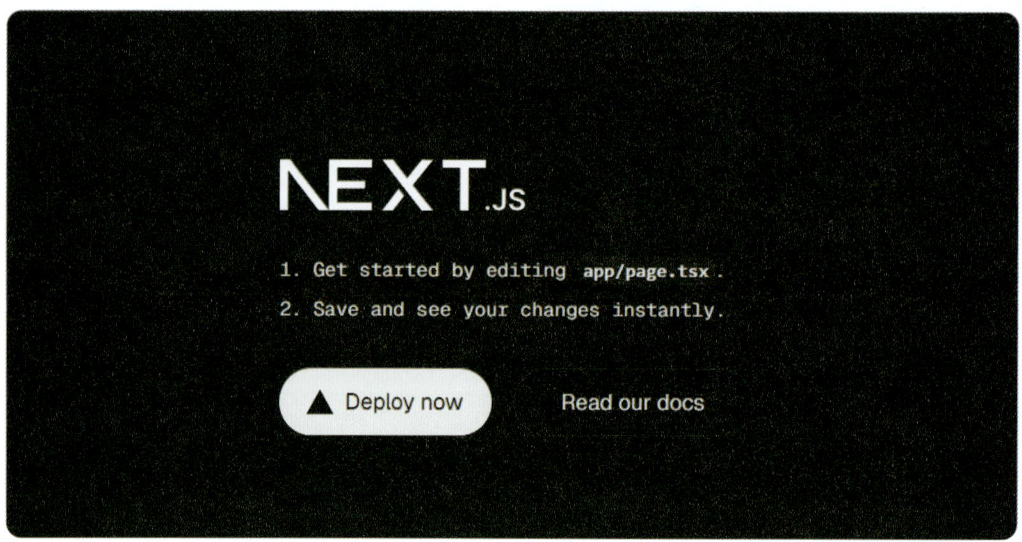

클라우드 환경에서 첫 웹 애플리케이션을 실행했습니다. 이 과정에서 로컬 컴퓨터에 어떤 개발 도구도 설치하지 않았다는 점에 주목해 주세요. 이제 코드를 수정하면서 개발을 즐길 일만 남았습니다.

○○○ **GitHub Codespace는 무료일까요?**

GitHub Codespace는 각각 무료와 유료 플랜이 있습니다.

- **무료 플랜** : GitHub Free 사용자에게는 매월 120코어 시간(예 2코어 머신으로 60시간)이 제공됩니다. 이는 개인 계정에서 사용할 수 있으며, 공개 저장소에서는 제한 없이 사용 가능합니다.
- **프로/팀 플랜** : 더 많은 리소스와 긴 타임아웃이 필요한 경우 유료 플랜을 선택할 수 있습니다. 월 180코어 시간이 포함된 스토리지와 함께 제공됩니다.
- **기업 플랜** : 대규모 팀이나 기업을 위한 전용 리소스와 고급 보안 기능을 제공합니다. 자세한 요금 정보는 GitHub Codespace 요금제 페이지에서 확인할 수 있습니다.

무료 플랜으로도 꽤 많은 시간을 제공하므로, 이 책의 예제를 실행하는 데에는 충분할 것이라 생각합니다. 그렇다고 해도 혹시 시간이 부족할까 봐 걱정하는 독자 분도 계시겠죠. 하지만 걱정하지 마세요. 뒤에 로컬 환경에서 개발 환경을 구축하는 방법 역시 소개하도록 하겠습니다.

1.2.4 { 코드스페이스 레이아웃 및 주요 기능 ○○○ }

GitHub Codespaces의 인터페이스는 크게 5개의 주요 영역으로 구성되어 있습니다. 각 영역의 기능을 익히면 더 효율적으로 개발할 수 있죠. 또한 코드스페이스를 유료 플랜으로 사용 중이라면, 당연하게도 사용 하지 않을 때는 종료하는 것이 좋습니다. 코드스페이스를 종료하고 다시 시작하는 방법 등 기초 적인 사용법을 먼저 익혀 보겠습니다.

01 왼쪽 사이드바(활동 바)

- **탐색기(Explorer, `Ctrl`+`Shift`+`E`)** : 프로젝트의 파일 구조를 탐색할 수 있습니다.
- **검색(Search, `Ctrl`+`Shift`+`F`)** : 프로젝트 전체에서 코드를 검색하고 바꿀 수 있습니다.
- **소스 제어(Source Control, `Ctrl`+`Shift`+`G`)** : Git 명령을 실행하고 변경 사항을 관리합니다.
- **실행 및 디버그(Run and Debug, `Ctrl`+`Shift`+`D`)** : 애플리케이션을 실행하거나 디버깅할 수 있습니다.

- **확장 프로그램(Extensions, `Ctrl`+`Shift`+`X`)** : 필요한 확장 프로그램을 설치하고 관리합니다.
- **GitHub** : GitHub와의 연동 기능을 제공합니다.
- **포트(Ports)** : 실행 중인 애플리케이션의 포트를 관리합니다.

02 에디터 영역

- **탭 뷰** : 여러 파일을 탭으로 열어서 작업할 수 있습니다.
- **편집기 그룹** : 파일을 나란히 열어 비교하거나 참조할 수 있습니다.
- **미니맵** : 오른쪽에 파일의 전체 구조를 미니맵으로 확인할 수 있습니다.

03 패널 (하단 영역, Ctrl+J로 토글)

- **터미널(Terminal, `Ctrl`+`` ` ``)** : 명령어를 실행할 수 있는 터미널 창입니다.
- **문제(Problems, `Ctrl`+`Shift`+`M`)** : 코드의 오류나 경고를 확인할 수 있습니다.
- **출력(Output)** : 빌드 결과나 디버그 출력을 확인할 수 있습니다.
- **디버그 콘솔(Debug Console)** : 디버깅 시 변수 값을 확인하거나 코드를 실행할 수 있습니다.
- **터미널 분할** : [+] 버튼을 클릭하거나 단축키(`Ctrl`+`Shift`+`5`)로 터미널을 분할할 수 있습니다.

04 상태 표시줄(하단)

- **분기 표시** : 현재 Git 브랜치를 보여주며 클릭하여 브랜치 간 전환이 가능합니다.
- **동기화 상태** : 원격 저장소와의 동기화 상태를 보여줍니다.
- **문제 수** : 코드 내 오류와 경고의 수를 표시합니다.
- **포트 상태** : 실행 중인 애플리케이션의 포트를 보여줍니다.
- **Codespace 정보** : 현재 사용 중인 머신 사양을 보여줍니다.

05 상단 메뉴 바

- **파일(File)** : 파일 및 창 관리, 환경 설정 등
- **편집(Edit)** : 실행 취소, 찾기, 코드 서식 등 편집 관련 기능
- **보기(View)** : 인터페이스 레이아웃 제어
- **실행(Run)** : 디버깅 및 실행 관련 기능
- **터미널(Terminal)** : 터미널 관련 기능
- **도움말(Help)** : 도움말 및 정보

 주요 단축키

- `Ctrl` + `P` : 파일 빠르게 열기
- `Ctrl` + `Shift` + `P` : 명령 팔레트 열기 (모든 기능 검색)
- `F5` : 디버깅 시작
- `Ctrl` + `S` : 파일 저장
- `Ctrl` + `F` : 파일 내 검색
- `Ctrl` + `Shift` + `F` : 전체 프로젝트 검색
- `Ctrl` + `B` : 사이드바 토글
- `Ctrl` + `` ` `` (백틱) : 터미널 토글

이러한 레이아웃과 기능들을 활용하면 웹 개발을 더 효율적으로 진행할 수 있습니다. 필요에 따라 각 패널의 크기를 조정하거나, 드래그 앤 드롭으로 위치를 변경할 수도 있습니다. 코드 스페이스를 중지하고 싶다면 다음 그림과 같이 [Stop codespace] 버튼을 클릭하면 됩니다.

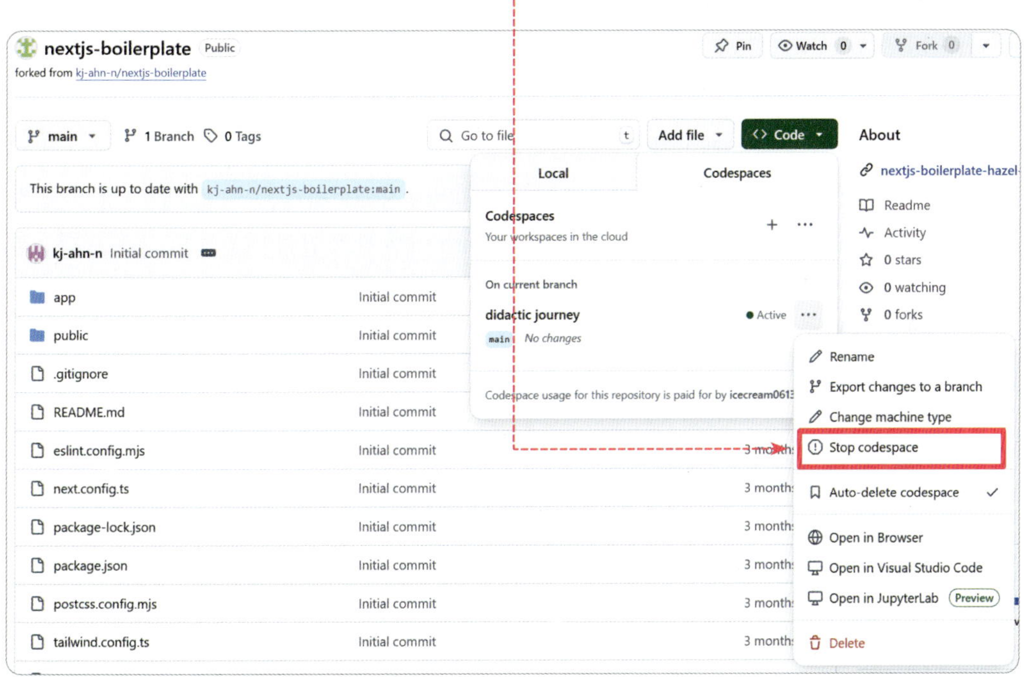

화면에 Hello, World 표현하기

이제 코드를 직접 수정하여 웹 페이지에 "Hello, World!"를 표시해 보겠습니다. 이를 통해 코드의 수정과 실행 과정을 경험할 수 있죠. 눈치 빠르신 독자분은 이미 실행된 화면에서 힌트를 찾으셨을 텐데요. 실행된 화면을 보면 영어로 "Get started by editing app/page.tsx"라고 쓰여 있죠. 한글로 번역하면 "app/page.tsx 파일을 수정해서 시작하라"는 뜻이죠.

왼쪽의 파일 탐색기에서 [app] 폴더를 찾아 그 안의 page.tsx 파일을 엽니다.

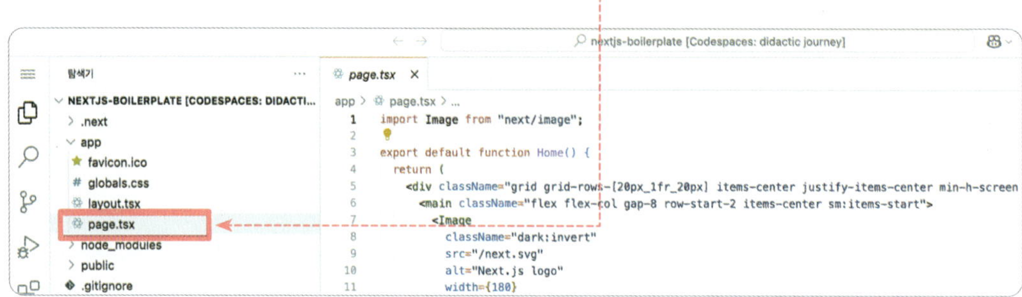

이 파일이 웹 사이트의 메인 페이지를 담당합니다. 페이지를 열면 생각보다 코드가 많아 보일 수 있습니다. 하지만 너무 걱정하지 마세요. 이 책을 읽으면서 자연스럽게 어떤 코드인지 알게 될 것입니다. 우선 코드를 수정해 보죠. 먼저 코드에서 return 이후 괄호 안의 내용을 다 지우고 다음과 같이 변경해 주세요

```tsx
import Image from "next/image";
export default function Home() {
  return (
    <div className="flex min-h-screen justify-center items-center">
      <h1>Hello,World!</h1>
    </div>
  );
}
```

파일을 저장(Ctrl + S 또는 Cmd + S)하면 개발 서버가 자동으로 변경 사항을 감지하고 웹 페이지를 업데이트합니다. [브라우저] 탭으로 돌아가 페이지를 새로고침(저장하면 보통 자동으로 새로고침됩니다.) 하게 되면 변경된 내용을 확인할 수 있습니다.

Hello, World!

축하합니다! 첫 코드 수정과 함께 웹 개발을 시작했습니다. 한 번 더 코드를 수정해 볼까요? 이제 이 문구를 자신만의 메시지로 바꿔 보겠습니다.

예를 들어, 다음과 같이 변경해 보세요.

```jsx
import Image from "next/image";
export default function Home() {
  return (
    <div className="flex min-h-screen justify-center items-center">
      <h1>안녕하세요. 프로그래밍의 세계로 오신 것을 환영합니다!</h1>
    </div>
  );
}
```

이제 파일을 저장(Ctrl + S 또는 Cmd + S)한 후 다시 [브라우저] 탭으로 돌아가 페이지를 새로고침 해 보면 변경된 내용을 확인할 수 있습니다.

지금까지 코드를 수정하고 저장하여 결과를 확인하는 과정을 간략히 반복해 봤습니다. 이 과정이 바로 웹 개발의 기본 과정이며, 요약하면 다음과 같습니다.

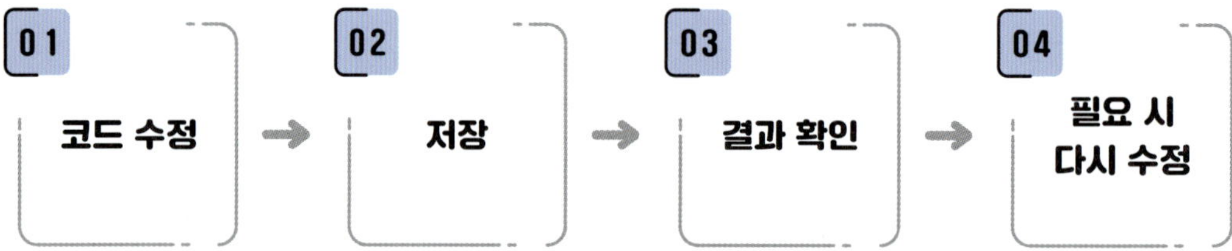

이번 실습은 매우 간단했지만 웹 개발의 가장 기본이 되는 과정을 경험할 수 있었습니다. 이 간단한 과정을 반복하면서 점점 더 복잡하고 기능이 풍부한 웹 애플리케이션을 만들어 갈 수 있습니다. 시작이 반이라죠? 즐거운 마음으로 다음 영역으로 이어가 주세요.

앞서 우리는 클라우드 개발 환경에서 웹 사이트를 만들고 실행해 보았습니다. 이렇게 GitHub 코드스페이스를 사용할 경우에도 외부에서 접근은 가능하지만, '클라우드 서비스'의 특성 상 당연하게도 이는 '코드스페이스 개발 환경이 실행 중일 때에만 임시로' 접근할 수 있는 것입니다. 이제 특정 개발 환경의 실행 여부와 관계없이, 언제든 누구나 접근할 수 있도록 사이트를 인터넷에 배포해 보겠습니다.

이 책에서는 웹 사이트 배포를 위해 **Vercel**을 사용할 것입니다. 'Vercel'은 Next.js를 개발한 회사가 제공하는 호스팅 플랫폼으로, 웹 애플리케이션을 쉽고 빠르게 배포할 수 있도록 도와줍니다. GitHub 계정이 있다면 무료로 사용할 수 있으므로 이를 활용해 우리의 웹 사이트를 배포해 보겠습니다.

○ ○ ○ Vercel이란?

'Vercel'은 Next.js를 개발한 회사에서 제공하는 클라우드 플랫폼으로, 정적 웹 사이트와 서버리스 함수를 쉽고 빠르게 배포할 수 있도록 도와줍니다. 개발자들이 가장 많이 사용하는 무료 호스팅 서비스 중 하나입니다.

Vercel의 주요 특징

- **무료 사용** : 개인 프로젝트는 무료로 사용 가능
- **GitHub 연동** : GitHub 저장소와 자동으로 연결되어 코드 변경 시 자동 배포
- **빠른 성능** : 전 세계 CDN(Content Delivery Network)을 통한 빠른 로딩 속도
- **간편한 배포** : 복잡한 설정 없이 몇 번의 클릭만으로 배포 완료
- **HTTPS 자동 적용** : 보안 인증서가 자동으로 적용되어 안전한 웹 사이트 제공

그럼 먼저 Vercel 사용을 위한 가입부터 진행하겠습니다.

1.3.1 { Vercel 가입

Vercel에 배포하기 위해서는 먼저 해당 서비스에 가입해야 합니다. 이미 가입되어 있는 독자분은
이번 '가입' 영역을 건너뛰어 주세요. 다음 URL에 접속해서 회원 가입을 진행합니다.

→ https://vercel.com/signup

다음과 같이 초기 화면에서 개인적인 무료 사용을 위
해 'Hobby'를 선택하고 이름을 입력한 후 [Continue]
버튼을 클릭합니다.

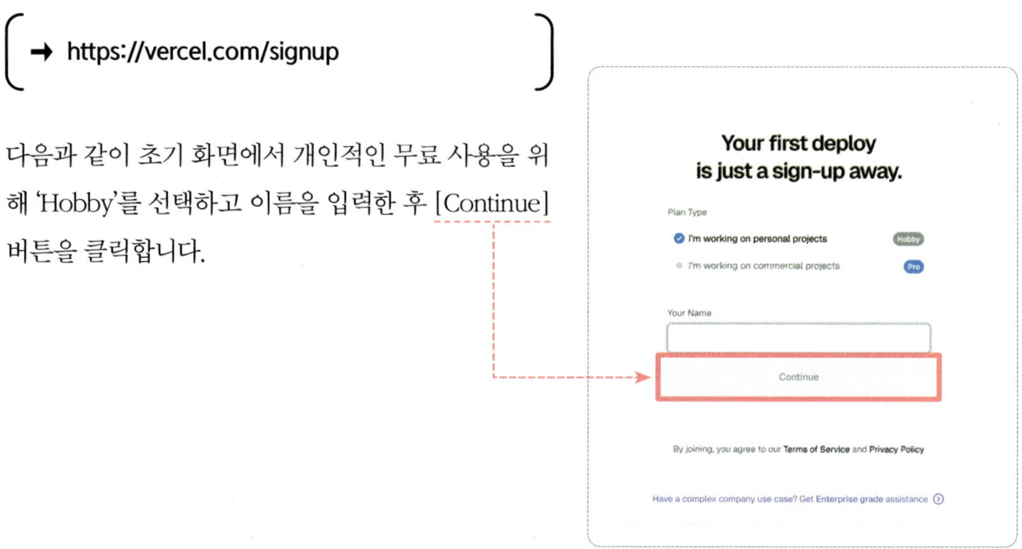

다음 화면에서는 [Continue with GitHub] 버튼을 클
릭합니다.

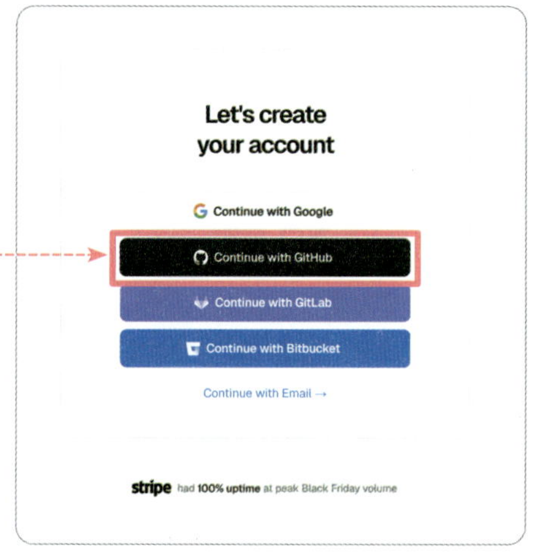

이미 GitHub에 로그인되어 있다면 다음과 같이 계정 연결을 확인하는 화면이 나타납니다.

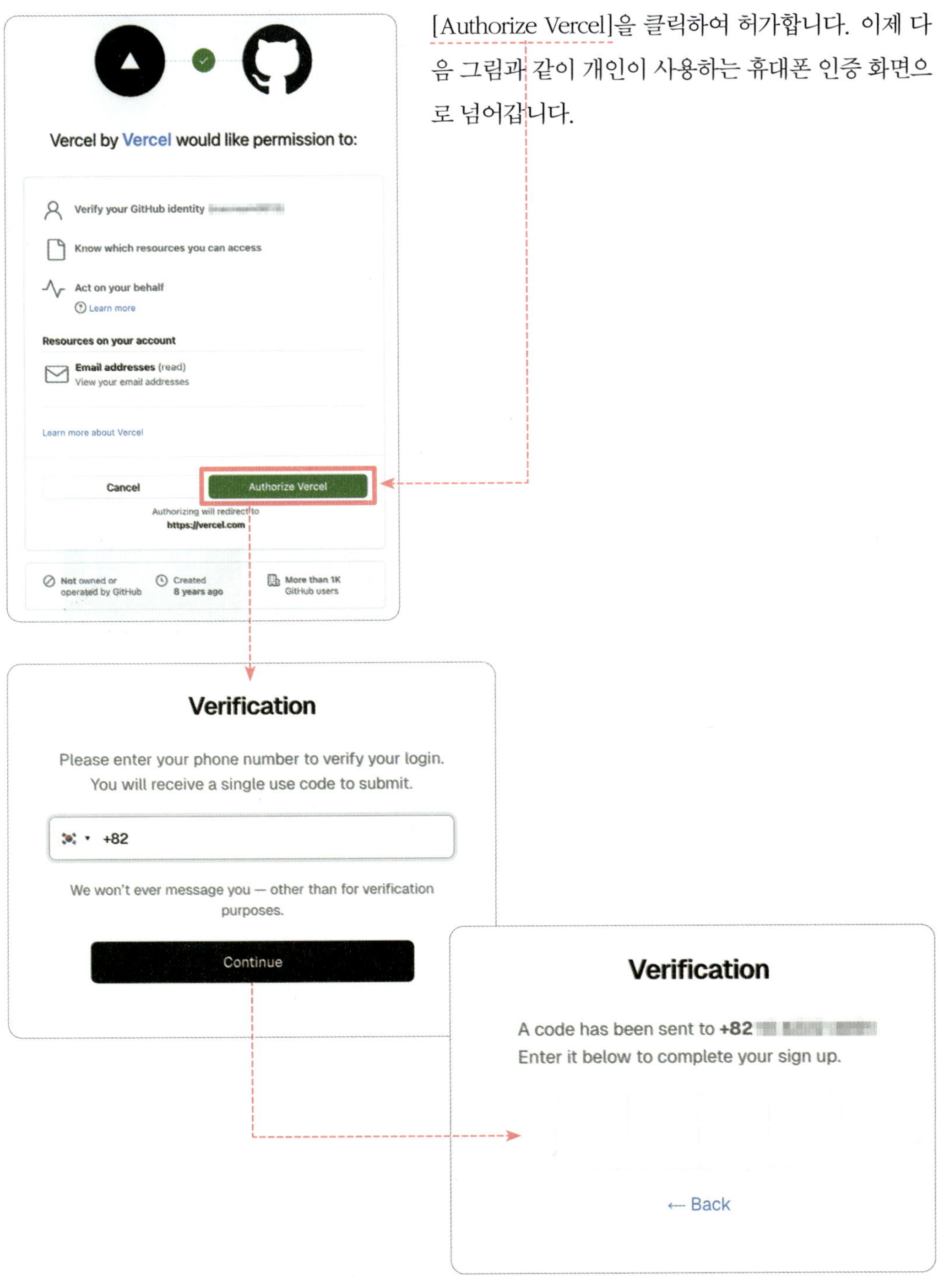

[Authorize Vercel]을 클릭하여 허가합니다. 이제 다음 그림과 같이 개인이 사용하는 휴대폰 인증 화면으로 넘어갑니다.

사용 중인 휴대폰 번호를 입력하고, 문자로 받은 인증번호를 입력하면 가입이 완료됩니다.

Vercel 프로젝트 추가(GitHub 연동)

가입이 완료되면 다음과 같은 첫 화면이 나타납니다.

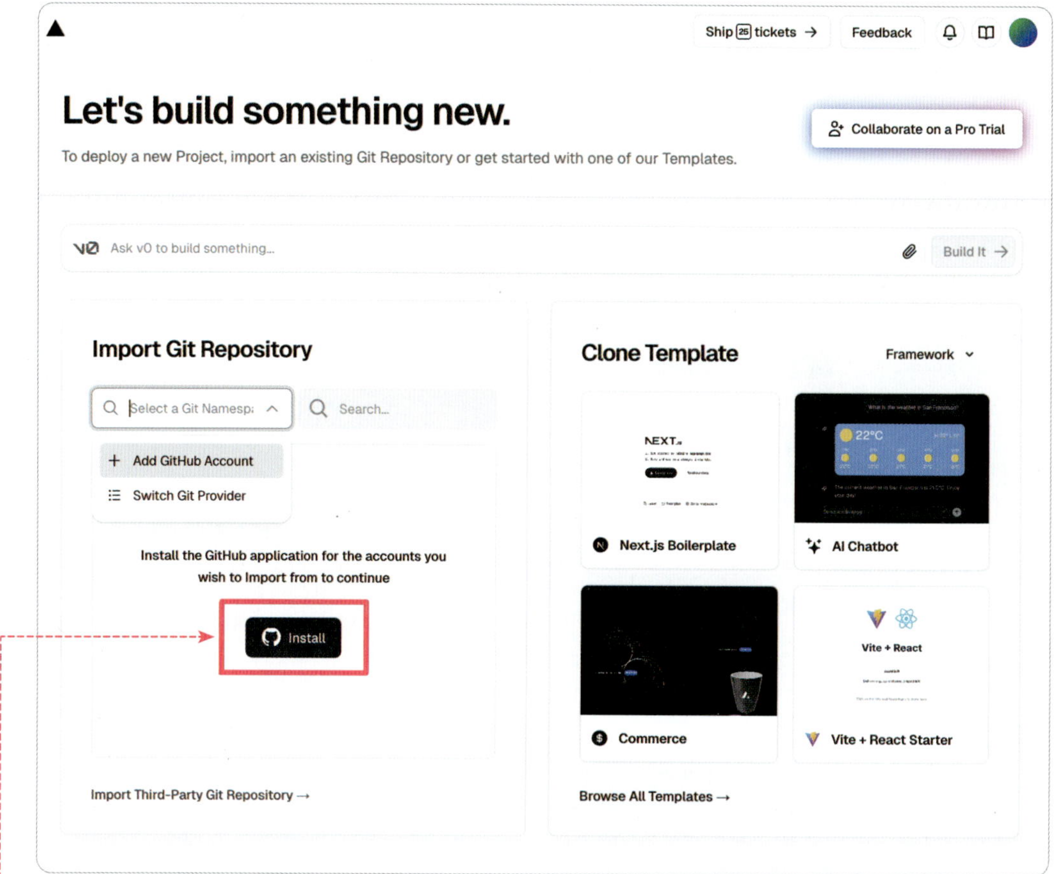

Vercel은 다양한 방법으로 프로젝트를 생성할 수 있습니다. 화면 오른쪽에 보이는 [Clone Template] 영역은 템플릿을 선택하여 이미 구현된 프로젝트를 추가하는 방법입니다. 그리고 기존에 GitHub 저장소가 있다면 그 저장소를 연동하여 프로젝트를 추가할 수도 있죠. 이번에는 기존에 만들어 둔 프로젝트를 연동하여 배포해 보겠습니다. 위 이미지에서 빨간 박스로 표시된 위치의 [Install] 버튼을 클릭해 주세요.

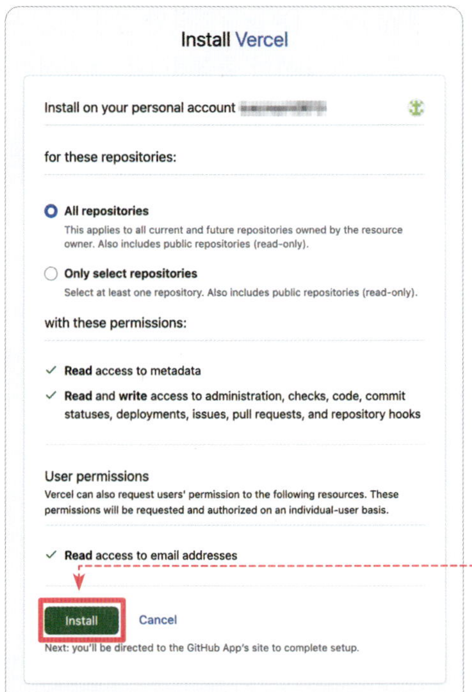

그럼 이와 같이 Vercel에서 GitHub 저장소에 접근할 수 있도록 권한을 부여하는 화면이 나타납니다. 여기서 '전체' 또는 '특정' 저장소만 선택해서 지정할 수 있죠. 여기서는 일단 모든 저장소를 접근하도록 하고 [Install] 버튼을 클릭해 주세요. 설치가 완료되면 다음과 같은 대시보드 화면이 나타납니다.

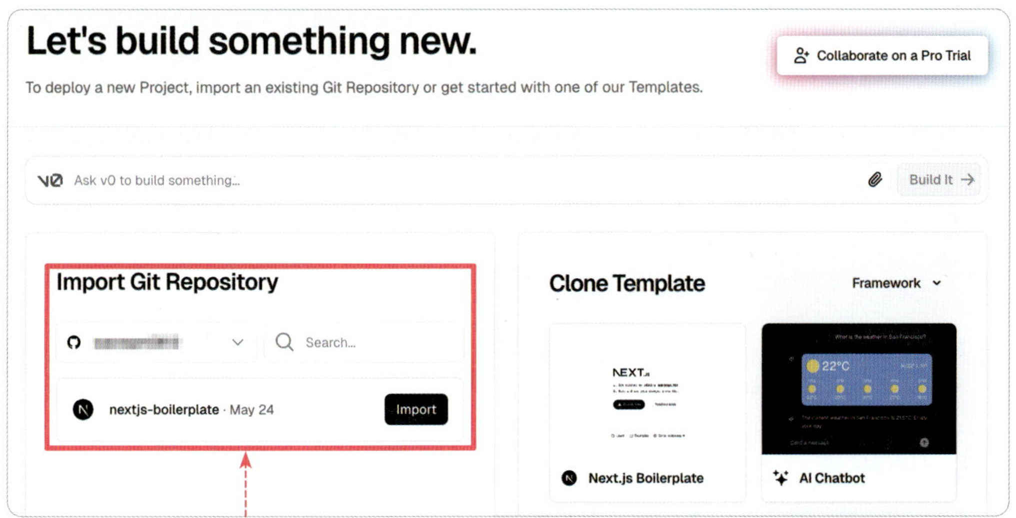

이전 실습에서 Fork(복사)를 진행했던 저장소가 나옵니다. [Import] 버튼을 클릭하여 불러와 주세요.

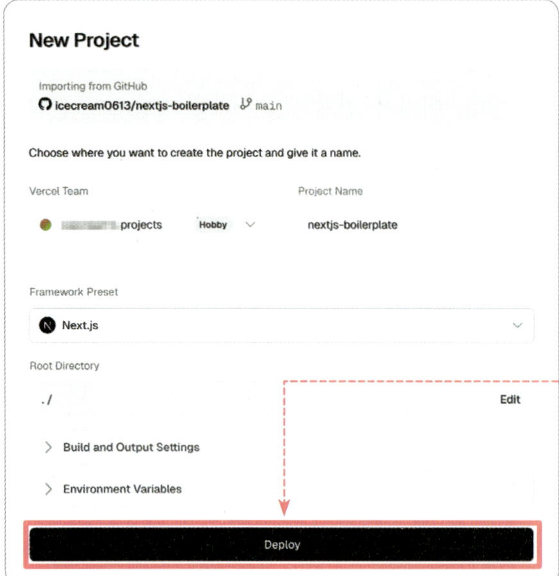

[Import] 버튼을 클릭하면 이와 같은 '배포' 관련 옵션이 출력됩니다. 여기서 배포할 웹 프로젝트의 종류에 따라 다양한 설정들을 할 수 있는데요. 좋은 점은 Vercel이 Next.js 프로젝트를 자동으로 인식하여 배포해 주기 때문에 별도의 설정이 필요하지 않다는 점입니다. 그대로 하단의 [Deploy(배포)] 버튼을 눌러 주세요. 인터넷에 배포되기 위해서는 약간의 시간이 필요합니다. 버튼을 누르고 잠시 기다려 주세요. 배포가 완료되면 다음과 같은 화면이 나타나죠.

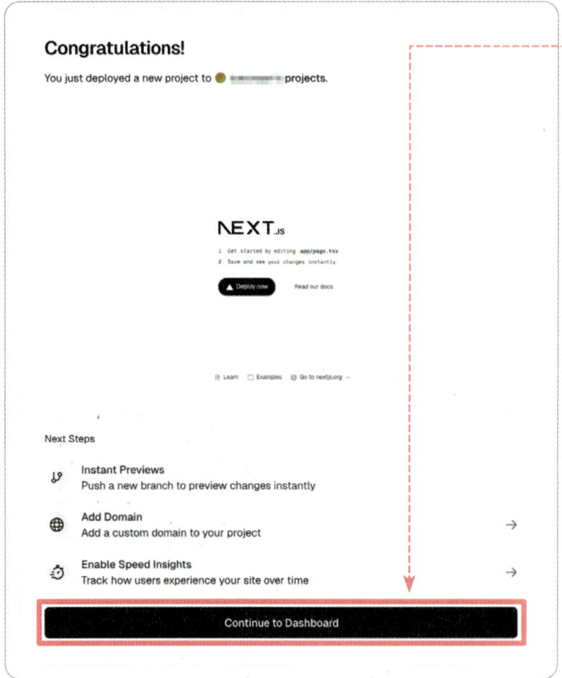

하단의 [Continue to Dashboard] 버튼을 클릭하면 배포된 웹 사이트를 내 Vercel 대시보드에서 확인할 수 있습니다.

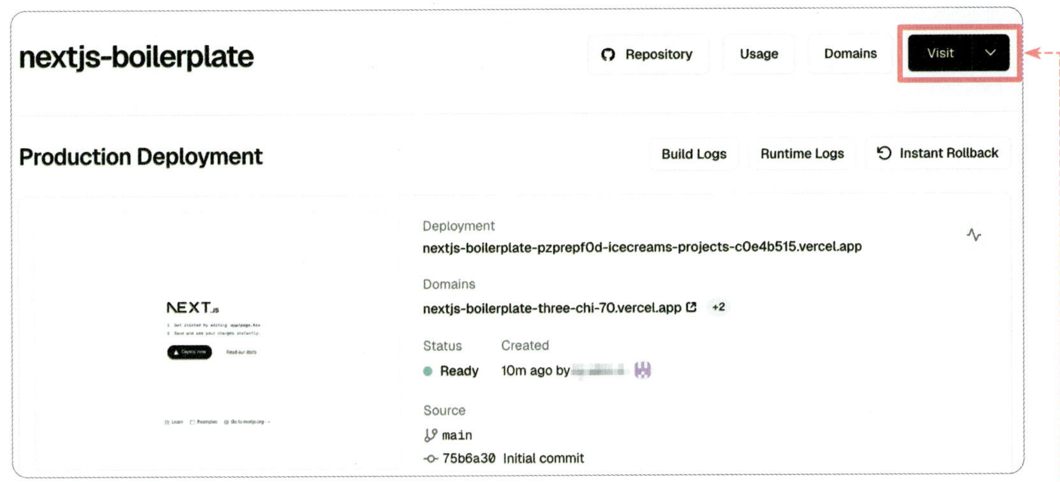

Vercel 대시보드 화면에선 이와 같이 배포된 웹 서버의 각종 정보를 확인할 수 있습니다. 대시보드 화면 오른쪽 상단에 위치한 [Visit] 버튼을 클릭하면 배포된 웹 사이트를 방문하여 확인할 수도 있습니다. 정상적으로 로드되는지 클릭하여 확인해 주세요.

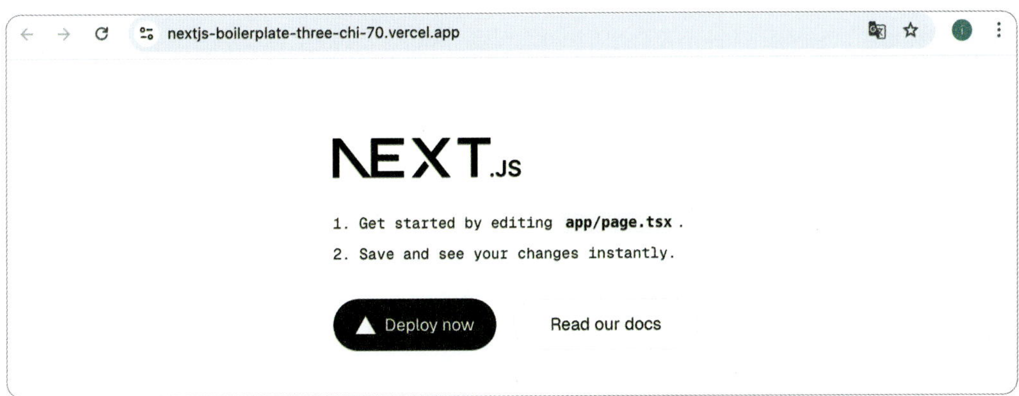

축하합니다! 이제 인터넷이 되는 곳이라면 어디서나 접속할 수 있는 웹 서버 배포를 완료하였습니다. 친구들에게 자랑해도 되겠죠. 그런데 조금 이상합니다. 이전 실습에서 홈 화면을 "Hello World!"로 변경했는데 배포된 웹 사이트에서는 원래의 초기 화면이 출력되고 있네요. 왜 변경 사항이 반영되지 않았을까요?

이는 현재 배포된 웹 사이트에 최신 버전의 코드가 적용되지 않았기 때문입니다. 최신 버전의 코드를 적용하려면 우선 코드스페이스로 돌아가서 새로 저장한 코드를 '커밋(Commit)'하고 다시 '푸시(Push)'해 줘야 합니다. 다음 실습에서는 이렇게 GitHub 코드스페이스에서 수정된 버전을 배포하는 실습과 함께 Git의 개념을 보다 정확하게 익혀 보겠습니다.

우리는 Vercel을 통해 웹 사이트를 성공적으로 배포했습니다. 하지만 확인한 바와 같이 웹 사이트를 한번 배포하고 끝나는 것이 아닙니다. 실제 개발 과정에서는 지속적으로 코드를 수정하고 개선해야 하죠. 새로운 기능을 추가하거나, 버그를 수정하거나, 디자인을 변경하는 등의 작업도 필요하게 됩니다.

이때 중요한 것은 **코드의 변경 사항을 어떻게 관리하고 배포할 것인가**입니다. Vercel의 가장 큰 장점 중 하나는 GitHub와 연동되어 있어서, GitHub에 코드 변경 사항을 업로드하면 자동으로 웹 사이트가 업데이트된다는 점입니다. 이를 위해서는 'Git'이라는 도구를 잘 사용할 줄 알아야 합니다.

○ ○ ○ **왜 Git을 배워야 할까요?**

01   **자동 배포** : Vercel은 GitHub 저장소의 변경 사항을 감지하여 자동으로 새 버전을 배포합니다.

02   **안전한 개발** : 실수로 코드를 망쳐도 이전 버전으로 쉽게 되돌릴 수 있습니다.

03   **변경 이력 관리** : 언제, 무엇을, 왜 변경했는지 기록을 남길 수 있습니다.

04   **협업 가능** : 다른 사람과 함께 프로젝트를 진행할 때 필수적입니다.

Git에는 많은 기능이 있지만 특히 자주 사용하는 개념은 다음과 같습니다.

- **스테이징(Staging)** : 변경 사항을 커밋하기 전에 준비하는 작업
- **커밋(Commit)** : 변경 사항을 저장하는 작업
- **리버트(Revert)** : 커밋된 변경 사항을 취소하는 작업
- **푸시(Push)** : 변경 사항을 GitHub에 업로드하는 작업
- **체크아웃(Checkout)** : 특정 버전의 코드를 가져오는 작업
- **브랜치(Branch)** : 코드의 변경 사항을 분리하여 관리하는 작업
- **풀(Pull)** : 최신 버전의 코드를 가져오는 작업
- **포크(Fork)** : 다른 사람의 저장소를 복사하여 새로운 저장소를 만드는 작업

그럼 이제 위와 같은 과정을 직접 경험해 보겠습니다. 코드스페이스 화면으로 다시 돌아가 주세요. 다음과 같은 코드스페이스 화면 좌측에서, 그림과 같이 빨간 박스로 표시된 [Source Control (원본 제어)] 버튼을 클릭해 주세요.

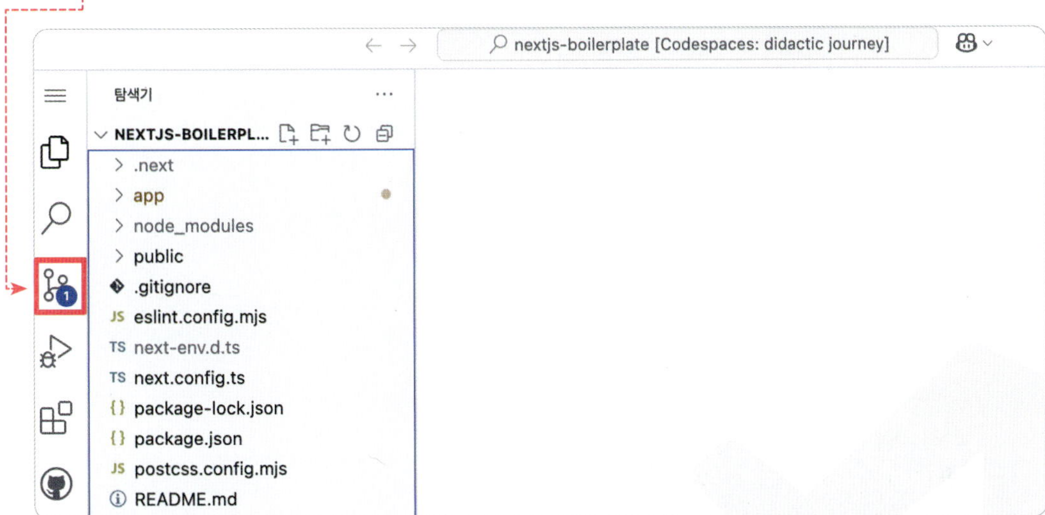

해당 버튼을 클릭하면, VS Code에서 Git 메뉴를 보여줍니다. 이전 실습에서 내 용을 수정하고 저장했기 때문에, 다음과 같이 '이미 변경된 내용이 있다'고 표시될 것입니다.

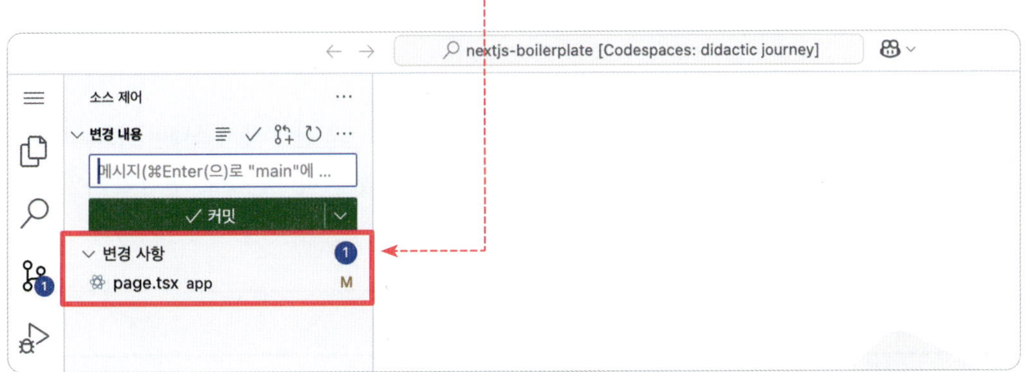

이제 변경 사항을 [커밋]하면 변경 사항이 새로운 버전으로 확정됩니다.

◯◯◯ **커밋과 저장은 어떻게 다를까요?**

개발을 시작할 때 혼동될 수 있는 개념 중 하나가 바로 '저장'과 '커밋'의 차이입니다.

일반적인 파일 저장 (Ctrl+S)

- 현재 작업 중인 파일의 내용을 컴퓨터에 저장
- 파일의 최신 상태만 유지됨
- 이전 버전은 사라지고 현재 버전으로 덮어 씌워짐
- 개인 컴퓨터에서만 접근 가능

Git 커밋 (Commit)

- 변경 사항을 Git 저장소에 기록하는 것
- 모든 변경 이력이 보존됨 (언제든지 이전 버전으로 돌아갈 수 있음)
- 변경 이유와 메시지를 함께 기록
- GitHub에 푸시하면 온라인에서도 접근 가능
- 여러 사람과 공유하고 협업 가능

예시로 이해하기

- **저장** : 일기장에 오늘 내용을 쓰고 어제 내용을 지우는 것
- **커밋** : 일기장에 날짜별로 계속 추가하여 모든 기록을 남기는 것

이제 실제로 Git을 사용해 코드를 커밋하는 실습을 진행해 보죠. 그 전에 잠시 **스테이징(Staging)**이라는 개념을 살펴보겠습니다. '스테이징'이란 Git의 독특한 개념 중 하나인데요. 변경된 파일들 중에서 **어떤 파일을 커밋에 포함할지 선택하는 과정**이라고 할 수 있죠.

○○○ 왜 스테이징이 필요할까요?

실제 개발을 하다 보면 여러 파일을 동시에 수정하게 됩니다. 하지만 모든 변경 사항을 한번에 커밋하는 것보다는, 관련된 변경 사항끼리 묶어서 커밋하는 것이 좋죠. 예를 들어 보면 다음과 같습니다.

- '버그 수정'과 '새 기능 추가'를 동시에 진행했다면, 각각 별도의 커밋으로 나누는 편이 좋습니다.
- 총 10개 파일을 수정했지만, 그 중 8개만 완성되었다면 완성된 8개 먼저 커밋할 수 있습니다.

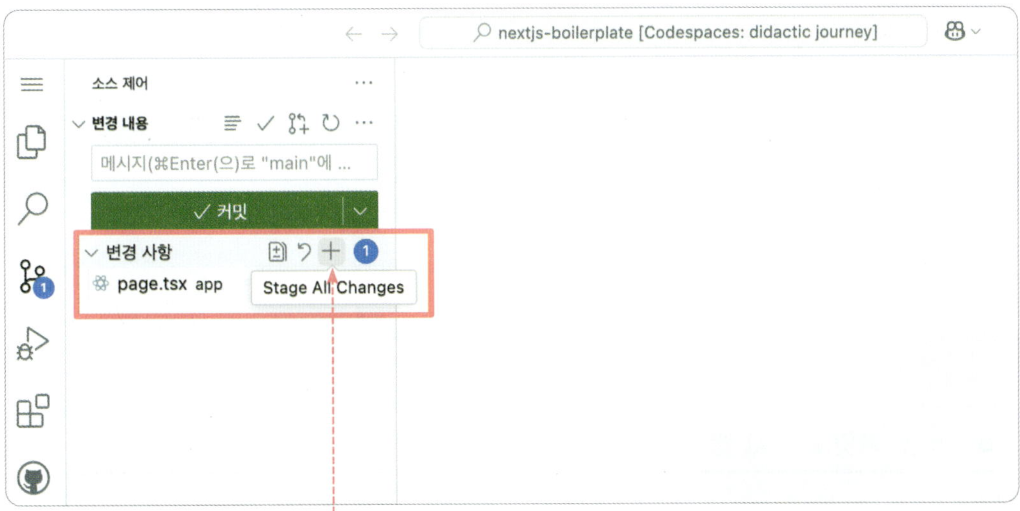

변경 사항을 스테이징하려면 '변경 사항'이라는 텍스트 옆에 마우스 커서를 가져다 대 주세요. 그럼 위와 같이 [스테이징 플러스(+)] 버튼이 나타납니다. 이제 [플러스(+)] 버튼을 클릭하여 모든 변경 사항을 스테이징하겠습니다. 만약 파일별(변경 사항별)로 스테이징하고 싶다면 해당 사항에 마우스를 가져다 대고 [플러스] 버튼을 누르면 됩니다. 스테이징이 완료된 화면은 다음과 같습니다.

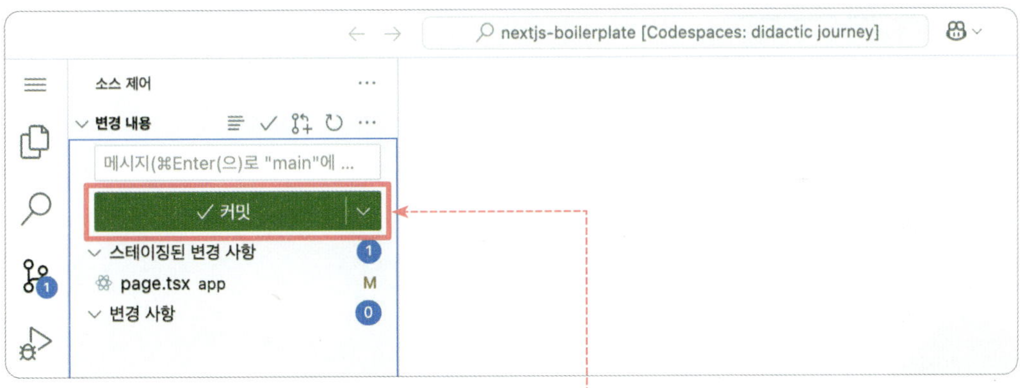

이렇게 스테이징이 완료된 파일을 최종 '커밋'하려면 [커밋] 버튼을 클릭합니다. 다시 설명하자면 커밋은 '변경 사항을 버전 관리 시스템에 저장'하는 작업입니다. 커밋을 하면 변경 사항이 새로운 버전으로 '확정'되죠. 새로운 버전을 확정지을 때 각 버전의 변경 사항을 메시지로 기록할 수 있습니다. 이전 버전으로 돌아가려면 기억할 수 있는 메시지를 남기는 것이 중요하니까요. 메시지에 다음과 같이 입력한 후 커밋을 진행해 주세요.

> ➜ **feat: 홈화면 헬로월드로 변경**

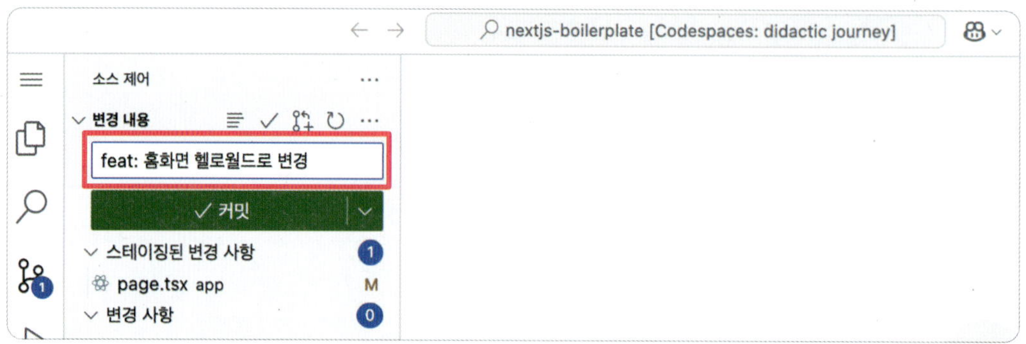

○○○ 깃 커밋 메세지 팁

커밋 메시지 입력은 기본적으로는 자유롭지만 많은 개발자들은 커밋 메시지에 일정한 규칙을 사용하고 있습니다. 규칙에 따라 메시지를 입력하면 이후 변경 사항 파악이 보다 수월하기 때문이죠. 표준까지는 아니지만, 개발자들이 일반적으로 사용하는 이러한 규칙들을 'Conventional Commits'이라 칭합니다. 그럼, Conventional Commits 규칙을 잠시 살펴보겠습니다.

커밋 메시지 기본 형식

<타입>: <설명>

주요 타입들:

- feat : 새로운 기능 추가
- fix : 버그 수정
- docs : 문서 수정
- style : 코드 스타일 변경 (기능 변경 없음)
- refactor : 코드 리팩토링
- test : 테스트 코드 추가/수정
- chore : 기타 작업 (빌드, 패키지 매니저 등)

좋은 커밋 메시지 예시

- feat : 로그인 기능 추가
- fix : 홈페이지 로딩 속도 개선

- docs : README 파일 업데이트
- style : 버튼 색상 변경

나쁜 커밋 메시지 예시

- 수정함
- 버그 고침
- 작업 중

명확하고 구체적인 메시지를 작성하면, 나중에 어떤 변경 사항이 있었는지 그 히스토리를 보다 쉽게 파악할 수 있습니다.

그럼 이제 [커밋] 버튼을 눌러 변경 사항을 확정해 주세요. 커밋을 진행하면 다음과 같은 화면이 출력됩니다.

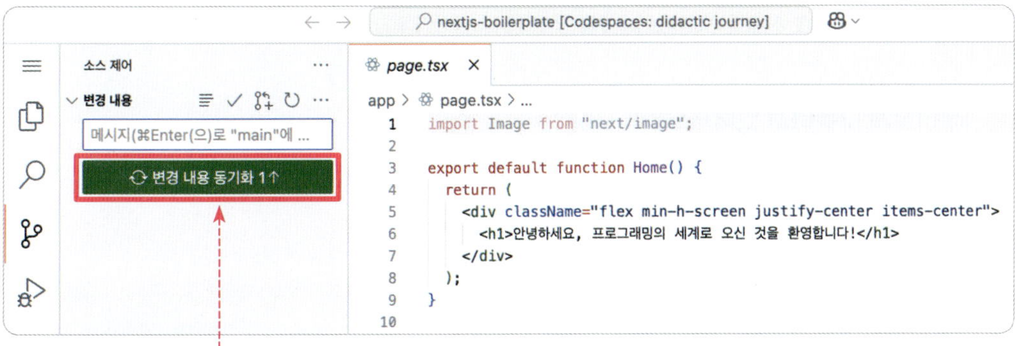

위와 같이 [변경 내용 동기화]라는 버튼이 보이죠? 이 버튼은 무엇일까요? Git의 '저장소'는 '로컬'과 '원격 저장소'로 구분됩니다. '로컬 저장소'는 말 그대로 개인 컴퓨터에 존재하는 저장소이고, '원격 저장소'는 인터넷 상의 저장소인 것이죠. 인터넷 연결 없이도 내 컴퓨터에서 버전 관리를 진행하다가, 공유가 필요하면 원격 저장소에 동기화할 수 있는 것입니다. 이렇듯 로컬 저장소에서의 버전 관리 내용을 원격 저장소에 동기화시키는 작업을 일컬어 '푸시(push)'라고 합니다.

◉○○ Git push 개념을 좀 더 자세히 알아보기

앞서 설명한 바와 같이, Git의 저장소는 크게 2가지로 나뉩니다:

로컬 저장소 (Local Repository)

- 개인 컴퓨터(또는 코드스페이스)에 저장된 Git 저장소
- 인터넷 연결 없이도 버전 관리 가능
- 커밋, 브랜치 생성 등 대부분의 Git 작업이 로컬에서 수행됨
- 다른 사람은 접근할 수 없음

원격 저장소 (Remote Repository)

- GitHub, GitLab 등 온라인 서버에 저장된 Git 저장소
- 인터넷을 통해 접근 가능
- 여러 사람이 공유하고 협업할 수 있음
- 백업 역할도 수행

Push와 Pull의 개념

- **Push** : 로컬 저장소의 변경 사항을 원격 저장소로 업로드
- **Pull** : 원격 저장소의 최신 변경 사항을 로컬 저장소로 다운로드

왜 이렇게 나누어져 있을까요?

01 **오프라인 작업** : 인터넷이 없어도 개발 가능
02 **속도** : 로컬에서 작업하므로 빠름
03 **안전성** : 실험적인 변경사항을 로컬에서 먼저 테스트
04 **협업** : 완성된 작업만 원격 저장소에 공유

이제 Git의 'Push'를 진행하려면 [변경 내용 동기화] 버튼을 클릭하면 됩니다. 그럼 현재 버전이 원격 저장소인 '깃허브'에 반영되고, Vercel에서도 자동으로 배포가 이뤄지죠. 버튼을 눌러 직접 확인해 보면 다음과 같은 팝업이 나타납니다.

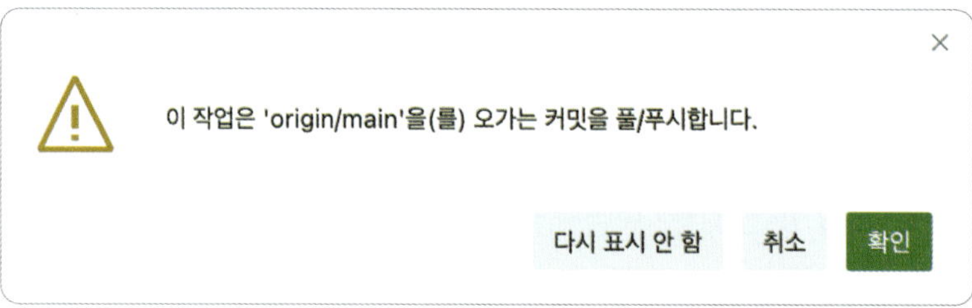

참고로, 'origin/main'이란 원격 저장소의 'main' 브랜치를 의미합니다. 이후 진행될 과정을 통해 우리는 '브랜치'가 정확히 어떤 의미인지도 익히게 될 것입니다. 여기서는 일단 [확인] 버튼을 눌러 진행해 주세요. 그럼 이제 배포된 웹 사이트가 변경되었을까요? 사실 변경되지 않을 것입니다. 그 이유는 현재 코드에, 필자가 의도한 문제가 존재하기 때문이죠.

개발을 하다 보면 다양한 에러가 발생하게 됩니다. 개발자들 사이에서는 "에러가 없으면 오히려 불안하다"는 농담을 하기도 합니다. 에러가 발생한다고 해서 너무 겁먹거나 두려워할 필요는 없습니다. 에러가 발생하면, 오히려 그 에러를 해결하는 것이 개발에서 또 하나의 중요한 과정 중 하나이니까요. 다음에는 에러를 수정하고 다시 Git에 '커밋' 및 '푸시'하여 '배포'하는 실습을 진행해 보겠습니다.

1.3.4 에러 원인 확인하기 ○ ○ ○

이번에는 발생한 에러를 수정하는 작업을 진행해 보겠습니다. 그러기 위해서는 무슨 에러가 발견되었는지 정확히 아는 것이 무엇보다 중요하겠죠. 앞서 코드스페이스 상에서 실행했을 때에는 분명 문제가 없었는데, 대체 무슨 에러가 발생한 것일까요? 내 로컬 머신에서는 문제가 없는데, 배포하고 나니 문제가 되었다는 것은 꽤 흔히 경험하는 상황입니다. 여기서 다음과 같은 방식으로 생각해 볼 수 있습니다.

에러 원인 유추 과정

01 코드스페이스에서 실행했을 때에는 문제가 없었다.

02 푸시하는 경우, Vercel에 자동 배포가 되어야 한다.

03 그런데 Vercel에서는 배포가 되지 않는다.

예상 원인
그렇다면 코드스페이스에서 실행하는 방식과 Vercel에서 실행하는 방식이 뭔가 다르지 않을까?

위의 사고 과정은 "너무 뻔한 것 아닌가?"라고 생각할 수 있을 겁니다. 그렇지만 대부분의 에러 수정은 위와 비슷한 순차적인 사고를 통해 해결을 시작합니다.

우리가 늘 사용하는 OS를 비롯한 대개의 시스템에서는 발생한 에러에 대한 로그를 남기기 마련입니다. 즉, 어떠한 에러인지 사용자가 확인할 수 있도록 돕는 것이죠. 지금 이 경우라면, Vercel에서 문제가 생겼으니 Vercel 어딘가에서 에러를 확인할 수 있다는 의미입니다.

Vercel에 다시 접속해서 그림과 같이 [Deployments(배포)] 탭을 클릭해 주세요.

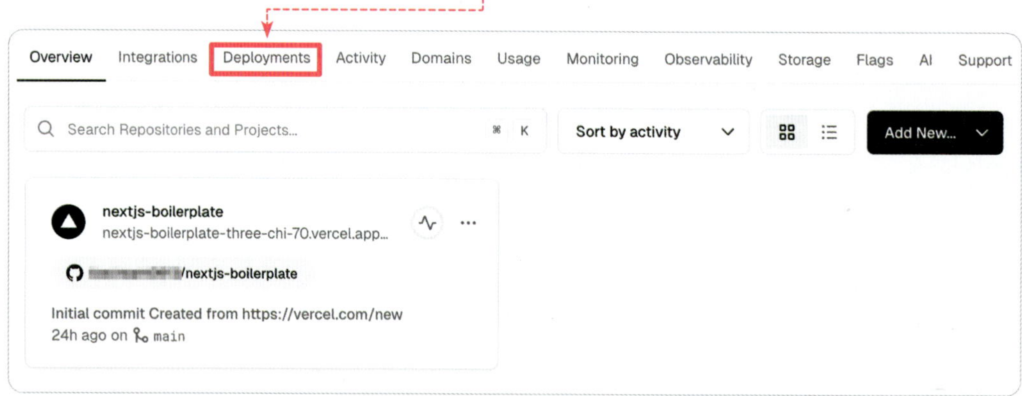

[Deployments] 탭은 이름과 같이 '배포'와 관련된 정보와 이력들을 확인하는 영역입니다. 배포하는 과정 중에 문제가 생긴 것이니 이곳을 우선 확인하는 거죠. 탭으로 들어가면 다음과 같은 화면이 나타납니다.

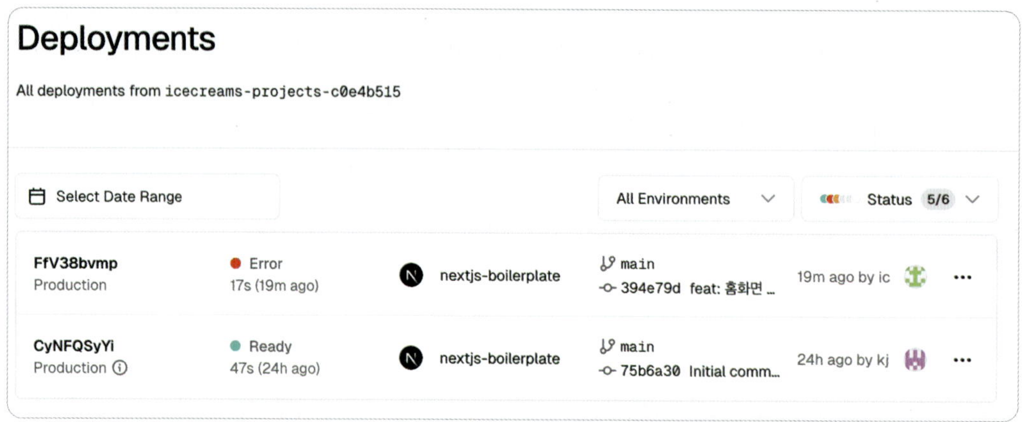

최근 배포 과정에서 에러가 발생한 것을 확인할 수 있습니다. 에러가 난 행을 클릭하면 더 상세한 정보를 볼 수 있습니다. 클릭하여 확인해 봅시다.

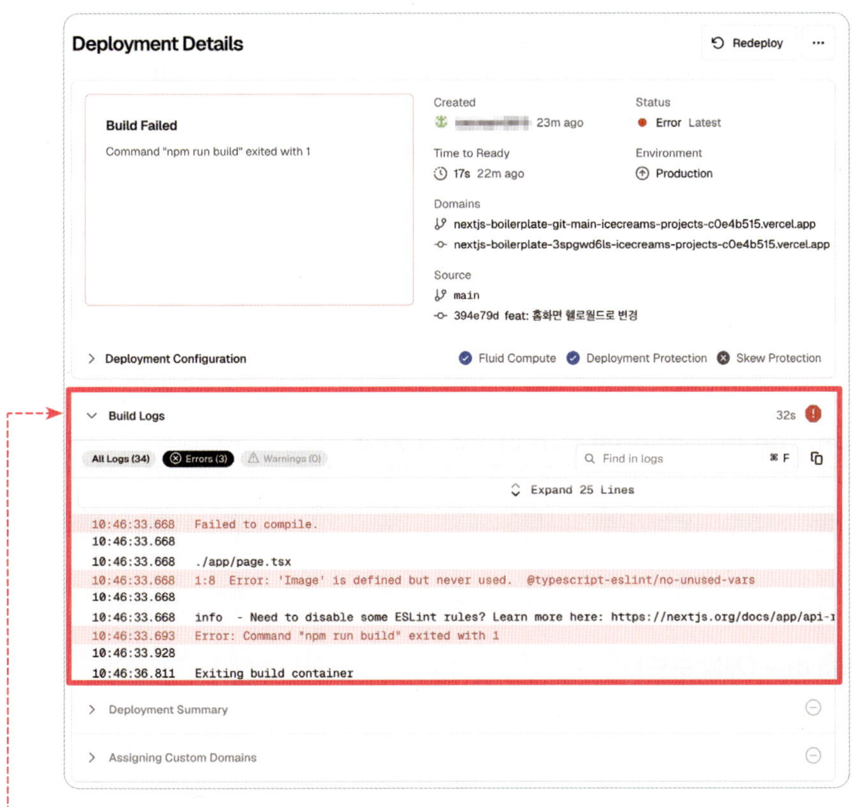

하단에 보이는 '빌드 로그(Build Logs)'를 확인해 주세요. 빨간 글씨로 어떠한 에러인지 출력됩니다. 핵심 메세지는 다음과 같죠.

```
1:8 Error: 'Image' is defined but never used. @typescript-eslint/no-unusedvars
```

우선 '1:8'이란 메세지는 "1번째 줄, 8번째 컬럼에서 에러가 발생했다"는 의미입니다. 에러 메세지는 대부분 줄 번호와 함께 발생한 본 에러를 알려줍니다. 즉, 이 경우 "'Image'라는 변수가 정의되었지만 사용되지 않았다"는 의미죠. 그런데 왜 코드스페이스에서 실행했을 때에는 문제가 발생하지 않았을까요? 그 이유는 다음 로그에서 확인 가능합니다.

```
Error: Command "npm run build" exited with 1
```

위 로그는 'npm run build'라는 명령어를 실행하다가 비정상적으로 종료되었음을 의미합니다. 그런데 이전 실습에서 실행할 때의 명령어와 비슷하지만 조금 다르군요. 우리가 코드스페이스에서 실행할 때 사용한 명령어는 다음과 같았죠.

```
npm run dev
```

왜 실행된 명령어가 다른 걸까요? 여기서 잠깐 두 명령어의 차이를 살펴보죠.

◉ ○ ○ npm run dev 와 npm run build 의 차이

웹 개발에서는 '개발' 환경과 '배포' 환경이 다릅니다. 따라서, 각각의 목적에 맞게 다른 명령어를 사용합니다.

npm run dev (개발 모드)

목적 : 개발 중에 코드를 테스트하고 확인하기 위함

특징 :

- 코드 변경 시 자동으로 새로고침 (Hot Reload)
- 에러가 있어도 가능한 한 실행을 계속함
- 개발자 친화적인 에러 메시지 제공
- 성능보다는 개발 편의성을 우선시
- 사용 시점 : 코드를 작성하고 테스트할 때

npm run build (빌드/배포 모드)

목적 : 실제 사용자에게 배포하기 위한 최적화된 버전 생성

특징 :

- 코드 최적화 및 압축
- 사용하지 않는 코드 제거
- 엄격한 에러 검사 (작은 문제도 빌드 실패로 처리)
- 최고 성능을 위한 최적화
- 사용 시점 : 웹 사이트를 실제로 배포할 때

즉, 개발 모드(npm run dev)는 개발자의 편의를 위해 작은 문제들을 무시하고 실행합니다. 하지만 빌드 모드(npm run build)는 실제 사이트 방문자들이 사용할 코드를 만들기 때문에 더 엄격한 기준을 적용하는 것이죠.

예를 들어 :

- **사용하지 않는 변수나 함수**
- **코딩 스타일 위반**
- **타입 에러 등**

이런 문제들이 개발 모드에서는 경고로만 나타나지만, 빌드 모드에서는 에러로 처리되어 빌드에 실패합니다. 이렇게 프로덕션 빌드 시 발생된 문제들을 에러로 처리해 주는 것은 **ESLint**라는 도구가 담당하죠. 앞서 에러 로그에도 '@typescript-eslint/no-unused-vars'라는 로그가 있었죠. 이 로그는 "타입스크립트 에러 검사 도구(ESlint)가 사용하지 않는 변수를 사용했다"는 것을 의미합니다.

○ ○ ○ ESLint란?

'ESLint'는 JavaScript와 TypeScript 코드의 품질 검사 도구입니다. 코드에서 잠 재적인 문제나 일관성 없는 스타일을 찾아내어 개발자에게 알려줍니다.

ESLint의 주요 기능

- **문법 오류 검사 :** 코드 실행 전에 문법적 오류를 미리 발견
- **코딩 스타일 통일 :** 팀 내에서 일관된 코딩 스타일 유지
- **잠재적 버그 예방 :** 사용하지 않는 변수, 선언되지 않은 변수 등을 찾아냄
- **베스트 프랙티스 강제 :** 권장되는 코딩 패턴을 따르도록 유도

일반적인 ESLint 규칙들

- **no-unused-vars :** 사용하지 않는 변수 금지
- **no-console :** console.log 사용 금지 (배포 환경에서)
- **prefer-const :** 변경되지 않는 변수는 const 사용 권장
- **no-var :** var 대신 let/const 사용 권장

그렇다면 코드스페이스에서도 빌드(build) 모드로 실행하면 에러가 발생하지 않을까요? 코드스페이스에서 다음 명령어를 사용하여 확인해 보세요.

```
npm run build
```

명령어를 실행하면 코드스페이스에서도 같은 에러가 발생하는 것을 확인할 수 있습니다. 결국 문제가 되는 코드는 다음과 같이 기술되었던 첫 번째 행이죠.

```
import Image from "next/image" ;
```

이 라인을 지우면 문제를 해결할 수 있습니다. 해당 라인을 지우고 다시 "npm run build"를 실행해 보세요. 에러 없이 빌드가 진행될 것입니다.

그런데 이러한 문제를 보다 직관적으로 확인할 수는 없을까요? 물론 배포 전에 매번 'npm run build' 구문을 실행하여 문제를 체크할 수도 있겠지만 그러기엔 너무 번거롭습니다. 이런 문제를 보다 편하게 확인할 수 있는 방법으로, 바로 확장 프로그램을 사용하는 것입니다.

 확장 프로그램 설치하기

그럼, 이제 개발을 도와주는 'ESLint 확장 프로그램'을 설치해 보도록 하겠습니다. 확장 프로그램은 개발을 돕는 부가적인 도구로, 개발자들이 자주 사용하는 확장 프로그램을 설치하면 보다 편리하게 개발할 수 있습니다.

코드스페이스에서 단축키(Ctrl + Shift + P)를 입력해 '명령 팔레트'를 실행하고 다음 키워드로 검색해 보세요. 바로가는 단축키는 Ctrl + Shift + X 이지만 단축키를 잊을 수도 있으니, 명령 팔레트에서 진행해 보죠.

```
install extensions
```

명령 팔레트에서 다음과 같은 화면이 나타납니다.

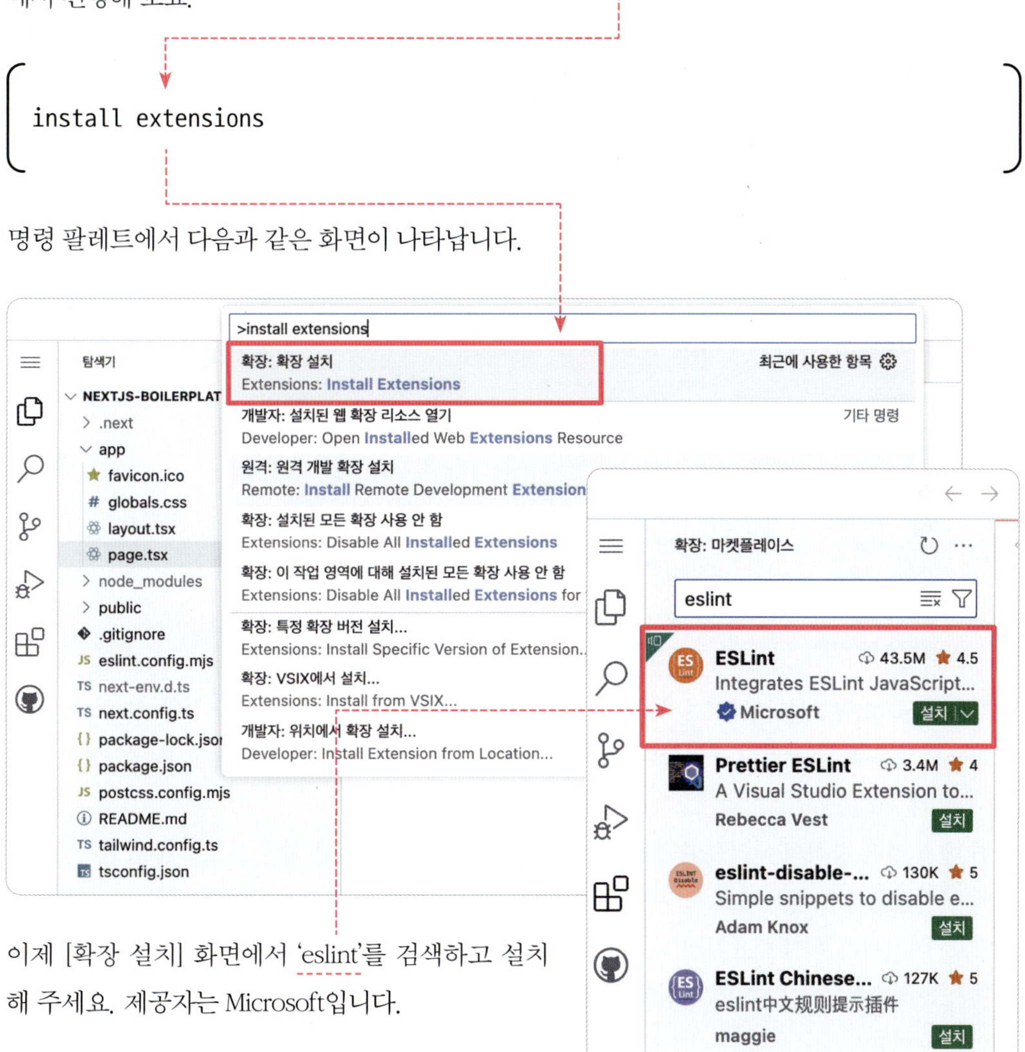

이제 [확장 설치] 화면에서 'eslint'를 검색하고 설치해 주세요. 제공자는 Microsoft입니다.

설치가 완료되면 'page.tsx' 파일로 돌아가 주세요.

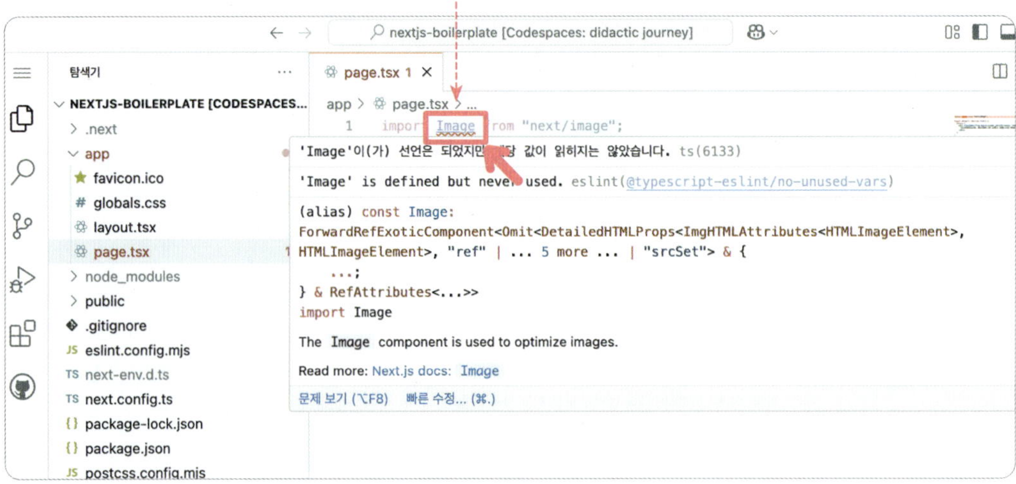

이제 첫 번째 라인을 보면, 'image'라는 문구 아래에 빨간 밑줄이 그어진 것을 확인할 수 있습니다. 이것이 바로 'EsLint' 확장 프로그램이 찾은 에러입니다. 에러가 난 빨간 밑줄에 마우스를 가져다 대 보면, 왜 에러가 나오는지 확인할 수 있습니다.

이렇듯, ESLint 확장 프로그램을 사용하면 에러를 직관적으로 확인하면서 수정할 수 있죠. 이런 에러들은 보통 해결 방법이 동일합니다. 사용하지 않는 불필요한 부분의 라인을 지우는 것이죠.

또한 매번 같은 방식의 에러를 수정하는 것을 자동화하기 위해 다른 확장 프로그램을 설치하거나 설정을 변경할 수도 있는데요. 하지만 그 모든 것을 설명하려 하면 주된 내용과 너무 멀어질 수 있으므로, 여기서는 우선 대표적인 확장 프로그램을 소개하기로 하고 다음 실습 과정에서는 에러를 수정하고 배포하는 실습을 먼저 진행해 보겠습니다. 여러분은 일단 '자동화가 가능하다'는 사실만 기억해 주세요.

○○○ **VSCode의 대표적인 플러그인**

'VSCode'는 확장 프로그램(Extension)을 통해 기능을 확장할 수 있는 강력한 에디터입니다. 개발자들이 자주 사용하는 유용한 확장 프로그램들을 소개합니다.

코드 품질 관련

- **ESLint :** JavaScript/TypeScript 코드 품질 검사
- **Prettier :** 코드 자동 포맷팅 (들여쓰기, 줄바꿈 등)
- **Auto Rename Tag :** HTML 태그 이름 변경 시 자동으로 닫는 태그도 변경

개발 편의성

- **Auto Import :** 필요한 모듈을 자동으로 import
- **Bracket Pair Colorizer :** 괄호를 색깔별로 구분하여 표시
- **GitLens :** Git 정보를 더 자세히 보여줌
- **Live Server :** HTML 파일을 실시간으로 브라우저에서 확인

테마 및 아이콘

- **Material Icon Theme :** 파일 타입별로 직관적인 아이콘 제공
- **One Dark Pro :** 인기 있는 다크 테마
- **Dracula Official :** 개발자들이 선호하는 컬러 테마

언어별 지원

- **Python :** Python 개발 지원
- **Java Extension Pack :** Java 개발 환경
- **C/C++ :** C/C++ 언어 지원

팁. 너무 많은 확장 프로그램을 설치하면 당연히도 VSCode가 느려질 수 있으니, 필요한 것만 선별해서 설치하는 것이 좋습니다.

이제 에러를 확인했으니 수정해 보겠습니다. 에러가 발생했지만 실제로 수정 작업은 의외로 간단합니다. 첫 번째 라인을 지우는 것이죠.

사실 대부분의 에러는 원인 파악과 재현 방법을 찾는 것이 더 어렵습니다. 실제 코드의 수정은 단 몇 줄만 이뤄지는 경우가 대부분이죠. 에러가 나온다면 당황하기보다는 원인을 파악하고 재현 방법을 찾는 것에 집중해 보세요.

```tsx
export default function Home() {
  return (
    <div className="flex min-h-screen justify-center items-center">
      <h1>안녕하세요, 프로그래밍의 세계로 오신 것을 환영합니다!</h1>
    </div>
  );
}
```

코드를 수정하고 다시 Git 화면으로 돌아가서 다음 메시지와 함께 커밋해 주세요. 커밋 전에 변경 내용이 있는 파일을 스테이징하는 것을 잊지 마세요.

```
fix: npm run build 에러 수정. @typescript-eslint/no-unused-vars
```

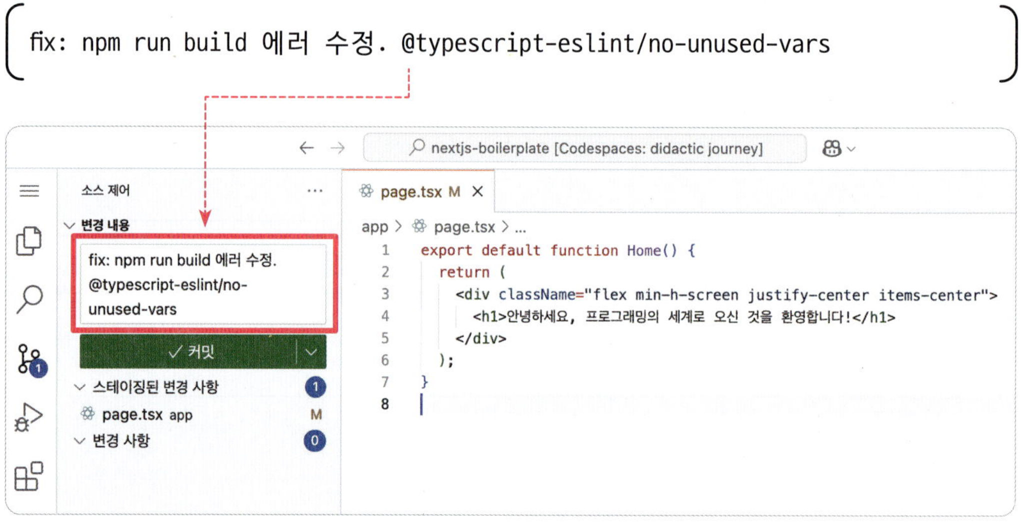

이제 커밋 후 푸시까지 이어서 진행하고 다시 Vercel에서 확인해 보겠습니다. 푸시가 완료되고 다시 Vercel에서 빌드 및 배포를 진행합니다. Vercel의 [Deployments] 탭을 확인해 보세요.

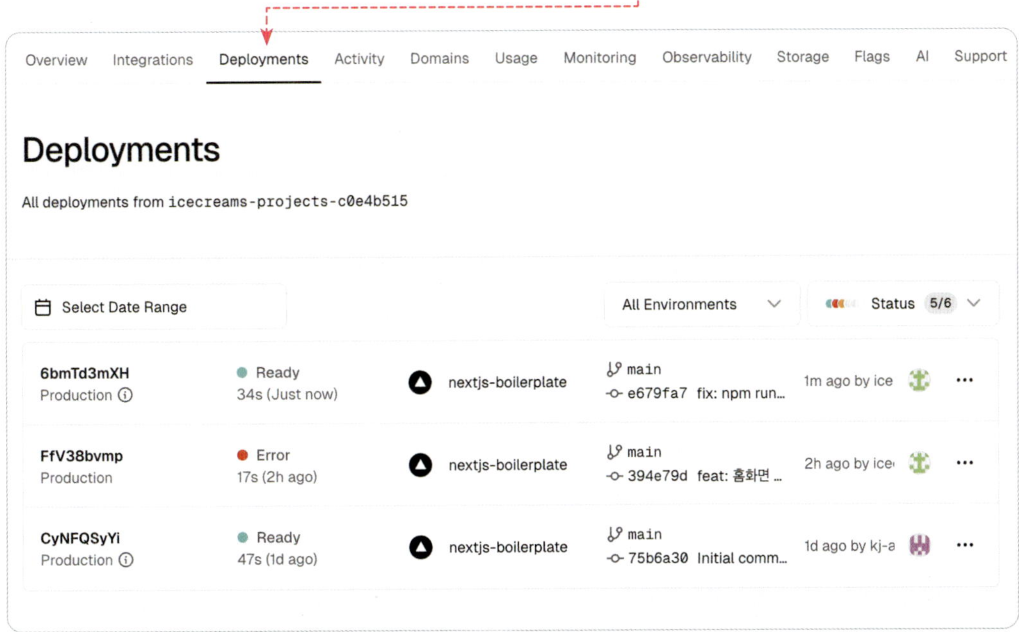

에러가 발생하지 않는 것을 확인할 수 있습니다. 이제 배포가 완료되었으니 브라우저에서 확인해 보겠습니다.

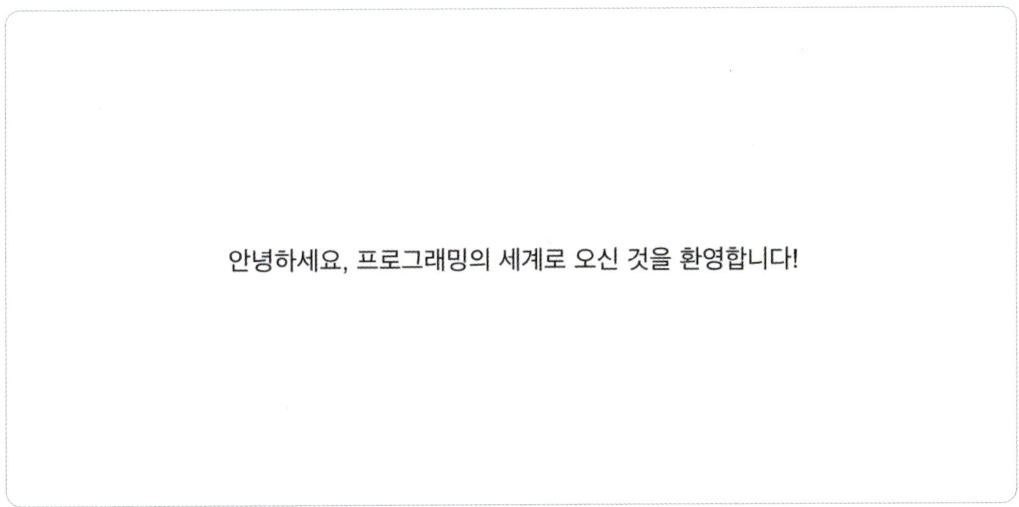

수정 사항이 정상적으로 반영된 것을 확인할 수 있습니다.

개발을 하다 보면 새로 배포한 버전에 문제가 발생하여 이전 버전으로 되돌려야 하는 경우가 있습니다. Vercel에서는 이런 상황을 위해 **Instant Rollback** 기능을 제공합니다. 이 기능을 사용하면 Git 커밋을 되돌리지 않고도 즉시 이전 버전으로 배포를 되돌릴 수 있습니다.

앞서 Git 실습에서 익힌 것처럼, **커밋은 코드의 변경 사항을 버전으로 기록하는 작업**이었습니다. 각 커밋마다 고유한 ID가 부여되어 언제든지 특정 시점으로 되돌아갈 수 있었죠.

Vercel의 강력한 점은 바로 **Git과의 완벽한 연동**입니다. GitHub에 새로운 커밋이 푸시될 때마다 Vercel이 자동으로 해당 버전을 배포합니다. 즉, 각 Git 커밋이 하나의 배포 버전이 되는 것입니다.

Git 커밋 → Vercel 배포의 연결 고리 :

- **Git 커밋** : 코드 변경 사항을 버전으로 기록
- **Vercel 배포** : 해당 커밋의 코드를 실제 웹 사이트로 배포
- **자동 연동** : 푸시할 때마다 자동으로 새 버전 배포

이러한 연동 덕분에 Vercel에서는 **클릭 몇 번만으로 이전 버전으로 되돌리기가 가능합니다.** Git의 복잡한 명령어를 사용할 필요 없이, 웹 인터페이스에서 간단하게 버전 관리를 할 수 있는 것이죠.

Vercel Deployments 페이지에서 이전 버전으로 되돌리는 방법을 알아보겠습니다. Vercel의 [Deploymetns] 탭을 확인해 주세요.

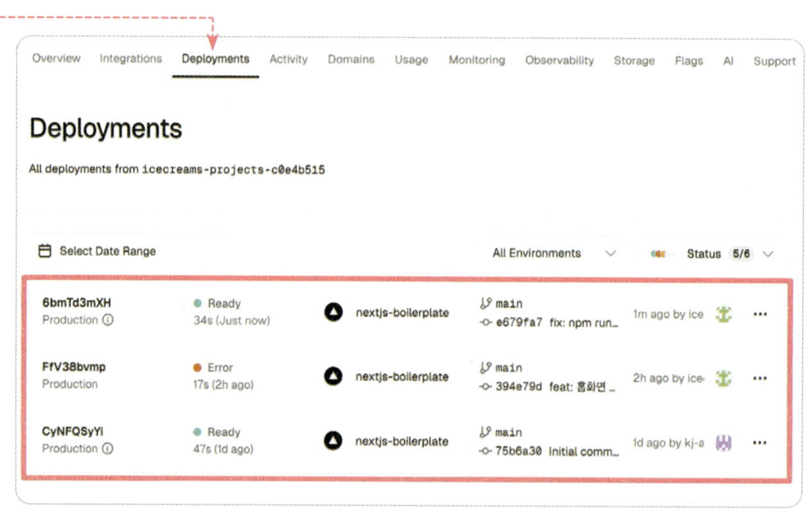

이미지 빨간색 박스 부분의 각 행은 각각 '배포된 버전'을 의미합니다. 왼쪽에는 배포된 버전의 고유 ID가 있고 오른쪽에는 배포된 버전의 상태가 있습니다. 상태는 다음과 같습니다.

- **Ready :** 배포가 완료된 상태
- **Error :** 배포 중 에러가 발생한 상태
- **Building :** 배포 중인 상태
- **Promoting :** 배포 중인 상태
- **Promoted :** 배포 중인 상태

Step 01 되돌릴 배포 버전 선택 :

Deployments 목록에서 되돌리고 싶은 이전 버전을 찾습니다. 위 이미지에서는 다음과 같은 배포 이력을 볼 수 있습니다.

- **6bmTd3mXH (현재 버전) :** fix: npm run build 에러... <Ready 상태>
- **FfV38bvmp (문제 버전) :** feat: 출력화면 헬로월드로... <Error 상태>
- **CyNFQSyYi (이전 정상 버전) :** Initial commit <Ready 상태>

이제, 최초 버전인 'Initial commit' 버전으로 되돌려 보죠. 해당하는 **CyNFQSyYi** 배포 항목의 오른쪽 메뉴(…)를 클릭합니다.

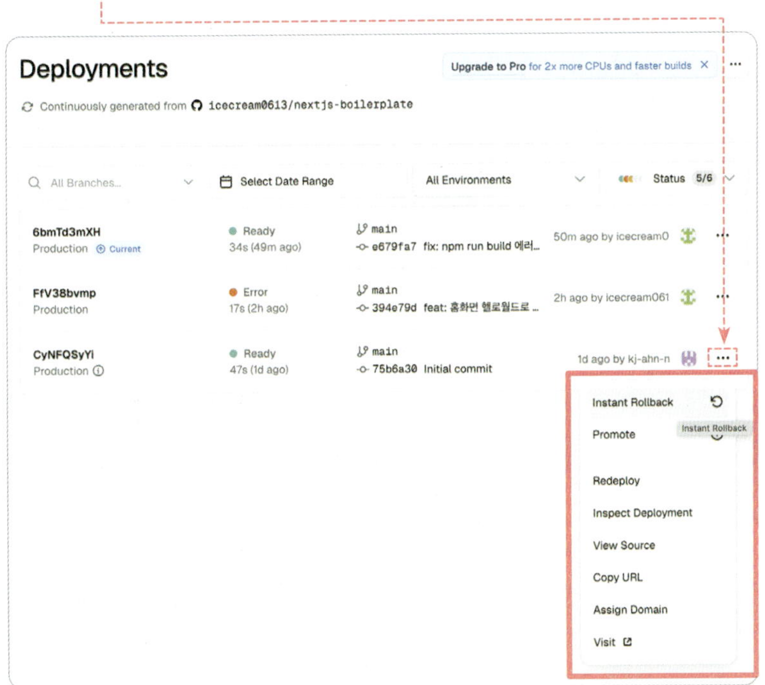

Instant Rollback 실행 :

메뉴에서 [Instant Rollback] 옵션을 클릭합니다. 이 기능의 특징은 다음과 같습니다.

- **즉시 적용 :** 몇 초 내에 이전 버전으로 되돌려집니다
- **Git 이력 보존 :** Git 커밋 이력은 그대로 유지됩니다
- **임시 조치 :** 급한 문제 해결을 위한 임시 방법입니다

되돌리는 것을 확인하는 팝업이 나오게 됩니다. [Continue ➜ Confirm] 버튼을 차례로 눌러 진행해 주세요.

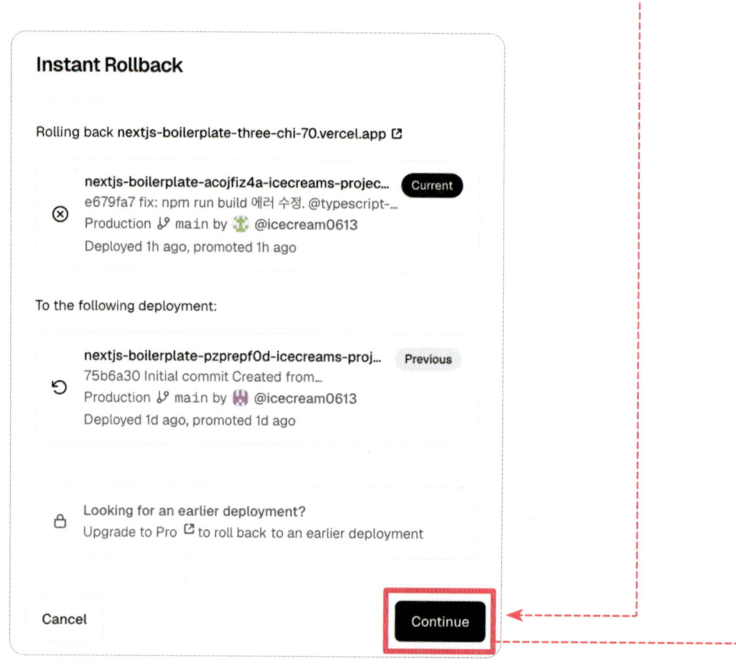

잠시 기다리시면 완료 팝업이 나타납니다.

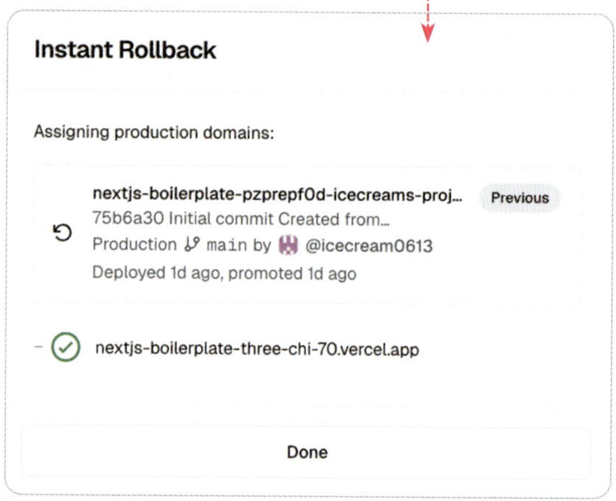

 롤백된 상태 확인 :

팝업을 닫고 다시 [Deployments] 탭으로 돌아가서 확인해 보세요.

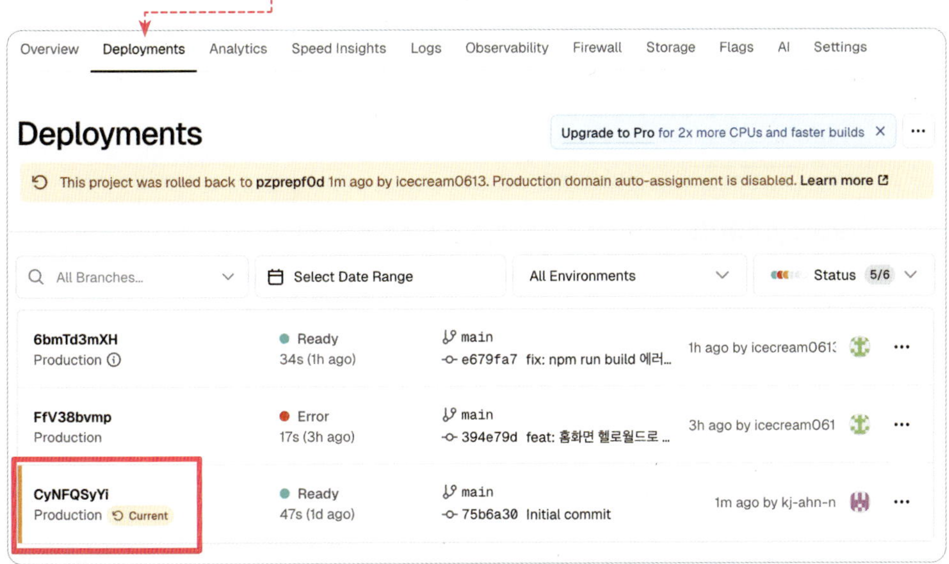

그럼 롤백한 버전에 'Current(활성화 버전)'로 표시된 것을 확인할 수 있습니다. 그리고 상단에 현재 롤백이 된 버전이 프로덕션으로 승격되었기 때문에 "자동으로 배포되는 것이 비활성화되었다"는 메시지도 출력되죠.

롤백이 완료되면, 웹 사이트가 선택한 이전 버전으로 되돌아갑니다. [Visit] 버튼을 클릭하여 정상적으로 되돌려졌는지 확인할 수 있죠. 웹 사이트에 방문하여 이전 버전으로 돌아갔는지 확인하세요.

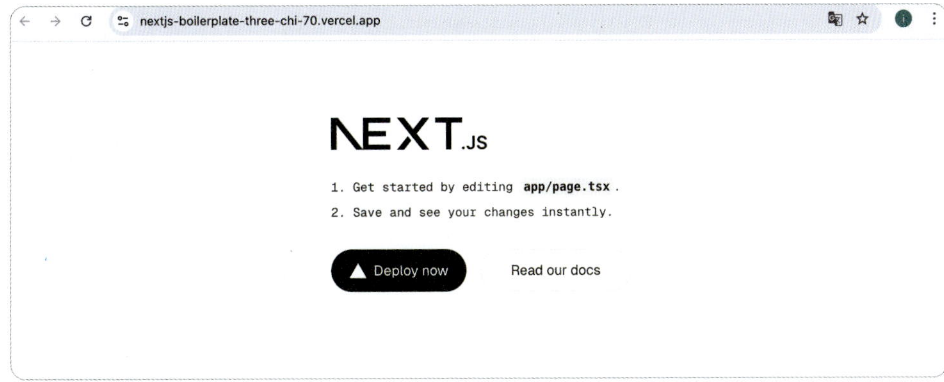

앞서 확인한 바와 같이, 롤백을 하게 되면 기존 버전을 프로덕션에 사용하게 되므로 Git 푸시에 따른 자동 배포는 비활성화됩니다. 다시 자동 배포가 이뤄지게 하려면 가장 최신 버전을 프로덕션으로 승격해 줘야 합니다.

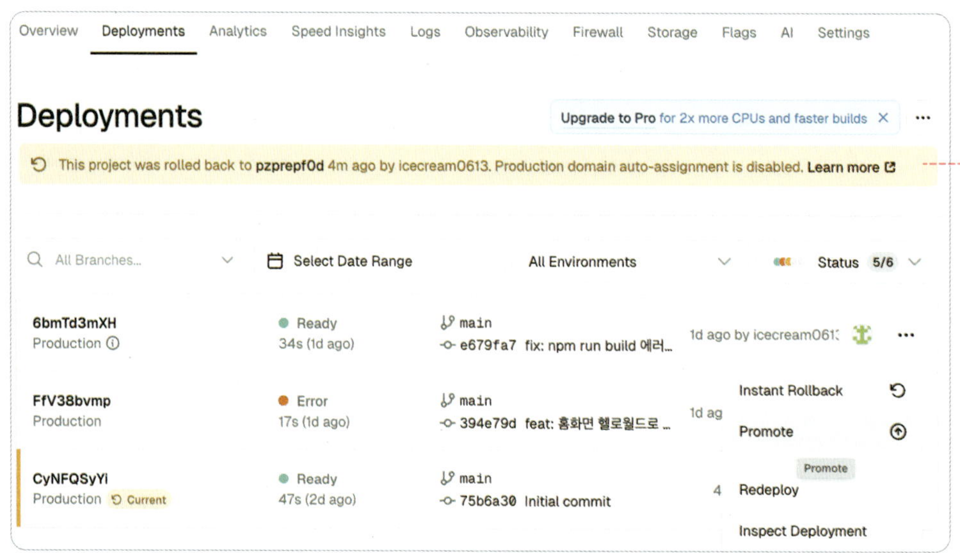

프로덕션 승격을 실행하면 자동 배포가 다시 활성화됩니다. 상단에 메시지가 사라진 것을 확인해 주세요.

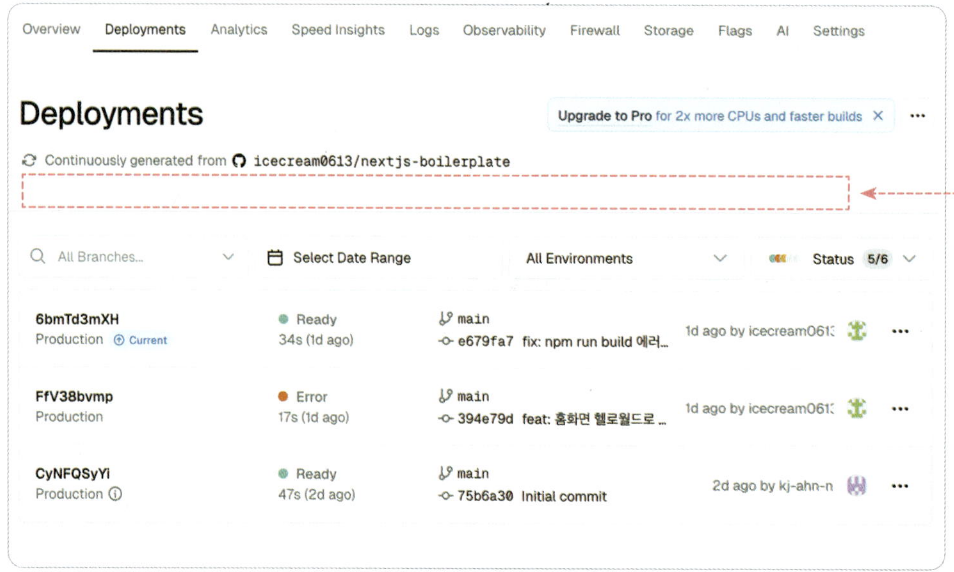

이제 다시 웹 사이트를 방문해 보세요. 다시 최신 버전으로 돌아간 것을 확인할 수 있습니다.

안녕하세요, 프로그래밍의 세계로 오신 것을 환영합니다!

○○○ 다른 유용한 Vercel 기능들

이미지에서 볼 수 있는 다른 유용한 기능들도 소개합니다:

- **Promote :** 특정 배포를 프로덕션으로 승격
- **Redeploy :** 같은 코드로 다시 배포
- **Inspect Deployment :** 배포 상세 정보 확인
- **View Source :** 해당 배포의 소스 코드 확인
- **Copy URL:** 배포 URL 복사
- **Assign Domain:** 커스텀 도메인 연결

주의 사항

Instant Rollback vs Git Revert

- **Instant Rollback :** Vercel에서만 이전 버전으로 되돌림 (Git 이력은 그대로)
- **Git Revert :** Git 커밋 자체를 되돌려서 새로운 커밋 생성

언제 사용해야 할까요?

- **긴급 상황 :** 사용자에게 영향을 주는 심각한 버그가 발생했을 때
- **임시 조치 :** 근본적인 문제 해결 전까지의 임시 방편
- **빠른 복구 :** 몇 분 내에 서비스를 정상화해야 할 때

Vercel의 Instant Rollback 기능은 주로 배포에 문제가 생겼을 때 빠르게 조치하기 위해 사용합니다. 하지만 이는 임시 조치이므로, 근본적인 문제는 코드를 수정하여 해결해야 합니다. 코드를 수정할 때까지의 시간을 벌기 위한 용도인 것이죠. 그러므로 코드 수정이 완료되면 다시 배포를 진행해야 합니다.

지금까지 웹 개발에서 가장 기본적인 플로우들을 단계별로 진행했습니다. 비록 간단한 내용들이었지만 웹 개발의 전체 플로우를 경험해 보았다고 해도 무방합니다. 그럼 이제, 지금까지 살펴본 내용을 정리하겠습니다.

1.4 실습 과정 정리 / 웹 개발의 주요 개념들

축하합니다! 여러분은 이제 웹 개발의 기본적인 워크 플로우를 경험했습니다. 코드를 작성하고, 버전을 관리하고 배포하는 과정을 통해 실제 개발자들이 일하는 방식을 체험했습니다. 이것은 개발자로서 첫 걸음에 불과하지만, 매우 중요한 시작입니다.

1.4.1 배운 것 정리하기

먼저, 지금까지 우리가 살펴본 내용을 정리해 보겠습니다 :

- 코드스페이스 사용을 위해 깃허브에 가입했습니다.
- 코드 스페이스로 개발 환경을 설정했습니다.
- 개발 환경에서 코드를 실행해 보고, 수정 후 실행했습니다.
- 온라인 배포를 위해 Vercel에 가입하고 깃허브와 연동했습니다.
- 코드 변경 사항을 깃 저장소에 확정(커밋)했습니다.
- 확정된 버전을 원격 저장소에 푸시하여 Vercel에 배포했습니다.
- 수정된 코드에서 에러를 찾고 수정했습니다.
- 수정된 코드를 다시 배포했습니다.
- Vercel의 Instant Rollback 기능을 사용하여 이전 버전으로 되돌려 보았습니다.

그런데 이런 과정은 대체 어떻게 동작한 것일까요? 실습에서 사용한 주요 개념들을 정리해 보겠습니다. 모든 개념을 다루고 설명하기에는 내용이 너무 길어지므로 주요 개념들만 간략하게 소개하겠습니다.

지금까지의 실습을 통해 여러 개발 도구와 개념들을 사용해 보았습니다. 이번에는 우리가 사용한 주요 개념들을 정리해 보겠습니다.

구분	도구/ 개념	설명	실습에서 사용한 예시
개발 환경	통 합 개 발 환 경 (IDE)	프로그래밍에 필요한 모든 도구를 통합한 소프트웨어	GitHub Codespaces
	클라우드 IDE	웹 브라우저로 접근하는 온라인 개발 환경	설치 불필요, 어디서나 접근 가능
호스팅	서버	웹 사이트를 저장하고 사용자에게 제공하는 컴퓨터	Vercel 클라우드 호스팅
	클라우드 호스팅	서버 관리 없이 코드만 업로드하는 서비스	자동 배포, 글로벌 CDN
버전 관리	Git	코드 변경 이력을 관리하는 시스템	커밋, 푸시, 롤백
	GitHub	Git 저장소를 온라인으로 관리하는 플랫폼	원격 저장소, 협업
배포	자동 배포	코드 변경 시 자동으로 웹사이트 업데이트	Git vntl ➡ Vercel 자동 배포
	롤백	문제 발생 시 이전 버전으로 되돌리기	Vercel Instant Rollback
개발 도구	ESLint	코드 품질을 검사하는 도구	사용하지 않는 편수 검출
	확장 프로그램	IDE 기능을 확장하는 플러그인	VSCode Extensions

이외에도 많은 개념들이 있지만 모든 것을 알고 시작할 수는 없습니다. 이후 이어지는 챕터에서 실습을 이어가면서 필요한 개념들을 차근차근 알아가면 됩니다. 지금까지 경험한 개발 과정은 클라우드 웹 개발의 워크 플로우입니다:

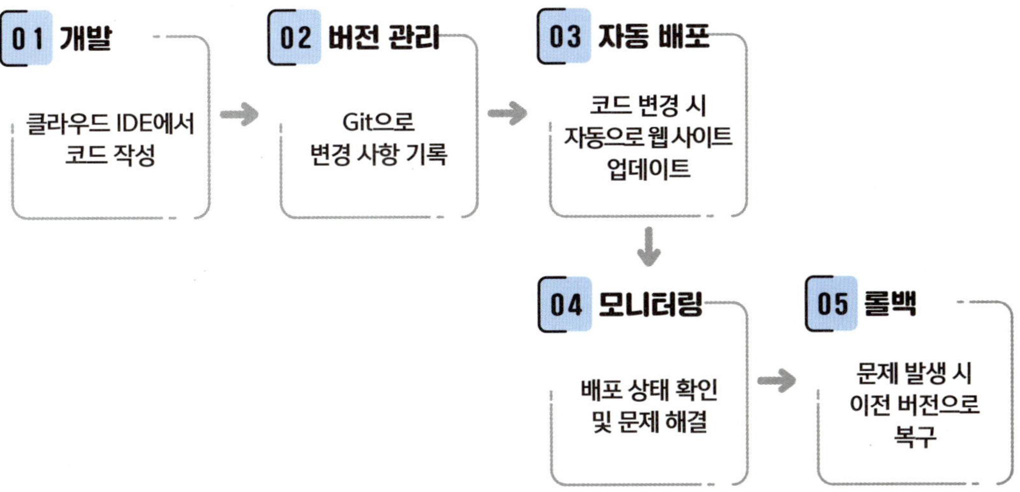

이러한 도구들의 조합으로 개발자는 복잡한 인프라 관리 없이 **코드 작성에만 집중**할 수 있게 되었습니다. 클라우드 웹 개발이 과거보다 훨씬 접근하기 쉬워진 이유입니다. 하지만 경우에 따라서는 인터넷이 불가한 환경에서 개발을 해야 하는 경우도 있겠죠. 이럴 때에는 그에 맞는 로컬 개발 환경이 필요합니다. 다음 영역에서는 로컬 개발 환경을 설정하는 방법에 대하여 알아보겠습니다.

1.5 로컬 개발환경 구성하기

로컬 개발 환경을 구축하면 인터넷 연결 없이도 코드를 작성하고 테스트할 수 있으며, 더 빠른 개발 경험을 누릴 수 있습니다. 이 섹션에서는 Cursor 에디터를 설치하고, 앞서 실습에서 만든 프로젝트를 로컬로 가져와 개발하는 방법을 살펴보겠습니다.

로컬 개발환경을 위해 설치해야 하는 필수적인 프로그램은 다음 3가지입니다.

- **Cursor 에디터** : AI 코드 어시스턴트가 내장된 코드 편집기입니다. 프로젝트 탐색, 터미널, Git 연동을 한곳에서 사용할 수 있습니다.
- **Git** : 소스 코드를 버전별로 관리하고 GitHub와 연동해 협업할 수 있게 해주는 도구입니다.
- **Node.js (LTS 권장)** : JavaScript 런타임으로, 패키지 매니저 npm과 함께 프론트엔드(Next.js 등) 개발/실행에 필수입니다.

개발 환경은 가장 많이 사용하는 운영 체제인 '윈도우'를 기준으로 설명합니다. 설치 방법은 시간이 지나면 일부 화면이나 문구가 달라질 수 있으니, 필요 시 공식 가이드를 함께 참고하세요.

1.5.1 Cursor 에디터 설치하기

'Cursor(커서)'는 VS Code 기반의 AI-네이티브 코드 에디터로, 익숙한 UI와 단축키를 유지하면서 AI가 코드 작성, 리팩토링, 테스트를 돕는 개발 환경입니다. 다음 단계에 따라 윈도우에서 설치합니다.

먼저 공식 웹 사이트(https://www.cursor.com)에 접속합니다. 이제 홈페이지의 [Download] 버튼을 눌러 다운로드 페이지로 이동합니다.

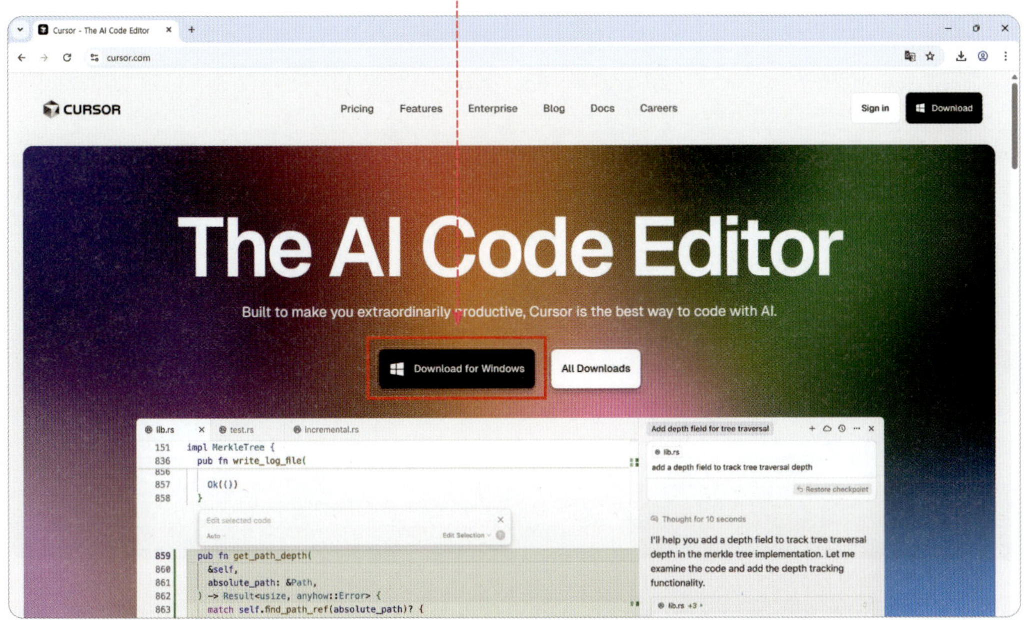

그림과 같은 페이지가 열리면 [Download for Windows] 버튼을 클릭해 설치 파일을 내려받습니다. 별도 지정하지 않은 이상, 윈도우 환경에서 이렇게 웹을 통해 다운로드한 파일은 [다운로드] 폴더에 저장되니 참고하세요. 이제 다운로드한 설치 프로그램을 실행해 주세요.

설치 과정은 크게 '사용권 계약'과 '추가 작업'으로 구분되는데요. 일반적인 '사용권 계약' 및 '설치 경로 시작 메뉴 등록' 등은 기본 설정대로 진행해 주세요. 이후 [추가 작업 선택] 화면에서는 다음과 같이 'PATH에 추가 항목'을 선택해 주세요.

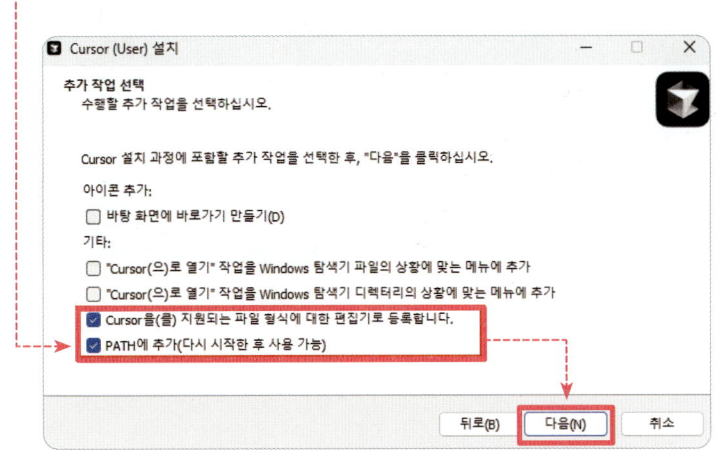

추가 설정 확인 후 [다음] 버튼을 눌러 설치를 진행합니다. 설치 완료 후 Cursor 를 실행하면 [계정 생성(Sign Up)] 또는 [로그인(Log In)]을 위한 화면이 나타납니다. 참고로, Cursor는 깃허브 계정으로 로그인이 가능하죠.

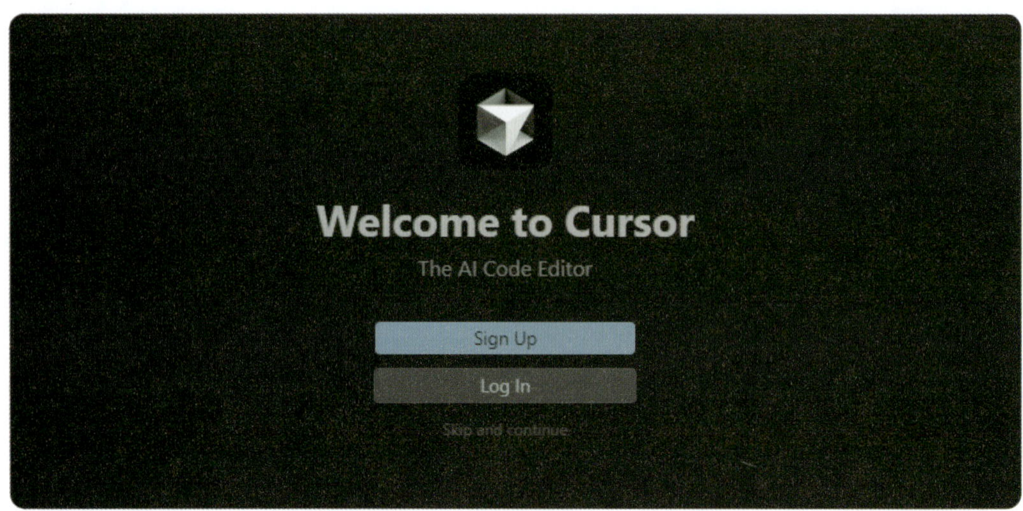

그럼 [로그인] 버튼을 누르고 이전 챕터에서 생성했던 우리의 깃허브 계정으로 로그인을 진행해 주세요.

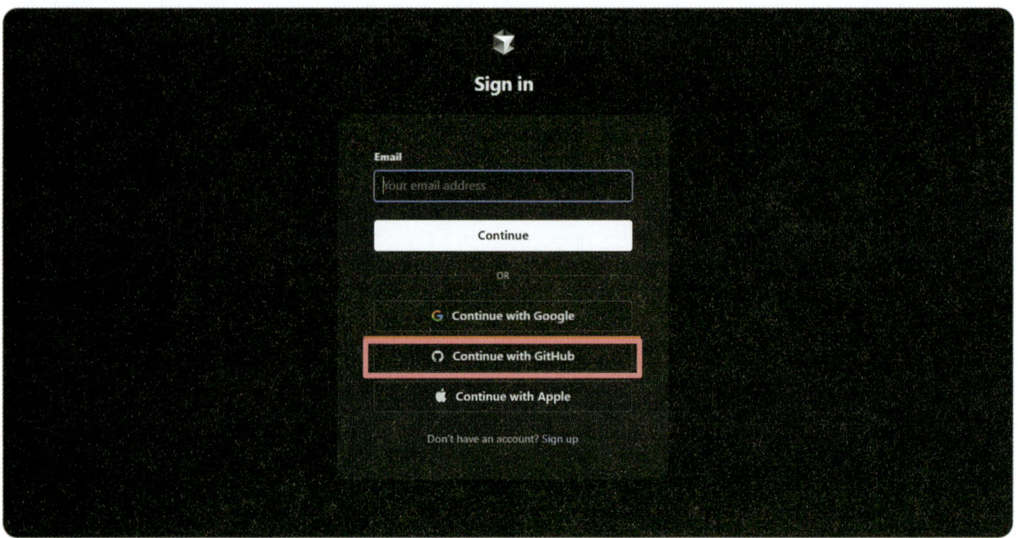

로그인이 완료되면 그림과 같이 Cursor에 대한 기본 설정에 대한 질문이 나타납니다. 기본값으로 설정 후 진행하면 Cursor 에디터가 실행됩니다.

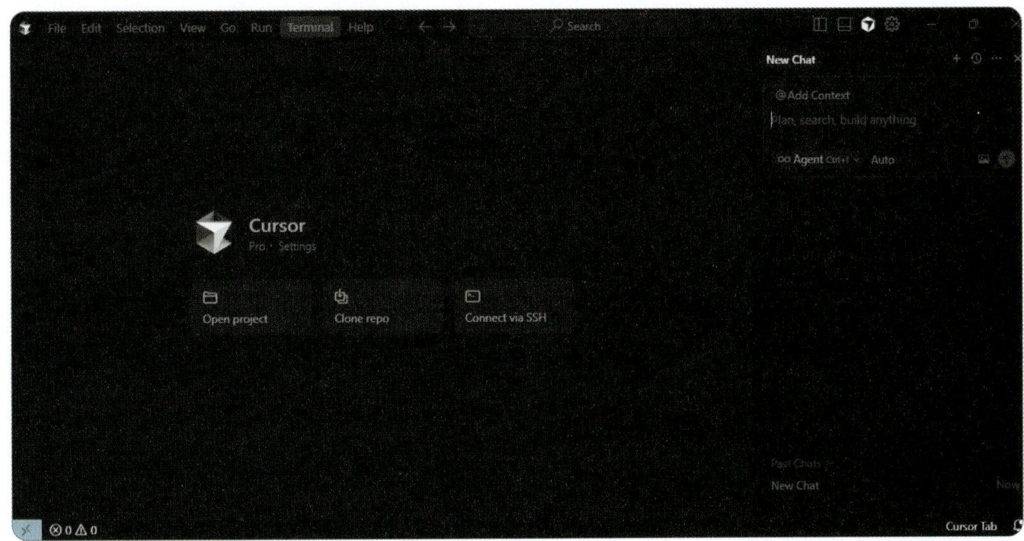

Cursor 에디터가 실행되면 앞서 'GitHub Codespaces'에서 사용했던 것과 매우 유사한 환경을 확인할 수 있습니다. 왼쪽에는 [파일 탐색기], 하단에는 [터미널], 중앙에는 [코드 편집 영역]이 배치되어 있어 웹 브라우저를 통해 작업했던 것과 동일한 레이아웃을 제공합니다. 다음에는 이전 실습에서 사용했던 프로젝트를 복제하기 위해 'Git'을 설치해 보겠습니다.

1.5.2 Git 설치하기

Git은 소스 코드에 대한 버전 관리와 'GitHub' 연동을 위해 필수적인 도구입니다. 윈도우 환경에서 'Git'을 설치하려면 먼저 공식 웹 사이트에 접속합니다.

웹 브라우저에서 공식 다운로드 페이지(https://git-scm.com/download/win)에 접속하면 자동으로 시스템에 맞는 Git 설치 파일 다운로드가 시작됩니다. 잠시 후 다운로드가 완료되면 [다운로드] 폴더에서 설치 파일을 찾아 실행합니다.

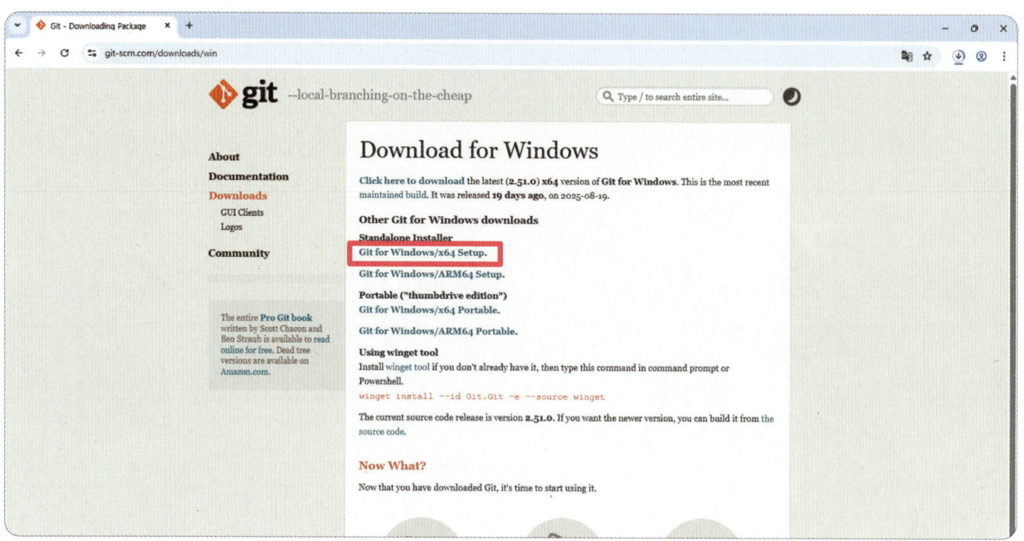

설치 마법사가 시작되면 여러 설정 옵션이 나타납니다. '라이선스 동의'와 '설치 경로'는 기본값으로 진행하고, 기본 설정으로 진행합니다. 설정 선택 중 중요한 부분은 'PATH 환경 변수' 설정인데요. 'PATH 환경 변수' 설정에서는 권장값인 "Git from the command line and also from 3rd-party software(명령줄 및 타사 프로그램에서의 Git 사용)"를 선택해야 합니다. 이 옵션을 선택해야 타 프로그램인 'Cursor'나 '터미널(윈도우 cmd, 파워셀 등)'에서 Git 명령을 사용할 수 있습니다.

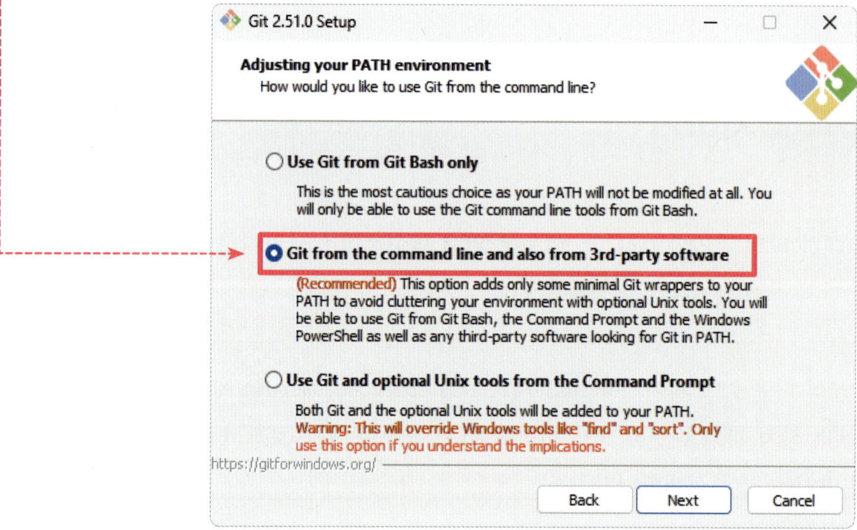

이후 '기본 편집기 선택, HTTPS 전송 방식, 인증서 확인' 등의 옵션은 모두 기본값으로 진행해도 무방합니다. 모든 설정을 완료하고 설치가 끝나면 Cursor를 종료했다가 다시 실행해 주세요. 그럼 이제부터는 Cursor가 설치된 Git을 자동으로 인식합니다.

Cursor에서 GitHub 프로젝트 Clone하기 ○ ○ ○

이제 Cursor와 Git 설치가 완료되었으므로 이제 앞서 GitHub Codespaces에서 만든 프로젝트를 로컬로 가져와 작업할 수 있습니다. GitHub에서 프로젝트를 로컬로 복사하는 과정을 'Clone'이라고 합니다.

Git 설치 후 Cursor를 다시 실행하고 [Clone Repo] 버튼을 클릭하면 GitHub에서 받을 수 있도록 표시됩니다. 해당 작업을 선택하면 다음과 같이 'GitHub에 로그인을 허용할 것인지' 묻는 팝업이 나타나는데 여기서 [Allow(허용)] 버튼을 클릭해 주세요.

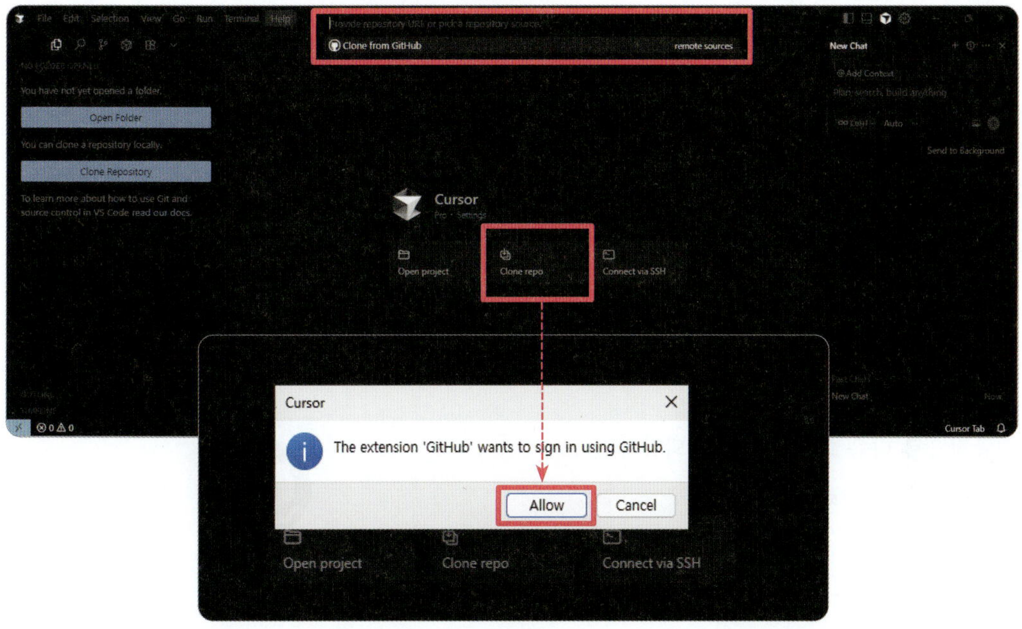

[Allow] 버튼을 누르면 깃허브와 연결할 수 있는 원타임(임시) 코드가 생성됩니다. 이제 [Copy & Continue to GitHub] 버튼을 클릭하세요.

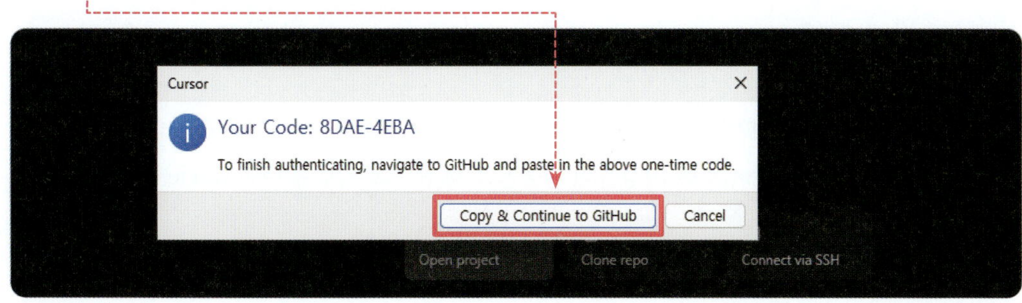

버튼을 클릭하면 깃허브 페이지로 이동합니다. 여기서 계정을 선택하고 [Ctrl]+[V] 단축키로 원타임 코드를 복사하여 넣고 진행합니다.

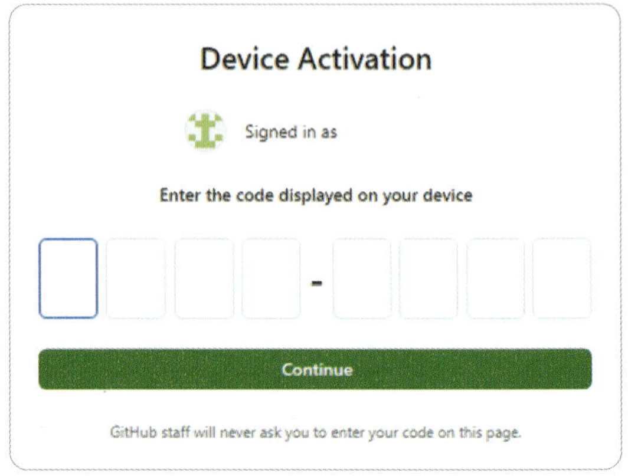

그 다음 [Authorize Visual-Studio-Code] 버튼을 눌러 진행해 주세요.

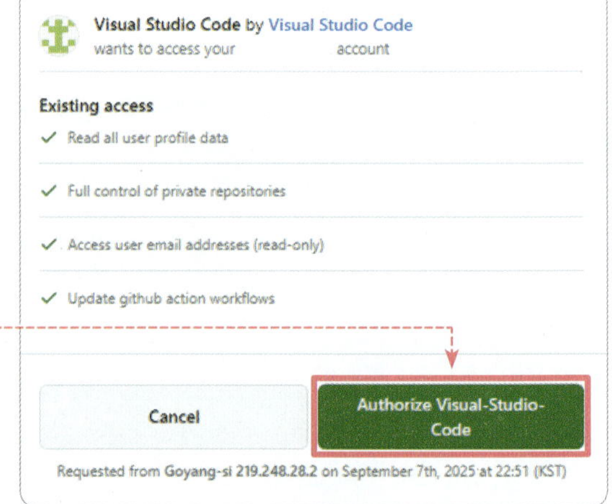

최종적으로 다음 화면까지 진행되었다면 연결이 완료된 것이죠.

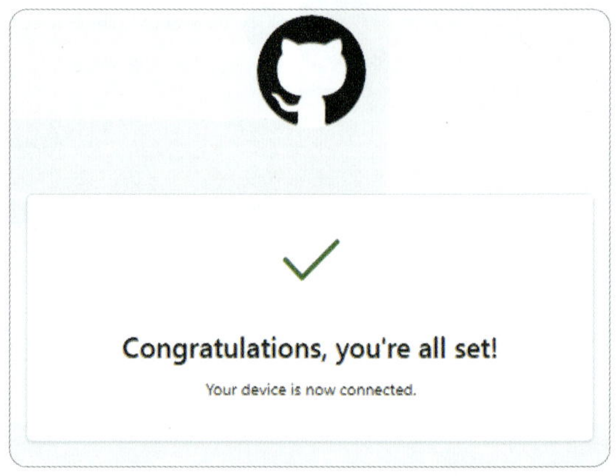

연결이 완료되면 깃허브에 있는 프로젝트 목록을 Cursor 에디터에서 선택할 수 있습니다. 프로젝트를 선택하고 다운로드할 경로를 지정하면 자동으로 해당 프로젝트에 대한 Clone 과정이 진행됩니다.

설치가 완료되면 Cursor 에디터를 다시 시작합니다. 이제 Clone한 프로젝트를 실행해 보겠습니다. Cursor에서 새로운 터미널을 실행합니다.

프로젝트 Clone이 완료되면 Cursor에서 GitHub Codespaces와 거의 동일한 개발 환경을 확인할 수 있습니다. 왼쪽 파일 탐색기, 중앙 편집 영역, 하단 터미널 등 레이아웃이 완전히 같고, 확장 기능과 단축키도 동일하게 작동합니다. 다음은 로컬 환경에 NodeJS 를 설치하고 프로젝트를 실행해 보겠습니다.

1.5.4 NodeJS 설치하고 실행해 보기 ○○○

Node.js는 JavaScript 런타임 환경으로, 브라우저 밖에서 JavaScript를 실행할 수 있게 해주는 플랫폼입니다. 앞서 Clone한 프로젝트를 로컬에서 실행하기 위해서는 Node.js와 함께 설치되는 npm(Node Package Manager)이 필요합니다.

먼저 Node.js 공식 웹 사이트에 접속합니다. 웹 브라우저에서 `https://nodejs.org` 에 접속하여 [Get Node.js] 버튼을 클릭하세요.

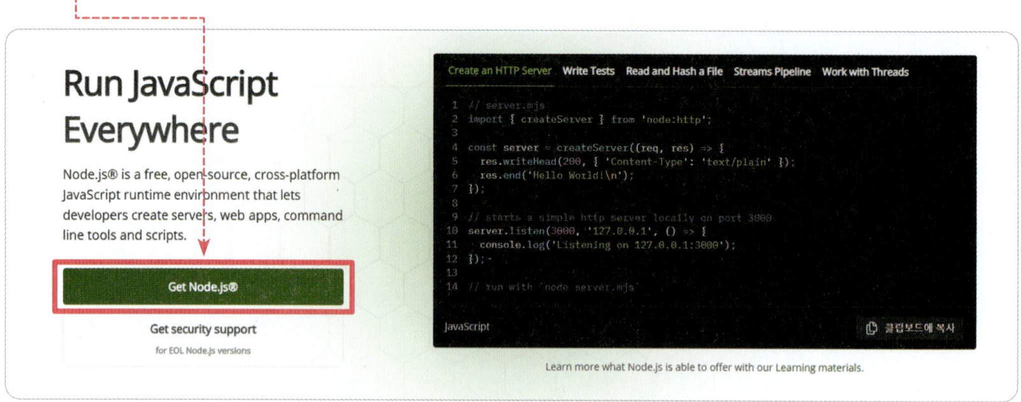

다운로드 페이지에서 버전을 확인할 수 있습니다. 안정성과 장기 지원을 위해 LTS(Long Term Support) 버전을 다운로드하는 것을 권장합니다. 그럼 [Windows 설치 프로그램(.msi)] 버튼을 클릭해 설치 프로그램을 다운로드해 주세요.

다운로드가 완료되면 [다운로드] 폴더에서 설치 파일을 찾아 실행합니다.

설치 마법사가 시작되면 라이선스 동의, 설치 경로 등은 기본값으로 진행합니다. 중요한 부분은

설치 구성 요소 선택 화면에서 "Add to PATH" 옵션이 기본으로 포함되어 있습니다. 혹시 포함되어 있지 않다면 포함하도록 옵션을 변경합니다. 이 옵션이 활성화되어야 터미널에서 `node`와 `npm` 명령을 사용할 수 있습니다. 다른 옵션들은 기본값으로 진행해도 무방합니다.

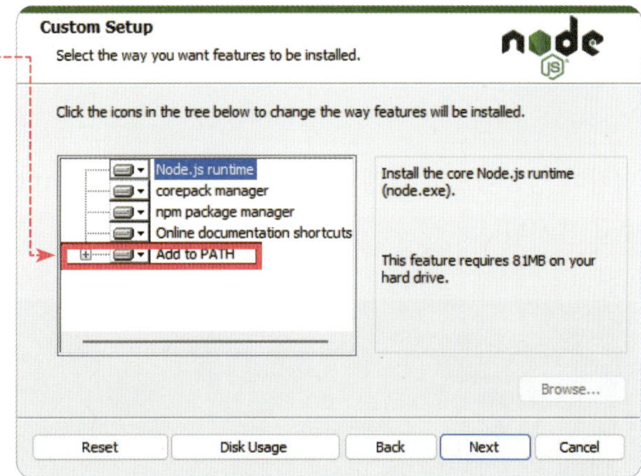

설치가 완료되면 Cursor 에디터를 다시 시작합니다. 이제 Clone한 프로젝트를 실행해 보겠습니다. Cursor에서 새로운 터미널을 실행합니다.

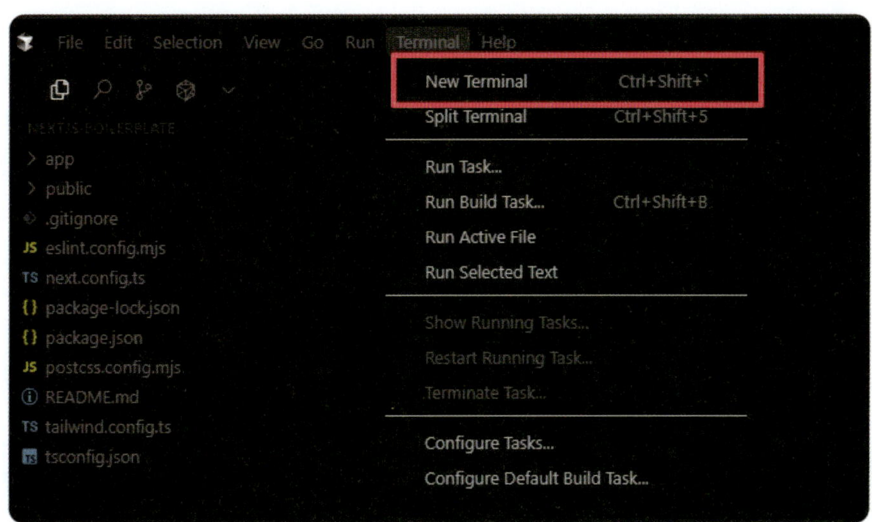

Cursor의 기본 터미널인 powershell에 실행 정책을 변경합니다.

```
Set-ExecutionPolicy RemoteSigned -Scope CurrentUser
```

그후 프로젝트에 필요한 패키지들을 설치합니다.

```
npm install
```

패키지 설치가 완료되면 개발 서버를 시작합니다.

```
npm run dev
```

명령이 성공적으로 실행되면 터미널에 "Local: http://localhost:3000"과 같이 주소 형식으로 표시됩니다.

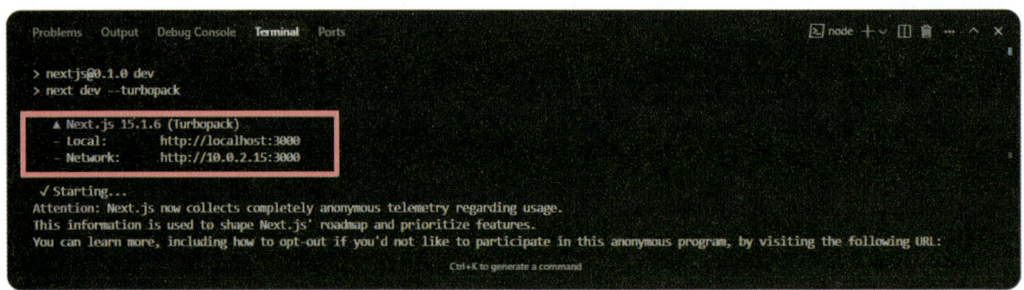

웹 브라우저에서 해당 주소에 접속하면 앞서 GitHub Codespaces에서 개발했던 프로젝트가 로컬 환경에서 정상적으로 실행되는 것을 확인할 수 있습니다.

이제 로컬 개발 환경에서 GitHub Codespaces와 동일한 개발 경험을 누릴 수 있습니다. 코드를 수정하면 자동으로 브라우저에 반영되며, 인터넷 연결 없이도 개발을 계속할 수 있습니다. 다음 섹션에서는 Cursor의 유용한 기능들과 로컬 개발 환경의 장점들을 정리해 보겠습니다.

1.5.5 Cursor 사용 팁

Cursor 에디터는 여러 가지 강력한 기능이 있지만 그 중 특히 주목받는 기능은 'AI 에이전트' 기능입니다. Cursor 공식 문서(https://docs.cursor.com/ko/agent/overview)에서 사용법을 자세히 알 수 있습니다.

여기서는 여러 가지 방법 중 가장 간편하고 자주 사용하는 팁만 소개하겠습니다. 다음 표는 주요 기능들과 사용법을 정리한 것입니다.

기능	단축키	설명	용도
AI 에이전트	Ctrl + I	사이드 패널에서 자율 코딩 어시스턴트 실행	복잡한 코딩 작업, 터미널 명령 실행, 코드 편집
인라인 코드 생성	Ctrl + K	코드 편집 영역에서 직접 AI 코드 생성	자연어 명령으로 즉시 코드 생성
AI 채팅	Ctrl + L	AI와 대화형 질문/답변	코딩 질문, 문제 해결, 기술 상담
멀티 채팅 탭	Ctrl + T	여러 대화를 동시에 진행	각각 독립적인 컨텍스트와 히스토리 유지
채팅 기록	Alt + Ctrl + '	이전 대화 내용 확인	과거 논의 검토, 코딩 세션 추적

커서의 에이전트 특징을 간략히 정리하면 다음과 같습니다.

모드	특징	주요 기능
Agent 모드	자율적 작업 수행	시맨틱 코드베이스 검색, 터미널 실행, 파일 편집
Ask 모드	질문답변 중심	기술 상담, 코드 설명, 문제 해결 가이드

로컬 Cursor 환경은 몇 가지 중요한 장점을 제공합니다. 우선 인터넷 연결이 불안정하거나 끊어져도 개발을 계속할 수 있고, 로컬 시스템의 모든 자원을 활용해 훨씬 빠른 성능을 경험할 수 있습니다. 또한 사용 시간 제한 없이 원하는 만큼 개발할 수 있으며, 개인 파일과 설정을 자유롭게 관리할 수 있습니다.

그리고 강력한 AI 에이전트 기능들로 코드를 생성할 수도 있죠. 위 표에서 설명한 AI 에이전트 기능들은 앞서 설명한 바이브 코딩의 핵심이며, 이제 다음 챕터에서는 이러한 AI 기능을 활용해 실제 웹 사이트 기능을 바이브 코딩 방식으로 구현하는 실습을 진행할 예정입니다.

이제 여러분의 로컬 개발 환경 구축이 완료되었습니다. Cursor, Git, GitHub 연동까지 모든 준비가 끝났으니, 다음 장에서는 AI와 함께하는 새로운 개발 경험을 직접 체험해 보겠습니다.

바이브 코딩 체험하기

바이브 코딩(Vibe Coding)은 AI와 함께하는 새로운 개발 경험입니다. 앞서 살펴본 **Cursor**는 AI 기반 코드 에디터로, '코딩 에이전트'와 '자동 완성'을 지원합니다.

'바이브 코딩'은 개발자가 자연어로 원하는 기능을 설명하면, AI가 이를 이해하고 실제 코드로 구현해 주는 혁신적인 개발 방식입니다. 마치 숙련된 개발자와 페어 프로그래밍을 하는 것처럼, AI와 함께 협력하여 빠르고 효율적으로 웹 애플리케이션을 만들 수 있죠.

이 책에서 바이브 코딩을 자세하게 다루지는 않습니다만, 새로운 패러다임에 적용할 수 있도록 웹 개발 전체 플로우를 진행하면서 개념을 익히는 것이 목적이죠. 하지만 새로운 무언가를 익히려면 그것이 정확히 어떤 것인지 알아야겠죠. 본 영역에서는 간단한 실습으로 맛보기 체험을 진행하겠습니다.

> 바이브 코딩은 생성형 AI 특성 상 같은 자연어를 통해서라도 서로 다른 코드가 출력될 수 있습니다. 따라서 책과 똑같은 결과가 나오지 않는다고 해서 당황하지 말아 주세요. 이 부분에서는 바이브 코딩의 전반적인 플로우를 체험하는 것에 초점을 맞춰 주시기 바랍니다.

이번 바이브 코딩 실습에서는 **웹 컬러 다이어리**를 만들어 보겠습니다. 이 프로젝트를 통해 바이브 코딩의 핵심 개념을 체험해 볼 수 있죠.

주요 기능은 다음과 같습니다.

- 날짜 선택 후 제목과 텍스트 입력 가능
- yyyyMMdd 값에 따라 배경 및 텍스트의 컬러가 서로 어울리도록 자동 생성됨
- 데이터는 TSV 파일로 저장함

이 과제는 간단하지만 아직 개발 경험이 없는 사람이 바이브 코딩을 경험하기에 좋습니다. 바이브 코딩만으로도 프론트 및 백엔드 상의 모두 구현이 가능하지만, 한번에 전부 다룬다면 너무 과정이 길고 수많은 시행착오를 겪게 되겠죠. 이번 과제는 다음과 같은 이유들로 바이브 코딩 실습에 유리합니다.

백엔드 없이 완성 가능

- 별도의 서버나 데이터베이스 설정이 필요하지 않습니다
- TSV 파일을 사용하여 로컬에서 데이터를 관리합니다
- 복잡한 인프라 구성 없이 바로 개발에 집중할 수 있습니다
- 백엔드, 프론트엔드의 개념을 익히지 않고 가능합니다.

프론트엔드 핵심 기능 포함

- 사용자 인터페이스 설계
- 데이터 입력 및 저장
- 동적 스타일링 (날짜 기반 색상 생성)
- 파일 시스템 활용

바이브 코딩에 최적화

- 자연어로 설명하기 쉬운 명확한 요구 사항
- 단계별로 기능을 추가하며 발전시킬 수 있는 구조
- AI가 이해하기 쉬운 직관적인 기능들

이 '웹 컬러 다이어리' 프로젝트는 간단하지만 다양한 경험을 쌓을 수 있습니다. 먼저 바이브 코딩의 핵심인 워크 플로우를 체험하게 됩니다. 자연어로 요구 사항을 정의하고, AI와의 대화를 통해 그 요구 사항을 정리하고 실제 코드 구현까지 체험할 수 있죠. AI와 협업하는 방법을 익히고, 자연어로 프로그래밍 요구 사항을 전달하는 프롬프팅 기술을 습득하며 기존보다 훨씬 효율적인 개발 프로세스를 경험하게 됩니다.

또한 이 프로젝트를 수정하거나 더 발전시키면 여러분의 포트폴리오에 추가할 수 있는 훌륭한 자료가 됩니다. GitHub에 올려서 다른 개발자들과 공유할 수 있고, 바이브 코딩을 활용한 사례로 소개할 수 있으며 창의적인 아이디어를 실제로 구현한 사례로 활용할 수 있습니다.

이 프로젝트의 기술적 특징을 살펴보면, 프론트 엔드 중심으로 설계되어 있습니다.

프론트엔드 중심 설계

```
Next.js + TypeScript + Tailwind CSS
    ├── 날짜 선택 인터페이스
    ├── 텍스트 입력 폼
    ├── 동적 색상 생성 알고리즘
    ├── TSV 파일 처리
    └── 반응형 디자인
```

색상 생성 로직

- 날짜 값(yyyyMMdd)을 해시 함수에 입력
- RGB 값으로 변환하여 배경색 생성
- 가독성을 위한 텍스트 색상 자동 계산 – 색상 조화를 위한 보정 알고리즘

데이터 구조 (TSV)

date	title	content	background_color	text_color
20241201	첫 번째 일기	오늘은 좋은 하루였다	#FF6B6B	#FFFFFF
20241202	두 번째 일기	새로운 것을 배웠다	#4ECDC4	#000000

이제 이 흥미로운 프로젝트를 통해 바이브 코딩의 세계로 떠나 보겠습니다!

1.6.2 작업 전 Git 브랜치 생성하기 ○○○

바이브 코딩 실습을 시작하기 전에 새로운 Git 브랜치를 생성하여 안전하게 작업해 보겠습니다. Cursor의 GUI를 사용하면 터미널 명령어 없이도 쉽게 브랜치를 관리할 수 있습니다.

○○○ Git 브랜치(Branch)란?

'Git 브랜치'는 독립적인 작업 공간을 만들어 주는 기능입니다. 마치 책의 복사본을 만들어서 메모를 하는 것과 같죠. 원본 책(main 브랜치)은 그대로 두고, 복사본(새 브랜치)에서 자유롭게 실험하고 수정할 수 있습니다.

브랜치를 사용하면 :

- 원본 코드를 안전하게 보호할 수 있습니다
- 실험적인 기능을 자유롭게 개발할 수 있습니다
- 문제가 생기면 언제든 원본으로 돌아갈 수 있습니다
- 나중에 좋은 결과가 나오면 원본에 합칠 수 있습니다

Git 브랜치를 생성하기 위해 왼쪽 사이드 상태바에서 [Source Control] 아이콘(분기 모양)을 클릭하거나 단축키(Ctrl+Shift+G)를 사용하여 'Source Control' 패널을 엽니다. 그럼 좌측 하단에 다음과 같이 '소스 제어' 그래프가 보입니다. 지금까지 실습을 완료했다면 소스 제어 그래프의 3가지 버전 기록이 존재하고, 최상단 항목에 'main' 이라는 태그가 나타날 것입니다. 이는 '현재 브랜치가 main 브랜치'임을 의미합니다.

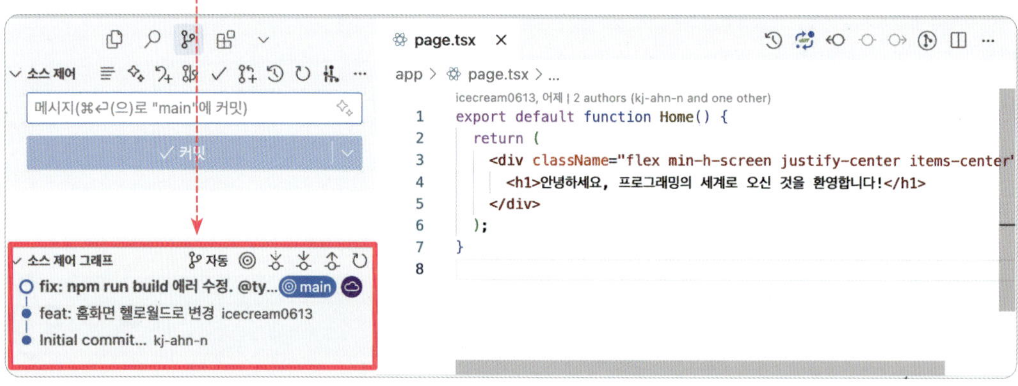

○ ○ ○ ○ main 브랜치란?

'main' 브랜치는 Git 저장소의 기본 브랜치입니다. 마치 책의 원본과 같은 역할을 하죠. 모든 프로젝트는 이 메인 브랜치에서 시작되며, 이곳에는 안정적이고 검증된 코드가 저장됩니다. 보통 프로덕션에 배포하기 위한 코드가 저장되는 것이죠.

현재 여러분이 보고 있는 3개의 버전 기록은:

- 첫 번째 : 프로젝트 초기 설정
- 두 번째 : 기본 구조 생성
- 세 번째 : 이전 챕터에서 작업한 내용

이제 새로운 브랜치를 만들어서 바이브 코딩 실습을 안전하게 진행해 보겠습니다. 소스 제어 그래프에서 가장 최신 버전인 main 브랜치를 마우스로 우클릭하고 [새 분기 만들기]를 클릭합니다. 또는 단축키(Ctrl+Shift+P)를 눌러 명령 팔레트를 열고 그림과 같이 [Git: Create Branch]를 실행하세요.

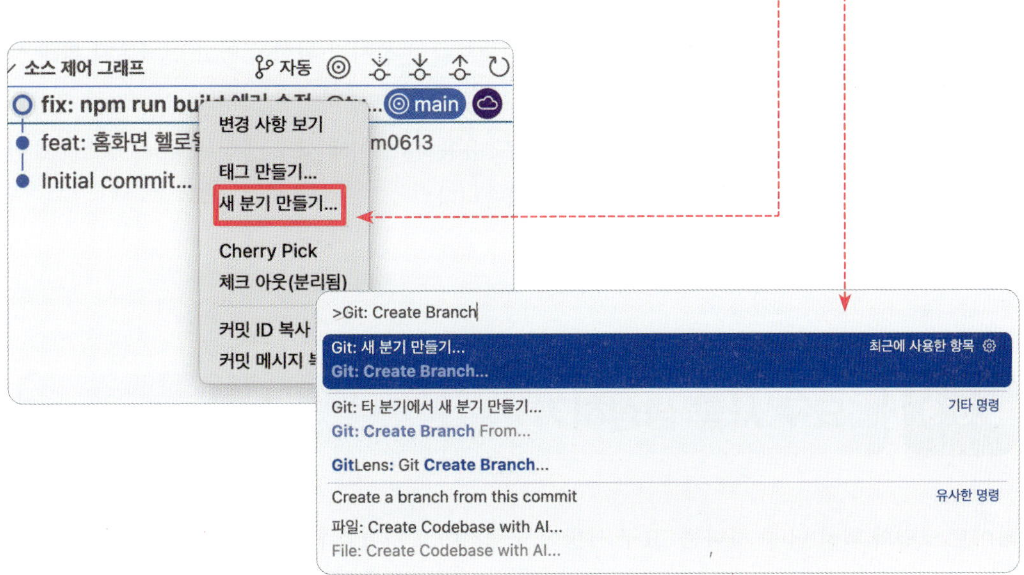

브랜치명 입력 창에 'vibe-coding'을 입력하고 Enter 키를 눌러 브랜치를 생성합니다.

이렇게 브랜치 생성이 완료되었습니다. 하단 상태바의 브랜치명에 마우스를 가져다 대면 현재 버전의 상세 브랜치 내용을 볼 수 있습니다.

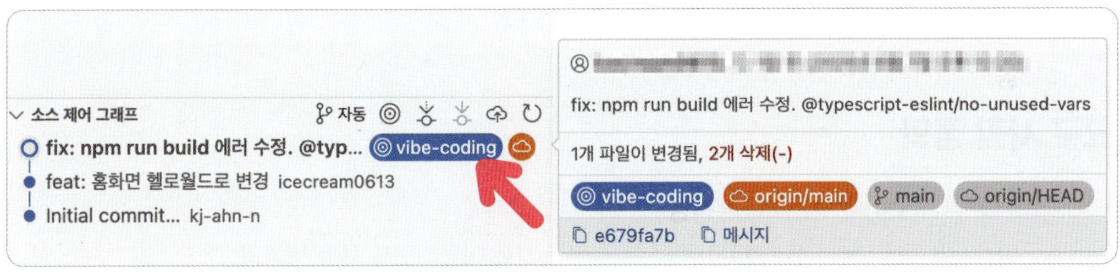

'main'과 'vibe-coding' 브랜치가 모두 표시되며, 좌측에는 현재 vibe-coding 브랜치가 선택되어 있습니다.

이제 메인 브랜치에 영향을 주지 않고 안전하게 바이브 코딩 실습을 진행할 수 있습니다. 모든 변경 사항은 vibe-coding 브랜치에만 저장됩니다. 이렇게 브랜치를 사용하여 작업하는 것에는 여러 장점이 있습니다.

먼저, **안전한 실험 환경**을 제공하죠. 메인 브랜치의 코드를 손상시킬 위험이 없고 언제든지 원래 상태로 돌아갈 수 있습니다. 또한 **작업을 명확히 분리**할 수 있습니다. 바이브 코딩 실습과 기존 작업을 구분할 수 있고, 여러 기능을 동시에 개발할 때에도 유용하죠. 이제 새로 생성된 vibe-coding 브랜치에서 안전하게 바이브 코딩 실습을 시작해 보겠습니다.

1.6.3 요구 사항 생성하기

바이브 코딩의 핵심 팁 중 하나는 "요구 사항이 구체적이고 명확할수록 좋다"는 것입니다. 사실 이것은 사람과 일할 때에도 마찬가지입니다. 자연어는 특성 상 모호함이 있기 때문이죠. '아' 다르고 '어' 다르다는 말이 괜히 있는 것이 아닙니다.

또한 같은 말이라고 해도 사람마다 이해하는 것은 전혀 다를 수 있습니다. 그래서 여러 산업에서는 자연어의 모호함을 줄이기 위해 다양한 방법을 사용합니다. 건축이라면 설계도 등이 있을 수 있고, 소프트웨어에도 여러 가지 다이어그램과 모델링 기법이 존재하죠. 이는 코딩 에이전트에게 맡길 때에도 동일합니다. 때문에 먼저 중요한 부분은 요구 사항을 명확히 하는 것이죠. 이번 프로젝트에서 만들 웹 컬러 다이어리의 요구 사항을 정의해 보겠습니다.

요구 사항 정의

- 날짜 선택 후 제목과 텍스트 입력 가능
- yyyyMMdd 값에 따라 배경 컬러와 텍스트 컬러가 서로 어울리도록 자동 생성됨
- 데이터는 TSV 파일로 저장함

위의 요구 사항을 좀 더 코딩 에이전트가 쉽게 이해하도록 하려면 어떻게 하면 좋을까요? 한 가지 방법은 코딩 에이전트에게 직접 요구 사항을 만들라고 지시하는 것입니다. Cursor(커서) IDE의 우측 '코딩 에이전트'에게 다음과 같은 프롬프트를 입력해 주세요. 프롬프트 내에서 다음 줄로 바꾸려면 Shift + Enter 키를 눌러 주세요.

개인 다이어리 웹 애플리케이션의 요구 사항 문서를 마크다운 형식으로 작성하고 requirements.md
파일로 저장해 줘.

프로젝트 개요 :

· 개인이 일상을 기록할 수 있는 다이어리 웹 애플리케이션

· 날짜 선택 후 제목과 텍스트 입력 가능

· yyyyMMdd 값에 따라 배경 컬러와 텍스트 컬러가 서로 어울리도록 자동으로 생성됨

· 데이터는 TSV 파일로 저장함

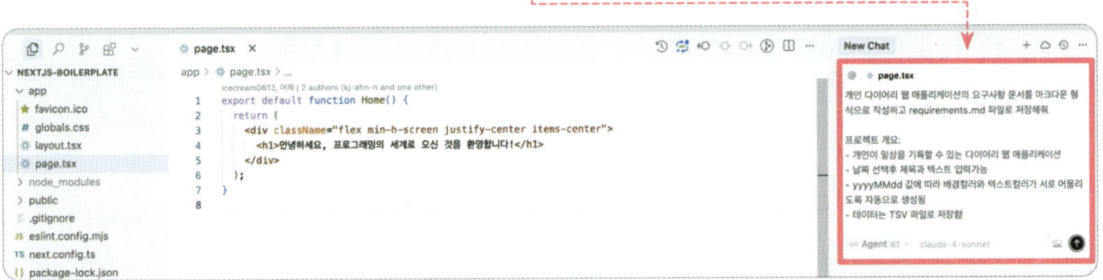

위 요구 사항을 입력하고 나면 코딩 에이전트가 다음과 같이 답변과 함께 요구 사항을 정의해 줍
니다.

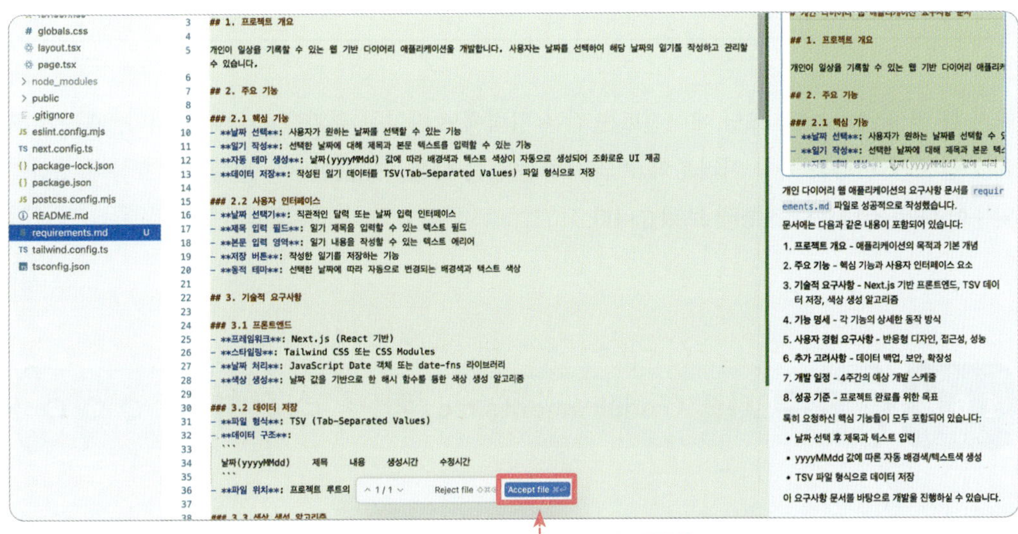

결과가 다르다고 당황하지 마세요. 미리 설명한 바와 같이, AI 코딩 에이전트는 자연어를 이해하
고 코드로 변환하는 과정에서 다양한 결과가 나올 수 있습니다. 이번 실습에서는 코딩 에이전트
가 요구 사항을 정의해 주는 과정을 목표로 합니다. 하단의 [Accept file] 버튼을 클릭하면 에이전
트가 작업한 내용을 승인하게 됩니다.

'프롬프트(Prompt)'는 AI에게 주는 명령이나 질문을 말합니다. 마치 사람에게 일을 부탁할 때 사용하는 말과 같죠. '프롬프트 엔지니어링'은 AI가 우리가 원하는 결과를 정확히 만들어 내도록 프롬프트를 작성하는 기술입니다.

좋은 프롬프트의 특징 :

- 구체적이고 명확한 지시 사항
- 원하는 결과의 형태나 구조 명시
- 예시나 참고 사항 제공
- 단계별로 나누어진 명령

예시 :

- 나쁜 프롬프트 : "웹사이트 만들어줘"
- 좋은 프롬프트 : "React와 TypeScript를 사용해서 날짜별 일기를 작성할 수 있는 웹 애플리케이션을 만들어 줘. 날짜마다 다른 배경색이 나오고, TSV 파일로 데이터를 저장해야 해."

다시 한 번 강조하지만, 코딩 에이전트는 같은 입력에도 다양한 결과를 만들어 냅니다. 때문에 책에 쓰인 요구 사항과 독자 여러분의 요구 사항 문서는 다를 수 있습니다. 전체적인 흐름에 초점을 맞추어 다음 스텝으로 진행해 보겠습니다.

1.6.4 요구 사항(requirements.md) 확인, 수정하기 ○○○

코딩 에이전트가 만든 요구 사항 상세 스펙 문서를 확인해 보겠습니다. 좌측 사이드바에서 파일 탐색기를 열고 'requirements.md' 파일을 클릭해 주세요.

저의 경우 요구 사항 문서는 다음과 같이 작성되었습니다. 물론 독자 여러분의 결과는 다를 수 있습니다.

개인 다이어리 웹 애플리케이션 요구 사항 문서

1. 프로젝트 개요

개인이 일상을 기록할 수 있는 웹 기반 다이어리 애플리케이션을 개발합니다. 사용자는 날짜를 선택하여 해당 날짜의 일기를 작성하고 관리할 수 있습니다.

2. 주요 기능

2.1 핵심 기능

- **날짜 선택** : 사용자가 원하는 날짜를 선택할 수 있는 기능
- **일기 작성** : 선택한 날짜에 대해 제목과 본문 텍스트를 입력할 수 있는 기능
- **자동 테마 생성** : 날짜(yyyyMMdd) 값에 따라 배경색과 텍스트 색상이 자동으로 생성되어 조화로운 UI 제공
- **데이터 저장**: 작성된 일기 데이터를 TSV(Tab-Separated Values) 파일 형 식으로 저장

2.2 사용자 인터페이스

- **날짜 선택기** : 직관적인 달력 또는 날짜 입력 인터페이스
- **제목 입력 필드** : 일기 제목을 입력할 수 있는 텍스트 필드
- **본문 입력 영역** : 일기 내용을 작성할 수 있는 텍스트 에리어
- **저장 버튼** : 작성한 일기를 저장하는 기능
- **동적 테마** : 선택한 날짜에 따라 자동으로 변경되는 배경색과 텍스트 색상

3. 기술적 요구 사항

3.1 프론트엔드

- **프레임워크** : Next.js (React 기반)
- **스타일링** : Tailwind CSS 또는 CSS Modules
- **날짜 처리** : JavaScript Date 객체 또는 date-fns 라이브러리
- **색상 생성** : 날짜 값을 기반으로 한 해시 함수를 통한 색상 생성 알고리즘

3.2 데이터 저장

- **파일 형식** : TSV (Tab-Separated Values)

- **데이터 구조**:

날짜(yyyyMMdd)	제목	내용생성	시간	수정 시간

- **파일 위치** : 프로젝트 루트의 `data` 폴더 또는 사용자 지정 경로

3.3 색상 생성 알고리즘

- **입력** : 날짜 문자열 (yyyyMMdd 형식)
- **출력** : 조화로운 배경색과 텍스트 색상 조합
- **요구 사항** :
  - 가독성을 보장하는 충분한 대비율
  - 동일한 날짜에 대해 항상 동일한 색상 생성
  - 미적으로 조화로운 색상 조합

4. 기능 명세

4.1 날짜 선택 기능

- **입력** : 사용자의 날짜 선택
- **처리** : 선택된 날짜를 yyyyMMdd 형식으로 변환
- **출력** : 해당 날짜의 기존 일기 데이터 로드 (있는 경우)

4.2 일기 작성 기능

- **제목 입력** : 최대 100자 제한
- **본문 입력** : 제한 없음 (실용적 범위 내)
- **실시간 미리보기** : 작성 중인 내용을 실시간으로 확인 가능

4.3 자동 테마 생성 기능

- **색상 생성** : 날짜 값을 시드로 사용하여 HSL 색상 공간에서 색상 생성
- **대비 보장** : WCAG 접근성 가이드라인을 준수하는 색상 대비
- **조화로운 조합** : 보색 또는 유사색을 활용한 조화로운 색상 조합

4.4 데이터 저장 기능

- **저장 형식** : TSV 파일
- **파일명** : diary_entries.tsv – **데이터 필드**:
- 날짜 (yyyyMMdd)
- 제목

- 내용

- 생성시간 (ISO 8601 형식)

5. 사용자 경험 (UX) 요구 사항

5.1 반응형 디자인

- 데스크톱, 태블릿, 모바일 환경에서 최적화된 사용자 경험 제공

5.2 접근성

- 키보드 네비게이션 지원

- 스크린 리더 호환성

- 충분한 색상 대비 보장

5.3 성능

- 빠른 로딩 시간

- 부드러운 애니메이션 및 전환 효과

6. 추가 고려사항

6.1 데이터 백업

- TSV 파일의 정기적 백업 방안 고려

- 데이터 내보내기/가져오기 기능 (향후 확장)

6.2 보안

- 개인 정보 보호를 위한 로컬 저장

- XSS 공격 방지를 위한 입력 검증

6.3 확장성

- 향후 기능 추가를 고려한 모듈화된 구조

- 다국어 지원 가능성 고려

7. 개발 일정 (예상)

01 **1주차** : 프로젝트 설정 및 기본 UI 구성

02 **2주차** : 날짜 선택 및 색상 생성 알고리즘 구현

03 **3주차** : 일기 작성 및 TSV 저장 기능 구현

04   **4주차** : 반응형 디자인 및 최적화

8. 성공 기준

- 사용자가 직관적으로 날짜를 선택하고 일기를 작성할 수 있음
- 각 날짜마다 고유하고 조화로운 색상 테마가 적용됨
- 작성된 일기가 TSV 형식으로 안정적으로 저장됨
- 모든 주요 브라우저에서 정상 동작
- 모바일 환경에서도 원활한 사용 경험 제공

여기서 생각했던 것과 다른 부분들은 직접 수정하거나 다시 에이전트에게 요청할 수 있습니다. 저의 경우 내용 중 [7. 개발 일정]은 필요 없는 부분이라 삭제 후 진행하겠습니다. 이 결과는 모두 다를 수 있기 때문에 독자 여러분은 각 생성된 요구 사항 문서를 보시고 불필요하거나 잘못된 부분을 수정해 주세요. 다음으로는 요구 사항에 맞춰 개발을 요청해 보겠습니다.

○ ○ ○

1.6.5 요구 사항에 맞춰 개발하기

그럼 요구 사항에 맞춰 개발을 요청해 보겠습니다. 코딩 에이전트에게 다음과 같은 프롬프트를 입력해 주세요.

> requirements.md 요구 사항을 구현해 줘

이제 코딩 에이전트가 요구 사항에 맞춰 개발을 시작합니다. 잠시 기다려 주세요.

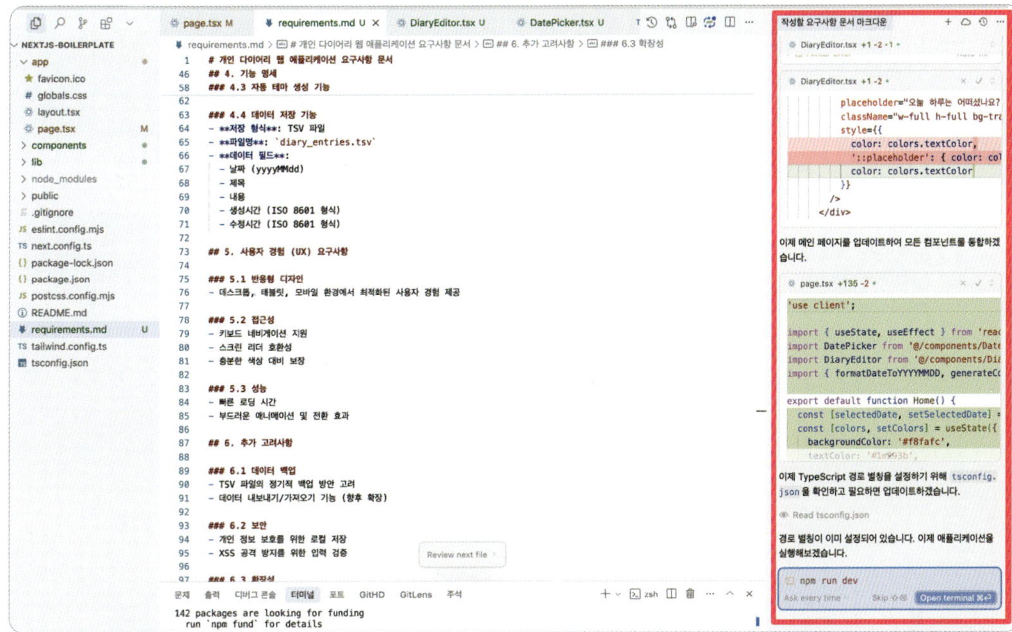

작업이 완료되고 코딩 에이전트가 애플리케이션 실행까지 할지 물어보는 결과가 출력되었습니다. (여러분의 결과는 다를 수 있습니다) 승인하게 되면 추가 작업이 시작됩니다.

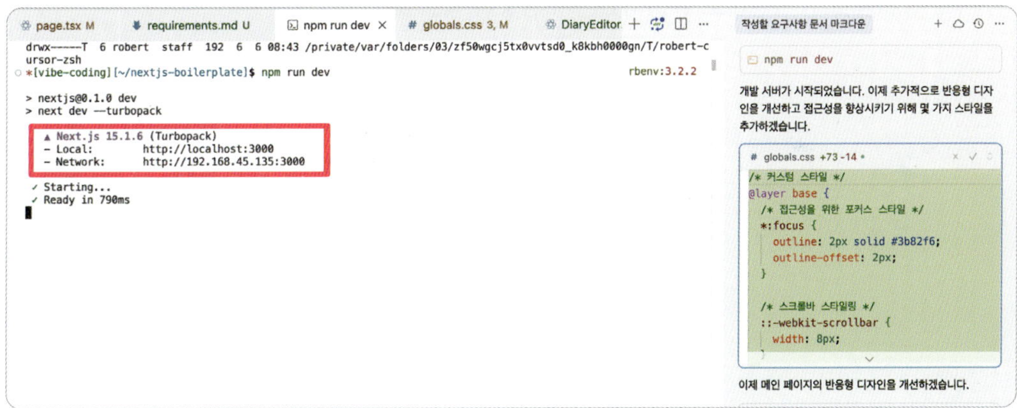

그림 중 빨간 박스 부분에는 개발 서버가 실행된 주소가 표시됩니다.

➡ http://localhost:3000

브라우저에서 해당 주소로 접속해 보세요.

이렇게 간단한 웹 애플리케이션이 완성되었습니다. 비록 세부적인 결과는 모두 다를 수 있겠지만 주요 요구 사항을 정확히 명세했다면, 기능적으로는 비슷한 웹 애플리케이션에 제작되었을 겁니다. 이제 필요한 요구 사항대로 완성되었는지 검증을 해보겠습니다.

1.6.6 { 요구 사항 검증하기

요구 사항 검증은 코딩 에이전트에게 요구했던 사항에 맞게 작업되었는지 그 결과를 확인하는 과정입니다. 먼저 날짜마다 컬러 테마가 바뀌는지 확인해 보죠. '2025년 7월 7일'로 날짜를 바꾸니 자동으로 컬러 테마가 변경되는 것을 다음과 같이 확인할 수 있습니다.

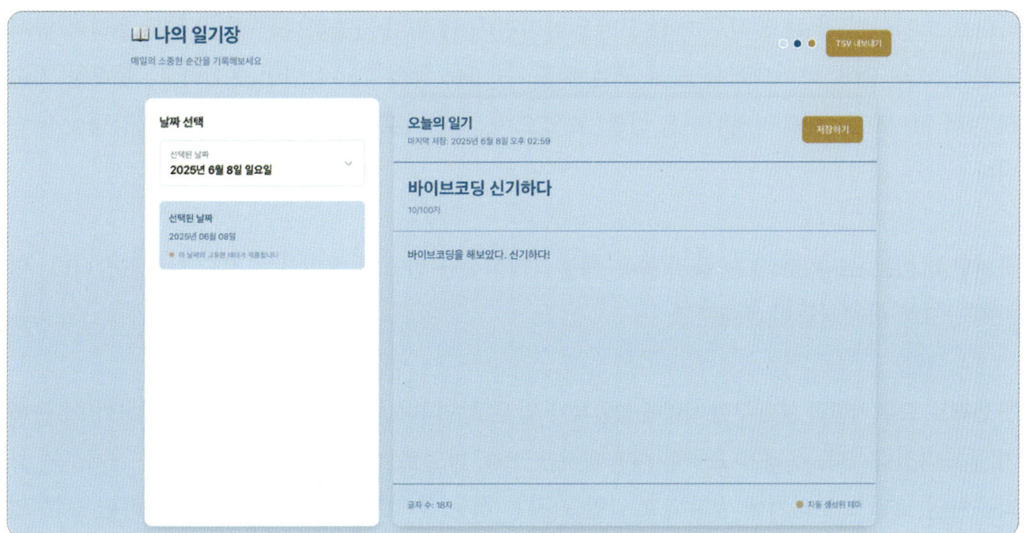

디자인적인 심미적 아름다움은 논외로 하고, 일단 요구 사항대로 동작한 것을 확인할 수 있습니다. 다음은 다이어리에 '내용'과 '제목'을 입력하고 저장해 보겠습니다.

[저장] 버튼을 누르고 브라우저를 종료한 후 다시 열어 보세요. 저장된 내용이 남아 있는 것을 확인할 수 있습니다. 또 [내보내기] 버튼을 클릭하면 저장된 내용이 'tsv' 파일로 다운로드됩니다.

실습 결과는 모두 다를 수 있지만, 요구 사항 대부분이 자연어 입력만으로도 구현된 것을 확인할 수 있죠. 그렇다면 이제 코딩을 배울 필요는 없는 것일까요? 다음 영역에서는 정상적으로 구현되지 않은 부분을 확인하면서, 코딩을 배우는 것이 왜 유리한지 알아보겠습니다.

바이브 코딩 체험 정리

축하합니다! 여러분은 방금 바이브 코딩을 통해 완전히 동작하는 웹 애플리케이션을 쉽게 만들어 보았습니다. 이 과정을 통해 여러분이 경험한 것들을 정리해 보겠습니다.

자연어로 요구 사항을 정의하고, AI 코딩 에이전트가 이를 이해하여 실제 동작하는 웹 애플리케이션을 만드는 전 과정을 체험했습니다. 복잡한 프로그래밍 지식 없이도 아이디어를 구체적인 소프트웨어로 구현할 수 있다는 것을 확인한 거죠.

특히 요구 사항을 명확하게 정의하는 것의 중요성을 배웠습니다. 프롬프트 엔지니어링을 통해 AI와 효과적으로 소통하는 방법도 익혔습니다. 또한 AI가 생성한 결과물이 매번 다를 수 있다는 생성형 AI의 특성도 이해하게 되었습니다.

바이브 코딩의 가장 큰 장점은 빠른 프로토타이핑(시제품화)이 가능하다는 점입니다. 우리가 앞서 경험한 바와 같이, 아이디어를 즉시 구현해 볼 수 있어 창의적인 실험이 용이하죠. 복잡한 기술적 지식 없이도 웹 애플리케이션을 만들 수 있으며, 자연어로 소통하기 때문에 진입 장벽이 낮습니다.

하지만 바이브 코딩만으로는 품질 높은 애플리케이션을 만들기 어렵다는 것도 확인했습니다. 몇 가지 중요한 한계점들이 존재하죠.

첫 번째로 **요구 사항과 실제 구현 사이에 불일치**가 발생했습니다. 특히 데이터 저장 방식에서 이 문제가 두드러졌습니다. 우리가 요구한 내용에서는 'TSV' 파일로 저장한다고 명시했지만, 실제로는 브라우저의 로컬 스토리지에 저장되고 있었습니다. 이는 곧 "브라우저 데이터를 삭제하면 모든 일기가 사라진다"는 심각한 문제를 의미합니다.

두 번째는 **기술적 이해 부족** 문제입니다. 바이브 코딩만으로는 코드가 어떻게 동작하는지, 왜 그런 방식으로 구현되었는지 이해하기 어렵죠. 더 중요한 것은 클라우드와 백엔드 개념을 알지 못하기 때문에, 어떻게 데이터를 저장해야 할지 등 에이전트에게 추가적으로 요청할 요구 사항 자체를 제대로 만들 수가 없다는 점입니다.

세 번째는 **디버깅과 수정의 어려움**입니다. 문제가 발생했을 때 원인을 파악하고 수정하기 위해서는 결국 코드를 이해할 수 있어야 합니다.

다만 이러한 한계점들이 "바이브 코딩이 나쁘다"는 의미는 아닙니다. 오히려 바이브 코딩과 전통적인 개발 방식을 적절히 조합해야 한다는 것을 보여주죠. 바이브 코딩은 빠른 시작과 프로토타이핑에 탁월하지만, 완성도 높은 애플리케이션을 만들기 위해서는 웹 개발의 기본 개념들을 이해하는 것이 중요합니다. 그리고 당장은 개념을 아주 상세하게 아는 것보다도 여러 분야에 걸친 주요 개념의 핵심 요소들만 파악을 하는 것이 더 중요한 이유입니다. 상세한 것은 에이전트에게 맡기고, 디테일한 부분은 직접 수정하거나 더 명확한 프롬프트로 명령하는 것이죠.

여러분은 이제 바이브 코딩의 가능성과 한계를 모두 경험해 보았습니다. 다음 장부터는 바이브 코딩을 다루지는 않을 것입니다. 백엔드와 프론트엔드 개발을 전부 경험하면서, 웹 개발 과정의 전체 플로우를 실제로 경험하는 실습을 진행할 것입니다. 그리고 이를 통해 핵심 개념들을 두루 이해한 후 코딩 에이전트의 도움을 받게 된다면 더 생산성이 뛰어난 품질 높은 개발을 할 수 있을 것입니다. 끝으로 바이브 코딩에 대한 간단한 팁을 정리하겠습니다.

◦ ◦ ◦ 바이브 코딩 고급 팁

바이브 코딩을 더 효과적으로 활용하기 위한 고급 기법들을 소개합니다.

01 Rules 활용하기

Cursor에서는 프로젝트별로 코딩 규칙을 설정할 수 있습니다. .cursorrules 파일을 만들어 다음과 같은 규칙을 정의할 수 있습니다:

- 코딩 스타일 가이드라인
- 사용할 라이브러리나 프레임워크 지정
- 파일 구조나 네이밍 컨벤션
- 보안 관련 주의사항

02 MCP (Model Context Protocol) 서버

MCP 서버를 통해 AI 에이전트의 능력을 확장할 수 있습니다:

- 외부 API 연동 자동화
- 데이터베이스 직접 조작

- 파일 시스템 고급 작업
- 클라우드 서비스 연동

03 효과적인 프롬프트 패턴

- 단계별 요청 : 복잡한 작업을 작은 단위로 나누어 요청
- 예시 제공 : 원하는 결과의 구체적인 예시 포함
- 제약 조건 명시 : 사용하지 말아야 할 기술이나 방법 명시
- 검증 요청 : 구현 후 테스트 케이스나 검증 방법 함께 요청

04 컨텍스트 관리

- 프로젝트 구조를 명확히 설명
- 기존 코드와의 일관성 유지 요청
- 관련 파일들을 함께 참조하도록 지시

이러한 고급 기법들을 활용하면 바이브 코딩의 효율성과 정확성을 크게 향상시킬 수 있습니다.

02

내 웹 사이트에
데이터를
추가해 보자

01장에서 우리는 간단한 "Hello, World!"라는 메시지를 웹 사이트 형태로 표현해 보았습니다. 하지만 실제 웹 서비스는 이렇게 정적인 텍스트만 보여주지 않죠.

현실의 웹 사이트들을 살펴보면 모두 끊임없이 변화하는 살아있는 데이터들을 다루고 있습니다. 가령 실시간으로 업데이트되는 뉴스 기사와 계속 변동하는 상품 가격, 시시각각 달라지는 날씨 정보 혹은 매 순간 움직이는 주식 차트 등이 그 예라고 할 수 있죠.

당연한 이야기지만, 웹 사이트에서 보여주는 모든 정보들은 어딘가에 데이터로 저장되어 있어야 합니다. 기자가 작성한 뉴스 기사의 텍스트는 데이터베이스에 저장되고, 상품 정보는 쇼핑몰의 서버에 보관되며, 날씨 정보는 기상청의 시스템에, 주식 데이터는 증권거래소의 서버에 실시간으로 업데이트되죠. 그렇다면 이런 데이터들은 어떻게 얻을 수 있을까요? 몇 가지 방법이 있습니다.

첫 번째는 자신이 직접 데이터를 수집하고 저장하여 활용하는 방법입니다. 데이터를 수집/보유하는 방법에는 여러 가지가 있는데요. 우선 전문 데이터 제공 업체로부터 구매하는 방법이 있습니다. 예를 들어 부동산 시세 데이터, 주식 과거 데이터, 인구 통계 정보 등을 전문 업체에서 구매할 수 있죠. 또한 자체 서비스를 개발하여 사용자로부터 수집하는 방법도 있습니다. 쇼핑몰을 운영하면서 고객의 구매 패턴을 분석하거나, 리뷰 사이트를 만들어 사용자들의 평가 데이터를 축적하는 것이 대표적인 예입니다.

사용자가 웹 사이트에 입력한 리뷰나 주문 정보, 센서에서 수집한 온도나 습도 데이터, 또는 스크래핑을 통해 수집한 후 자체 데이터베이스에 저장한 정보들이 이에 해당합니다. 이 방식은 데이터에 대한 완전한 제어권을 가질 수 있고 외부 API의 제약이나 비용 없이 빠르게 접근할 수 있다는 장점이 있지만, 데이터 수집과 관리에 대한 기술적 부담과 저장 비용이 필요합니다.

두 번째 방법은 API를 활용하는 것입니다. 많은 서비스들이 개발자들을 위해 API를 제공하는데, 이는 정해진 규칙에 따라 데이터를 요청하면 깔끔하게 정리된 형태로 데이터를 받을 수 있는 방법이죠. 예를 들어 날씨 API에 '서울의 현재 날씨'를 요청하면 JSON 형태로 온도, 습도 등의 정보를 받을 수 있습니다. 한국에서도 여러 방법으로 데이터를 제공합니다.

예컨대 '공공데이터포털(https://www.data.go.kr)'은 중앙부처·지자체·공공기관의 다양한 데이터를 한데 모아 제공하는데, 회원 가입 후에 서비스키를 발급받아 문서의 예시 파라미터대로 호출합니다. 기상청의 '기상자료개방포털'은 초단기실황과 예보, 생활기상지수 등 날씨 데이터를 제공하며, 보통 `serviceKey`, `base_date`, `base_time`, 좌표(nx, ny) 등의 파라미터를 사용합니다. 또 '한국은행 ECOS'는 환율, 물가, 산업 활동 등 경제 지표를 API로 제공하고, 통계표 코드와 기간을 지정하여 시계열 데이터를 조회할 수 있습니다. 국토교통부의 '대중교통/도로교통' API는 버스·지하철 도착정보, 노선/정류장 정보, 도로 소통 등 실시간 교통 데이터를 제공하며 또한 각급 '지자체 포털(예: 서울시 열린데이터광장)'에는 미세먼지, 공원, 따릉이, 주차장 등 다양한 지역 밀착형 데이터들이 존재합니다.

응답 포맷은 대개 'JSON' 또는 'XML'을 지원하며, 일일 호출건수(쿼터), 초당 요청 제한(Rate Limit), 상업적 이용 가능 여부가 서비스마다 다르므로 약관과 가이드를 반드시 확인해야 합니다. 특히 '서버스키'는 코드 상에 그대로 남겨두지 말고, 환경 변수로 별도 보관하는 것을 권장합니다.

세 번째 방법은 웹 스크래핑입니다. API나 데이터베이스 접근이 불가능한 경우, 웹 사이트를 직접 방문하여 우리가 볼 수 있는 정보를 프로그램이 자동으로 읽어오는 방법입니다. 사람이 웹 브라우저로 사이트를 보는 것처럼, 컴퓨터 프로그램이 웹 페이지를 방문해서 필요한 데이터를 추출해 내는 기술입니다.

이런 '웹 스크래핑'은 웹 사이트의 HTML 구조를 분석하여 우리가 원하는 데이터만 골라내는 기술입니다. 예를 들어 뉴스 사이트에 접속해서 기사 제목들만 모아 오거나, 쇼핑몰에서 특정 상품의 가격 정보만 추출해 올 수도 있죠. 이는 마치 신문을 읽으면서 중요한 정보에만 형광펜으로 표시하는 것과 비슷한데, 다만 사람 대신 컴퓨터 프로그램이 이 작업을 자동으로, 그리고 훨씬 빠르게 수행하는 것입니다. 웹 스크래핑을 통해 우리는 다양한 웹 사이트에서 필요한 정보를 수집하고, 이를 우리만의 웹 서비스에 활용할 수 있게 됩니다.

여기서는 위 3가지 방법 중에서도 특히 좀 더 기술적인 부분의 어려움이 큰 **웹 스크래핑**으로 데이터를 수집하는 방법에 대해 소개합니다. 이미 구축한 데이터가 없는 경우 스크래핑이 현실적인 방법이죠.

다음 영역에서는 'Next.js'를 사용해 웹 페이지에 접속하고, HTML 구조를 분석하며, 원하는 데이터를 추출한 후 웹 사이트로 보여주는 실무 기술을 익혀 보겠습니다. 또한 실습 과정에서 변수와 상수의 차이, 함수 구성, 조건 분기, 반복문 등 코딩의 기본 개념도 자연스럽게 함께 익히게 될 것입니다.

참고로, 이번 장의 예제들은 로컬 환경(개발 환경)에서 실행하는 것을 기준으로 작성되었습니다. '로컬 환경'과 '클라우드 배포 환경'은 몇 가지 중요한 차이점이 있어 이를 이해하고 시작하는 것이 중요합니다.

로컬 환경은 우리의 개인 컴퓨터에서 직접 실행되는 환경을 말합니다. 컴퓨터의 하드디스크에 자유롭게 파일을 읽고 쓸 수 있고, 컴퓨터의 RAM을 필요한 만큼 사용할 수 있죠. 프로그램을 한번 실행하면 명시적으로 종료할 때까지 계속 작동되며, npm으로 다양한 패키지를 자유롭게 설치할 수도 있습니다. 또한 브라우저를 직접 실행하는 Puppeteer 등의 도구를 사용할 수도 있죠.

반면 Vercel과 같은 **서버리스 클라우드 플랫폼**은 요청이 들어올 때만 코드가 실행되는 환경입니다.

○ ○ ○ 서버리스(Server-Less)란?

'서버리스(Serverless)'는 "서버가 없다"는 뜻이 아니라 "서버를 직접 관리할 필요가 없다"는 의미입니다. 개발자는 코드만 작성하면 되고, 클라우드 제공 업체가 서버 관리, 확장, 보안 등을 모두 처리해 줍니다.

<서버리스의 특징>

- **이벤트 기반** : 요청이 들어올 때만 코드가 실행됩니다
- **자동 확장** : 트래픽에 따라 자동으로 서버를 늘리거나 줄입니다
- **사용한 만큼만 비용 지불** : 코드가 실행된 시간과 메모리 사용량에 따라 과금됩니다
- **관리 부담 제로** : 서버 운영, 업데이트, 보안 패치 등을 신경 쓸 필요가 없습니다

<대표적인 서버리스 플랫폼>

- **Vercel** : Next.js에 최적화된 배포 플랫폼
- **AWS Lambda** : 아마존의 서버리스 컴퓨팅 서비스
- **Google Cloud Functions** : 구글의 서버리스 플랫폼
- **Netlify** : 정적 사이트와 서버리스 함수 지원

서버리스는 빠른 개발과 배포가 가능하지만, 실행 시간 제한, 메모리 제한, 파일 시스템 접근 불가 등의 제약 사항도 있습니다.

앞서 주지했듯, 우리 책의 예제들은 기본적으로 '로컬' 환경에서 실행되도록 구성되어 있습니다. 첫 번째 예제인 '파일 저장' 기능은 로컬 환경에서만 가능합니다. 파일 시스템에 직접 접근해야 하기 때문이죠. 또 Puppeteer는 Chrome 브라우저를 직접 실행해야 하기 때문에 서버리스 환경에서는 제약이 있습니다. Chrome 브라우저는 메모리를 많이 사용하고, 서버리스 환경의 메모리 제한과 실행 시간 제한 때문에 정상적으로 작동하지 않을 수 있습니다. 따라서 Puppeteer를 사용하는 예제는 로컬 환경에서 실행하는 것이 좋습니다.

'데이터 저장소'로 사용할 Supabase와 Elasticsearch Cloud는 서버리스 환경에서도 작동합니다. 이들은 클라우드 기반 서비스이므로 어디서든 접근할 수 있기 때문입니다. 그렇지만 개발 편의를 위해 02장에서는 모두 로컬 환경에서 실행한다고 생각해 주세요. 이제 실제 예제를 통해 웹 스크래핑의 기본 기법을 단계별로 실습해 보겠습니다.

02장의 목표는 웹 스크래핑을 익히면서 **백엔드(Back-End) 개발의 핵심 개념들을 함께 학습**하는 것입니다. 스크래핑 과정에서 '데이터베이스 설계, API 개발, 서버 아키텍처, 데이터 처리' 등 백엔드 개발자가 알아야 할 다양한 개념들을 자연스럽게 접하게 될 것입니다.

하지만 백엔드 개발의 각 영역은 매우 방대하고 깊이 있는 주제들입니다. 이번 장에서 다루게 될 스크래핑 기술, 관계형 데이터베이스(RDB) 설계와 SQL 최적화, Elasticsearch를 활용한 검색 엔진 구축, RESTful API 설계, 데이터 정규화와 인덱싱, 클라우드 데이터베이스 관리 등은 각각 별도의 책 한 권 이상으로 다룰 수 있는 전문 분야입니다. 또한 데이터베이스 보안, 확장성, 마이크로서비스 아키텍처, 클라우드 인프라 등은 더욱 깊이 있는 주제들입니다. 이와 같은 방대한 내용을 책에서 모두 깊이 있게 다룰 수는 없기에, 실무에서 자주 사용되는 핵심 개념들을 간략하게 설명하고 실습 위주로 진행할 것입니다.

어려운 개념이 많아 불안할수도 있지만 다행인 점이 있습니다. 요즘은 AI를 통한 학습이 얼마나 효율적인지 입증되고 있죠. 전통적인 학습 방법에 따르면 수백 페이지의 문서를 읽거나 복잡한 튜토리얼을 따라해야 했던 내용들을 AI와의 대화를 통해 몇 분 만에 이해할 수 있게 되었습니다. 특히 프로그래밍 학습에서는 더욱 그렇죠.

Cursor IDE의 Ask 모드를 활용하면 언제든지 궁금한 내용에 대해 질문을 던지고 상세한 답변을 받을 수 있습니다. 예를 들어 "데이터베이스 인덱스가 성능에 미치는 영향이 궁금해요", "API 보안을 위한 인증 방식에는 어떤 것들이 있나요?"와 같은 질문을 하면 해당 주제에 대한 자세한 설명과 예제를 받을 수 있습니다. 이를 통해 기본 실습을 진행하면서도 더 깊이 있는 학습이 가능합니다.

AI 학습의 가장 큰 장점은 개인화된 학습 경험을 제공한다는 것이죠. 각자의 수준과 이해도에 맞춰 설명을 조절하고, 실시간으로 궁금한 점을 해결해 줍니다. 또한 실무 경험이 풍부한 시니어 개발자와 대화하는 것처럼 구체적이고 실용적인 조언을 받을 수 있습니다. 이는 기존의 정적이고 일방적인 학습 자료와는 완전히 다른 경험입니다.

02장의 실습을 진행하면서 반드시 Cursor IDE의 Ask 모드를 적극적으로 활용해주세요. 실습 중에 이해가 안 되는 부분이나 더 자세히 알고 싶은 내용이 있다면 주저하지 말고 질문해 보세요. "왜 이렇게 코드를 작성해야 하나요?", "이 방법 외에 다른 대안은 없나요?", "실무에서는 어떻게 사용하나요?" 등의 질문을 통해 단순한 코드 따라하기를 넘어서 진정한 이해와 학습이 가능합니다. Ask 모드는 여러분의 개인 튜터 역할을 하며, 언제든지 궁금한 점을 해결해 줄 수 있는 강력한 학습 도구입니다.

2.2 Next.js로 스크래핑 프로그램 만들기

2.2.1 스크래핑 타겟 사이트 소개

이번 장에서는 실제 웹 사이트에서 데이터를 추출하는 스크래핑 프로그램을 만들어 보겠습니다. 우리가 스크래핑할 타겟 사이트는 다음과 같습니다.

→ **스크래핑 타겟 사이트:** https://crawl-target-server.vercel.app

이 사이트는 다양한 상품 정보를 담고 있는 온라인 쇼핑몰 형태의 웹 사이트입니다. 해당 사이트에는 다음과 같은 상품 카테고리들이 있죠.

- **패션뷰티 :** 의류, 신발, 액세서리 등
- **디지털가전 :** 스마트폰, 노트북, 가전제품 등
- **식품음료 :** 음료, 스낵, 신선식품 등
- **스포츠레저 :** 운동용품, 스포츠웨어 등
- **생활용품 :** 생활잡화, 인테리어 용품 등

또한 각 상품에는 다음과 같은 정보가 포함되어 있습니다:
[상품명 / 가격(원화 표시) / 상품 이미지 / 상품 설명 / 평점(5점 만점) / 리뷰 수 / 판매자 정보]

이 타겟 사이트는 스크래핑 학습을 위해 특별히 제작된 샘플 사이트입니다. 실제 운영되는 쇼핑몰과 달리 구조가 안정적으로 유지되며, 학습 목적으로 자유롭게 사용할 수 있습니다.

특히 이 사이트는 매분마다 상품의 가격이 변동되도록 설계되어 있어서, 실제 스크래핑이 필요한 상황을 시뮬레이션할 수 있습니다. 예를 들어 오전 10시에 스크래핑한 상품 가격과 오후 3시에 스크래핑한 가격이 다를 수 있으며, 이는 실제 온라인 쇼핑몰에서 일어나는 가격 변동을 모방한 것입니다. 이러한 실시간 데이터 변화를 통해 스크래핑의 실용성을 체험할 수 있고, 가격 비교나 시장 분석 같은 실제 비즈니스 활용 사례를 이해할 수 있습니다.

○○○ 왜 샘플 사이트를 사용하나요?

실제 운영 중인 쇼핑몰이나 웹 사이트를 스크래핑 예제로 사용하면 다음과 같은 문제들이 발생합니다:

01 코드 구조 변경 : 사이트 운영자가 디자인을 바꾸거나 시스템을 업데이트하면 HTML 구조가 변경되죠. 이때 우리가 작성한 스크래핑 코드가 갑자기 작동하지 않게 됩니다.

02 CSS 클래스명 변경 : 웹 사이트 개발자들이 CSS 클래스명을 변경하면 우리 코드에서 사용하던 선택자가 무효가 됩니다.

03 법적/윤리적 문제 : 실제 운영 사이트를 무단으로 스크래핑하는 것은 저작권 침해나 서비스 약관 위반이 될 수 있습니다.

04 서버 부하 : 학습자들이 동시에 같은 사이트에 접속하면 해당 사이트 서버에 과부하를 줄 수 있습니다.

05 차단 위험 : 과도한 요청으로 인해 IP가 차단될 수 있습니다.

우리가 사용하는 타겟 사이트는 스크래핑 학습 전용으로 제작되었기 때문에 여러 가지 장점을 제공합니다. 먼저 HTML 구조가 안정적으로 유지되어 한번 작성한 코드가 지속적으로 작동합니다. 또한 학습에 적합한 적당한 양의 데이터가 포함되어 있어 과도하게 복잡하지도 않고 너무 단순하지도 않습니다.

법적인 측면에서도 안전하게 스크래핑할 수 있도록 설계되었으며, 다양한 학습 방법을 지원하기 위해 API 엔드포인트도 함께 제공됩니다. 무엇보다 언제든지 접속하여 반복적으로 연습할 수 있어 스크래핑 기술을 체계적으로 학습하기에 이상적인 환경을 제공합니다.

그럼 이 사이트에서 상품명, 가격, 이미지, 평점 등의 다양한 정보를 추출하는 방법을 단계별로 학습해 보겠습니다.

> ○○○ **스크래핑 시 주의사항 : robots.txt와 법적 문제**
>
> 실제 웹 사이트를 스크래핑할 때에는 기술적인 측면뿐 아니라 법적, 윤리적 측면도 반드시 고려해야 합니다. 대부분의 웹 사이트는 루트 디렉토리에 `robots.txt` 파일을 두어 자동화된 크롤링에 대한 정책을 명시합니다. 가령 `https://example.com/robots.txt`와 같은 주소에서 확인할 수 있으며, 여기에는 어떤 경로를 크롤링해도 되는지, 어떤 경로는 금지되어 있는지 명시되어 있죠.
>
> 법적으로는 웹 사이트의 이용약관을 위반하거나 과도한 요청으로 서버에 부하를 주는 행위, 저작권이 있는 콘텐츠를 무단으로 수집하는 행위는 문제가 될 수 있습니다. 특히 개인 정보가 포함된 데이터를 수집할 때에는 반드시 개인정보 보호법을 준수해야 하며, 상업적 목적으로 사용할 경우에는 더욱 신중해야 합니다. 따라서 스크래핑을 하기 전에 해당 사이트의 이용약관을 확인하고, 적절한 요청 간격을 두어 서버에 부담을 주지 않도록 해야 합니다.

2.2.2 스크래핑 라이브러리 소개 ○○○

웹 스크래핑을 직접 구현하려면 매우 복잡한 과정을 거쳐야 합니다만, 다행히 개발자들이 미리 만들어 둔 스크래핑 라이브러리를 사용하면 쉽게 구현할 수 있습니다.

> ○○○ **라이브러리(Library)란?**
>
> '라이브러리'는 특정 기능을 수행하는 코드들을 미리 작성해서 모아놓은 일종의 코드 모음집입니다. 마치 도서관에 책들이 정리되어 있듯, 개발자들이 자주 사용하는 기능들을 미리 만들어서 누구나 쉽게 가져다 쓸 수 있도록 정리해 둔 것이죠.
>
> 예를 들어, 웹 스크래핑을 위해서는 다음과 같은 복잡한 과정이 필요합니다.
>
> - HTTP 요청을 보내서 웹 페이지 가져오기
> - HTML 문서를 파싱(분석)하기

- 원하는 데이터만 추출하기

- 에러 처리하기

이런 과정을 매번 처음부터 작성하는 대신, 이미 검증된 라이브러리를 사용하면 몇 줄의 코드만으로 같은 결과를 얻을 수 있습니다. 이는 개발 시간을 단축시키고, 안정성을 높이는 효과가 있습니다.

웹 스크래핑을 위한 라이브러리는 크게 두 가지 유형으로 나뉩니다.

첫 번째는 정적 페이지용 라이브러리입니다. 대표적인 예로 **Cheerio**가 있는데, 이는 jQuery와 유사한 문법으로 서버 사이드에서 HTML을 파싱하고 조작할 수 있는 라이브러리입니다. Cheerio의 가장 큰 장점은 가볍고 빠르며 메모리 사용량이 적다는 것입니다. 하지만 JavaScript로 동적 생성되는 콘텐츠는 추출할 수 없다는 한계가 있어서, 서버에서 완성된 HTML을 제공하는 정적 페이지에만 적합합니다.

두 번째는 동적 페이지용 라이브러리로, JavaScript 실행이 필요한 현대적인 웹 사이트를 다루기 위해 개발되었습니다. **Puppeteer**는 Chrome이나 Chromium 브라우저를 직접 제어하여 JavaScript가 실행된 후의 페이지 내용을 가져올 수 있습니다. Google에서 개발했기 때문에 Chrome과 완벽하게 호환되며 매우 안정적이지만, Chrome만 지원한다는 점과 상대적으로 무겁다는 단점이 있습니다. 주로 React, Vue, Angular 등으로 만든 SPA(Single Page Application)를 스크래핑할 때 사용됩니다.

또 다른 동적 페이지용 라이브러리인 **Playwright**는 Chrome, Firefox, Safari 등 여러 브라우저를 지원하는 자동화 라이브러리입니다. Microsoft에서 개발했으며 다양한 브라우저 지원과 빠른 실행 속도가 장점입니다. 하지만 초기 설정이 다소 복잡할 수 있어서, 크로스 브라우저 테스트가 필요하거나 다양한 환경에서 스크래핑해야 하는 경우에 주로 사용됩니다.

세 번째 방법으로는 **API 직접 호출** 방식이 있습니다. 많은 현대적인 웹 사이트들은 페이지를 구성하기 위해 별도의 API 엔드포인트를 통해 데이터를 가져옵니다. 이런 경우 복잡한 HTML 파싱이나 브라우저 자동화 없이도 **axios**나 **fetch** 같은 HTTP 클라이언트를 사용하여 API를 직접 호출하면 원하는 데이터를 JSON 형태로 바로 얻을 수 있습니다.

이런 API 방식의 가장 큰 장점은 속도와 효율성입니다. HTML을 파싱하거나 브라우저를 실행할 필요가 없어서 매우 빠르고 서버 자원을 적게 사용합니다. 또한 API에서 제공하는 구조화된 데이터를 그대로 사용할 수 있어 데이터 처리가 간단합니다. 하지만 이 방법을 사용하려면 먼저 해당 웹 사이트가 어떤 API를 사용하는지 개발자 도구를 통해 분석해야 하며, API가 인증이나 특별한 헤더를 요구할 수도 있습니다.

> ○ ○ ○ **사이트 유형별 스크래핑 방법**
>
> 각각 어떤 방법을 선택해야 할까요?
>
> - 정적 사이트(HTML이 서버에서 완성되어 전송) ➜ Cheerio
> - 동적 사이트(JavaScript로 콘텐츠 생성) ➜ Puppeteer 또는 Playwright
> - API 엔드포인트가 있는 사이트 ➜ axios 또는 fetch (가장 효율적)

2.2.3 { 타겟 사이트 분석하기 ○ ○ ○ }

스크래핑을 시작하기 전에 먼저 타겟 사이트가 어떻게 구성되어 있는지 분석해야 합니다. 이는 마치 요리를 하기 전에 재료를 파악하는 것과 같습니다. 크롬 브라우저의 개발자 도구(단축키 F12)를 사용하면 웹 사이트의 내부 구조를 자세히 살펴볼 수 있습니다.

먼저 크롬 브라우저를 열고 타겟 사이트에 접속해 보겠습니다. 크롬 브라우저를 실행한 후 주소창에 `https://crawl-target-server.vercel.app`를 입력하고 엔터키를 눌러 사이트에 접속합니다. 사이트에 접속하면 다양한 상품들이 나열된 온라인 쇼핑몰 형태의 페이지를 볼 수 있습니다.

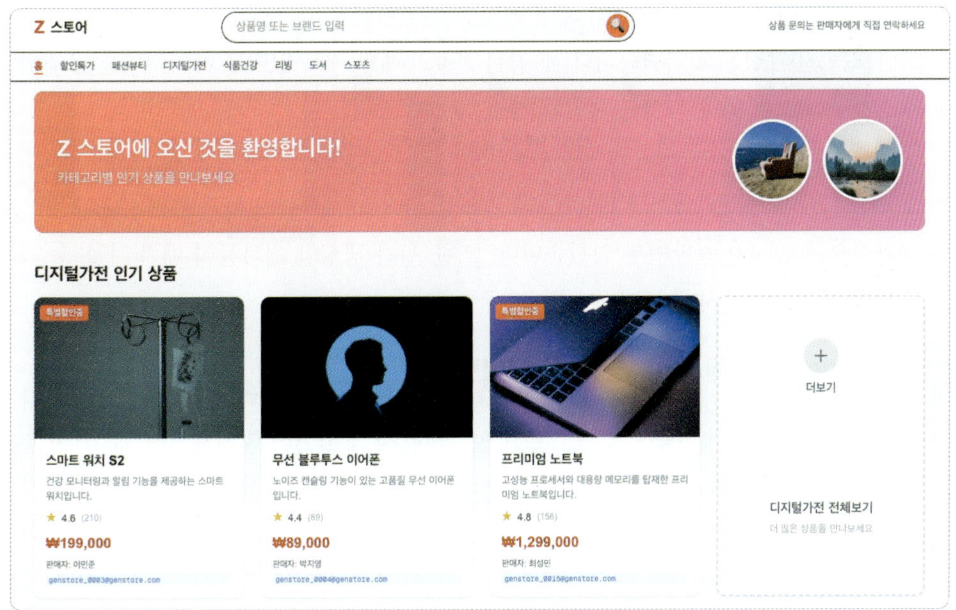

이제 웹 사이트의 내부 구조를 살펴보기 위해 '개발자 도구'를 열어 보겠습니다. 웹 페이지 위에서 마우스 오른쪽 버튼을 클릭한 후 나타나는 메뉴에서 [검사] 또는 [요소 검사]를 클릭하거나 키보드 단축키 F12, 혹은 운영체제에 따라 Ctrl + Shift + I (윈도우) 또는 Cmd + Option + I (맥) 단축키를 통해 개발자 도구를 열 수 있습니다. 개발자 도구가 열리면 화면이 다음과 같이 2개 부분으로 나뉩니다. 왼쪽은 실제 웹 페이지고이고, 오른쪽(또는 아래쪽)은 개발자 도구 패널입니다.

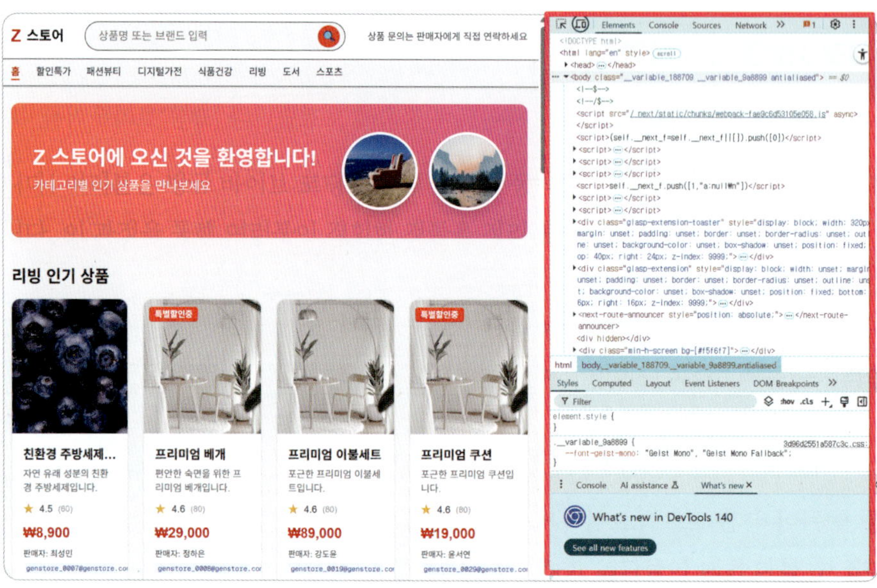

Step 03 Elements 탭에서 HTML 구조 살펴보기

개발자 도구가 열리면 기본적으로 [Elements] 탭이 선택되어 있습니다. 이 탭에서는 웹 페이지의 HTML 구조를 트리 형태로 볼 수 있죠. [Elements] 탭이 선택되어 있는지 확인한 후 HTML 트리에서 `<body>` 태그를 찾아 클릭하고 좌측의 '펼침(▶)' 화살표를 클릭하여 하위 요소들을 펼쳐 봅니다. 여기서 중요한 것은 실제 '상품 정보'가 어떤 HTML 요소에 담겨 있는지 파악하는 것입니다. 상품 정보에 해당하는 요소를 클릭하면 크롬 브라우저에서 해당 부분이 어디인지 표시되죠.

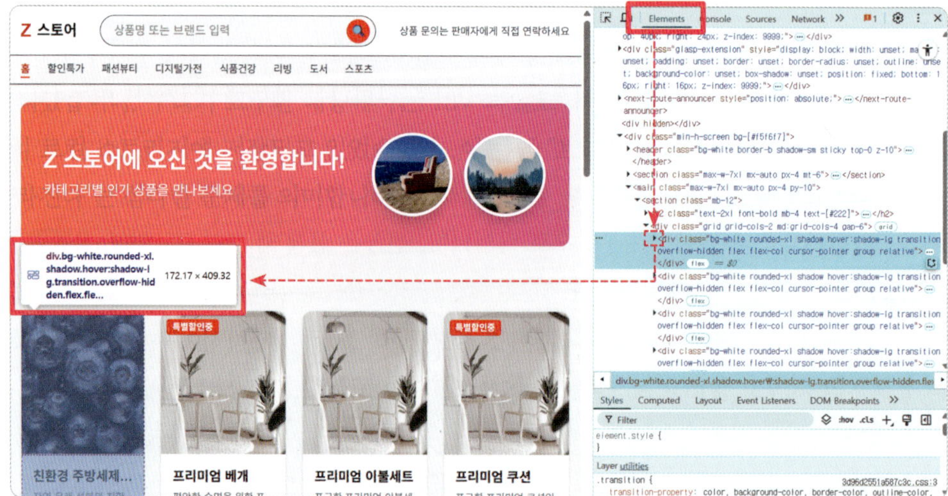

요소 선택 도구 사용하기

특정 상품의 HTML 구조를 더 쉽게 찾기 위해 요소 선택 도구를 사용하겠습니다. 개발자 도구 왼쪽 상단의 [마우스 포인터 아이콘(요소 선택 도구)]을 클릭한 후 웹 페이지에서 상품 중 하나에 마우스를 올려놓으면 해당 상품 영역이 파란색으로 하이라이트됩니다. 상품을 클릭하면 [Elements] 탭에서 해당 HTML 요소가 자동으로 선택됩니다. 이 방법을 통해 '상품명, 가격, 이미지' 등이 어떤 HTML 태그와 클래스명을 가지고 있는지 쉽게 파악할 수 있습니다.

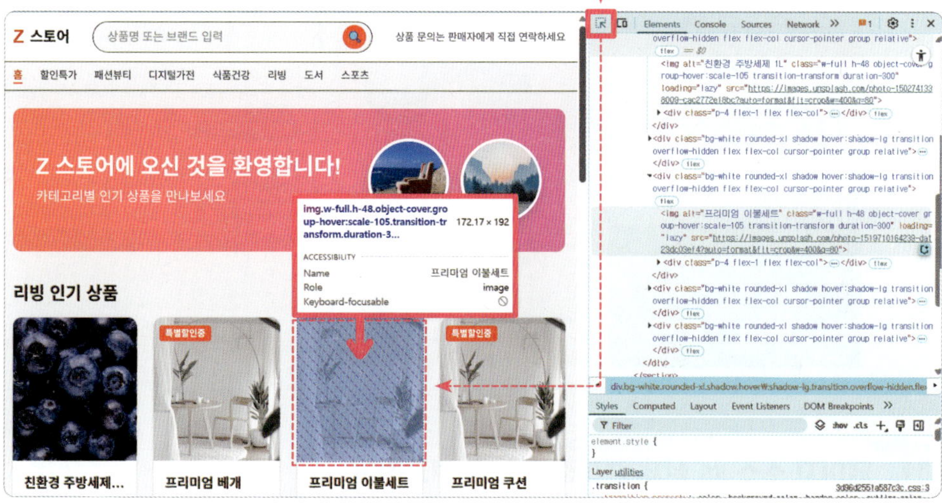

Network 탭에서 데이터 로딩 방식 확인하기

이제 이 웹 사이트가 데이터를 어떻게 가져오는지 알아보겠습니다. 이는 스크래핑 방법을 결정하는 중요한 단계입니다. 개발자 도구에서 [Network] 탭을 클릭한 후 페이지를 새로고침하면 [Network] 탭에 여러 요청들이 나타나는 것을 확인할 수 있습니다. [XHR] 필터(Fetch/XHR)를 클릭하여 Ajax 요청만 표시하면 중요한 발견을 할 수 있습니다. 상품 데이터가 페이지 로딩 시 별도의 API 요청을 통해 불러온다는 것이죠.

 API 엔드포인트 발견하기

[Network] 탭에서 products 또는 유사한 이름의 요청을 찾아 클릭해 보겠습니다.
[Network] 탭에서 products 관련 요청을 클릭한 후 그 오른쪽 패널에서 [Response] 탭을
클릭하면 JSON 형태의 상품 데이터를 확인할 수 있습니다. 이때 [Headers] 탭에서 요청
URL을 확인하면 /api/products 엔드포인트가 존재한다는 것을 알 수 있죠.

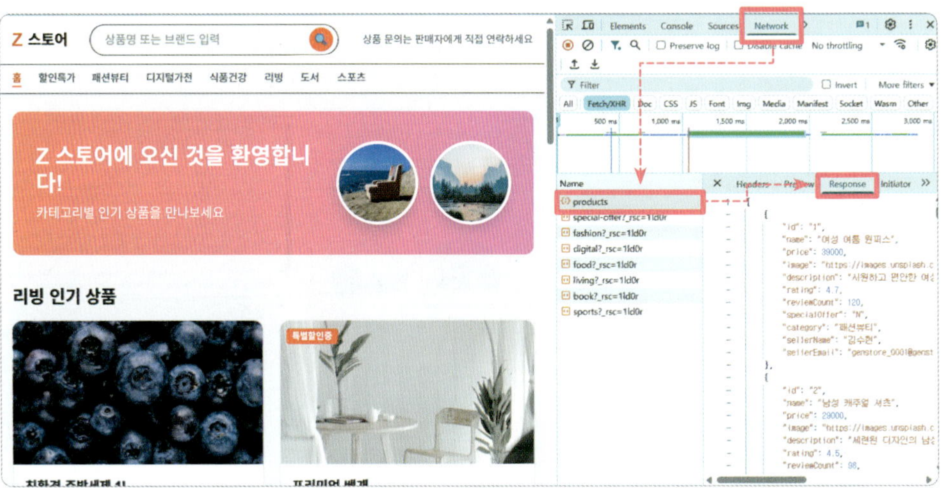

 페이지 소스 vs 실제 렌더링된 내용 비교하기

마지막으로 이 사이트가 정적 사이트인지 동적 사이트인지 확인해 보겠습니다. 웹 페이지
에서 마우스 오른쪽 버튼을 클릭한 후 [페이지 소스 보기]를 선택하면 새 탭에서 HTML 소
스코드가 열립니다. 여기서 Ctrl + F (검색)를 눌러 상품명 중 하나를 검색해 보면 페이지 소
스에서는 실제 상품 정보를 찾을 수 없고, "로딩 중…" 같은 텍스트만 보일 것입니다. 이는
이 사이트가 JavaScript를 통해 동적으로 콘텐츠를 생성한다는 의미입니다.

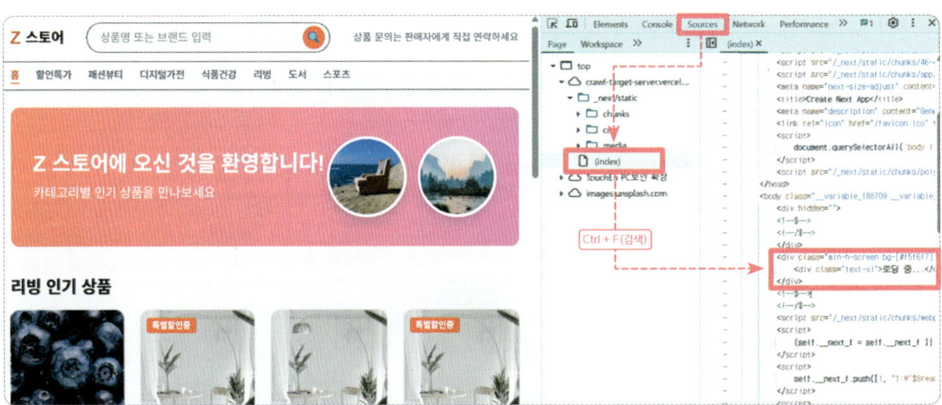

위의 분석을 통해 다음과 같은 결론을 내릴 수 있습니다.

- Next.js React로 제작된 동적 웹 사이트
- JavaScript 실행 후 상품 데이터가 렌더링됨
- `/api/products` API 엔드포인트를 통해 JSON 데이터 제공
- 페이지 소스에는 실제 상품 정보가 없음

따라서 각 라이브러리 사용 가능 여부는 다음과 같습니다.

- **Cheerio :** 불가능 (정적 HTML만 처리 가능)
- **Puppeteer 또는 Playwright :** 가능 (JavaScript 실행 후 렌더링된 콘텐츠 추출)
- **API 직접 호출 :** 가능하며 가장 효율적 (`/api/products` 엔드포인트 직접 사용)

이번 학습에서는 **API 직접 호출 방식**을 먼저 다뤄 보겠습니다. 이 방법이 가장 빠르고 효율적이며, 서버 부하도 적게 주기 때문입니다. 이후에는 동적 사이트 스크래핑 및 다양한 방법들을 소개할 예정입니다.

○ ○ ○ 정적(Static) vs 동적(Dynamic) 렌더링?

웹 사이트는 크게 2가지 방식으로 페이지를 만들어 보여줍니다:

정적 렌더링 (Static Rendering)

- 서버에서 미리 완성된 HTML을 만들어서 브라우저에 전송
- 브라우저가 받은 HTML 파일에 이미 모든 내용이 들어있음
- 페이지 소스 보기(Ctrl + U)를 하면 실제 내용이 그대로 보임
- ㉾ 전통적인 웹 사이트, 블로그, 뉴스 사이트 등

동적 렌더링 (Dynamic Rendering)

- 서버에서는 기본 틀만 보내고, JavaScript가 실행되면서 내용을 채워넣음
- 브라우저가 받은 HTML은 "로딩 중..." 같은 기본 틀만 있음
- 페이지 소스 보기를 하면 실제 내용이 안 보이고 JavaScript 코드만 보임
- ㉾ React, Vue, Angular로 만든 현대적인 웹앱

2.2.4 Next.js 프로젝트 구조와 코드 작성 위치 ○○○

이제 실제로 스크래핑 코드를 작성해 보죠. 먼저 우리가 사용할 Next.js 프로젝트의 구조를 이해해야 합니다.

`codes/nextjs-boilerplate` 폴더에 있는 Next.js 프로젝트에서 스크래핑 코드를 작성할 위치는 다음과 같습니다:

01 페이지 컴포넌트 (`app/` 디렉토리)

- `app/page.tsx` : 메인 페이지 컴포넌트
- `app/layout.tsx` : 전체 레이아웃 컴포넌트
- 새로운 페이지를 만들 때는 `app/` 디렉토리 안에 폴더를 만들고 `page.tsx` 파일을 생성

02 API 라우트 (`app/api/` 디렉토리)

- 서버 사이드에서 실행되는 API 엔드포인트를 만들 때 사용
- 스크래핑 코드는 주로 여기에 작성됩니다
- 예) `app/api/scraping/route.ts`

03 컴포넌트 (별도 폴더 생성)

- 재사용 가능한 UI 컴포넌트들
- 예) `components/ProductList.tsx`, `components/ScrapingResult.tsx`

04 유틸리티 함수 (별도 폴더 생성)

- 스크래핑 로직이나 데이터 처리 함수들
- ⓔ `lib/scraper.ts`, `utils/dataProcessor.ts`

우리는 스크래핑 기능을 구현하기 위해 다음과 같은 구조로 코드를 작성할 예정입니다.

- `app/api/scraping/route.ts` : 스크래핑 API 엔드포인트
- `app/scraping/page.tsx` : 스크래핑 결과를 보여주는 페이지
- `lib/scraper.ts` : 실제 스크래핑 로직

앞서 살펴보았듯이 개발자 도구를 통해 `products` 요청을 클릭하면 해당 API 호출에 대한 자세한 정보를 확인할 수 있습니다. [Response] 탭을 선택하면 JSON 형태의 상품 데이터를 볼 수 있죠. 이 데이터가 바로 우리가 스크래핑으로 추출하고자 하는 정보입니다. 데이터 구조를 자세히 살펴보면 각 상품이 어떤 필드를 가지고 있는지 파악할 수 있어, 이후 스크래핑 코드 작성에 활용할 수 있습니다.

[Headers] 탭에서는 Request URL을 확인할 수 있습니다. 보통 `https://crawl-target-server.vercel.app/api/products` 형태의 URL을 볼 수 있는데, 이 URL을 우리 코드에서 직접 호출하여 데이터를 추출할 수 있습니다.

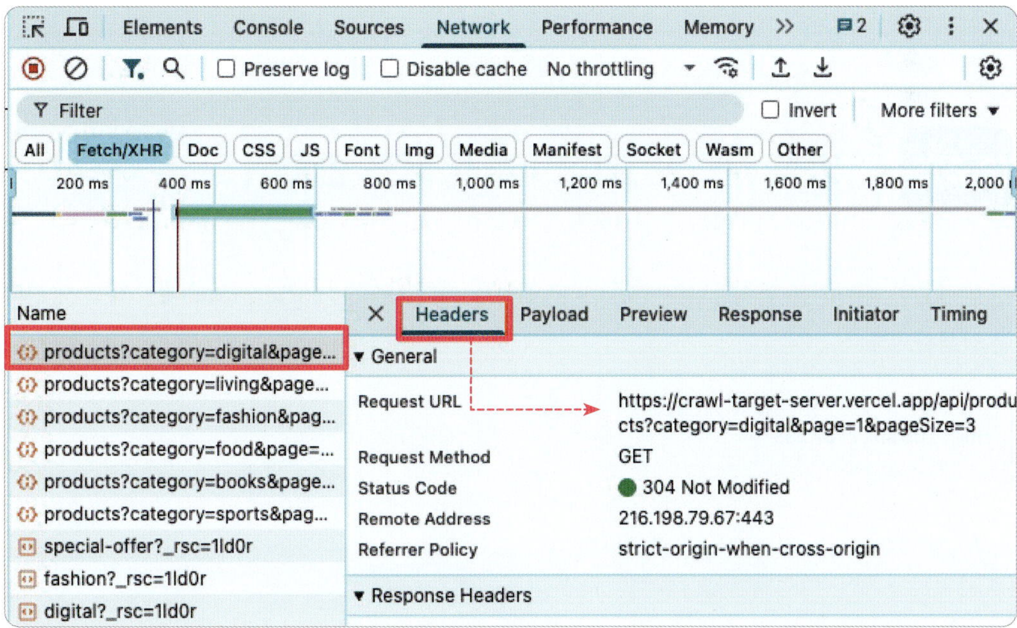

이제 개발자 도구를 통해 웹 사이트의 구조와 데이터 로딩 방식을 완전히 파악했습니다. 우리는 이 사이트가 Next.js React로 제작된 동적 웹 사이트며며, /api/products 엔드포인트를 통해 JSON 데이터를 제공한다는 것을 확인했습니다. 또한 페이지 소스에는 실제 상품 정보가 없고 JavaScript를 통해 동적으로 렌더링된다는 것도 알았습니다. 이러한 분석 결과를 바탕으로 이제 실제 스크래핑 코드를 작성해 보겠습니다.

2.2.5 가장 간단한 데이터 추출 코드 만들기 ○○○

먼저 필요한 패키지를 설치합니다. Next.js 프로젝트 폴더(nextjs-boilerplate)에서 다음 명령어를 실행하세요:

```
npm install axios
```

Next.js에서는 서버-사이드 코드와 클라이언트-사이드 코드를 구분해야 합니다. 먼저 'API 라우트'를 만들어 서버에서 데이터를 가져오는 코드를 작성해 보겠습니다. 우선 프로젝트의 [app] 디렉토리 하위에 [api] 디렉토리를 생성하고, 그 안에 다시 [scraping] 디렉토리를 생성한 후 그 안에 'route.ts' 파일을 생성합니다.

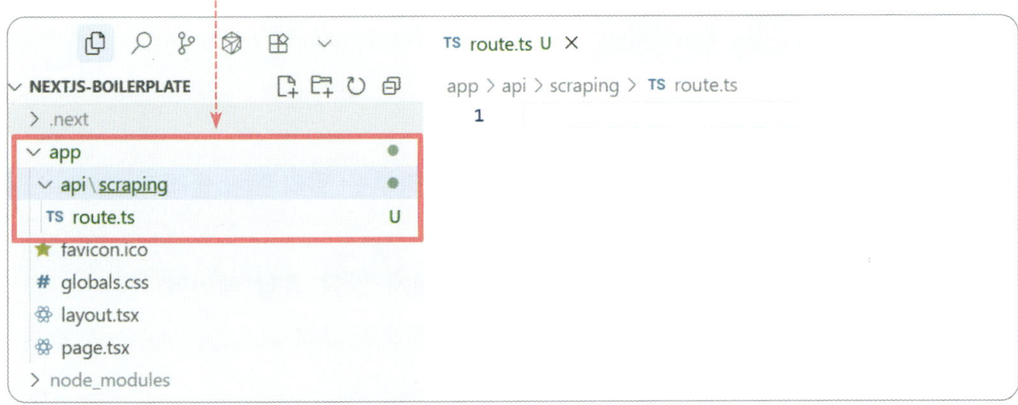

이제, 생성된 route.ts 파일에 코드를 다음과 같이 작성합니다.

Step 01 **API 라우트 생성** `app/api/scraping/route.ts`

```ts
// app/api/scraping/route.ts


// Next.js에서 제공하는 서버 관련 기능들을 가져옵니다
import { NextResponse } from 'next/server';


// GET 요청을 처리하는 함수를 정의합니다
export async function GET() {
    // 외부 서버에서 데이터를 가져오는 작업을 시작합니다
    // fetch는 웹에서 데이터를 가져오는 기본 방법입니다
    const response = await fetch('https://crawl-target-server.vercel.app/api/products?category=living&page=1&pageSize=3');
```

```javascript
  // 서버에서 받은 데이터를 JSON 형태로 변환합니다
  const data = await response.json();


  // 성공적으로 데이터를 가져왔을 때의 응답을 만듭니다
  return NextResponse.json({

    success: true,              // 성공 여부를 알려주는 플래그
    data: {
      response: data,          // 서버에서 받은 응답 데이터
      category: 'living',      // 선택된 카테고리
      page: 1,                 // 현재 페이지
      pageSize: 3              // 페이지 크기
    }
  });
}
```

코드에서 '//' 로 시작하는 부분은 '주석'입니다. 주석은 코드의 동작에 영향을 주지 않으며, 개발자가 코드를 이해하기 쉽도록 설명을 추가하는 용도로 사용됩니다. 앞으로 이 책에서는 모든 코드 예제에 주석을 통해 각 부분의 역할과 동작 방식을 설명할 것입니다. 주석을 통해 코드의 흐름을 파악하고 학습할 수 있습니다.

이 코드는 Next.js의 API 라우트를 사용하여 외부 서버에서 상품 데이터를 가져오는 스크래핑 기능을 구현합니다. 첫 번째 페이지의 'living' 카테고리 상품을 가져오도록 하드코딩되어 있으며, GET 메서드를 통해 외부 API를 호출하고 응답 데이터를 반환합니다. 코드가 간단하여 초보자가 API 호출의 기본 개념을 쉽게 이해할 수 있습니다.

API 테스트

브라우저에서 다음 URL로 직접 접속하여 API를 테스트할 수 있습니다.

> → 기본 API 엔드포인트 : http://localhost:3000/api/scraping

응답은 다음과 같이 보여지게 됩니다.

```json
{
  "success": true,
  "data": {
    "response": {
      "products": [
        {
          "id": "7",
          "name": "친환경 주방세제 1L",
          "price": 34900,
          "originalPrice": 8900,
          "image": "https://images.unsplash.com/photo-1502741338009-cac2772e18bc?auto=format&fit=crop&w=400&q=80",
          "description": "자연 유래 성분의 친환경 주방세제입니다.",
          "rating": 4.5,
          "reviewCount": 60,
          "specialOffer": "N",
          "category": "living",
          "sellerName": "최성민",
          "sellerEmail": "genstore_0007@genstore.com"
        }
        // ... 더 많은 상품 데이터
      ],
```

```json
    "pagination": {
      "page": 1,
      "pageSize": 3,
      "totalProducts": 42,
      "totalPages": 14,
      "hasNextPage": true,
      "hasPreviousPage": false
    }
  },
  "category": "living",
  "page": 1,
  "pageSize": 3
  }
}
```

결과는 json 구조로 되어 있으며, 브라우저에 따라 결과가 포맷팅되지 않아 출력되지 않을 수 있습니다. json 오브젝트가 정상적으로 출력이 되는지 확인해 보세요.

○ ○ ○ JSON이란?

JSON은 'JavaScript Object Notation'의 줄임말로, 데이터를 저장하고 전송하기 위한 경량의 텍스트 기반 형식입니다. 이름에서 알 수 있듯이 JavaScript 객체 문법을 기반으로 만들어졌지만, 현재는 거의 모든 프로그래밍 언어에서 지원하는 범용적인 데이터 형식이 되었습니다.

JSON의 주요 특징 :

01 가독성 : 사람이 읽고 이해하기 쉬운 형태로 데이터를 표현합니다

02 경량성 : XML보다 훨씬 간결하고 파일 크기가 작습니다

03 언어 독립성 : JavaScript뿐만 아니라 Python, Java, C# 등 모든 언어에서 사용 가능합니다

04 웹 친화적 : 웹 API에서 데이터를 주고받을 때 가장 널리 사용되는 형식입니다

JSON 데이터 타입:

- 문자열: `"Hello World"`
- 숫자: `42`, `3.14`
- 불린값: `true`, `false`
- null: `null`
- 객체: `{"name": "김철수", "age": 25}`
- 배열: `[1, 2, 3, 4, 5]`

실제 사용 예시:

```json
{
    "name": "무선 마우스",
    "price": 29900,
    "category": "전자제품",
    "inStock": true,
    "specifications": ["무선", "USB-C", "DPI 조절"],
    "reviews": null
}
```

JSON은 웹 스크래핑에서 추출한 데이터를 저장하고 전송할 때 매우 유용합니다. 특히 API 응답이나 설정 파일, 데이터 교환 등에서 표준적으로 사용됩니다.

2.2.6 URL 파라미터와 상수 개념 이해하기 ○○○

위 코드를 개선하면서 URL 파라미터 처리와 상수의 개념을 알아보겠습니다. 먼저 코드의 문제점을 파악해 보겠습니다.

문제점 : 현재 코드에서 API 주소가 코드 중간에 하드코딩(living 카테고리 한정)되어 있어서, 나중에 다른 페이지를 스크래핑하려면 코드를 수정해야 합니다.

개선 방법 : 상수를 사용하여 고정값을 저장하고, URL 파라미터를 직접 활용합니다. 사용자가 원하는 페이지 번호를 입력받아 해당 페이지의 데이터를 가져오는 예제로 변경해 보겠습니다.

기존 코드는 유지하고 새로운 api를 만들어서 테스트해 보겠습니다. [scraping-params] 디렉토리를 만들고 'route.ts' 파일을 생성합니다.

```ts
// app/api/scraping-params/route.ts (개선된 버전)

import { NextResponse } from 'next/server';

// 상수 정의: 변경되지 않는 값
// const 키워드로 선언하면 한 번 설정한 값을 변경할 수 없습니다
const BASE_URL = 'https://crawl-target-server.vercel.app';    // 기본 서버 주소
const API_ENDPOINT = '/api/products';                         // API 경로
export async function GET(request: Request) {

  // URL에서 쿼리 파라미터 가져오기
  // 사용자가 브라우저에서 ?page=2&category=fashion 같은 파라미터를 입력했을 때
  const { searchParams } = new URL(request.url);

  // URL 파라미터를 직접 가져와서 기본값 설정
  // || 연산자로 기본값 제공: 파라미터가 없으면 기본값 사용
  const page = parseInt(searchParams.get('page') || '1');    // 기본값: 1
  const category = searchParams.get('category') || 'living';  // 기본값: living
  const pageSize = parseInt(searchParams.get('pageSize') || '3');  // 기본값: 3

  // 상수와 파라미터를 조합하여 API URL 생성
```

```javascript
// 템플릿 리터럴(백틱 `)을 사용하여 문자열을 동적으로 만듦
const apiUrl = `${BASE_URL}${API_ENDPOINT}?category=${category}&page=${page}&pageSize=${pageSize}`;

// 콘솔에 현재 요청 정보 출력 (개발자가 확인용)
console.log(`페이지 ${page}, 카테고리 ${category}, 크기 ${pageSize} 스크래핑 중...`);

// 실제 API 호출
const response = await fetch(apiUrl);

// JSON 데이터를 JavaScript 객체로 변환
const data = await response.json();

// 상품 개수 계산
// 삼항 연산자 사용: 조건 ? 참일때값 : 거짓일때값
// data가 존재하면 data.length를, 없으면 0을 반환
const productCount = data ? data.length : 0;

// 결과를 콘솔에 출력
console.log(`페이지 ${page}에서 ${productCount}개 상품 발견`);

// 클라이언트에게 응답 데이터 전송
return NextResponse.json({
    success: true,                     // 성공 여부를 알려주는 플래그
    data: {
        page: page,                    // 현재 페이지 번호
        category: category,            // 선택된 카테고리
        pageSize: pageSize,            // 페이지 크기
        productCount: productCount,    // 실제 받아온 상품 개수
```

```
        response: data || []      // 서버에서 받은 응답 데이터 (데이터가 없으면 빈 배열)
      }
    });
  }
```

'URL 파라미터'는 웹 브라우저의 주소창에서 물음표(?) 뒤에 오는 값들을 의미합니다. 예를 들어 `https://example.com/api/products?page=2&category=fashion&pageSize=5`라는 주소에서 `page=2`, `category=fashion`, `pageSize=5`가 바로 URL 파라미터들이죠. 이 파라미터들은 서버로 전달되어 특정 페이지의 특정 카테고리 상품을 요청하는 데에 사용됩니다.

'상수'는 프로그램 실행 중 값이 변경되지 않는 고정된 값입니다. 위 코드에서 `BASE_URL`과 `API_ENDPOINT`는 상수로 선언되어 있어서 프로그램이 실행되는 동안 값이 변하지 않습니다.

○○○ 상수를 사용하는 것의 장점

상수를 사용하는 것은 여러 가지 장점이 있습니다.

첫째, 실수로 중요한 값을 변경하는 것을 방지할 수 있습니다. 예를 들어 웹 사이트 주소를 변수로 선언했다면 실수로 다른 주소로 변경될 수 있지만, 상수로 선언하면 그런 실수를 방지할 수 있습니다.

둘째, 코드를 읽는 사람이 의도를 쉽게 파악할 수 있습니다. 상수로 선언된 값은 "이 값은 변하지 않는다"는 것을 명확히 알려주므로 코드의 가독성이 향상됩니다.

셋째, 나중에 값을 변경해야 할 때 한 곳만 수정하면 됩니다. 예를 들어 API 주소가 변경되었다면 상수로 선언된 부분만 수정하면 되고, 코드 전체를 찾아서 바꿀 필요가 없습니다.

자 이제 코드 중간의 '템플릿 리터럴 주석'을 봐 주세요. 이것은 '템플릿 리터럴'이라고 하는 기능을 사용하여 문자열을 동적으로 만드는 방법입니다. 템플릿 리터럴은 '백틱(`)'으로 묶인 문자열로, 변수나 표현식을 중괄호({})로 감싸서 문자열 안에 포함시킬 수 있습니다

○○○ 템플릿 리터럴이란?

'템플릿 리터럴(Template Literal)'은 JavaScript ES6에서 도입된 문자열 표현 방식으로, 백틱(`)으로 감싸진 문자열입니다. 기존의 문자열 연결 방식보다 훨씬 간편하고 가독성이 좋습니다.

기본 문법 :

```javascript
const name = "홍길동";
const age = 25;

// 기존 방식
const message1 = "안녕하세요, " + name + "님! 나이는 " + age + "세입니다.";

// 결과: "안녕하세요, 홍길동님! 나이는 25세입니다."
```

```javascript
// 템플릿 리터럴 방식
const message2 = `안녕하세요, ${name}님! 나이는 ${age}세입니다.`;

// 결과: "안녕하세요, 홍길동님! 나이는 25세입니다."
```

주요 특징 :

- **변수 삽입** : ${변수명} 형태로 변수를 문자열 안에 직접 삽입
- **표현식 사용** : ${변수 + 10} 처럼 계산식도 사용 가능
- **가독성** : 문자열과 변수가 명확히 구분되어 읽기 쉬움

위 코드에서의 활용 :

```javascript
const apiUrl = `${BASE_URL}${API_ENDPOINT}?category=${category}&page=${page}&pageSize=${pageSize}`;
```

이 코드는 상수와 변수들을 조합하여 동적인 API URL을 생성합니다. 템플릿 리터럴을 사용하지 않았다면 복잡한 문자열 연결이 필요했겠지만, 이 방식으로 간단하고 명확하게 표현할 수 있습니다.

그리고 코드 중간에 있는 `console.log` 함수를 주목해 주세요. 이 함수는 개발자가 코드의 실행 과정을 확인할 수 있게 해주는 중요한 도구입니다.

console.log의 역할 :

- **디버깅** : 코드가 예상대로 동작하는지 확인
- **실행 과정 추적** : 각 단계에서 어떤 값들이 처리되는지 모니터링
- **오류 발견** : 예상과 다른 결과가 나올 때 원인 파악

위 코드에서는 다음과 같은 정보를 콘솔에 출력합니다:

- 현재 처리 중인 페이지와 카테고리 정보
- 실제 받아온 상품 개수
- 각 단계별 진행 상황

이러한 로그는 브라우저의 개발자 도구 콘솔이나 서버 터미널에서 확인할 수 있으며, 코드가 정상적으로 작동하는지 실시간으로 모니터링할 수 있게 해줍니다.

API 테스트

브라우저에서 다음 URL로 직접 접속하여 API를 테스트할 수 있습니다:

- 기본 API (하드코딩) : `http://localhost:3000/api/scraping`
- 개선된 API (URL 파라미터 사용) : `http://localhost:3000/api/scraping-params`
- 페이지 2 : `http://localhost:3000/api/scraping-params?page=2`
- 카테고리별 : `http://localhost:3000/api/scraping-params?category=fashion`
- 페이지 크기 변경 : `http://localhost:3000/api/scraping-params?pageSize=5`
- 모든 파라미터 조합 : `http://localhost:3000/api/scraping-params?page=2&category=digital&pageSize=5`

현재는 한 번에 하나의 페이지만 처리할 수 있습니다. 여러 페이지를 자동으로 처리하려면 '반복문'과 '변수'를 함께 사용해야 합니다. **변수**는 프로그램 실행 중에 값이 변경될 수 있는 저장 공간으로, 반복문에서 현재 페이지 번호를 추적하는 데 사용됩니다. 새로운 API 라우트를 만들어 보겠습니다. scraping-loop/route.ts 파일에 다음 코드를 작성합니다.

```ts
// app/api/scraping-loop/route.ts
// Next.js에서 제공하는 서버 관련 기능들을 가져옵니다
import { NextResponse } from 'next/server';


// 상수 정의: 변경되지 않는 값
// const 키워드로 선언하면 한 번 설정한 값을 변경할 수 없습니다
const BASE_URL = 'https://crawl-target-server.vercel.app';    // 기본 서버 주소
const API_ENDPOINT = '/api/products';                         // API 경로


// GET 요청을 처리하는 함수를 정의합니다
export async function GET(request: Request) {

  // URL에서 쿼리 파라미터 가져오기
  // 사용자가 브라우저에서 ?category=fashion 같은 파라미터를 입력했을 때
  const { searchParams } = new URL(request.url);
  const category = searchParams.get('category') || 'all';  // 카테고리 파라미터,
없으면 'all' 사용


  // 변수 정의: 반복문에서 값이 변경되는 변수들
  // let 키워드로 선언하면 나중에 값을 변경할 수 있습니다
  const allProducts: any[] = [];  // 모든 상품을 저장할 배열 (배열 참조는 상
수, 내용은 변경 가능)
```

```javascript
let currentPage = 1;              // 현재 처리 중인 페이지 번호 (변수)
let hasMorePages = true;          // 더 많은 페이지가 있는지 확인하는 변수


// 콘솔에 시작 메시지 출력 (개발자가 확인용)
console.log(`카테고리 "${category}"의 모든 상품 수집 시작...`);


// 반복문: 모든 페이지를 순차적으로 처리
// while문은 조건이 참일 때까지 계속 반복합니다
while (hasMorePages) {
    // 변수를 사용하여 동적 URL 생성
    // 템플릿 리터럴(백틱 `)을 사용하여 문자열을 동적으로 만듦
    const apiUrl = `${BASE_URL}${API_ENDPOINT}?page=${currentPage}&category=${category}&pageSize=10`;

    console.log(`페이지 ${currentPage} 처리 중...`);


    // 실제 API 호출
    // fetch는 웹에서 데이터를 가져오는 기본 방법입니다
    const response = await fetch(apiUrl);
    // JSON 데이터를 JavaScript 객체로 변환
    const data = await response.json();
    // 서버 부하 방지를 위한 대기 (100ms)
    // 연속적인 API 호출로 인한 차단을 방지합니다
    await new Promise(resolve => setTimeout(resolve, 100));
    // 현재 페이지의 상품들을 전체 목록에 추가
    // data.products가 존재하고 길이가 0보다 클 때만 실행
    if (data.products && data.products.length > 0) {

        // 스프레드 연산자(...)를 사용하여 배열의 모든 요소를 추가
        allProducts.push(...data.products);
```

```typescript
    console.log(`페이지 ${currentPage}: ${data.products.length}개 상품 추가`);

    // pagination 정보를 사용하여 다음 페이지 존재 여부 확인
    // API 응답에 포함된 hasNextPage 값을 확인
    if (data.pagination.hasNextPage) {
      currentPage++;  // 다음 페이지로 이동 (currentPage = currentPage + 1과 같음)
    } else {
      hasMorePages = false;  // 더 이상 페이지가 없으므로 반복문 종료
      console.log(`페이지 ${currentPage}에서 ${data.products.length}개
상품 발견 - 마지막 페이지`);
    }
  } else {
    // 데이터가 없으면 반복문 종료
    hasMorePages = false;
    console.log(`페이지 ${currentPage}에서 데이터 없음 - 수집 완료`);
  }
}

// 수집된 상품들을 콘솔에 출력 (개발자가 확인용)
allProducts.forEach((product: any, index: number) => {
  console.log(`${index + 1}번째 상품:`, product.name, `₩${product.price.
toLocaleString()}`);
});

// 최종 결과를 콘솔에 출력
console.log(`총 ${allProducts.length}개 상품 수집 완료`);

// 클라이언트에게 응답 데이터 전송
return NextResponse.json({
  success: true,                    // 성공 여부를 알려주는 플래그
```

```javascript
    data: allProducts,              // 원본 상품 목록
    total: allProducts.length,      // 총 상품 개수
    category: category,             // 선택된 카테고리
    pagesProcessed: currentPage     // 처리된 페이지 수
  });
}
```

위 코드에서 반복문의 핵심은 `while(hasMorePages)` 구문입니다. 이는 "더 많은 페이지가 있을 때까지 계속 반복하라"는 의미입니다. '반복문'은 같은 작업을 여러 번 수행해야 할 때 사용하는 프로그래밍 기법이죠.

변수의 역할 : 위 예제에서는 `currentPage`와 `hasMorePages` 변수가 중요한 역할을 합니다. `currentPage`는 현재 처리 중인 페이지 번호를 추적하며, 반복문이 실행될 때마다 1씩 증가합니다. `hasMorePages`는 더 많은 페이지가 있는지 확인하여 반복문이 언제 종료되어야 하는지 결정합니다.

변수 값의 변화 : 처음에는 `currentPage = 1`, `hasMorePages = true`로 시작합니다. 각 페이지를 처리한 후 API 응답의 `pagination.hasNextPage` 값을 확인하여, 다음 페이지가 있으면 `currentPage++`로 다음 페이지로 이동하고, 없으면 `hasMorePages = false`로 설정하여 반복문을 종료합니다.

위 예제에서는 페이지 1부터 마지막 페이지까지 순차적으로 API를 호출하여 데이터를 수집하는 작업을 반복합니다. 각 반복마다 `currentPage` 변수가 1씩 증가하고, 새로운 페이지의 데이터를 가져와서 `allProducts` 배열에 누적합니다. 반복문을 사용하지 않았다면 각 페이지마다 별도의 코드를 작성해야 했겠지만, 반복문과 변수를 사용함으로써 코드를 간결하게 만들고 유지/보수를 쉽게 할 수 있습니다.

○○○ 반복문에서 변수의 역할

변수란?

변수는 프로그램 실행 중에 값이 변경될 수 있는 저장 공간입니다. `let` 키워드로 선언하며, 나중에 값을 변경할 수 있습니다.

반복문에서 변수의 활용 :

- **카운터 변수** : 반복 횟수를 추적 (예 `currentPage`)
- **조건 변수** : 반복문 종료 조건을 결정 (예 `hasMorePages`)
- **누적 변수** : 반복하면서 값을 누적 (예 `allProducts` – 배열에 요소 추가)

변수 값 변경 방법 :

```javascript
let currentPage = 1;                   // 초기값 설정
currentPage++;                         // 1씩 증가 (currentPage = currentPage + 1)
currentPage = currentPage + 2;         // 2씩 증가
currentPage = 5;                       // 특정 값으로 설정
```

실제 동작 과정 :

01 `currentPage = 1`, `hasMorePages = true`로 시작
02 첫 번째 페이지 처리 후 `data.pagination.hasNextPage` 확인
03 `hasNextPage = true`이면 `currentPage++`로 다음 페이지로 이동
04 `hasNextPage = false`이면 `hasMorePages = false`로 설정하여 종료
05 `hasMorePages = false`가 될 때까지 반복

API 테스트 :

브라우저에서 다음 URL로 직접 접속하여 API를 테스트할 수 있습니다:

- 모든 상품 조회 : `http://localhost:3000/api/scraping-loop`
- 특정 카테고리만 : `http://localhost:3000/api/scraping-loop?category=digital`
- 패션 카테고리 : `http://localhost:3000/api/scraping-loop?category=fashion`

이제 모든 상품의 정보를 추출할 수 있습니다. 하지만 여전히 몇 가지 문제점들이 있습니다.

2.2.7 예제에서는 반복문과 변수를 사용하여 모든 페이지의 데이터를 수집할 수 있게 되었습니다. 하지만 이전 예제에서 발견한 문제점들이 여전히 남아 있습니다.

현재까지의 예제에서는 서버에서 받아온 데이터를 그대로 전달하고 있습니다. 하지만 실제 프로젝트에서는 모든 데이터가 필요한 것이 아닙니다. 예를 들어 상품 정보에서 상품 아이디, 상품명, 가격, 별점, 리뷰카운트만 필요하고, 판매자 정보나 이미지 URL은 필요하지 않을 수 있겠죠.

또한 스크래핑한 시간 정보를 추가하여 언제 데이터를 수집했는지 기록하는 것도 중요합니다. 이렇게 필요한 데이터만 선별적으로 추출하고 추가 정보를 포함한 새로운 데이터 구조를 만드는 과정을 통해 TypeScript의 인터페이스와 타입 선언 방법을 학습할 수 있습니다.

앞서 살펴봤던 TypeScript 타입 시스템, 기억하세요!

```
// 사용자가 브라우저에서 ?category=fashion 같은 파라미터를 입력했을 때
const { searchParam
const category = se

Unexpected any. Specify a different type. eslint(@typescript-eslint/no-explicit-any)
[Fix in Chat (⇧⌘D)]
⌘+click to open in new tab
문제 보기 (⌥F8)   빠른 수정... (⌘.)

// 변수 정의: 반복문에서
// let 키워드로 선언하면
const allProducts: any[] = [];   // 모든 상품을 저장할 배열 (배열 참조는 상수, 내용은 변경 가능)
let currentPage = 1;             // 현재 처리 중인 페이지 번호 (변수)
let hasMorePages = true;         // 더 많은 페이지가 있는지 확인하는 변수
```

이전 예제에서 `any` 타입을 사용할 때 ESLint에서 에러가 발생했던 것을 기억하시나요? 이는 TypeScript의 타입 시스템이 개발자에게 더 안전하고 예측 가능한 코드 작성을 유도하기 때문입니다.

○○○ any 타입이 왜 문제가 될까?

`any` 타입은 TypeScript의 타입 검사를 완전히 우회합니다. 이는 여러 가지 문제를 야기할 수 있죠.

첫째, 타입 안전성을 상실하게 되어 컴파일 시점에 오류를 발견할 수 없어 런타임 에러가 발생할 가능성이 높아집니다.

둘째, IDE에서 제공하는 코드 자동완성이나 리팩토링 기능을 제대로 활용할 수 없어 개발 효율성이 떨어집니다.

셋째, 다른 개발자가 코드를 읽을 때 데이터 구조를 파악하기 어려워 코드의 가독성이 저하됩니다.

넷째, 프로젝트가 커질수록 타입 정보 부족으로 인한 버그 발생 가능성이 증가하여 유지/보수가 어려워집니다.

TypeScript의 타입 시스템은 개발자에게 다양한 이점을 제공합니다. 먼저 컴파일 타임에 에러를 검출할 수 있어 코드 실행 전에 오류를 미리 발견할 수 있습니다. 또한 IDE에서 더 정확한 자동 완성 및 IntelliSense 기능을 제공하여 개발 생산성을 높입니다. 또한 코드 변경 시 영향받는 부분을 자동으로 추적하여 리팩토링의 안전성을 보장합니다. 마지막으로 타입 정의 자체가 코드의 문서 역할을 하여 코드의 가독성과 유지보수성을 향상시킵니다.

이제 TypeScript의 인터페이스를 활용하여 스크래핑 데이터에서 필요한 부분만 추출하는 방법을 알아보겠습니다. 새로운 API 라우트를 만들어 보죠. [scraping-extract] 디렉토리에 'route.ts' 파일을 생성합니다.

```typescript
// app/api/scraping-extract/route.ts
import { NextResponse } from 'next/server';


// TypeScript 인터페이스 정의: 데이터 구조를 명확히 정의
// interface는 객체의 구조를 정의하는 방법입니다
interface Product {
  id: string;              // 상품 아이디
  name: string;            // 상품명
  price: number;           // 가격
  rating: number;          // 별점
  reviewCount: number;     // 리뷰 개수
}
```

```typescript
// API 응답 데이터의 구조를 정의
interface ApiResponse {
  products: Product[];          // 상품 목록
  pagination: {                 // 페이지네이션 정보
    hasNextPage: boolean;       // 다음 페이지 존재 여부
  };
}

interface ScrapedData {
  scrapedAt: string;            // 스크래핑 시간
  category: string;             // 카테고리
  totalProducts: number;        // 총 상품 수
  products: Product[];          // 상품 목록
}

// 상수 정의: 변경되지 않는 값
const BASE_URL = 'https://crawl-target-server.vercel.app';
const API_ENDPOINT = '/api/products';
export async function GET(request: Request) {

  // URL에서 쿼리 파라미터 가져오기
  const { searchParams } = new URL(request.url);
  const category = searchParams.get('category') || 'all';

  // 변수 정의: 반복문에서 값이 변경되는 변수들
  const allProducts: Product[] = [];   // 추출된 상품들을 저장할 배열
  let currentPage = 1;                  // 현재 처리 중인 페이지 번호
  let hasMorePages = true;             // 더 많은 페이지가 있는지 확인하는 변수
  console.log(`카테고리 "${category}"의 상품 데이터 추출 시작...`);
```

```typescript
  // 반복문: 모든 페이지를 순차적으로 처리
while (hasMorePages) {
  // 변수를 사용하여 동적 URL 생성
  const apiUrl = `${BASE_URL}${API_ENDPOINT}?page=${currentPage}&category=${category}&pageSize=10`;
  console.log(`페이지 ${currentPage} 처리 중...`);

  // 실제 API 호출
  const response = await fetch(apiUrl);

  // JSON 데이터를 JavaScript 객체로 변환
  const data: ApiResponse = await response.json();
  // 현재 페이지의 상품들을 처리
  if (data.products && data.products.length > 0) {

    // 필요한 데이터만 추출하여 새로운 객체 생성
    const extractedProducts: Product[] = data.products.map((product: Product) => {
      return {
        id: product.id,                    // 상품 아이디
        name: product.name,                // 상품명
        price: product.price,              // 가격
        rating: product.rating,            // 별점
        reviewCount: product.reviewCount   // 리뷰 개수
      };
    });

    // 추출된 상품들을 전체 목록에 추가
    allProducts.push(...extractedProducts);
    console.log(`페이지 ${currentPage}: ${extractedProducts.length}개 상
```

```typescript
품 추출 완료`);

        // pagination 정보를 사용하여 다음 페이지 존재 여부 확인
        if (data.pagination.hasNextPage) {
          currentPage++; // 다음 페이지로 이동
        } else {
          hasMorePages = false;      // 더 이상 페이지가 없으므로 반복문 종료
          console.log(`페이지 ${currentPage}에서 ${extractedProducts.length}
개 상품 발견 - 마지막 페이지`);
        }

      } else {
        // 데이터가 없으면 반복문 종료
        hasMorePages = false;
        console.log(`페이지 ${currentPage}에서 데이터 없음 - 추출 완료`);
      }
    }

    // 스크래핑 완료 시간 기록
    const scrapedAt = new Date().toISOString();   // 현재 시간을 ISO 형식으로 변환

    // 최종 응답 데이터 구성
    const scrapedData: ScrapedData = {
      scrapedAt: scrapedAt,                 // 스크래핑 시간
      category: category,                   // 카테고리
      totalProducts: allProducts.length,    // 총 상품 수
      products: allProducts                 // 추출된 상품 목록
    };

    console.log(`총 ${allProducts.length}개 상품 추출 완료 - ${scrapedAt}`);
```

```
// 클라이언트에게 응답 데이터 전송
return NextResponse.json({
  success: true,          // 성공 여부를 알려주는 플래그
  data: scrapedData
});
}
```

위 코드에서 중요한 부분들을 살펴보겠습니다:

TypeScript 인터페이스의 역할: `Product`, `ApiResponse`, `ScrapedData` 인터페이스는 데이터의 구조를 명확히 정의합니다. 이를 통해 개발자는 어떤 데이터가 필요한지, 각 필드의 타입이 무엇인지 미리 알 수 있습니다. 또한 `any` 타입을 사용하지 않음으로써 타입 안전성을 보장하고 컴파일 시점에 오류를 발견할 수 있습니다.

API 응답 타입 정의: `ApiResponse` 인터페이스를 통해 서버에서 받아오는 데이터의 구조를 명확히 정의했습니다. 이렇게 하면 `data.products`나 `data.pagination.hasNextPage` 같은 속성에 안전하게 접근할 수 있습니다.

데이터 추출 과정: `map` 함수를 사용하여 원본 데이터에서 필요한 필드만 추출합니다. 이 과정에서 불필요한 데이터(이미지 URL, 판매자 정보 등)는 제외하고 핵심 정보만 남깁니다. 각 상품의 타입이 `Product`로 명확히 정의되어 있어 타입 안전성이 보장됩니다.

시간 정보 추가: `new Date().toISOString()`을 사용하여 스크래핑이 완료된 시간을 기록합니다. 이는 데이터의 신선도를 확인하는 데 중요한 정보입니다.

○ ○ ○ **map 함수란?**

`map` 함수는 배열의 각 요소에 대해 함수를 실행하고, 그 결과로 새로운 배열을 만드는 JavaScript의 배열 메서드입니다.

map 함수의 기본 구조 :

```javascript
const newArray = originalArray.map((element, index) => {

  // 각 요소를 변환하는 로직
  return transformedElement;
});
```

map 함수의 특징 :

- **원본 배열 변경 없음** : 기존 배열은 그대로 두고 새로운 배열을 생성
- **각 요소 변환** : 배열의 모든 요소에 대해 동일한 변환 로직 적용
- **새로운 배열 반환** : 변환된 결과를 담은 새로운 배열을 반환

위 코드에서의 활용 :

```javascript
const extractedProducts: Product[] = data.products.map((product: any) => {

  return {
    id: product.id,                    // 상품 아이디
    name: product.name,                // 상품명
    price: product.price,              // 가격
    rating: product.rating,            // 별점
    reviewCount: product.reviewCount   // 리뷰 개수
  };
});
```

이 코드는 원본 상품 데이터에서 필요한 필드만 추출하여 새로운 객체로 변환합니다. 불필요한 데이터(이미지 URL, 판매자 정보 등)는 제외하고 핵심 정보만 남깁니다.

> **map vs forEach의 차이 :**
>
> - **map :** 새로운 배열을 반환 (변환된 결과 저장)
> - **forEach :** 반환값 없음 (단순히 각 요소에 대해 작업 수행)

API 테스트 :

브라우저에서 다음 URL로 직접 접속하여 API를 테스트할 수 있습니다:

- 모든 상품 추출 : `http://localhost:3000/api/scraping-extract`
- 특정 카테고리만 : `http://localhost:3000/api/scraping-extract?category=digital`
- 패션 카테고리 : `http://localhost:3000/api/scraping-extract?category=fashion`

이제 `any` 타입 대신 구체적인 인터페이스를 사용함으로써 다음과 같은 이점을 얻을 수 있습니다:

01 자동완성 지원 : IDE에서 `product.`를 입력하면 `id, name`, `price`, `rating`, `reviewCount`만 제안됩니다

02 타입 검증 : 잘못된 속성에 접근하려고 하면 컴파일 시점에 에러가 발생합니다

03 리팩토링 안전성 : 인터페이스를 수정하면 해당 인터페이스를 사용하는 모든 곳에서 자동으로 에러가 표시됩니다

04 문서화 : 인터페이스 자체가 데이터 구조에 대한 명확한 문서 역할을 합니다

실제 프로젝트에서는 서버에서 받아온 모든 데이터를 그대로 사용하는 경우가 거의 없습니다. 대부분의 경우 필요한 정보만 선별하여 사용하거나, 데이터를 가공하여 새로운 형태로 변환해야 합니다. 또한 데이터의 출처와 수집 시점을 기록하여 신뢰성을 확보하는 것도 중요합니다. 이러한 데이터 추출과 가공 과정을 통해 원시 데이터를 실제 비즈니스에 활용 가능한 형태로 변환할 수 있으며, 이는 효과적인 데이터 활용의 핵심입니다.

2.2.8 예제에서는 TypeScript 인터페이스를 사용하여 데이터 구조를 명확히 정의하고 필요한 데이터만 추출하는 방법을 학습했습니다. 하지만 코드를 자세히 살펴보면 여전히 개선할 수 있는 부분들이 있죠.

위의 코드를 보면 반복문 안에서 '데이터 추출' 로직이 반복되고 있습니다. 또한 데이터 처리와 시간 기록 등의 작업이 하나의 함수에 모두 들어 있어서 코드가 복잡해 보이죠. 이런 상황에서 **함수**를 사용하면 코드를 더 깔끔하고 재사용 가능하게 만들 수 있습니다.

그럼, 새로운 API 라우트를 만들어 보겠습니다. [scraping-functions] 디렉토리에 'route.ts' 파일을 생성합니다.

```typescript
// app/api/scraping-functions/route.ts
import { NextResponse } from 'next/server';


// TypeScript 인터페이스 정의: 데이터 구조를 명확히 정의
interface Product {
  id: string;             // 상품 아이디
  name: string;           // 상품명
  price: number;          // 가격
  rating: number;         // 별점
  reviewCount: number;    // 리뷰 개수
}


// API 응답 데이터의 구조를 정의 (2.2.8에서 학습한 내용 적용)
interface ApiResponse {
  products: Product[];    // 상품 목록
  pagination: {           // 페이지네이션 정보
```

```typescript
    hasNextPage: boolean;      // 다음 페이지 존재 여부
  };
}


interface ScrapedData {
  scrapedAt: string;           // 스크래핑 시간
  category: string;            // 카테고리
  totalProducts: number;       // 총 상품 수
  products: Product[];         // 상품 목록
}


// 상수 정의: 변경되지 않는 값
const BASE_URL = 'https://crawl-target-server.vercel.app';
const API_ENDPOINT = '/api/products';


// API에서 데이터를 가져오는 함수
// 함수는 특정 작업을 수행하는 코드 블록입니다
async function fetchPageData(page: number, category: string): Promise<ApiResponse> {
  const apiUrl = `${BASE_URL}${API_ENDPOINT}?page=${page}&category=${category}&pageSize=10`;
  console.log(`페이지 ${page} 데이터 가져오는 중...`);
  const response = await fetch(apiUrl);
  const data: ApiResponse = await response.json();
  return data;
}


// 상품 데이터를 추출하는 함수
// 필요한 필드만 추출하여 새로운 객체를 만듭니다
function extractProductData(rawProducts: Product[]): Product[] {
  return rawProducts.map((product: Product) => {
```

```typescript
    return {
      id: product.id,                          // 상품 아이디
      name: product.name,                      // 상품명
      price: product.price,                    // 가격
      rating: product.rating,                  // 별점
      reviewCount: product.reviewCount         // 리뷰 개수
    };
  });
}


// 스크래핑 결과를 정리하는 함수
// 최종 응답 데이터를 구성합니다
function createScrapedData(products: Product[], category: string): ScrapedData {
  const scrapedAt = new Date().toISOString();// 현재 시간을 ISO 형식으로 변환
  return {
    scrapedAt: scrapedAt,                      // 스크래핑 시간
    category: category,                        // 카테고리
    totalProducts: products.length,            // 총 상품 수
    products: products                         // 추출된 상품 목록
  };
}

export async function GET(request: Request) {
  // URL에서 쿼리 파라미터 가져오기
  const { searchParams } = new URL(request.url);
  const category = searchParams.get('category') || 'all';


  // 변수 정의: 반복문에서 값이 변경되는 변수들
  const allProducts: Product[] = []; // 추출된 상품들을 저장할 배열
  let currentPage = 1;               // 현재 처리 중인 페이지 번호
```

```javascript
    let hasMorePages = true;              // 더 많은 페이지가 있는지 확인하는 변수
    console.log(`카테고리 "${category}"의 상품 데이터 추출 시작...`);

    // 반복문: 모든 페이지를 순차적으로 처리
    while (hasMorePages) {
      // 함수를 사용하여 페이지 데이터 가져오기
      const pageData = await fetchPageData(currentPage, category);

      // 현재 페이지의 상품들을 처리
      if (pageData.products && pageData.products.length > 0) {

        // 함수를 사용하여 상품 데이터 추출
        const extractedProducts = extractProductData(pageData.products);

        // 추출된 상품들을 전체 목록에 추가
        allProducts.push(...extractedProducts);
        console.log(`페이지 ${currentPage}: ${extractedProducts.length}개 상품 추출 완료`);

        // pagination 정보를 사용하여 다음 페이지 존재 여부 확인
        if (pageData.pagination.hasNextPage) {
          currentPage++;              // 다음 페이지로 이동
        } else {
          hasMorePages = false;       // 더 이상 페이지가 없으므로 반복문 종료
          console.log(`페이지 ${currentPage}에서 ${extractedProducts.length}개 상품 발견 - 마지막 페이지`);
        }

      } else {
        // 데이터가 없으면 반복문 종료
```

```typescript
      hasMorePages = false;
      console.log(`페이지 ${currentPage}에서 데이터 없음 - 추출 완료`);
    }
  }

  // 함수를 사용하여 최종 응답 데이터 구성
  const scrapedData = createScrapedData(allProducts, category);
  console.log(`총 ${allProducts.length}개 상품 추출 완료 - ${scrapedData.
scrapedAt}`);

  // 클라이언트에게 응답 데이터 전송
  return NextResponse.json({
    success: true,              // 성공 여부를 알려주는 플래그
    data: scrapedData
  });
}
```

위 코드는 **2.2.8** 에서 학습한 TypeScript 타입 안전성을 적용하여 함수를 사용하여 코드를 모듈화하고 재사용성을 높인 좋은 예시입니다. 이전 예제들과 달리 모든 로직을 하나의 큰 함수에 담지 않고, 각각의 역할에 따라 세 개의 독립적인 함수로 분리했습니다. `fetchPageData` 함수는 외부 API에서 데이터를 가져오는 역할을 담당하고, `extractProductData` 함수는 받아온 원시 데이터에서 필요한 정보만 추출하는 역할을 담당하며, `createScrapedData` 함수는 최종적으로 클라이언트에게 전달할 응답 데이터를 구성하는 역할을 담당합니다.

이러한 함수 분리를 통해 코드의 가독성이 크게 향상되었고, 각 함수가 독립적으로 테스트 가능해져서 디버깅과 유지보수가 훨씬 쉬워졌습니다. 또한 TypeScript의 타입 시스템을 적극 활용하여 컴파일 시점에 오류를 발견할 수 있도록 했으며, 이는 실제 프로덕션 환경에서 발생할 수 있는 런타임 오류를 사전에 방지하는 중요한 장점을 제공합니다. 함수 사용에 장점과 예제를 정리해 보겠습니다.

함수의 역할 : 각 함수는 특정한 작업을 담당합니다. `fetchPageData`는 API 호출을, `extractProductData`는 데이터 추출을, `createScrapedData`는 최종 데이터 구성을 담당합니다. 이렇게 작업을 분리하면 코드가 더 읽기 쉽고 유지보수하기 편해집니다.

코드 재사용성 : 함수로 분리된 코드는 다른 곳에서도 쉽게 재사용할 수 있습니다. 예를 들어 `extractProductData` 함수는 다른 API에서도 동일한 방식으로 상품 데이터를 추출할 때 사용할 수 있습니다.

가독성 향상 : 메인 로직에서는 함수 이름만 보고도 어떤 작업이 수행되는지 쉽게 알 수 있습니다. 복잡한 구현 세부사항은 각 함수 내부에 숨겨져 있어 전체적인 흐름을 파악하기 쉽습니다.

타입 안전성의 적용 : `2.2.8` 에서 학습한 `ApiResponse` 인터페이스를 활용하여 `fetchPageData` 함수의 반환 타입을 `Promise<ApiResponse>`로 명시했습니다. 이렇게 하면 API 응답 데이터의 구조를 컴파일 시점에 검증할 수 있고, **any** 타입을 사용하지 않아 타입 안전성이 보장됩니다.

함수 모듈화의 장점: `fetchPageData` 함수는 API 호출 로직을 담당하고, `extractProductData` 함수는 데이터 추출 로직을 담당하며, `createScrapedData` 함수는 최종 응답 데이터 구성 로직을 담당합니다. 이렇게 각 함수가 명확한 역할을 가지게 되면 코드의 가독성이 향상되고, 특정 기능에 문제가 생겼을 때 해당 함수만 수정하면 되므로 유지보수가 쉬워집니다.

함수 재사용성 : 각 함수는 독립적으로 테스트할 수 있어서 버그를 찾고 수정하는 과정도 더욱 체계적으로 진행할 수 있습니다. 또한 다른 프로젝트에서도 동일한 함수들을 재사용할 수 있어 개발 효율성이 크게 향상됩니다.

이러한 함수 기반 접근 방식과 TypeScript 타입 시스템의 조합은 실제 프로젝트에서 필수적인 코딩 패턴이며, 코드의 품질과 개발 효율성을 크게 향상시킵니다.

API 테스트 :

브라우저에서 다음 URL로 직접 접속하여 함수 기반 API를 테스트할 수 있습니다.

- 함수 기반 추출 : `http://localhost:3000/api/scraping-functions`

- 함수 기반 추출 : `http://localhost:3000/api/scraping-functions?category=digital`
- 패션 카테고리 : `http://localhost:3000/api/scraping-functions?category=fashion`

> ### ○○○ 함수를 사용하는 이유
>
> - **코드 재사용** : 같은 작업을 여러 번 할 때 함수를 호출만 하면 됨
> - **가독성 향상** : 각 함수가 명확한 역할을 가져서 코드를 이해하기 쉬움
> - **유지보수 용이** : 특정 기능에 문제가 있으면 해당 함수만 수정하면 됨
> - **테스트 편의** : 각 함수를 독립적으로 테스트할 수 있음
>
> ### 함수 작성 원칙
>
> - 하나의 함수는 하나의 작업만 수행
> - 함수 이름은 그 기능을 명확히 표현
> - 입력(매개변수)과 출력(반환값)을 명확히 정의

2.2.10 조건문으로 데이터 분류하기 ○○○

앞서 `2.2.9` 예제에서는 함수를 사용하여 코드를 모듈화하고 재사용성을 높이는 방법을 학습했습니다. 이제 함수 기반 접근법을 활용하여 **조건문**을 사용한 데이터 분류 기능을 추가해 보겠습니다.

현재까지의 예제에서는 모든 상품을 동일하게 처리했습니다. 하지만 실제로는 상품의 특성에 따라 다르게 처리해야 할 경우가 많습니다. 예를 들어 가격대별로 분류하거나, 특별 할인 상품을 구분하는 등의 작업이 필요합니다.

기존의 함수 구조를 확장하여 조건문을 사용한 데이터 분류 기능을 추가해보겠습니다. scraping-categorize 디렉토리에 새로운 route.ts 파일을 생성합니다.

```typescript
// app/api/scraping-categorize/route.ts
import { NextResponse } from 'next/server';

// TypeScript 인터페이스 정의
interface Product {
  id: string;
  name: string;
  price: number;
  rating: number;
  reviewCount: number;
  specialOffer: string;        // 새로 추가된 필드
}

// API 응답 데이터의 구조를 정의
interface ApiResponse {
  products: Product[];         // 상품 목록
  pagination: {                // 페이지네이션 정보
    hasNextPage: boolean;      // 다음 페이지 존재 여부
  };
}

interface CategorizedData {
  scrapedAt: string;
  category: string;
  totalProducts: number;
  priceCategories: {
    budget: Product[];         // 5만원 미만
    midRange: Product[];       // 5만원~20만원
    premium: Product[];        // 20만원 이상
```

```typescript
  };
  specialOffers: Product[];              // 특별 할인 상품
  topRated: Product[];                   // 평점 4.5 이상
}

// 상수 정의 (기존과 동일)
const BASE_URL = 'https://crawl-target-server.vercel.app';
const API_ENDPOINT = '/api/products';

// 기존 함수들 (2.2.9에서 정의한 함수들을 그대로 활용)
async function fetchPageData(page: number, category: string): Promise<ApiResponse> {
  const apiUrl = `${BASE_URL}${API_ENDPOINT}?page=${page}&category=${category}&pageSize=10`;
  console.log(`페이지 ${page} 데이터 가져오는 중...`);
  const response = await fetch(apiUrl);
  const data: ApiResponse = await response.json();
  return data;
}

function extractProductData(rawProducts: Product[]): Product[] {
  return rawProducts.map((product: Product) => ({
    id: product.id,
    name: product.name,
    price: product.price,
    rating: product.rating,
    reviewCount: product.reviewCount,
    specialOffer: product.specialOffer     // 새로 추가된 필드
  }));
}
```

```typescript
// 새로 추가된 함수: 조건문을 사용하여 상품을 분류하는 함수
function categorizeProducts(products: Product[]): CategorizedData {
  const budget: Product[] = [];              // 5만원 미만
  const midRange: Product[] = [];            // 5만원~20만원
  const premium: Product[] = [];             // 20만원 이상
  const specialOffers: Product[] = [];       // 특별 할인 상품
  const topRated: Product[] = [];            // 평점 4.5 이상

  // 각 상품을 조건에 따라 분류
  products.forEach(product => {

    // 가격대별 분류 (조건문 사용)
    if (product.price < 50000) {
      budget.push(product);
      console.log(`예산 상품: ${product.name} - ₩${product.price.
toLocaleString()}`);
    } else if (product.price <= 200000) {
      midRange.push(product);
      console.log(`중간가 상품: ${product.name} - ₩${product.price.
toLocaleString()}`);
    } else {
      premium.push(product);
      console.log(`프리미엄 상품: ${product.name} - ₩${product.price.
toLocaleString()}`);
    }

    // 특별 할인 상품 분류 (조건문 사용)
    if (product.specialOffer === 'Y') {
      specialOffers.push(product);
      console.log(`특별 할인: ${product.name} - ₩${product.price.
```

```typescript
toLocaleString()}`);
    }


    // 고평점 상품 분류 (조건문 사용)
    if (product.rating >= 4.5) {
      topRated.push(product);
      console.log(`고평점 상품: ${product.name} - 평점 ${product.rating}`);
    }
  });


  return {
    scrapedAt: new Date().toISOString(),
    category: 'all',
    totalProducts: products.length,
    priceCategories: {
      budget,
      midRange,
      premium
    },
    specialOffers,
    topRated
  };
}


export async function GET(request: Request) {

  // URL에서 쿼리 파라미터 가져오기
  const { searchParams } = new URL(request.url);
  const category = searchParams.get('category') || 'all';
```

```typescript
// 변수 정의: 반복문에서 값이 변경되는 변수들 (2.2.9와 동일한 구조)
const allProducts: Product[] = [];   // 추출된 상품들을 저장할 배열
let currentPage = 1;                  // 현재 처리 중인 페이지 번호
let hasMorePages = true;             // 더 많은 페이지가 있는지 확인하는 변수
console.log(`카테고리 "${category}"의 상품 데이터 분류 시작...`);

// 반복문: 모든 페이지를 순차적으로 처리 (2.2.9의 구조 활용)
while (hasMorePages) {

  // 함수를 사용하여 페이지 데이터 가져오기
  const pageData = await fetchPageData(currentPage, category);

  // 현재 페이지의 상품들을 처리
  if (pageData.products && pageData.products.length > 0) {

    // 함수를 사용하여 상품 데이터 추출
    const extractedProducts = extractProductData(pageData.products);

    // 추출된 상품들을 전체 목록에 추가
    allProducts.push(...extractedProducts);
    console.log(`페이지 ${currentPage}: ${extractedProducts.length}개 상
품 추출 완료`);

    // pagination 정보를 사용하여 다음 페이지 존재 여부 확인
    if (pageData.pagination.hasNextPage) {
      currentPage++;            // 다음 페이지로 이동
    } else {
      hasMorePages = false;     // 더 이상 페이지가 없으므로 반복문 종료
      console.log(`페이지 ${currentPage}에서 ${extractedProducts.length}
개 상품 발견 - 마지막 페이지`);
```

```javascript
    }
  } else {
    // 데이터가 없으면 반복문 종료
    hasMorePages = false;
    console.log(`페이지 ${currentPage}에서 데이터 없음 - 추출 완료`);
  }
}


// 조건문을 사용하여 상품 분류 (새로 추가된 기능)
const categorizedData = categorizeProducts(allProducts);
console.log(`총 ${allProducts.length}개 상품 분류 완료`);
console.log(`예산 상품: ${categorizedData.priceCategories.budget.length}개`);
console.log(`중간가 상품: ${categorizedData.priceCategories.midRange.length}개`);
console.log(`프리미엄 상품: ${categorizedData.priceCategories.premium.length}개`);
console.log(`특별 할인 상품: ${categorizedData.specialOffers.length}개`);
console.log(`고평점 상품: ${categorizedData.topRated.length}개`);

// 클라이언트에게 응답 데이터 전송
return NextResponse.json({
  success: true,                 // 성공 여부를 알려주는 플래그
  data: categorizedData
});
}
```

위 코드에서 조건문의 활용 방법을 살펴보겠습니다:

가격대별 분류 : `if-else if-else` 구조를 사용하여 상품을 세 가지 가격대로 분류합니다. 각 조건에 따라 다른 배열에 상품을 추가합니다.

특별 조건 확인 : `if` 문을 사용하여 특별 할인 상품과 고평점 상품을 별도로 분류합니다. 이렇게 하면 특정 조건을 만족하는 상품들을 쉽게 찾을 수 있습니다.

조건문의 역할 : 조건문을 사용하면 데이터를 다양한 기준으로 분류하고 처리할 수 있습니다. 이를 통해 사용자에게 더 유용한 정보를 제공할 수 있습니다.

API 테스트 :

브라우저에서 다음 URL로 직접 접속하여 조건문 기반 데이터 분류 API를 테스트할 수 있습니다:

- 데이터 분류 추출 : `http://localhost:3000/api/scraping-categorize`
- 특정 카테고리 : `http://localhost:3000/api/scraping-categorize?category=digital`
- 패션 카테고리 : `http://localhost:3000/api/scraping-categorize?category=fashion`

○ ○ ○ 조건문 (if문)을 사용하는 이유

- **데이터 분류** : 다양한 기준으로 데이터를 체계적으로 분류
- **비즈니스 로직** : 실제 서비스에서 필요한 분류 기준 적용
- **사용자 경험** : 사용자가 원하는 조건에 맞는 데이터만 제공

조건문의 종류

- `if (조건)` : 조건이 참일 때만 실행
- `if (조건) ... else` : 조건에 따라 다른 동작 수행
- `if (조건1) ... else if (조건2) ... else` : 여러 조건 검사

2.2.11 예외 처리로 오류 상황 대응하기 ○ ○ ○

`2.2.10` 예제에서는 조건문을 사용하여 상품을 가격대별, 특별 할인, 고평점 등으로 분류하는 방법을 학습했습니다. 하지만 실제 웹 스크래핑에서는 예상치 못한 오류 상황들이 자주 발생합니다.

현재 코드는 인터넷 연결 문제, 웹 사이트 오류, 잘못된 데이터 구조 등의 문제가 발생하면 프로그램이 중단됩니다. 이러한 상황에서도 안정적으로 동작하는 스크래핑 시스템을 구축하기 위해 **예외 처리(Exception Handling)**를 적용해 보겠습니다.

예외 처리 전후 비교 :

예외 처리의 효과를 확인하기 위해 먼저 예외 처리가 없는 코드를 살펴보겠습니다.

01 예외 처리가 없는 코드 (문제 상황)

```typescript
// app/api/scraping-no-error-handling/route.ts
import { NextResponse } from 'next/server';
export async function GET() {
  console.log('스크래핑 시작...');

  // 의도적으로 잘못된 URL로 네트워크 에러 발생
  const response = await fetch('https://invalid-domain-that-does-not-exist.com/api/test');
  const data = await response.json();
  return NextResponse.json({
    success: true,
    data: data
  });
}
```

이 코드를 실행하면 다음과 같은 결과가 나타납니다:

- 500 Internal Server Error 발생
- 프로그램 완전 중단
- 사용자에게 의미 있는 메시지 없음

```typescript
// app/api/scraping-error-handling/route.ts
import { NextResponse } from 'next/server';
export async function GET() {
  try {
    console.log('스크래핑 시작...');

    // 의도적으로 잘못된 URL로 네트워크 에러 발생
    const response = await fetch('https://invalid-domain-that-does-not-exist.com/api/test');
    const data = await response.json();
    return NextResponse.json({
      success: true,
      data: data
    });

  } catch (error: unknown) {
    console.log('네트워크 오류 발생:', error instanceof Error ? error.message : '알 수 없는 오류');

    // 예외 처리로 프로그램이 중단되지 않고 적절한 응답 반환
    return NextResponse.json({
      success: false,
      error: '네트워크 연결 오류',
      message: 'API 서버에 연결할 수 없습니다. 인터넷 연결을 확인해주세요.',
      handled: true,
      timestamp: new Date().toISOString()
    });
  }
}
```

이 코드를 실행하면 다음과 같은 결과가 나타납니다:

```
{
  success: false,
  error: "네트워크 연결 오류",
  message: "API 서버에 연결할 수 없습니다. 인터넷 연결을 확인해주세요.",
  handled: true,
  timestamp: "2025-10-03T17:02:02.679Z"
}
```

이렇게, 예외 처리를 통해 200 OK 응답을 받는 것이 중요한 이유는 다음과 같습니다:

01 사용자 경험 개선 : 500 에러는 사용자에게 "서버에 문제가 있다"는 인상을 주지만, 200 OK는 "요청이 처리되었다"는 의미입니다.

02 프론트엔드 처리 용이 : JavaScript에서 `response.ok`로 성공/실패를 판단할 수 있어 에러 처리 로직이 단순해집니다.

03 API 일관성 : 모든 API 응답이 동일한 구조를 가지므로 클라이언트 코드가 예측 가능합니다.

04 상세한 오류 정보 제공 : `success: false`와 함께 구체적인 오류 메시지와 해결 방법을 제공할 수 있습니다.

API 테스트 :

브라우저에서 다음 URL로 직접 접속하여 예외 처리 API를 테스트할 수 있습니다.

- 예외 처리 없는 버전 : `http://localhost:3000/api/scraping-no-error-handling`
- 예외 처리 있는 버전 : `http://localhost:3000/api/scraping-error-handling`

○ ○ ○ 예외 처리 (try-catch)를 사용하는 이유

- **프로그램 안정성** : 오류가 발생해도 프로그램이 중단되지 않음
- **사용자 친화적** : 오류 상황을 사용자가 이해할 수 있는 메시지로 안내
- **디버깅 편의** : 어디서 무슨 오류가 발생했는지 명확히 파악 가능

예외 처리의 종류

- **try-catch** : 오류가 발생할 수 있는 코드를 감싸고 오류 처리
- **Promise.catch()** : 비동기 작업에서 발생하는 오류 처리
- **구체적인 오류 타입별 처리** : 네트워크 오류, 파싱 오류 등

2.2.12 완성된 데이터 추출 프로그램 ○○○

`2.2.11` 예제에서는 예외 처리를 통해 안정적인 스크래핑 시스템을 구축하는 방법을 학습했습니다. 이제 지금까지의 모든 개념을 종합하여 Next.js 환경에서 실행 가능한 완성된 데이터 추출 프로그램을 만들어 보겠습니다.

이 프로그램은 `2.2.11` 에서 학습한 예외 처리, `2.2.10` 의 조건문을 사용한 데이터 분류, `2.2.9` 의 함수 모듈화는 물론 `2.2.8` 의 TypeScript 타입 안전성을 모두 적용한 종합적인 예제입니다.

```typescript
// app/api/scraping/complete/route.ts
import { NextResponse } from 'next/server';

// 설정 상수들
const BASE_URL = 'https://crawl-target-server.vercel.app';
const API_ENDPOINT = '/api/products';
const TIMEOUT = 5000;          // 5초 타임아웃

// 타입 정의 (2.2.10과 일치)
interface Product {
  id: string;
```

```typescript
  name: string;
  price: number;
  rating: number;
  reviewCount: number;
  specialOffer: string;
}

interface ApiResponse {
  products: Product[];
  pagination: {
    hasNextPage: boolean;
  };
}

interface ProcessedProduct {
  id: number;
  name: string;
  price: string;
  priceNumber: number;
  category: string;
  rating: number;
  description: string;
  image: string;
}

interface CategoryGroups {
  [category: string]: ProcessedProduct[];
}

interface CompleteProgramResult {
```

```typescript
  products: ProcessedProduct[];
  categories: CategoryGroups;
  statistics: {
    total: number;
    avgPrice: number;
    avgRating: number;
    categoryCount: number;
  };
  processing: {
    totalItems: number;
    validItems: number;
    invalidItems: number;
  };
}


// API에서 상품 데이터 가져오기 (2.2.10과 일치)
async function getProductData(page: number = 1, category: string = 'all'):
Promise<Product[]> {
  try {
    const apiUrl = `${BASE_URL}${API_ENDPOINT}?page=${page}&category=${cat
egory}&pageSize=10`;
    console.log(`API 호출 중: ${apiUrl}`);
    const controller = new AbortController();
    const timeoutId = setTimeout(() => controller.abort(), TIMEOUT);
    const response = await fetch(apiUrl, {
      signal: controller.signal,
      headers: {
        'User-Agent': 'Mozilla/5.0 (compatible; ScrapingBot/1.0)',
        'Accept': 'application/json'
      }
```

```typescript
    });

    clearTimeout(timeoutId);

    if (!response.ok) {
      throw new Error(`HTTP ${response.status}: ${response.statusText}`);
    }

    const data: ApiResponse = await response.json();
    console.log('API 호출 완료');
    return data.products;

  } catch (error: unknown) {
    if (error instanceof Error) {
      if (error.name === 'AbortError') {
        throw new Error(`API 호출 시간 초과 (${TIMEOUT}ms)`);
      }
      throw new Error(`API 호출 실패: ${error.message}`);
    } else {
      throw new Error('API 호출 중 알 수 없는 오류 발생');
    }
  }
}

// 상품 정보 처리 및 검증 (2.2.10과 일치)
function processProductInfo(products: Product[]): {
  processedProducts: ProcessedProduct[];
  processing: { totalItems: number; validItems: number; invalidItems:
number };
} {
```

```typescript
try {
  const processedProducts: ProcessedProduct[] = [];
  const totalItems = products.length;
  let validItems = 0;
  products.forEach((product, index) => {
    try {
      // 데이터 유효성 검사 (2.2.10과 일치)
      if (product.name && product.price && product.price > 0) {
        validItems++;
        processedProducts.push({
          id: validItems,
          name: product.name,
          price: `₩${product.price.toLocaleString()}`,
          priceNumber: product.price,
          category: 'all', // 2.2.10에서는 category가 없으므로 기본값
          rating: product.rating || 0,
          description: `평점: ${product.rating}/5, 리뷰: ${product.reviewCount}개`,
          image: product.specialOffer === 'Y' ? '특별할인' : '일반상품'
        });
      }
    } catch (elementError: unknown) {
      console.log(`경고: ${index + 1}번째 상품 처리 중 오류: ${elementError instanceof Error ? elementError.message : '알 수 없는 오류'}`);
    }
  });

  console.log(`처리 결과: 전체 ${totalItems}개 중 ${validItems}개 추출 성공`);
  return {
    processedProducts,
```

```typescript
        processing: {
          totalItems,
          validItems,
          invalidItems: totalItems - validItems
        }
      };
    } catch (error: unknown) {
      throw new Error(`데이터 처리 중 오류: ${error instanceof Error ? error.
message : '알 수 없는 오류'}`);
    }
  }

  // 카테고리별 상품 분류
  function groupByCategory(products: ProcessedProduct[]): CategoryGroups {
    const categories: CategoryGroups = {};
    products.forEach(product => {
      const category = product.category;
      if (!categories[category]) {
        categories[category] = [];
      }
      categories[category].push(product);
    });
    return categories;
  }

  // 통계 계산
  function calculateStatistics(products: ProcessedProduct[]): {
    total: number;
    avgPrice: number;
    avgRating: number;
```

```typescript
  categoryCount: number;
} {
  if (products.length === 0) {
    return { total: 0, avgPrice: 0, avgRating: 0, categoryCount: 0 };
  }

  const avgPrice = products.reduce((sum, p) => sum + p.priceNumber, 0) /
products.length;
  const avgRating = products.reduce((sum, p) => sum + p.rating, 0) /
products.length;
  const categoryCount = new Set(products.map(p => p.category)).size;
  return {
    total: products.length,
    avgPrice: Math.round(avgPrice),
    avgRating: Number(avgRating.toFixed(1)),
    categoryCount
  };
}

// 결과 로깅 (서버 콘솔용)
function logResults(result: CompleteProgramResult): void {
  console.log('\n' + '='.repeat(60));
  console.log('추출된 상품 목록');
  console.log('='.repeat(60));

  if (result.products.length === 0) {
    console.log('추출된 상품이 없습니다.');
    return;
  }
```

```typescript
  // 카테고리별로 분류하여 출력
  Object.keys(result.categories).forEach(categoryName => {
    console.log(`\n카테고리: ${categoryName}`);
    console.log('-'.repeat(40));
    result.categories[categoryName].forEach(product => {
      console.log(`${product.id}. ${product.name}`);
      console.log(`   가격: ${product.price}`);
      console.log(`   평점: ${product.rating}/5`);
      console.log(`    설명: ${product.description.substring(0, Math.
min(50, product.description.length))}...`);
      console.log('');
    });
  });


  console.log('='.repeat(60));
  console.log(`총 ${result.statistics.total}개의 상품을 성공적으로 추출했습니다.`);
  console.log(`평균 가격: ₩${result.statistics.avgPrice.toLocaleString()}`);
  console.log(`평균 평점: ${result.statistics.avgRating}/5`);
  console.log(`카테고리 수: ${result.statistics.categoryCount}개`);
}

// 메인 실행 함수 (2.2.10과 동일한 페이지네이션 방식)
async function executeCompleteProgram(category: string = 'all'):
Promise<CompleteProgramResult> {
  try {
    console.log('완성된 데이터 추출 프로그램 시작...\n');

    // 2.2.10과 동일한 방식으로 모든 페이지 수집
    const allProducts: Product[] = [];
    let currentPage = 1;
```

```javascript
  let hasMorePages = true;
  console.log(`카테고리 "${category}"의 상품 데이터 수집 시작...`);

  while (hasMorePages) {
    try {
      const pageData = await getProductData(currentPage, category);
      if (pageData && pageData.length > 0) {
        allProducts.push(...pageData);
        console.log(`페이지 ${currentPage}: ${pageData.length}개 상품 추가`);

        // 다음 페이지가 있는지 확인 (간단히 페이지 수로 제한)
        if (pageData.length >= 10) {
          currentPage++;
        } else {
          hasMorePages = false;
          console.log(`페이지 ${currentPage}에서 ${pageData.length}개 상품 발견 - 마지막 페이지`);
        }
      } else {
        hasMorePages = false;
        console.log(`페이지 ${currentPage}에서 데이터 없음 - 수집 완료`);
      }
    } catch (pageError: unknown) {
      console.log(`페이지 ${currentPage} 처리 중 오류: ${pageError instanceof Error ? pageError.message : '알 수 없는 오류'}`);
      currentPage++;

      if (currentPage > 10) { // 무한 루프 방지
        hasMorePages = false;
      }
```

```typescript
    }
  }

  const { processedProducts, processing } = processProductInfo(allProducts);
  const categories = groupByCategory(processedProducts);
  const statistics = calculateStatistics(processedProducts);
  const result: CompleteProgramResult = {
    products: processedProducts,
    categories,
    statistics,
    processing
  };

  // 서버 콘솔에 로깅
  logResults(result);
  console.log('\n데이터 추출 완료!');
  return result;
} catch (error: unknown) {
  console.error('\n데이터 추출 실패:', error instanceof Error ? error.
message : '알 수 없는 오류');

  // 오류 타입별 안내
  const errorMessage = error instanceof Error ? error.message : '알 수 없
는 오류';
  if (errorMessage.includes('ENOTFOUND')) {
    console.log('해결 방법: 인터넷 연결을 확인해주세요.');
  } else if (errorMessage.includes('시간 초과')) {
    console.log('해결 방법: 네트워크가 느릴 수 있습니다. 잠시 후 다시 시
도해주세요.');
  } else if (errorMessage.includes('404')) {
```

```typescript
      console.log('해결 방법: API 주소를 확인해주세요.');
    } else if (errorMessage.includes('API 호출 실패')) {
      console.log('해결 방법: API 서버 상태를 확인해주세요.');
    }
    throw error;
  }
}

// API 라우트 핸들러 (2.2.10과 동일한 쿼리 파라미터 처리)
export async function GET(request: Request) {
  try {

    // URL에서 쿼리 파라미터 가져오기 (2.2.10과 동일)
    const { searchParams } = new URL(request.url);
    const category = searchParams.get('category') || 'all';
    const result = await executeCompleteProgram(category);
    return NextResponse.json({
      success: true,
      data: result,
      message: '완성된 프로그램 실행 성공'
    });
  } catch (error: unknown) {
    return NextResponse.json(
      {
        success: false,
        error: '완성된 프로그램 실행 실패',
        details: error instanceof Error ? error.message : '알 수 없는 오류'
      },
      { status: 500 }
    );
```

```
    }
}
```

API 테스트 :

브라우저에서 다음 URL로 직접 접속하여 완성된 프로그램 API를 테스트할 수 있습니다:

- 완성된 프로그램 : `http://localhost:3000/api/scraping/complete`
- 디지털 카테고리 : `http://localhost:3000/api/scraping/complete?category=digital`
- 패션 카테고리 : `http://localhost:3000/api/scraping/complete?category=fashion`

2.2.13 { 동적 사이트 스크래핑 방법 (Puppeteer 사용) ○ ○ ○ }

앞서 우리는 API를 직접 호출하는 방법으로 데이터를 추출했습니다. 하지만 모든 웹 사이트가 API를 제공하는 것은 아닙니다. 또한 실제 사용자가 보는 화면과 동일한 데이터를 추출해야 하는 경우도 있습니다. 이런 상황에서는 Puppeteer를 사용하여 실제 브라우저를 자동화하는 방법을 활용할 수 있습니다.

Puppeteer란 무엇인가

Puppeteer는 Google이 개발한 Node.js 라이브러리로, Chrome 브라우저를 프로그램으로 제어할 수 있게 해줍니다. 마치 사람이 브라우저를 조작하는 것처럼 페이지를 열고, 클릭하고, 스크롤하고, 데이터를 추출할 수 있습니다.

Puppeteer의 주요 기능은 다음과 같습니다:

- 웹 페이지 스크린샷 캡처
- PDF 생성
- 단일 페이지 애플리케이션(SPA) 크롤링
- 성능 테스트
- 자동화된 폼 제출
- JavaScript가 실행된 후의 최종 HTML 추출

Next.js에서 Puppeteer 설치하기

Next.js 프로젝트에서 Puppeteer를 사용하기 위해서는 먼저 패키지를 설치해야 합니다. 책의 예제가 안정적으로 동작하도록 특정 버전을 설치합니다:

```
npm install puppeteer@21.5.2

npm install @types/puppeteer@7.0.4 --save-dev
```

○ ○ ○ **버전 고정의 이유 :**

- Puppeteer는 자주 업데이트되며 API가 변경될 수 있음
- 책의 예제가 항상 동일하게 동작하도록 안정된 버전 사용
- 최신 버전과의 호환성을 고려한 안정 버전

Puppeteer를 설치하면 Chrome 브라우저도 함께 다운로드됩니다. 이는 일관된 환경에서 스크래 핑을 수행하기 위함이죠.

Next.js에서 Puppeteer는 '서버-사이드'에서만 실행됩니다. 클라이언트에서는 브라우저 보안 상 다른 브라우저를 실행할 수 없기 때문입니다.

Next.js에서 Puppeteer 사용법

Next.js API 라우트에서 Puppeteer를 사용하는 방법을 알아보겠습니다:

```typescript
// app/api/scraping/puppeteer/route.ts
import { NextResponse } from 'next/server';
import puppeteer, { Browser, Page } from 'puppeteer';


// 타입 정의
interface ScrapedProduct {
  name: string;
  price: string;
  image?: string;
}
interface PuppeteerResult {
  products: ScrapedProduct[];
  metadata: {
    totalFound: number;
    scrapingTime: number;
    url: string;
  };
}
async function scrapeWithPuppeteer(): Promise<PuppeteerResult> {
  const startTime = Date.now();
  let browser: Browser | null = null;
  let page: Page | null = null;


  try {
    console.log('Puppeteer 브라우저 실행 중...');
```

```javascript
// 브라우저 실행 (헤드리스 모드)
browser = await puppeteer.launch({
  headless: true, // 서버에서는 헤드리스 모드 사용
  args: [
    '--no-sandbox',
    '--disable-setuid-sandbox',
    '--disable-dev-shm-usage'
  ]
});


page = await browser.newPage();


// 브라우저 설정
await page.setViewport({ width: 1280, height: 720 });
await page.setUserAgent('Mozilla/5.0 (Windows NT 10.0; Win64; x64)
AppleWebKit/537.36 (KHTML, like Gecko) Chrome/91.0.4472.124 Safari/537.36');
console.log('페이지 로딩 중...');
await page.goto('https://crawl-target-server.vercel.app', {
  waitUntil: 'networkidle2',
  timeout: 30000
});


// 페이지가 완전히 로드될 때까지 대기
console.log('콘텐츠 로딩 대기 중...');
await page.waitForSelector('h3', { timeout: 15000 });


// 추가 대기 (동적 콘텐츠 완전 로딩)
await new Promise(resolve => setTimeout(resolve, 2000));
console.log('상품 정보 추출 중...');
```

```typescript
// 상품 데이터 추출
const products = await page.evaluate(() => {
  const productElements = document.querySelectorAll('main > section');
  const productList: ScrapedProduct[] = [];
  productElements.forEach(section => {
    const productCards = section.querySelectorAll('div[class*="grid"] >
div');

    productCards.forEach(card => {
      const nameElement = card.querySelector('h3');
      const priceElement = card.querySelector('span[class*="text-xl"]');
      const imageElement = card.querySelector('img');
      if (nameElement && priceElement) {
        productList.push({
          name: nameElement.textContent?.trim() || '',
          price: priceElement.textContent?.trim() || '',
          image: imageElement?.src || ''
        });
      }
    });
  });
  return productList;
});

const endTime = Date.now();
const scrapingTime = endTime - startTime;
console.log('Puppeteer 스크래핑 완료');
console.log(`총 ${products.length}개 상품 발견`);
console.log(`소요 시간: ${scrapingTime}ms`);
return {
  products,
  metadata: {
```

```typescript
        totalFound: products.length,
        scrapingTime,
        url: 'https://crawl-target-server.vercel.app'
      }
    };
  } catch (error: unknown) {
    const errorMessage = error instanceof Error ? error.message : '알 수 없는 오류';
    console.error('Puppeteer 스크래핑 오류:', errorMessage);
    throw new Error(`Puppeteer 실행 실패: ${errorMessage}`);
  } finally {
    // 리소스 정리
    try {
      if (page) await page.close();
      if (browser) await browser.close();
      console.log('브라우저 리소스 정리 완료');
    } catch (cleanupError: unknown) {
      const cleanupMessage = cleanupError instanceof Error ? cleanupError.
message : '알 수 없는 오류';
      console.error('리소스 정리 중 오류:', cleanupMessage);
    }
  }
}

export async function GET() {
  try {
    const result = await scrapeWithPuppeteer();
    return NextResponse.json({
      success: true,
      data: result,
      message: 'Puppeteer 스크래핑 성공'
```

```ts
    });
  } catch (error: unknown) {
    const errorMessage = error instanceof Error ? error.message : '알 수 없
는 오류';
    console.error('API 라우트 오류:', errorMessage);
    return NextResponse.json(
      {
      success: false,
      error: 'Puppeteer 스크래핑 실패',
      details: errorMessage
      },
      { status: 500 }
    );
  }
}
```

Puppeteer의 장점과 단점

장점 :

- JavaScript가 실행된 후의 최종 화면에서 데이터 추출 가능
- 실제 사용자의 행동을 시뮬레이션할 수 있음
- 복잡한 단일 페이지 애플리케이션도 스크래핑 가능
- 스크린샷이나 PDF 생성 등 다양한 기능 제공

단점 :

- API 호출보다 속도가 느림
- 메모리와 CPU 사용량이 많음
- 브라우저 설치가 필요하여 배포 환경이 복잡해질 수 있음
- 클라우드 환경에서 사용 시 추가 설정이 필요

클라우드 환경에서의 제약사항

Puppeteer는 실제 Chrome 브라우저를 실행하기 때문에 클라우드 환경에서 사용할 때 몇 가지 제약사항이 있습니다:

메모리 사용량 문제 : Chrome 브라우저는 상당한 메모리를 사용합니다. 저사양 서버에서는 메모리 부족으로 인해 실행이 어려울 수 있습니다.

의존성 패키지 : Linux 환경에서는 Chrome 실행에 필요한 시스템 라이브러리들이 추가로 필요할 수 있습니다.

서버리스 환경 제약 : AWS Lambda, Vercel 등의 서버리스 환경에서는 실행 시간 제한과 패키지 크기 제한으로 인해 사용이 어려울 수 있습니다.

이러한 이유로 가능한 경우에는 API를 직접 호출하는 방법을 우선적으로 고려하는 것이 좋습니다. Puppeteer는 API가 없거나 JavaScript 실행이 반드시 필요한 경우에만 사용하는 것을 권장합니다.

실제 사용 시나리오

다음과 같은 경우에 Puppeteer를 사용하는 것이 적합합니다:

무한 스크롤 페이지 : 스크롤을 내려야만 새로운 데이터가 로드되는 페이지의 경우

```javascript
// 무한 스크롤 처리 예제
await page.evaluate(async () => {
  await new Promise((resolve) => {
    let totalHeight = 0;
    const distance = 100;
    const timer = setInterval(() => {
      const scrollHeight = document.body.scrollHeight;
      window.scrollBy(0, distance);
```

```javascript
      totalHeight += distance;

      if(totalHeight >= scrollHeight) {

        clearInterval(timer);

        resolve();

      }

    }, 100);

  });

});
```

로그인이 필요한 페이지 : 사용자 인증 후에만 접근 가능한 데이터

```javascript
// 로그인 처리 예제

await page.type('#username', 'your-username');

await page.type('#password', 'your-password');

await page.click('#login-button');

await page.waitForNavigation();
```

CAPTCHA나 사용자 상호작용이 필요한 페이지 : 자동화된 봇 탐지를 우회해야 하는 경우

이러한 복잡한 시나리오들은 단순한 API 호출로는 처리할 수 없으므로 Puppeteer와 같은 브라우저 자동화 도구가 필요합니다.

API 테스트 :

브라우저에서 다음 URL로 직접 접속하여 Puppeteer API를 테스트할 수 있습니다:

- Puppeteer 스크래핑 : `http://localhost:3000/api/scraping/puppeteer`

응답 예시 :

```json
{
  "success": true,
  "data": {
    "products": [
      {
        "name": "무선 이어폰",
        "price": "₩79,000",
        "category": "미분류",
        "rating": "0"
      },
      {
        "name": "블루투스 스피커",
        "price": "₩129,000",
        "category": "미분류",
        "rating": "0"
      }
    ],
    "metadata": {
      "totalFound": 2,
      "scrapingTime": 3450,
      "url": "https://crawl-target-server.vercel.app",
      "method": "puppeteer"
    }
```

```json
    },
    "message": "Puppeteer 스크래핑 성공"
}
```

이제 API 방식과 동적 스크래핑 방식을 모두 학습했습니다. API가 있다면 API를 사용하는 것이 더 효율적이고, API가 없거나 실제 렌더링된 화면을 스크래핑해야 한다면 Puppeteer를 사용하면 됩니다.

2.3 데이터를 파일에 저장해 보자

2.3.1 학습 목표

이전 섹션에서 우리는 웹 페이지에서 데이터를 추출하는 방법을 배웠습니다. 하지만 추출한 데이터는 메모리에만 저장되어 있어서, 프로그램을 다시 시작하면 처음부터 다시 수집해야 하죠.

```javascript
// 프로그램 실행 시마다 매번 새로 수집해야 하는 데이터
const products = [
  { name: "무선 마우스", price: 29900, category: "전자제품" },
  { name: "기계식 키보드", price: 89000, category: "전자제품" }
];


// 프로그램 종료 → 데이터 사라짐
// 프로그램 재시작 → 다시 스크래핑 필요
```

실제 서비스에서는 수집한 데이터를 영구적으로 보관하고 나중에 활용할 수 있어야 하겠죠. 예를 들어 데이터 분석을 통해 가격 변동 추이를 분석하거나, 저장된 상품 정보에서 특정 조건에 맞는 상품을 검색하는 기능을 구현할 수 있습니다. 또한 카테고리별 평균 가격 계산과 같은 통계를 생성하거나, 다른 프로그램에서도 활용할 수 있도록 데이터를 공유해야 할 때도 있습니다.

데이터를 영구적으로 저장하는 방법은 여러 가지가 있습니다. **데이터베이스(MySQL, PostgreSQL, MongoDB 등), 클라우드 스토리지(AWS S3, Google Cloud Storage 등)**, 그리고 **파일 시스템**이 그 예시입니다.

이 중에서 **파일 시스템**은 가장 기본적이면서도 접근하기 쉬운 저장 방법입니다. 파일은 다음과 같은 장점이 있습니다:

- **간단함 :** 복잡한 설정 없이 바로 사용 가능
- **이식성 :** 다른 시스템으로 쉽게 이동 가능
- **호환성 :** 다양한 프로그램에서 읽고 쓸 수 있음
- **직관성 :** 사람이 직접 확인하고 편집할 수 있음

특히 'CSV(Comma-Separated Values)' 파일은 스프레드시트 프로그램(Excel, Google Sheets 등)에서 바로 열어볼 수 있어 데이터 확인과 분석이 매우 편리합니다.

이번 영역에서는 앞서 추출한 데이터를 영구적으로 저장하는 방법을 학습하게 됩니다. **로컬 환경에서 실행**하는 Next.js 프로젝트에서 파일 시스템을 이용한 데이터 저장 방법을 익히고, CSV 파일 형식을 이해하여 실무에서 활용할 수 있도록 하겠습니다. 또한 데이터를 구조화하고 변환하는 방법과 함께 안정적인 프로그램을 위한 에러 처리 방법까지 함께 다뤄 보겠습니다.

○ ○ ○ CSV 파일이란?

CSV(Comma-Separated Values)는 데이터를 쉼표로 구분하여 저장하는 파일 형식입니다. 표 형태의 데이터를 텍스트 파일로 저장할 때 가장 널리 사용되는 방식으로, 'MS 엑셀'이나 '구글 스프레드시트'에서도 지원하는 표준적인 형식입니다.

CSV의 특징 :

- 각 행은 하나의 레코드를 나타냄

- 첫 번째 행은 보통 컬럼명(헤더)을 포함
- 데이터는 쉼표(,)로 구분
- 텍스트 형태이므로 어떤 프로그램에서든 읽기 가능

기본 예시 :

```
이름,나이,직업
김철수,25,개발자
이영희,30,디자이너
박민수,28,기획자
```

콤마가 포함된 데이터 처리 :

CSV에서 데이터 자체에 콤마가 포함되어 있는 경우에는 큰따옴표로 감싸서 처리합니다.

```
이름,나이,직업,주소
김철수,25,개발자,"서울시  강남구,  테헤란로  123"
이영희,30,디자이너,"부산시  해운대구,  센텀시티"
박민수,28,기획자,"대구시  수성구,  범어동  456"
```

만약 데이터에 큰따옴표가 포함되어 있다면 2개의 큰따옴표로 이스케이프 처리합니다.

```
제품명,가격,설명
아이폰,1200000,"애플의 ""스마트폰"" 제품"
갤럭시,900000,"삼성의 ""안드로이드"" 폰"
```

이런 형태로 저장되어 있으면 프로그램에서 쉽게 읽어서 배열이나 객체 형태로 변환할 수 있습니다.
대부분의 CSV 파싱 라이브러리들은 이러한 규칙을 자동으로 처리해 줍니다.

이제 실제 예제를 통해 파일 저장 방법을 단계별로 실습해 보겠습니다. Next.js API 라우트 형태로 작성된 예제를 통해 비동기 처리와 CSV 파일 형식 사용법을 학습할 수 있습니다.

파일 시스템으로 데이터 저장하기

Next.js에서 파일 시스템 사용하기

Next.js는 Node.js 기반이므로 파일을 읽고 쓸 수 있는 'fs(File System)' 모듈을 사용할 수 있습니다. **로컬 환경에서 실행할 때는 파일 시스템에 직접 접근**할 수 있죠. 가장 기본적인 사용법을 살펴보겠습니다.

이제 실제 예제를 통해 파일 시스템을 사용하는 방법을 단계별로 학습해 보죠. 파일 입출력은 디스크에서 데이터를 읽고 쓰는 작업이므로 상당한 시간이 걸릴 수 있습니다. 특히 큰 파일을 다룰 때에는 프로그램이 멈춘 것처럼 보일 수 있습니다. 이런 문제를 해결하기 위해 '비동기' 방식을 사용하는 것이 좋습니다.

```ts
// app/api/files/async/route.ts
import { NextResponse } from 'next/server';
import { writeFile, readFile } from 'fs/promises';
import { join } from 'path';
export async function GET() {
  try {
    const filePath = join(process.cwd(), 'data.txt');

    // 파일 작업을 비동기로 시작 (await 없이)
    processFileAsync(filePath);

    // 파일 작업이 완료되기를 기다리지 않고 즉시 응답
    return NextResponse.json({
      success: true,
      message: '파일 처리 요청이 시작되었습니다',
      status: 'processing'
    });
```

```typescript
  } catch (error: unknown) {
    console.error('파일 처리 오류:', error);
    return NextResponse.json(
      { success: false, error: '파일 처리 중 오류 발생' },
      { status: 500 }
    );
  }
}


// 백그라운드에서 파일을 처리하는 함수
async function processFileAsync(filePath: string) {
  try {
    // 파일 쓰기 (비동기 방식)
    await writeFile(filePath, 'Hello, World!');
    console.log('파일 쓰기 완료');

    // 파일 읽기 (비동기 방식)
    const content = await readFile(filePath, 'utf8');
    console.log('파일 읽기 완료:', content);
  } catch (error: unknown) {
    console.error('백그라운드 파일 처리 오류:', error);
  }
}
```

이 예제는 파일 작업을 '백그라운드'에서 처리하는 방법을 보여줍니다. 파일 작업을 시작하되 `await`로 기다리지 않고, 즉시 응답을 보냅니다. 파일 작업은 백그라운드에서 독립적으로 실행되므로, 사용자는 기다리지 않고 바로 응답을 받을 수 있습니다.

파일 작업을 `await` 없이 처리하는 이유는 '사용자 경험' 때문입니다. 파일 입출력은 디스크 작업으로 시간이 오래 걸립니다. 만약 파일 작업을 `await`로 기다린다면, 해당 사용자는 파일 작업이 완료될 때까지 응답을 받지 못하고 대기해야 합니다. 하지만 파일 작업을 `await` 없이 시작하고 즉시 응답을 보내면, 사용자는 바로 응답을 받을 수 있고 파일 작업은 백그라운드에서 계 속 진행됩니다.

◉ ◯ ◯ async, await, Promise 키워드 이해하기

비동기 프로그래밍에서 `async`, `await`, `Promise`는 함께 사용되는 중요한 키워드입니다. 이들이 어떻게 작동하는지 이해하면 비동기 코드를 더 쉽게 작성하고 이해할 수 있습니다.

Promise란?

Promise는 비동기 작업의 결과를 나타내는 객체입니다. 아직 완료되지 않은 작업을 "약속"으로 표현하여, 작업이 완료되면 결과를 받을 수 있게 해줍니다. Promise는 다음 3가지 상태를 가집니다:

- **Pending** : 작업이 진행 중인 상태
- **Fulfilled** : 작업이 성공적으로 완료된 상태
- **Rejected** : 작업이 실패한 상태

async 키워드 :

- 함수 앞에 `async`를 붙이면 해당 함수는 비동기 함수가 됩니다.
- `async` 함수는 항상 Promise를 반환합니다.
- 함수 내부에서 `await` 키워드를 사용할 수 있습니다.

await 키워드 :

- `await`는 Promise가 완료될 때까지 기다립니다.
- `await`를 사용하면 비동기 코드를 동기 코드처럼 읽기 쉽게 작성할 수 있습니다.
- `await`는 `async` 함수 내부에서만 사용할 수 있습니다.

실제 동작 비교 :

```javascript
// Promise 방식 (복잡함)
function getData() {
```

```javascript
  return fetch('/api/data')
  .then(response => response.json())
  .then(data => {
    console.log(data);
    return data;
  })
  .catch(error => {
    console.error(error);
  });
}

// async/await 방식 (간단함)
async function getData() {
  try {
    const response = await fetch('/api/data');
    const data = await response.json();
    console.log(data);
    return data;
  } catch (error) {
    console.error(error);
  }
}
```

파일 처리에서의 활용 :

```javascript
// 파일 쓰기와 읽기를 순차적으로 처리
async function processFile() {
  await writeFile('data.txt', 'Hello');              // 쓰기 완료까지 대기
  const content = await readFile('data.txt', 'utf8'); // 읽기 완료까지 대기
  console.log(content);                              // "Hello" 출력
}
```

async/await를 사용하면 비동기 코드가 동기 코드처럼 읽기 쉽고 이해하기 쉬워집니다. 특히 파일 처리처럼 순차적으로 실행되어야 하는 작업에서 매우 유용합니다.

코드를 살펴보면 `process.cwd()`로 현재 프로젝트의 루트 디렉토리 경로를 가져오고, `join` 함수로 파일 경로를 조합합니다. 그 다음 `processFileAsync(filePath)`로 파일 작업을 시작하되 `await` 없이 호출하여 즉시 응답을 보냅니다. 파일 작업은 백그라운드에서 독립적으로 실행되므로 사용자는 기다리지 않고 바로 응답을 받을 수 있습니다.

이 방식의 장점은 파일 입출력 작업이 진행되는 동안에도 사용자가 다른 작업을 할 수 있다는 점입니다. 파일 작업을 `await`로 기다리면 해당 요청이 완료될 때까지 사용자가 대기해야 하지만, 백그라운드 처리 방식은 파일 작업을 시작하고 즉시 응답을 보내므로 사용자 경험이 훨씬 좋습니다. 에러 처리는 `try-catch` 블록으로 감싸서 파일 작업 중 발생할 수 있는 오류를 안전하게 처리합니다.

이제 실제로 파일이 제대로 저장되었는지 확인해 보겠습니다. 프로젝트 루트 디렉토리에서 `data.txt` 파일을 찾아보세요.

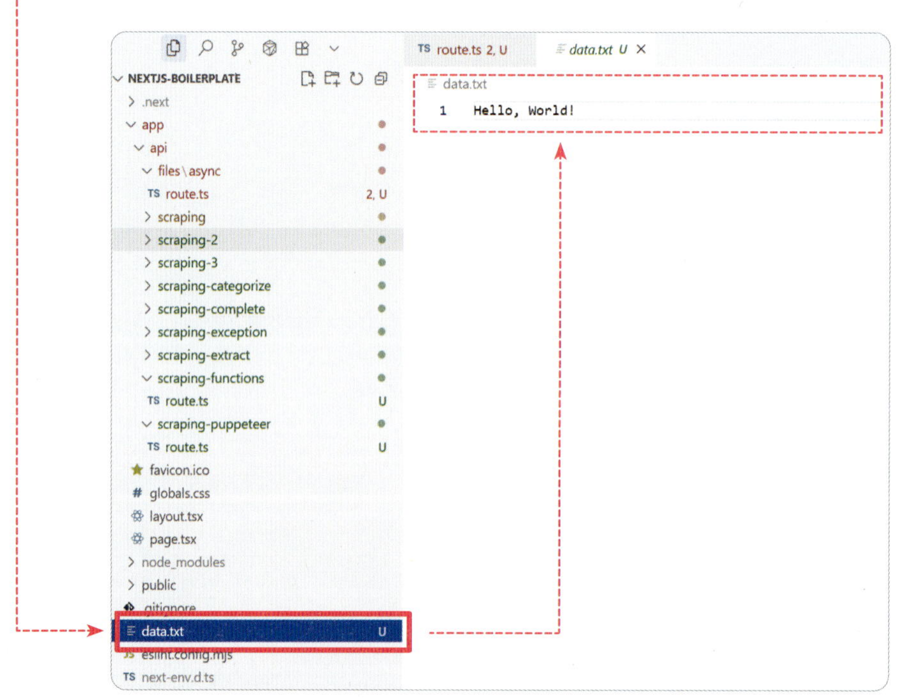

파일을 열어보면 "Hello, World!"라는 내용이 저장되어 있을 것입니다. 이는 비동기 방식으로 파일을 성공적으로 작성했다는 증거입니다. 만약 파일이 보이지 않는다면 API 라우트를 실행하지 않았거나 오류가 발생했을 가능성이 있습니다. 브라우저에서 `http://localhost:3000/api/files/async`에 접속하여 API를 실행한 후 다시 확인해 보세요.

CSV 형식으로 데이터 저장하기

CSV 형식 이해하기

CSV는 Comma-Separated Values의 줄임말로, 데이터를 콤마로 구분하여 저장하는 간단한 형식입니다. 표 형태의 데이터를 텍스트 파일로 저장할 때 가장 널리 사용되는 방식 중 하나입니다. 엑셀이나 구글 스프레드시트에서도 쉽게 열어볼 수 있어 데이터 분석가들이 선호하는 형식이기도 합니다.

```
이름,가격,카테고리
무선 마우스,29900,전자제품
기계식 키보드,89000,전자제품
모니터,250000,전자제품
```

CSV 형식의 장점과 단점

CSV 형식을 사용할 때의 **장점**은 상당히 많습니다. 가장 큰 장점은 엑셀이나 구글 스프레드시트에서 바로 열어볼 수 있다는 점입니다. 또한 Python의 pandas, R 등 데이터 분석 도구에서 쉽게 가져올 수 있으며, JSON에 비해 파일 크기가 작아 저장 공간을 절약할 수 있습니다. 다른 시스템과 데이터를 주고받을 때에도 매우 유리하죠.

하지만 **단점**도 있습니다. 복잡한 구조를 가진 데이터, 예를 들어 중첩된 객체나 배열 같은 구조는 표현하기 어렵습니다. 또한 텍스트 내용에 콤마가 포함되어 있으면 데이터가 잘못 분리될 수 있으며, 숫자나 날짜 같은 데이터 타입 정보가 손실되어 모든 데이터가 문자열로 저장됩니다.

CSV 전용 라이브러리 활용하기

수동으로 CSV를 만드는 것도 가능하지만, 실제 프로젝트에서는 더 안전하고 편리한 전용 라이브러리를 사용하는 것이 좋습니다. 특히 데이터에 콤마나 따옴표가 포함된 경우 적절히 처리해 주고, 다양한 인코딩을 지원합니다. 다음 명령어로 라이브러리를 설치합니다.

```
npm install csv-writer csv-parser
```

csv-writer로 CSV 파일 생성 :

```typescript
// app/api/files/csv/write/route.ts
import { NextResponse } from 'next/server';
import { createObjectCsvWriter } from 'csv-writer';
import { join } from 'path';
export async function GET() {
  try {
    const products = [
      { name: "무선 마우스", price: 29900, category: "전자제품", rating: 4.5 },
      { name: "기계식 키보드", price: 89000, category: "전자제품", rating: 4.8 },
      { name: "게이밍 모니터", price: 250000, category: "전자제품", rating: 4.7 },
      { name: "무선 이어폰", price: 120000, category: "전자제품", rating: 4.3 }
    ];
    const filePath = join(process.cwd(), 'products.csv');
    const csvWriter = createObjectCsvWriter({
      path: filePath,
      header: [
        { id: 'name', title: '상품명' },
        { id: 'price', title: '가격' },
        { id: 'category', title: '카테고리' },
        { id: 'rating', title: '평점' }
      ],
      encoding: 'utf8'
    });
    await csvWriter.writeRecords(products);
```

```ts
    return NextResponse.json({
      success: true,
      message: 'CSV 파일 저장 완료!',
      filePath: filePath,
      recordCount: products.length
    });
  } catch (error) {
    console.error('CSV 저장 오류:', error);
    return NextResponse.json(
      { success: false, error: 'CSV 저장 오류' },
      { status: 500 }
    );
  }
}
```

csv-parser로 CSV 파일 읽기 :

```ts
// app/api/files/csv/read/route.ts
import { NextResponse } from 'next/server';
import { createReadStream } from 'fs';
import csv from 'csv-parser';
import { join } from 'path';
export async function GET() {
  try {
    const filePath = join(process.cwd(), 'products.csv');
    const results: Array<{
      상품명: string;
      가격: number;
```

```typescript
    카테고리: string;
    평점: number;
  }> = [];
  return new Promise((resolve) => {
    createReadStream(filePath)
    .pipe(csv())
    .on('data', (data: Record<string, string>) => {

      // 숫자 타입 변환
      const processedData = {
        상품명: data.상품명,
        가격: parseInt(data.가격),
        카테고리: data.카테고리,
        평점: parseFloat(data.평점)
      };
      results.push(processedData);
    })
    .on('end', () => {
      resolve(NextResponse.json({
        success: true,
        message: 'CSV 파일 읽기 완료!',
        data: results,
        totalRecords: results.length
      }));
    })
    .on('error', (streamError) => {
      console.error('스트림 읽기 오류:', streamError);
      resolve(NextResponse.json(
        { success: false, error: 'CSV 읽기 오류' },
        { status: 500 }
      ));
```

```javascript
      });
    });
  } catch (error) {
    console.error('CSV 읽기 오류:', error);
    return NextResponse.json(
      { success: false, error: 'CSV 읽기 오류' },
      { status: 500 }
    );
  }
}
```

예제 테스트하기

위의 예제들을 실제로 테스트해 보겠습니다. 먼저 필요한 라이브러리를 설치하고 API 엔드포인트를 생성한 후 브라우저에서 직접 확인할 수 있습니다.

테스트 실행 :

개발 서버를 실행한 후 브라우저에서 다음 URL들을 방문하여 테스트할 수 있습니다:

- CSV 파일 생성 : `http://localhost:3000/api/files/csv/write`
- CSV 파일 읽기 : `http://localhost:3000/api/files/csv/read`

예상 결과 :

CSV 파일 생성 API를 호출하면 다음과 같은 응답을 받을 수 있습니다:

```json
{
  "success": true,
  "message": "CSV 파일 저장 완료!",
  "filePath": "/path/to/projects/products.csv",
  "recordCount": 4
}
```

CSV 파일 읽기 API를 호출하면 다음과 같은 응답을 받을 수 있습니다:

```json
{
  "success": true,
  "message": "CSV 파일 읽기 완료!",
  "data": [
    {
      "상품명": "무선 마우스",
      "가격": 29900,
      "카테고리": "전자제품",
      "평점": 4.5
    },
    {
      "상품명": "기계식 키보드",
      "가격": 89000,
      "카테고리": "전자제품",
      "평점": 4.8
    }
    ...
  ],
  "totalRecords": 4
}
```

생성된 CSV 파일 확인 :

프로젝트 루트 디렉토리에 `products.csv` 파일이 생성되며, 엑셀이나 텍스트 에디터로 열어서 내용을 확인할 수 있습니다.

지금까지는 미리 정해진 데이터로 CSV 파일을 만드는 방법을 배웠습니다. 하지만 실제 프로젝트에서는 웹 사이트에서 데이터를 가져와서 파일로 저장하는 경우가 많습니다. 웹 스크래핑으로 얻은 데이터를 CSV로 저장하는 방법을 알아보기 전에, 먼저 스크래핑 코드를 효율적으로 정리하는 방법을 살펴보겠습니다.

모듈화의 필요성

지금까지 만든 스크래핑 코드를 보면 비슷한 작업들이 계속 반복되고 있습니다. API를 호출하고, 데이터를 처리하고, 에러를 처리하는 코드가 파일마다 거의 똑같이 들어가 있죠. 이런 상황에서는 코드를 수정할 때마다 여러 파일을 찾아서 고쳐야 하고, 실수로 놓치는 부분도 생기기 쉽습니다.

공통으로 사용하는 기능들을 별도 파일로 빼내면 여러 장점이 있습니다. 한 번 만든 함수를 여러 곳에서 쓸 수 있고, 수정할 때도 한 곳만 고치면 모든 곳에 적용됩니다. 또한 각 함수를 따로따로 테스트하기도 쉬워지고, 메인 로직도 더 깔끔해집니다.

공통 모듈 생성하기

스크래핑에서 자주 사용하는 기능들을 하나의 파일로 모아 보겠습니다. 이렇게 하면 같은 프로젝트의 여러 API 라우트에서 쉽게 가져다 쓸 수 있습니다.

공통 모듈은 프로젝트 루트에 [lib] 폴더를 만들어 저장합니다. Next.js에서 [lib] 폴더는 재사용 가능한 함수들을 모아 두는 표준 위치입니다.

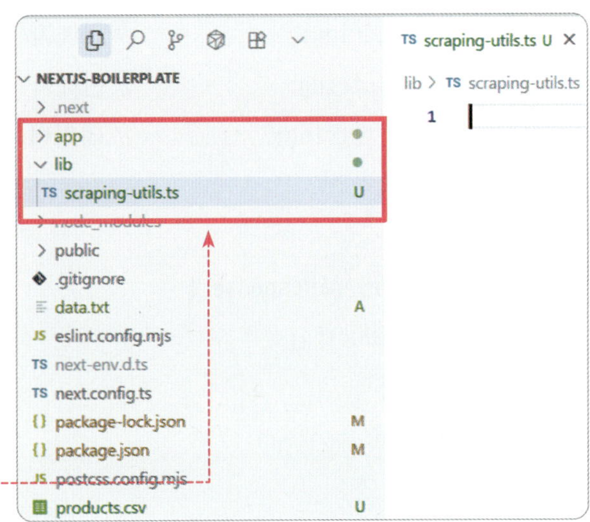

중요한 점은 [app] 폴더 안이 아니라 프로젝트 루트에 [lib] 폴더를 만들어야 한다는 것입니다. 이렇게 하지 않으면 import 에러가 발생합니다. [lib] 폴더 하위에 파일을 생성하면 @/lib/scraping-utils 형식으로 import 하여 가져다 쓸 수 있습니다.

먼저 타입 정의를 별도 파일로 분리합니다. lib/types/product.ts 파일을 만들고 다음과 같이 작성합니다:

```typescript
// lib/types/product.ts


// 타입 정의 - 상품 데이터의 구조를 정의합니다
export interface Product {
  id: string;                        // 상품 고유 ID (예: "1", "2", "3")
  name: string;                      // 상품명 (예: "스마트 워치 S2")
  price: number;                     // 현재 가격 (예: 220000)
  originalPrice: number;             // 원래 가격 (예: 199000)
  category: string;                  // 카테고리 (예: "digital", "fashion")
  rating: number;                    // 평점 (0-5 사이의 숫자)
  reviewCount: number;               // 리뷰 개수
  specialOffer: string | boolean;    // 특가 여부 (string 또는 boolean만 허용,
원시 데이터: "Y"/"N", 정제 후: true/false)
  sellerName: string;                // 판매자 이름
  sellerEmail: string;               // 판매자 이메일
  collectedAt?: string;              // 데이터 수집 시간 (정제 과정에서 추가됨,
?는 선택사항)
}
export interface ApiResponse {
  products: Product[];
  pagination: {
    hasNextPage: boolean;
  };
```

```ts
}
export interface ScrapingConfig {
  baseUrl: string;

  timeout: number;

  userAgent: string;
}
```

이제 공통 모듈을 작성합니다:

```ts
// lib/scraping-utils.ts
import { Product, ApiResponse, ScrapingConfig } from '@/lib/types/product';

// 기본 설정
export const DEFAULT_CONFIG: ScrapingConfig = {
  baseUrl: 'https://crawl-target-server.vercel.app',

  timeout: 5000,

  userAgent: 'Mozilla/5.0 (compatible; ScrapingBot/1.0)'
};

// 상품 데이터 추출 함수 (모든 페이지 자동 수집)
export async function fetchProductData(
  category: string = 'all',

  pageSize: number = 10,

  maxPages: number = 50,

  config: ScrapingConfig = DEFAULT_CONFIG
): Promise<Product[]> {
  const allProducts: Product[] = [];

  let currentPage = 1;

  let hasMorePages = true;
```

```typescript
    console.log(`카테고리 "${category}"의 상품 데이터 수집 시작...`);

  while (hasMorePages) {
    try {
      const apiUrl = `${config.baseUrl}/api/products?page=${currentPage}&category=${category}&pageSize=${pageSize}`;
      console.log(`API 호출 중: ${apiUrl}`);
      const controller = new AbortController();
      const timeoutId = setTimeout(() => controller.abort(), config.timeout);
      const response = await fetch(apiUrl, {
        signal: controller.signal,
        headers: {
          'User-Agent': config.userAgent,
          'Accept': 'application/json'
        }
      });
      clearTimeout(timeoutId);
      if (!response.ok) {
        throw new Error(`HTTP ${response.status}: ${response.statusText}`);
      }
      const data: ApiResponse = await response.json();
      console.log(`페이지 ${currentPage} API 호출 완료`);
      if (data.products && data.products.length > 0) {
        allProducts.push(...data.products);
        console.log(`페이지 ${currentPage}: ${data.products.length}개 상품 추가`);

        // 페이지 크기보다 적으면 마지막 페이지
        if (data.products.length < pageSize) {
          hasMorePages = false;
          console.log(`페이지 ${currentPage}에서 ${data.products. length}
```

```typescript
개 상품 발견 - 마지막 페이지`);
        } else {
          currentPage++;
        }
      } else {
        hasMorePages = false;
        console.log(`페이지 ${currentPage}에서 데이터 없음 - 수집 완료`);
      }
    } catch (error: unknown) {
      console.log(`페이지 ${currentPage} 처리 중 오류: ${error instanceof
Error ? error.message : '알 수 없는 오류'}`);
      currentPage++;
      if (currentPage > maxPages) {          // 무한 루프 방지
        hasMorePages = false;
        console.log(`최대 페이지 수(${maxPages})에 도달하여 수집 중단`);
      }
    }
  }
  console.log(`총 ${allProducts.length}개 상품 수집 완료`);
  return allProducts;
}
```

간단해진 API 라우트

이제 공통 모듈을 사용하면 API 라우트가 훨씬 간단해집니다. `app/api/scraping/modular/route.ts` 파일을 만들고 다음과 같이 작성합니다.

```ts
// app/api/scraping/modular/route.ts
import { NextResponse } from 'next/server';
import { fetchProductData } from '@/lib/scraping-utils';
export async function GET(request: Request) {
  try {
    // URL에서 쿼리 파라미터 가져오기
    const { searchParams } = new URL(request.url);
    const category = searchParams.get('category') || 'all';
    const pageSize = parseInt(searchParams.get('pageSize') || '10');
    const maxPages = parseInt(searchParams.get('maxPages') || '50');

    // 공통 함수를 사용해서 모든 페이지 데이터 수집
    const products = await fetchProductData(category, pageSize, maxPages);
    return NextResponse.json({
      success: true,
      data: {
        products: products,
        totalCount: products.length,
        category: category,
        pageSize: pageSize,
        maxPages: maxPages
      },
      message: '모듈화된 스크래핑 성공'
    });
  } catch (error: unknown) {
```

```ts
    const errorMessage = error instanceof Error ? error.message : '알 수 없는 오류';
    return NextResponse.json(
      {
        success: false,
        error: '모듈화된 스크래핑 실패',
        details: errorMessage
      },
      { status: 500 }
    );
  }
}
```

스크래핑 데이터를 CSV로 저장하기

이제 공통 모듈을 사용해서 스크래핑한 데이터를 바로 CSV 파일로 저장하는 예제를 만들어 보겠습니다. 이 예제는 `app/api/files/csv/scraping/route.ts` 파일에 저장하면 됩니다. URL 경로는 `/api/files/csv/scraping`이 되고, 쿼리 파라미터로 카테고리나 페이지 크기를 조정할 수 있습니다.

```ts
// app/api/files/csv/scraping/route.ts
import { NextResponse } from 'next/server';
import { fetchProductData } from '@/lib/scraping-utils';
import { createObjectCsvWriter } from 'csv-writer';
import { join } from 'path';
export async function function GET(request: Request) {
  try {
    const { searchParams } = new URL(request.url);
    const category = searchParams.get('category') || 'all';
    const pageSize = parseInt(searchParams.get('pageSize') || '10');
    const maxPages = parseInt(searchParams.get('maxPages') || '50');
```

```typescript
    // 공통 함수로 스크래핑 데이터 수집
    const products = await fetchProductData(category, pageSize, maxPages);

    // CSV 파일 저장
    const fileName = `products_${category}_${new Date().toISOString().
split('T')[0]}.csv`;
    const filePath = join(process.cwd(), fileName);
    const csvWriter = createObjectCsvWriter({
      path: filePath,
      header: [
        { id: 'id', title: '상품ID' },
        { id: 'name', title: '상품명' },
        { id: 'price', title: '가격' },
        { id: 'rating', title: '평점' },
        { id: 'reviewCount', title: '리뷰수' },
        { id: 'specialOffer', title: '특가정보' }
      ],
      encoding: 'utf8'
    });
    await csvWriter.writeRecords(products);
    return NextResponse.json({
      success: true,
      message: '스크래핑 및 CSV 저장 완료!',
      data: {
        fileName: fileName,
        filePath: filePath,
        totalProducts: products.length,
        category: category
      }
    });
  } catch (error: unknown) {
    const errorMessage = error instanceof Error ? error.message : '알 수 없는 오류';
```

```typescript
    return NextResponse.json(
      {
        success: false,
        error: '스크래핑 및 CSV 저장 실패',
        details: errorMessage
      },
      { status: 500 }
    );
  }
}
```

모듈화의 실제 효과

이제 여러 API 라우트에서 같은 함수를 사용할 수 있습니다. 만약 API 호출 방식에 문제가 생기거나 개선할 점이 있다면 `lib/scraping-utils.ts` 파일 한 곳만 고치면 모든 곳에 바로 적용됩니다.

예를 들어 서버 응답이 느려져서 타임아웃을 늘려야 하거나, 에러 처리를 더 세밀하게 하고 싶을 때, 또는 새로운 헤더를 추가해야 할 때 공통 모듈만 수정하면 됩니다.

○ ○ ○ **좋은 모듈화를 위한 기본 원칙**

01 한 가지 일만 하기 : 각 함수는 명확한 하나의 역할만 담당해야 합니다

02 설정을 외부에서 받기 : 하드코딩 대신 매개변수로 설정을 받아서 유연하게 사용할 수 있게 합니다

03 에러 처리 통일하기 : 모든 함수에서 같은 방식으로 에러를 처리합니다

04 타입 명확히 하기 : TypeScript를 제대로 활용해서 데이터 구조를 명확히 정의합니다

05 다른 곳에서도 쓸 수 있게 하기 : 특정 API 라우트에만 국한되지 않도록 범용적으로 만듭니다

이런 방식으로 코드를 정리하면 나중에 유지보수하기도 쉽고, 다른 사람과 함께 작업할 때도 훨씬 편해집니다.

공통 모듈을 만들어서 스크래핑 코드를 정리했지만, 웹에서 가져온 원시 데이터는 그대로 사용하기 어려운 경우가 많습니다. 데이터를 정리하고 변환하는 과정을 통해 실제로 활용 가능한 형태로 만들어 보겠습니다.

데이터 정제 함수들

웹에서 추출한 원시 데이터는 그대로 사용하기 어려운 상태입니다. 불필요한 공백이 포함되어 있거나, 가격 정보에 통화 기호나 콤마가 섞여 있을 수 있습니다. 이런 데이터를 사용하기 좋은 형태로 변환하는 과정을 데이터 정제라고 합니다.

데이터 정제 함수들은 `lib/data-utils.ts` 파일에 저장합니다. 타입은 별도 파일에서 import 합니다.

```ts
// lib/data-utils.ts
import { Product } from '@/lib/types/product';

// 1. 데이터 정제 함수
export function cleanProductData(rawProduct: Product): Product {
  return {
    id: rawProduct.id,
    name: rawProduct.name.trim(),
    price: rawProduct.price,
    originalPrice: rawProduct.originalPrice,
    category: rawProduct.category.trim().toLowerCase(),
    rating: Math.max(0, Math.min(5, rawProduct.rating)),
    reviewCount: rawProduct.reviewCount,
    specialOffer: rawProduct.specialOffer === 'Y',
```

```typescript
    sellerName: rawProduct.sellerName.trim(),
    sellerEmail: rawProduct.sellerEmail.trim().toLowerCase(),
    collectedAt: new Date().toISOString()
  };
}


// 2. 데이터 유효성 검사 함수
export function validateProduct(product: Product) {
  const errors = [];

  // 필수 필드 체크
  if (!product.name || product.name.length === 0) {
    errors.push('상품명이 없습니다');
  }

  // 가격 유효성 체크
  if (!product.price || product.price <= 0) {
    errors.push('올바르지 않은 가격입니다');
  }

  // 평점 범위 체크
  if (product.rating && (product.rating < 0 || product.rating > 5)) {
    errors.push('평점은 0-5 사이여야 합니다');
  }

  // 리뷰 수 체크
  if (product.reviewCount && product.reviewCount < 0) {
    errors.push('리뷰 수는 음수가 될 수 없습니다');
  }
```

```typescript
  // 판매자 이메일 형식 체크
  if (product.sellerEmail && !product.sellerEmail.includes('@')) {
    errors.push('올바르지 않은 판매자 이메일 형식입니다');
  }
  return {
    isValid: errors.length === 0,
    errors: errors
  };
}


// 3. 중복 데이터 제거 함수
export function removeDuplicates(products: Product[]): Product[] {
  const uniqueProducts: Product[] = [];
  const seen = new Set<string>();
  for (const product of products) {

    // 상품 ID로 고유성 판단
    if (!seen.has(product.id)) {
      seen.add(product.id);
      uniqueProducts.push(product);
    }
  }
  console.log(`중복 제거: ${products.length} → ${uniqueProducts.length}`);
  return uniqueProducts;
}
```

이제 데이터 정제 함수들을 만들었으니, 이를 활용해서 완성된 CSV 파일을 생성하는 예제를 만들어 보겠습니다. [스크래핑 ➡ 데이터 정제 ➡ 유효성 검사 ➡ 중복 제거 ➡ CSV 저장]의 전체 과정을 하나의 API로 구현해 보죠.

이제 앞서 만든 공통 모듈과 데이터 정제 함수들을 모두 활용해서 완전한 스크래핑 프로그램을 만들어보겠습니다. 스크래핑 ➜ 데이터 정제 ➜ 유효성 검사 ➜ 중복 제거 ➜ CSV 저장의 전체 과정을 하나의 API로 구현합니다.

이 예제는 `app/api/files/csv/complete/route.ts` 파일에 저장합니다.

```typescript
// app/api/files/csv/complete/route.ts
import { NextResponse } from 'next/server';
import { fetchProductData } from '@/lib/scraping-utils';
import { cleanProductData, validateProduct, removeDuplicates } from '@/lib/
data-utils';
import { Product } from '@/lib/types/product';
import { createObjectCsvWriter } from 'csv-writer';
import { join } from 'path';
export async function GET(request: Request) {
  try {
    const { searchParams } = new URL(request.url);
    const category = searchParams.get('category') || 'all';
    const pageSize = parseInt(searchParams.get('pageSize') || '10');
    const maxPages = parseInt(searchParams.get('maxPages') || '50');
    console.log(`스크래핑 시작: 카테고리=${category}, 페이지크기=${pageSize},
최대페이지=${maxPages}`);

    // 1단계: 스크래핑으로 원시 데이터 수집
    const rawProducts: Product[] = await fetchProductData(category,
pageSize, maxPages);
```

```typescript
  console.log(`원시 데이터 수집 완료: ${rawProducts.length}개`);

  // 2단계: 데이터 정제
  const cleanedProducts: Product[] = rawProducts.map(product =>
cleanProductData(product));
  console.log(`데이터 정제 완료: ${cleanedProducts.length}개`);

  // 3단계: 유효성 검사 및 필터링
  const validProducts: Product[] = cleanedProducts.filter(product => {
    const validation = validateProduct(product);
    if (!validation.isValid) {
      console.log(`유효하지 않은 상품 제외: ${product.name} - ${validation.
errors.join(', ')}`);
    }
    return validation.isValid;
  });
  console.log(`유효성 검사 완료: ${validProducts.length}개`);

  // 4단계: 중복 제거
  const uniqueProducts: Product[] = removeDuplicates(validProducts);
  console.log(`중복 제거 완료: ${uniqueProducts.length}개`);

  // 5단계: CSV 파일 저장
  const fileName = `products_${category}_${new Date().toISOString().
split('T')[0]}.csv`;
  const filePath = join(process.cwd(), fileName);
  const csvWriter = createObjectCsvWriter({
    path: filePath,
    header: [
      { id: 'id', title: '상품ID' },
```

```javascript
      { id: 'name', title: '상품명' },
      { id: 'price', title: '가격' },
      { id: 'originalPrice', title: '원가' },
      { id: 'category', title: '카테고리' },
      { id: 'rating', title: '평점' },
      { id: 'reviewCount', title: '리뷰수' },
      { id: 'specialOffer', title: '특가여부' },
      { id: 'sellerName', title: '판매자' },
      { id: 'sellerEmail', title: '판매자이메일' },
      { id: 'collectedAt', title: '수집시간' }
    ],
    encoding: 'utf8'
  });
  await csvWriter.writeRecords(uniqueProducts);
  console.log(`CSV 저장 완료: ${fileName}`);
  return NextResponse.json({
    success: true,
    message: '완전한 스크래핑 및 CSV 저장 완료!',
    data: {
      fileName: fileName,
      filePath: filePath,
      totalProducts: uniqueProducts.length,
      category: category,
      processingSteps: {
        rawData: rawProducts.length,
        cleanedData: cleanedProducts.length,
        validData: validProducts.length,
        finalData: uniqueProducts.length
      }
    }
```

```ts
    });
  } catch (error: unknown) {
    const errorMessage = error instanceof Error ? error.message : '알 수 없는 오류';
    console.error('완전한 스크래핑 오류:', errorMessage);
    return NextResponse.json(
      {
        success: false,
        error: '완전한 스크래핑 실패',
        details: errorMessage
      },
      { status: 500 }
    );
  }
}
```

처리 과정 상세 설명

이 API는 다음과 같은 단계로 데이터를 처리합니다:

01 스크래핑 : `fetchProductData` 함수로 원시 데이터 수집

02 데이터 정제 : `cleanProductData` 함수로 데이터 정리

03 유효성 검사 : `validateProduct` 함수로 잘못된 데이터 필터링

04 중복 제거 : `removeDuplicates` 함수로 중복 상품 제거

05 CSV 저장 : 정제된 데이터를 CSV 파일로 저장

각 단계마다 처리된 데이터 개수를 로그로 출력하여 어느 단계에서 데이터가 줄어드는지 확인할 수 있습니다.

테스트 방법

브라우저에서 다음 URL로 테스트할 수 있습니다:

- `http://localhost:3000/api/files/csv/complete`
- `http://localhost:3000/api/files/csv/complete?category=digital&pageSize=20`

이제 지금까지 배운 모든 기능이 하나의 완전한 프로그램으로 통합되었습니다.

2.3.7 이번 섹션에서 배운 내용 정리 

이번 섹션에서는 스크래핑으로 추출한 데이터를 영구적으로 저장하는 방법 중 파일로 저장하는 방법을 학습했습니다. 특히 파일 저장의 기본, 비동기 처리, CSV 형식 활용, 전용 라이브러리 활용, 데이터 정제, 유효성 검사, 중복 제거, 에러 처리, 모듈화, 타입 안전성에 대해 학습했습니다.

주요 학습 내용

01 파일 저장의 기본 : Node.js의 fs 모듈을 사용하여 파일을 읽고 쓰는 기본적인 방법

02 비동기 처리 : async/await 키워드를 활용한 비동기 프로그래밍의 중요성

03 CSV 형식 활용 : 데이터 분석에 유리한 CSV 형식으로 데이터를 저장하는 방법

04 전용 라이브러리 : csv-writer, csv-parser 등 전용 라이브러리를 활용하는 방법

05 데이터 정제 : 원시 데이터를 사용 가능한 형태로 변환하는 과정

06 유효성 검사 : 잘못된 데이터를 걸러내는 방법

07 중복 제거 : 중복 데이터를 제거하는 방법

08 에러 처리 : try-catch 구문을 활용한 안정적인 프로그램 작성

09 모듈화 : 공통 기능을 별도 파일로 분리하여 재사용성 향상

10 타입 안전성 : TypeScript를 활용한 타입 정의와 관리

지금까지 만든 프로그램은 다음과 같은 구조로 동작합니다.

01 스크래핑 : `fetchProductData` 함수로 원시 데이터 수집

02 데이터 정제 : `cleanProductData` 함수로 데이터 정리

03 유효성 검사 : `validateProduct` 함수로 잘못된 데이터 필터링

04 중복 제거 : `removeDuplicates` 함수로 중복 상품 제거

05 CSV 저장 : 정제된 데이터를 CSV 파일로 저장

다음 장에서는 파일 시스템보다 더 효율적이고 강력한 데이터 저장 방법인 데이터베이스를 활용하는 방법을 알아보겠습니다. 데이터베이스를 사용하면 더 복잡한 쿼리를 실행하고, 대용량 데이터를 효율적으로 관리할 수 있습니다.

○○○ 실습 과제 : 가격 히스토리 저장하기

요구 사항

- 현재 CSV 파일 저장 시 파일명을 날짜와 시간을 포함하도록 변경
- 같은 상품을 여러 번 스크래핑할 때마다 새로운 파일로 저장하여 가격 변동 추적

힌트 :

- 기존 파일명 `products.csv`를 `products-2024-01-15-14-30-25.csv` 형식으로 변경
- `new Date().toISOString().replace(/[:.]/g, '-')`를 사용하여 파일명에 적합한 형식으로 변환
- 파일명에 시, 분, 초까지 포함하여 정확한 시간 기록
- Cursor IDE의 Ask 모드를 적극 활용하여 해결해 보세요

클라우드 데이터베이스에 저장하기: Supabase로 체계적인 데이터 관리

2.4.1 데이터베이스의 필요성과 Supabase 소개

이번 섹션에서는 데이터베이스의 필요성과 장점을 이해하고, 클라우드 관계형 데이터베이스인 Supabase의 기본 개념을 배웁니다. SQL 기본 문법을 익히고 인덱싱으로 검색 성능을 최적화하는 방법을 학습하고, 또한 스크래핑 데이터를 클라우드 데이터베이스에 체계적으로 저장하는 방법을 익혀 실무에서 활용할 수 있도록 합니다. 특히 서버리스 환경에서는 파일 시스템을 사용하기 어렵기 때문에 클라우드 환경을 사용하는 것이 일반적입니다.

○○○ 서버리스 환경에서는 왜 파일을 쓰기 어렵나요?

서버리스 환경(Vercel, Netlify, AWS Lambda 등)에서는 파일 시스템에 직접 접근할 수 없습니다. 이는 다음과 같은 이유 때문입니다:

01 임시 파일 시스템

- 서버리스 함수는 실행될 때마다 새로운 임시 환경이 생성됩니다
- 함수 실행이 끝나면 모든 파일과 데이터가 사라집니다
- 파일을 저장해도 다음 요청에서는 접근할 수 없습니다

02 읽기 전용 파일 시스템

- 대부분의 서버리스 환경은 읽기 전용 파일 시스템을 제공합니다
- 프로젝트 코드는 읽을 수 있지만, 새로운 파일을 생성하거나 수정할 수 없습니다

03 실행 시간 제한

- 서버리스 함수는 실행 시간에 제한이 있습니다 (보통 10-30초)
- 파일 입출력 작업이 시간 제한을 초과할 수 있습니다

해결 방법 :

- **클라우드 스토리지 :** AWS S3, Google Cloud Storage 등 사용
- **데이터베이스 :** 파일 대신 데이터베이스에 저장
- **외부 API :** 파일 저장을 위한 별도 서비스 활용

이 책에서는 로컬 환경에서의 파일 저장 방법을 다루므로, 개발 단계에서 데이터를 확인하고 테스트하기에 적합합니다.

이전 섹션에서 CSV 파일로 데이터를 저장하는 방법을 배웠는데요. 하지만 데이터가 많아지면 여러 문제가 발생합니다. 먼저 '성능' 문제가 있겠죠. 10만 개의 상품 중에서 가격 3만원 이하인 상품을 찾으려면 전체 파일을 메모리에 로딩해야 하고, 모든 데이터를 하나씩 검사해야 합니다. 이는 매우 비효율적인 과정입니다. 또한 '동시성' 문제도 있습니다. 여러 프로그램이 동시에 같은 파일을 수정하려고 하면 데이터 손실이나 오류가 발생할 수 있죠. 프로그램 A가 상품을 추가하는 동안 프로그램 B가 상품을 수정하고 프로그램 C가 상품을 삭제하려고 하면 예상치 못한 결과가 나올 수 있습니다. '복잡한 쿼리'의 어려움도 있습니다. [전자제품] 카테고리에서 평점 4.0 이상이고 가격 5만원 이하인 상품을 평점 순으로 정렬하는 것과 같은 복잡한 조건 검색은 파일 시스템으로는 비효율적입니다.

데이터베이스는 이런 문제들을 해결해 주는 전문 도구입니다. 인덱스를 통한 고속 검색으로 빠른 성능을 제공하고, 여러 사용자가 안전하게 접근할 수 있도록 동시성 제어를 합니다. 또한 잘못된 데이터 입력을 방지하는 데이터 무결성 기능과 SQL을 통한 복잡한 쿼리 지원, 그리고 데이터 손실을 방지하는 백업과 복구 기능을 제공하죠.

○ ○ ○ 데이터베이스의 핵심 개념들

데이터베이스를 효과적으로 사용하기 위해 알아야 할 기본 개념들을 소개합니다:

01 트랜잭션 (Transaction)

- 데이터베이스에서 수행되는 작업의 단위입니다
- 여러 작업을 하나의 단위로 묶어서 모두 성공하거나 모두 실패하도록 보장합니다
- ㉠ 상품 주문 시 재고 차감과 주문 기록 생성이 모두 성공해야 합니다

02 인덱스 (Index)

- 데이터베이스의 목차와 같은 역할을 합니다
- 특정 컬럼으로 검색할 때 빠르게 찾을 수 있게 해줍니다
- ㉠ 상품명으로 검색할 때 인덱스가 있으면 전체 데이터를 검사하지 않고 바로 찾을 수 있습니다

03 데이터 무결성 (Data Integrity)

- 데이터의 정확성과 일관성을 보장하는 기능입니다
- 잘못된 데이터가 입력되는 것을 방지합니다
- ㉠ 가격이 음수로 입력되는 것을 막거나, 필수 필드가 비어 있으면 저장을 거부합니다

04 SQL (Structured Query Language)

- 데이터베이스와 소통하기 위한 표준 언어입니다
- 데이터 조회, 삽입, 수정, 삭제를 위한 명령어를 제공합니다
- ㉠ `SELECT * FROM products WHERE price < 50000` 같은 쿼리로 조건에 맞는 상품을 찾을 수 있습니다

'Supabase'는 PostgreSQL 기반의 클라우드 데이터베이스 서비스로, Firebase의 오픈소스 대안입니다. 실시간 기능과 강력한 SQL 지원을 제공하며 Next.js와 완벽하게 호환됩니다. 무료 티어로도 충분한 기능을 사용할 수 있어 학습과 개발에 적합합니다.

Step 01 Supabase 계정 생성

먼저 Supabase 웹 사이트에 접속하여 계정을 생성합니다. 브라우저에서 https://supabase.com에 접속한 후 우측 상단의 [Start your project] 버튼을 클릭합니다.

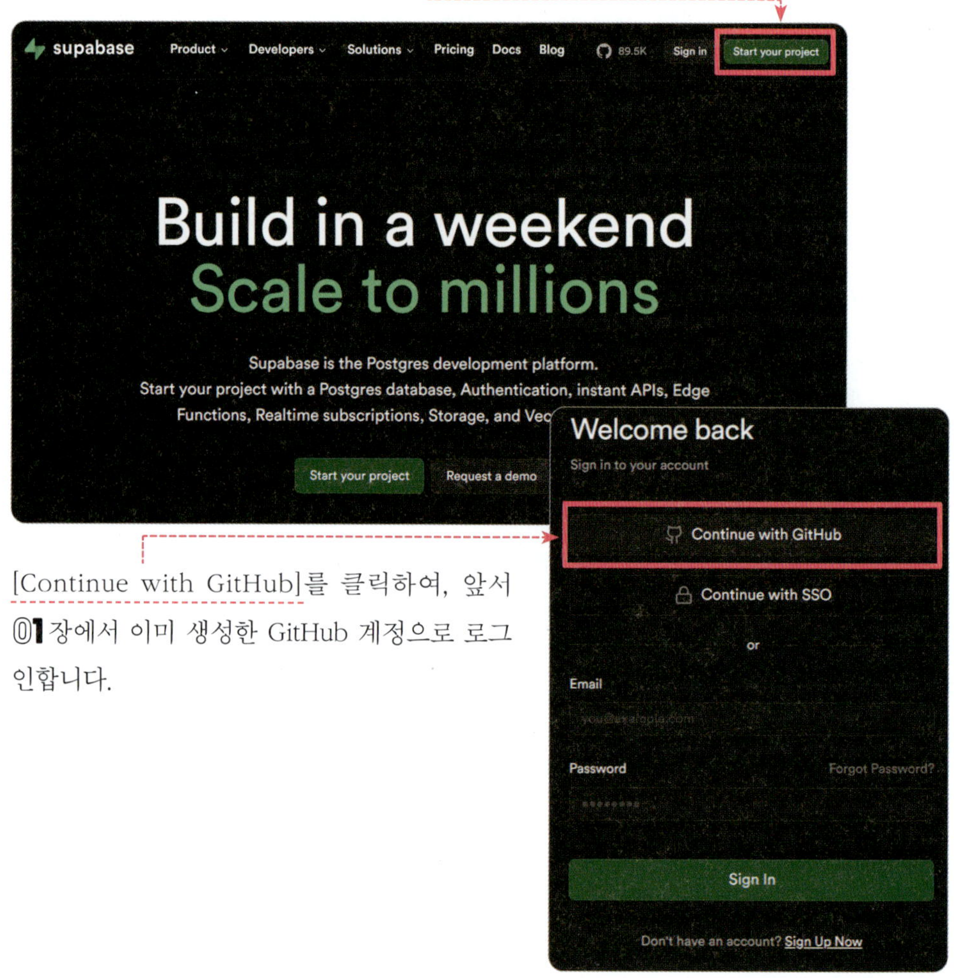

[Continue with GitHub]를 클릭하여, 앞서 **01**장에서 이미 생성한 GitHub 계정으로 로그인합니다.

첫 로그인 시에는 조직(Organization)을 생성해야 합니다. 조직명을 입력하고 [Create organization] 버튼을 클릭합니다.

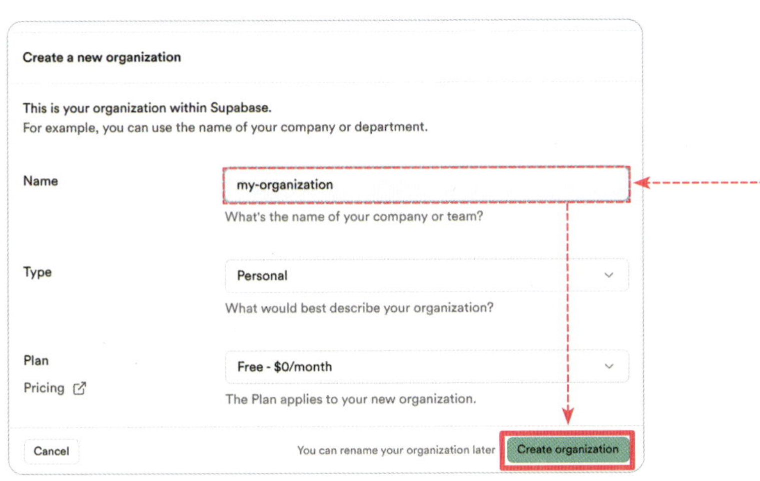

Step 02 새 프로젝트 생성

조직 생성이 완료되면 새 프로젝트를 생성합니다. 프로젝트 설정에서 Project name은 `scraping-database`로 설정하고, Database password는 강력한 비밀번호를 설정한 후 반드시 기록해둡니다. Region은 한국에서 가장 가까운 `Northeast Asia(Seoul)`을 선택한 후 [Create new project] 버튼을 클릭합니다.

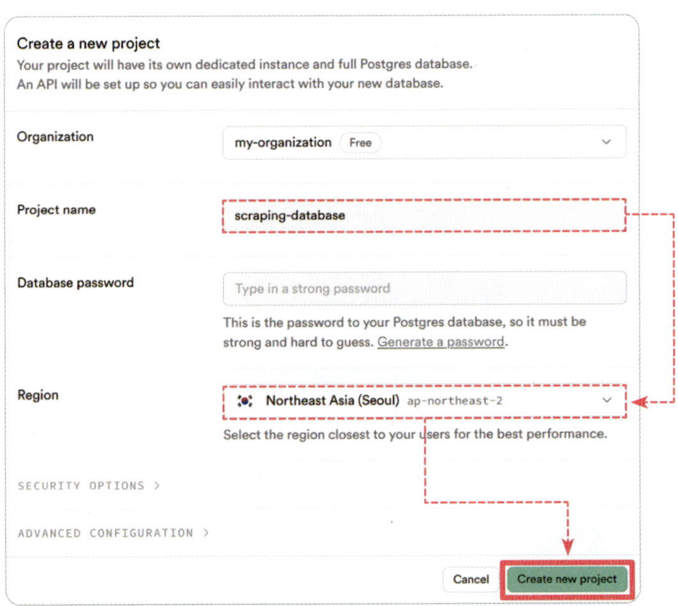

프로젝트 생성에는 약 2-3분이 소요되며, 생성이 완료되면 대시보드로 이동합니다.

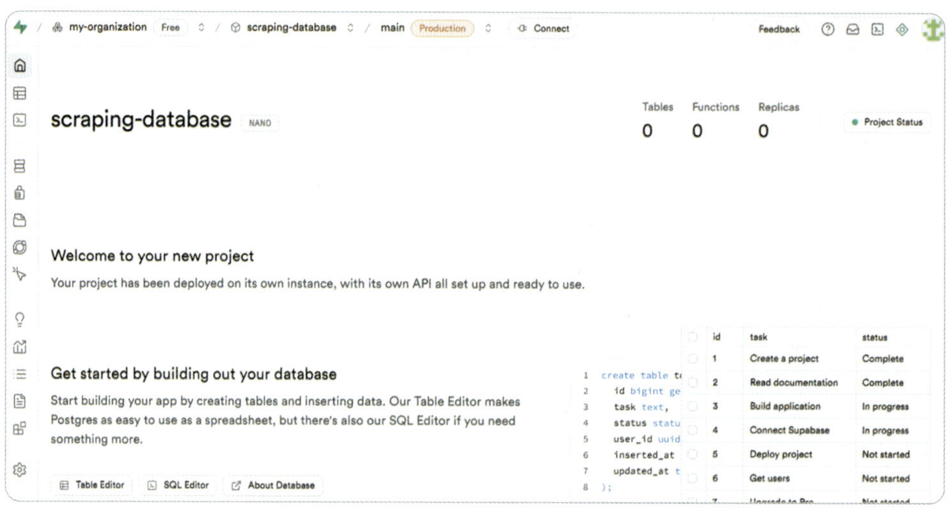

Step 03 API 키 확인

프로젝트가 생성되면 대시보드의 [PROJECT OVERVIEW] 섹션에서 연결 정보를 확인할 수 있습니다. 이 섹션에는 'Project URL'과 'API Key'가 표시됩니다.

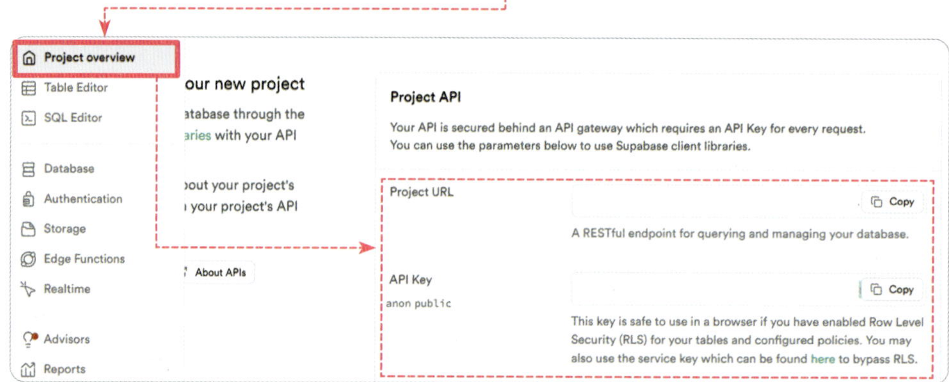

PROJECT OVERVIEW 섹션에서 다음 정보를 확인합니다:

- **Project URL :** `https://your-project-id.supabase.co` 형식의 URL
- **API Key :** 'anon public' 키 (초록색으로 강조 표시)

이 키들은 Supabase 클라이언트 라이브러리를 통해 데이터베이스와 상호작용하는 데 사용됩니다. Project URL 옆의 [Copy] 버튼을 클릭하여 URL을 복사하고, API Key 옆의 [Copy] 버튼을 클릭하여 키를 복사합니다.

프로덕션 환경에서는 보안을 위해 새로운 API 키를 생성하는 것이 좋습니다.

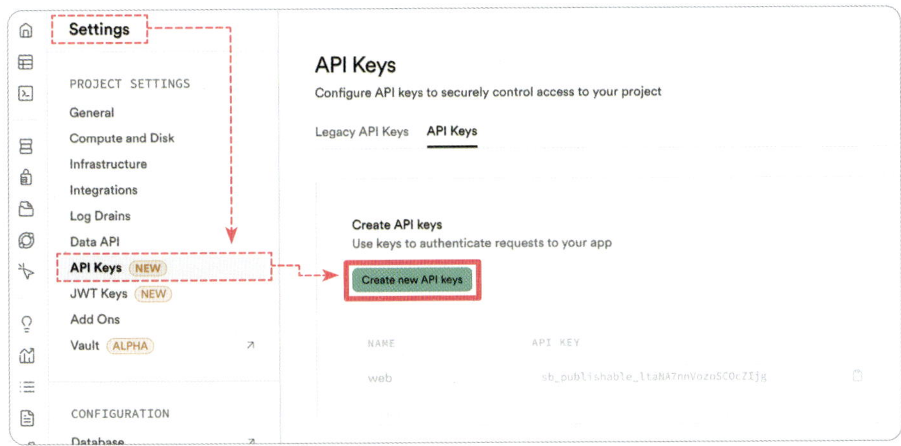

01 새로운 키 생성 방법

- 좌측 메뉴에서 [Settings ➡ API Keys] 클릭
- [API Keys] 탭에서 [Create new API key] 버튼 클릭
- 키 이름을 `scraping-server-key`로 설정 후 생성

02 새로운 키의 장점

- 세분화된 권한 관리 가능
- 키별 개별 모니터링 및 관리
- 보안 사고 시 해당 키만 비활성화 가능
- 최소 권한 원칙 적용

03 보안 주의사항

- 생성된 키는 한 번만 표시되므로 즉시 저장
- 절대 공개하지 말고 서버 환경변수에만 저장
- 정기적으로 키 사용량 모니터링

이 방식은 실제 프로덕션 환경에서 권장되는 보안 모범 사례입니다.

 테스트용 테이블 생성

Supabase 대시보드의 SQL Editor에서 간단한 테스트용 테이블을 생성합니다. 좌측 메뉴에서 [SQL Editor]를 클릭한 후 [New query] 버튼을 클릭하여 새 쿼리를 작성합니다.

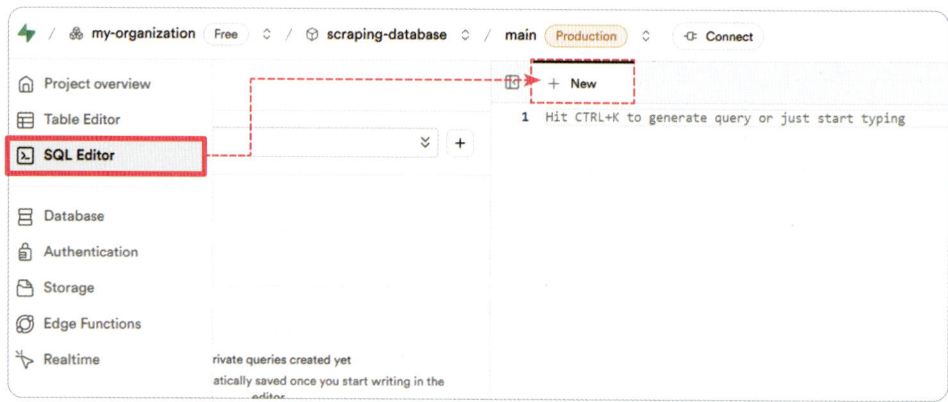

다음 SQL 쿼리를 입력하고 실행하여 간단한 테스트 테이블을 생성합니다:

```sql
-- 테스트용 테이블 생성
CREATE TABLE IF NOT EXISTS test_table (
    id BIGSERIAL PRIMARY KEY,
    message TEXT NOT NULL,
    created_at TIMESTAMP WITH TIME ZONE DEFAULT NOW()
);

-- 테스트 데이터 삽입
INSERT INTO test_table (message) VALUES
    ('Supabase 연결 테스트 성공!'),
    ('데이터베이스 연결이 정상적으로 작동합니다.'),
    ('Hello from Supabase!');
```

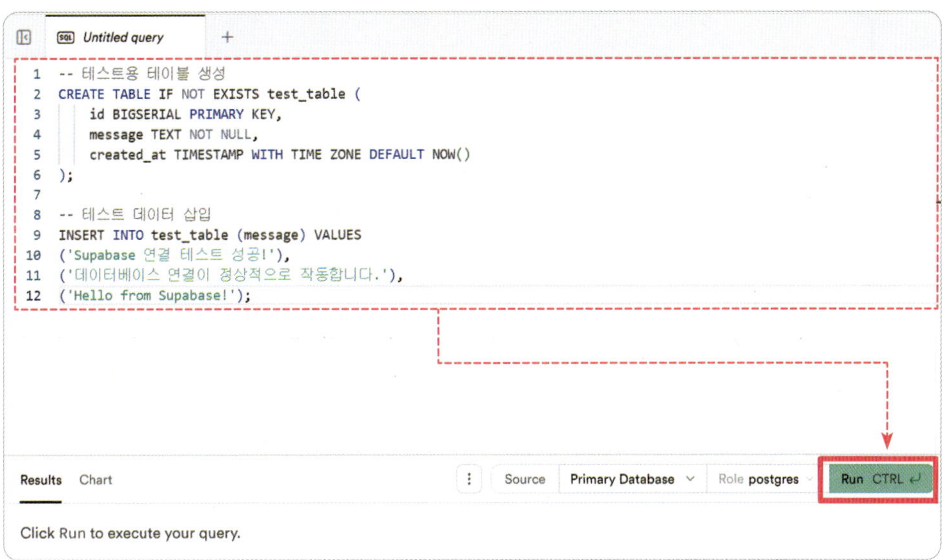

테이블 생성이 완료되면 좌측 메뉴에서 [Table Editor]를 클릭하여 생성된 `test_table`을 확인할 수 있습니다.

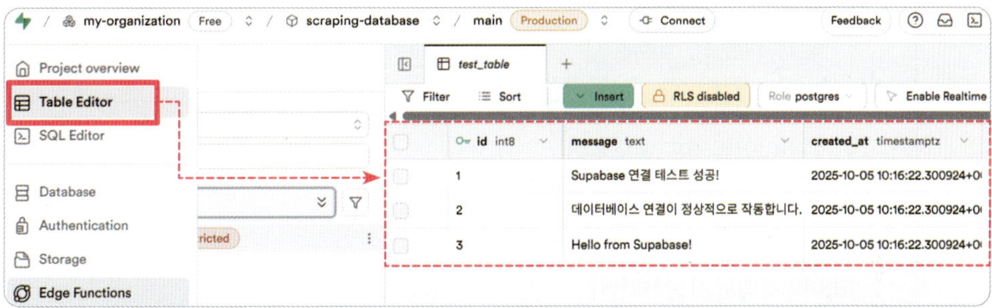

Step 05 환경변수 설정

먼저 Supabase 클라이언트를 설치합니다. 터미널에서 다음 명령어를 실행합니다.

```
npm install @supabase/supabase-js
```

설치가 완료되면 프로젝트 루트에 `.env.local` 파일을 생성하고 다음 내용을 추가합니다.

```
# .env.local

NEXT_PUBLIC_SUPABASE_URL=https://your-project-id.supabase.co

SUPABASE_API_KEY=your-anon-key-here
```

○ ○ ○ Next.js 환경변수 보안 규칙

Next.js에서는 환경변수 이름에 따라 접근 범위가 결정됩니다:

01 서버사이드 전용 (보안 권장)

- `SUPABASE_API_KEY` (접두사 없음)
- 서버에서만 접근 가능
- 클라이언트 코드에 노출되지 않음
- API 키 같은 민감한 정보에 적합

02 클라이언트 + 서버 공용

- `NEXT_PUBLIC_SUPABASE_URL` (NEXT_PUBLIC_ 접두사)
- 브라우저와 서버 모두에서 접근 가능
- 클라이언트 코드에 노출됨
- 공개해도 안전한 정보에만 사용

클라이언트에서 사용하려면?

클라이언트 컴포넌트에서 Supabase를 사용하려면 `NEXT_PUBLIC_SUPABASE_ANON_KEY`를 사용해야 합니다. 하지만 이 경우 Row Level Security(RLS)를 반드시 활성화하여 보안을 강화해야 합니다.

권장 사항 : API 키는 서버사이드에서만 사용하고, 클라이언트에서는 서버 API를 통해 데이터에 접근하는 것이 가장 안전합니다.

그 다음 `lib/supabase.ts` 파일을 생성하여 다음과 같이 설정합니다.

```ts
// lib/supabase.ts
// Supabase 클라이언트 라이브러리를 가져옵니다
import { createClient } from '@supabase/supabase-js';

// 환경변수에서 Supabase 연결 정보를 가져옵니다
// NEXT_PUBLIC_ 접두사가 있으면 클라이언트에서도 접근 가능
const supabaseUrl = process.env.NEXT_PUBLIC_SUPABASE_URL!;

// NEXT_PUBLIC_ 접두사가 없으면 서버에서만 접근 가능 (보안)
const supabaseKey = process.env.SUPABASE_API_KEY!;

// Supabase 클라이언트를 생성합니다
// 이 클라이언트를 통해 데이터베이스와 상호작용할 수 있습니다
export const supabase = createClient(supabaseUrl, supabaseKey);

// 다른 파일에서 import할 수 있도록 기본 내보내기
export default supabase;
```

Step 06 **연결 테스트**

이제 실제로 Supabase 연결을 테스트하는 API 라우트를 만들어 보겠습니다. `app/api/supabase/test/route.ts` 파일을 생성합니다.

```ts
// app/api/supabase/test/route.ts
import { NextResponse } from 'next/server';
import supabase from '@/lib/supabase';
```

```javascript
// GET 요청을 처리하는 함수 (브라우저에서 접속할 때 호출됨)
export async function GET() {
  try {
    // Supabase 데이터베이스에서 test_table의 모든 데이터를 조회
    // .from('test_table'): test_table 테이블을 선택
    // .select('*'): 모든 컬럼을 선택 (*는 모든 컬럼을 의미)
    // .order('id', { ascending: true }): id 컬럼을 오름차순으로 정렬
    const { data, error } = await supabase
      .from('test_table')
      .select('*')
      .order('id', { ascending: true });

    // Supabase에서 에러가 발생한 경우 처리
    if (error) {
    console.error('Supabase 연결 오류:', error);

      // 에러 응답을 JSON 형태로 반환 (HTTP 상태 코드 500)
      return NextResponse.json({
        success: false,
        error: error.message,
        message: 'Supabase 연결에 실패했습니다.'
      }, { status: 500 });
    }

    // 성공적으로 데이터를 조회한 경우
    console.log('Supabase 연결 성공! 테스트 데이터 조회 완료.');

    // 성공 응답을 JSON 형태로 반환 (HTTP 상태 코드 200)
    return NextResponse.json({
      success: true,
```

```typescript
      data,
      count: data.length,
      message: 'Supabase 연결 및 데이터 조회 성공!'
    });
  } catch (error: unknown) {
    // 예상치 못한 에러가 발생한 경우 처리
    console.error('API 오류:', error);

    // 에러가 Error 객체인지 확인하고 안전하게 메시지 추출
    const errorMessage = error instanceof Error ? error.message : '알
수 없는 오류가 발생했습니다.';

    // 에러 응답을 JSON 형태로 반환 (HTTP 상태 코드 500)
    return NextResponse.json({
      success: false,
      error: errorMessage,
      message: '서버 오류가 발생했습니다.'
    }, { status: 500 });
  }
}
```

이제 브라우저에서 `http://localhost:3000/api/supabase/test`에 접속하면 Supabase 연결이 성공적으로 이루어지는 것을 확인할 수 있습니다. 성공하면 다음과 같은 응답을 받을 수 있습니다:

```json
{
  "success": true,
  "data": [
    {
```

```json
      "id": 1,
      "message": "Supabase 연결 테스트 성공!",
      "created_at": "2024-01-15T10:30:00Z"
    },
    {
      "id": 2,
      "message": "데이터베이스 연결이 정상적으로 작동합니다.",
      "created_at": "2024-01-15T10:30:01Z"
    },
    {
      "id": 3,
      "message": "Hello from Supabase!",
      "created_at": "2024-01-15T10:30:02Z"
    }
  ],
  "count": 3,
  "message": "Supabase 연결 및 데이터 조회 성공!"
}
```

이제 Supabase 초기 설정이 완료되었습니다. 다음 섹션에서는 실제 상품 데이터를 위한 테이블을 생성하고 데이터를 조작하는 방법을 학습해 보겠습니다.

2.4.3 스크래핑 데이터 저장을 위한 테이블 만들기 ○○○

이제 실제 상품 데이터를 저장할 테이블을 생성해 보겠습니다. 스크래핑한 상품 정보를 효율적으로 저장하고 관리할 수 있도록 테이블 구조를 설계합니다.

스크래핑할 상품 데이터의 구조를 분석하여 테이블을 설계합니다. 기존 Product 인터페이스는 그대로 유지하고, 데이터베이스 저장을 위한 별도의 인터페이스를 생성합니다.

```typescript
// lib/types/product.ts
// 기존 스크래핑 데이터용 인터페이스 (변경 없음)
export interface Product {
  id: string;                    // 상품 고유 ID (예: "1", "2", "3")
  name: string;                  // 상품명 (예: "스마트 워치 S2")
  price: number;                 // 현재 가격 (예: 220000)
  originalPrice: number;         // 원래 가격 (예: 199000)
  category: string;              // 카테고리 (예: "digital", "fashion")
  rating: number;                // 평점 (0-5 사이의 숫자)
  reviewCount: number;           // 리뷰 개수
  specialOffer: string | boolean; // 특가 여부 (string 또는 boolean만 허용, 원시 데이터: "Y"/"N", 정제 후: true/false)
  sellerName: string;            // 판매자 이름
  sellerEmail: string;           // 판매자 이메일
  collectedAt?: string;          // 데이터 수집 시간 (정제 과정에서 추가됨, ?는 선택사항)
}

// 데이터베이스 저장용 인터페이스 (새로 추가)
export interface ProductDB {
  id?: number;                   // 레코드 고유 ID (자동 증가, 선택사항)
  product_id: string;            // 상품 고유 ID (예: "PROD001", "PROD002")
  name: string;                  // 상품명
  price: number;                 // 현재 가격
  original_price: number;        // 원래 가격
  category: string;              // 카테고리
```

```typescript
  description?: string;       // 설명 (선택사항)
  rating: number;            // 평점
  review_count: number;      // 리뷰 개수
  special_offer: string;     // 특가 여부
  seller_name: string;       // 판매자 이름
  seller_email: string;      // 판매자 이메일
  collected_at?: string;     // 데이터 수집 시간
  created_at?: string;       // 레코드 생성 시간
  updated_at?: string;       // 레코드 수정 시간
}

// 변환 함수들
export function productToDB(product: Product): ProductDB {
  return {
    product_id: product.id, // "1" -> "1" (그대로 유지)
    name: product.name,
    price: product.price,
    original_price: product.originalPrice,
    category: product.category,
    rating: product.rating,
    review_count: product.reviewCount,
    special_offer: typeof product.specialOffer === 'boolean'
      ? (product.specialOffer ? 'Y' : 'N')
      : product.specialOffer.toString(),
    seller_name: product.sellerName,
    seller_email: product.sellerEmail,
    collected_at: product.collectedAt || new Date().toISOString()
  };
}

export function dbToProduct(dbProduct: ProductDB): Product {
  return {
```

```javascript
    id: dbProduct.product_id,          // "1" -> "1" (그대로 유지)

    name: dbProduct.name,

    price: dbProduct.price,

    originalPrice: dbProduct.original_price,

    category: dbProduct.category,

    rating: dbProduct.rating,

    reviewCount: dbProduct.review_count,

    specialOffer: dbProduct.special_offer === 'Y' ? true : dbProduct.
special_offer === 'N' ? false : dbProduct.special_offer,

    sellerName: dbProduct.seller_name,

    sellerEmail: dbProduct.seller_email,

    collectedAt: dbProduct.collected_at
  };
}
```

위의 인터페이스를 테이블 구조로 변환하면 다음과 같습니다.

```sql
-- 상품 테이블 생성

CREATE TABLE IF NOT EXISTS products (

  -- 레코드 고유 ID (SERIAL: 자동 증가, PRIMARY KEY: 기본키로 중복 방지)
  id SERIAL PRIMARY KEY,
  -- 상품 고유 ID (TEXT: 문자열 타입, 히스토리 관리용)
  product_id TEXT NOT NULL,
  -- 상품명 (TEXT: 문자열 타입, NOT NULL: 필수 입력값)
  name TEXT NOT NULL,
  -- 현재 가격 (DECIMAL: 정확한 소수점 계산, 10자리 중 소수점 2자리)
  price DECIMAL(10,2),
  -- 원래 가격 (DECIMAL: 정확한 소수점 계산, 10자리 중 소수점 2자리)
```

```sql
  original_price DECIMAL(10,2),
  -- 카테고리 (TEXT: 문자열 타입, NOT NULL: 필수 입력값)
  category TEXT NOT NULL,
  -- 설명 (TEXT: 문자열 타입, NULL 허용)
  description TEXT,
  -- 평점 (DECIMAL: 정확한 소수점 계산, 3자리 중 소수점 2자리, 0.00~5.00)
  rating DECIMAL(3,2),
  -- 리뷰 개수 (INTEGER: 정수 타입, DEFAULT 0: 기본값 0)
  review_count INTEGER DEFAULT 0,
  -- 특가 여부 (TEXT: 문자열 타입, NULL 허용)
  special_offer TEXT,
  -- 판매자 이름 (TEXT: 문자열 타입, NULL 허용)
  seller_name TEXT,
  -- 판매자 이메일 (TEXT: 문자열 타입, NULL 허용)
  seller_email TEXT,
  -- 데이터 수집 시간 (TIMESTAMP: 날짜시간 타입, TIME ZONE: 시간대 포
함, DEFAULT NOW(): 현재 시간 자동 입력)
  collected_at TIMESTAMP WITH TIME ZONE DEFAULT NOW(),
  -- 레코드 생성 시간 (TIMESTAMP: 날짜시간 타입, TIME ZONE: 시간대 포
함, DEFAULT NOW(): 현재 시간 자동 입력)
  created_at TIMESTAMP WITH TIME ZONE DEFAULT NOW(),
  -- 레코드 수정 시간 (TIMESTAMP: 날짜시간 타입, TIME ZONE: 시간대 포
함, DEFAULT NOW(): 현재 시간 자동 입력)
  updated_at TIMESTAMP WITH TIME ZONE DEFAULT NOW()
);
```

테이블은 스크래핑한 상품 데이터를 저장하기 위해 설계되었습니다. 주요 특징은 id를
PRIMARY KEY로 설정하여 중복을 방지하고, 가격 필드는 DECIMAL 타입으로 정확한 계
산을 보장합니다. 시간 필드는 TIMESTAMP WITH TIME ZONE으로 시간대 정보를 포함하
며 DEFAULT NOW()로 자동 저장됩니다.

SUPABASE 대시보드에서 SQL Editor로 테이블 생성

Supabase 대시보드의 SQL Editor에서 다음 SQL 쿼리를 실행하여 상품 테이블을 생성합니다. 좌측 메뉴에서 [SQL Editor]를 클릭한 후 [New query] 버튼을 클릭하여 새 쿼리를 작성합니다.

```sql
-- 상품 테이블 생성
CREATE TABLE IF NOT EXISTS products (
  id SERIAL PRIMARY KEY,                  -- 레코드 고유 ID (자동 증가)
  product_id TEXT NOT NULL,               -- 상품 고유 ID (히스토리 관리용)
  name TEXT NOT NULL,
  price DECIMAL(10,2),
  original_price DECIMAL(10,2),
  category TEXT,
  description TEXT,
  rating DECIMAL(3,2),
  review_count INTEGER DEFAULT 0,
  special_offer TEXT,
  seller_name TEXT,
  seller_email TEXT,
  collected_at TIMESTAMP WITH TIME ZONE DEFAULT NOW(),
  created_at TIMESTAMP WITH TIME ZONE DEFAULT NOW(),
  updated_at TIMESTAMP WITH TIME ZONE DEFAULT NOW()
);

-- 인덱스 생성 (검색 성능 향상)
CREATE INDEX IF NOT EXISTS idx_products_category ON products(category);
CREATE INDEX IF NOT EXISTS idx_products_seller_name ON products(seller_name);
CREATE INDEX IF NOT EXISTS idx_products_price ON products(price);
CREATE INDEX IF NOT EXISTS idx_products_created_at ON products(created_
```

```sql
at);


-- updated_at 자동 업데이트를 위한 트리거 함수 생성
CREATE OR REPLACE FUNCTION update_updated_at_column()
RETURNS TRIGGER AS $$
BEGIN
  NEW.updated_at = NOW();
  RETURN NEW;
END;


$$ language 'plpgsql';


-- updated_at 트리거 생성
CREATE TRIGGER update_products_updated_at
  BEFORE UPDATE ON products
  FOR EACH ROW
  EXECUTE FUNCTION update_updated_at_column();
```

SQL 쿼리 실행 후 Table Editor에서 생성된 **products** 테이블을 확인합니다. 테이블이 올바르게 생성되었는지 확인하고 각 컬럼의 데이터 타입과 제약조건을 검토합니다. 이번에는 좌측 메뉴에서 [Table Editor]를 클릭하여 생성된 **products** 테이블을 확인할 수 있습니다.

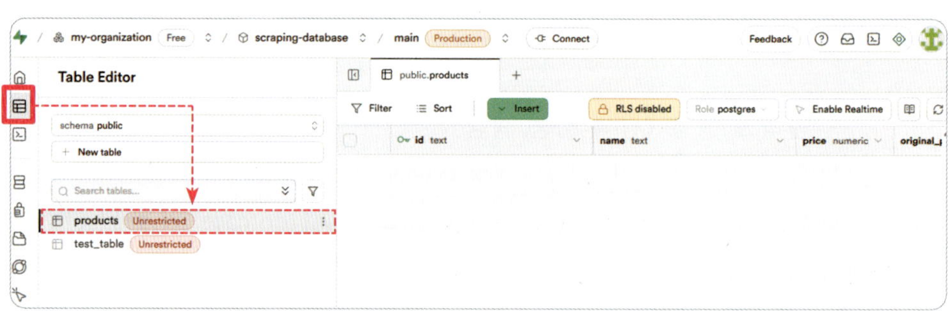

 샘플 데이터 삽입

테이블이 정상적으로 생성되었는지 확인하기 위해 샘플 데이터를 삽입합니다. SQL Editor
에서 다음 쿼리를 실행합니다.

```sql
-- 샘플 상품 데이터 삽입
INSERT INTO products (
  product_id, name, price, original_price, category, rating, review_count,
  special_offer, seller_name, seller_email
) VALUES
(
  '1',
  '무선 블루투스 이어폰',
  29900,
  49900,
  'digital',
  4.5,
  128,
  'Y',
  'TechSound',
  'contact@techsound.com'
),
(
  '2',
  '스마트워치 프로',
  199000,
  249000,
  'digital',
  4.8,
  256,
  'Y',
```

```
    'SmartTech',
    'support@smarttech.com'
);
```

쿼리를 실행 후 Table Editor에서 [refresh table data] 버튼을 클릭하여 생성된 데이터를 확인해 보세요.

Step 04 데이터 조회 테스트

SQL Editor에서 다음 쿼리를 실행하여 데이터를 조회해 보세요. select 쿼리를 다양하게 작성해 보세요.

```sql
-- 모든 상품 조회
SELECT * FROM products ORDER BY created_at DESC;


-- 카테고리별 상품 조회
SELECT name, price, seller_name FROM products WHERE category = 'digital';


-- 가격 범위별 상품 조회
SELECT name, price, special_offer FROM products
WHERE price BETWEEN 20000 AND 100000
ORDER BY price ASC;
```

```sql
-- 평점이 높은 상품 조회
SELECT name, rating, review_count FROM products
WHERE rating >= 4.5
ORDER BY rating DESC, review_count DESC;
```

○○○ SQL SELECT 쿼리 작성 팁

초보자들이 SQL SELECT 문을 작성할 때 알아 두면 좋은 실용적인 팁들을 소개합니다.

01 기본 구조 이해하기

```sql
SELECT 컬럼명1, 컬럼명2, ...     -- 조회할 컬럼 선택
FROM 테이블명                   -- 데이터를 가져올 테이블
WHERE 조건                      -- 필터링 조건 (선택사항)
ORDER BY 정렬컬럼               -- 정렬 기준 (선택사항)
LIMIT 개수;                     -- 결과 개수 제한 (선택사항)
```

02 컬럼 선택 팁

- `SELECT *`는 모든 컬럼을 가져오므로 개발 단계에서만 사용
- 실제 서비스에서는 필요한 컬럼만 선택하여 성능 향상
- 예 `SELECT name, price FROM products` (상품명과 가격만 조회)

03 WHERE 조건 작성 팁

- 문자열 비교 시 작은따옴표 사용 : `WHERE category = 'digital'`
- 숫자 비교 시 따옴표 없이 사용 : `WHERE price > 50000`
- 여러 조건은 AND, OR로 연결 : `WHERE price > 50000 AND rating >= 4.0`
- 범위 검색은 BETWEEN 사용 : `WHERE price BETWEEN 20000 AND 100000`

04 정렬(ORDER BY) 팁

- 오름차순 : `ORDER BY price ASC` (기본값이므로 ASC 생략 가능)
- 내림차순 : `ORDER BY price DESC`
- 여러 컬럼 정렬 : `ORDER BY rating DESC, price ASC` (평점 높은 순, 같으면 가격 낮은 순)

05 성능 최적화 팁

- 자주 검색하는 컬럼에 인덱스 생성
- `LIMIT`을 사용하여 불필요한 데이터 로딩 방지
- 복잡한 조건은 단순한 조건부터 차례로 테스트

06 디버깅 팁

- 복잡한 쿼리는 단계별로 나누어 테스트
- 먼저 `SELECT * FROM 테이블명`으로 전체 데이터 확인
- 조건을 하나씩 추가하며 결과 검증
- 쿼리 실행 전에 예상 결과를 먼저 생각해보기

07 쿼리 성능 분석 (EXPLAIN)

- `EXPLAIN`을 사용하여 쿼리 실행 계획을 확인할 수 있습니다
- 데이터베이스가 쿼리를 어떻게 처리하는지 미리 볼 수 있어 성능 최적화에 도움이 됩니다

```sql
-- 쿼리 실행 계획 확인
EXPLAIN SELECT * FROM products WHERE price > 50000;


-- 더 자세한 정보와 함께 확인
EXPLAIN ANALYZE SELECT * FROM products WHERE price > 50000;
```

EXPLAIN 결과 해석 팁 :

- Seq Scan : 전체 테이블을 순차적으로 스캔 (느림)
- Index Scan : 인덱스를 사용한 스캔 (빠름)
- cost : 예상 비용 (낮을수록 좋음)
- rows : 예상 결과 행 수
- width : 평균 행 크기

성능 개선 예시 :

```sql
-- 인덱스가 없을 때 (Seq Scan 발생)
EXPLAIN SELECT * FROM products WHERE category = 'digital';


-- 인덱스 생성 후 (Index Scan으로 개선)
```

```sql
CREATE INDEX idx_products_category ON products(category);
EXPLAIN SELECT * FROM products WHERE category = 'digital';
```

이제 스크래핑 데이터를 저장할 테이블이 준비되었습니다. 다음 섹션에서는 실제 웹 사이트에서 데이터를 스크래핑하고 이 테이블에 저장하는 방법을 학습하겠습니다.

2.4.4 SQL 기본 문법과 CRUD 실습

이번 섹션에서는 관계형 데이터베이스를 효과적으로 활용하기 위해 반드시 알아야 하는 SQL 기본 문법을 학습합니다. Supabase SQL Editor를 사용하여 실제 데이터를 다루면서 CRUD(Create, Read, Update, Delete) 작업을 익혀 보겠습니다.

SQL이 왜 중요할까요? 관계형 데이터베이스를 제대로 활용하려면 SQL(Structured Query Language)에 대한 이해가 필수입니다. SQL은 데이터베이스와 소통하는 표준 언어로, 데이터 조회, 삽입, 수정, 삭제를 위한 명령어를 제공합니다. 스크래핑한 데이터를 체계적으로 저장하고 관리하기 위해서는 이러한 기본 문법을 숙지해야 합니다.

SUPABASE SQL Editor에서 다양한 SQL 문법을 실습해 보겠습니다.

Step 01 데이터 삽입 (INSERT)

먼저 다양한 데이터를 삽입하여 풍부한 실습 데이터를 준비합니다.

단일 데이터 삽입

```sql
-- 새로운 상품 추가
INSERT INTO products (
  product_id, name, price, original_price, category,
  rating, review_count, special_offer, seller_name, seller_email
) VALUES (
  '3', '무선 마우스', 25000, 35000, 'digital',
  4.3, 95, 'N', 'MouseTech', 'info@mousetech.com'
);
```

여러 데이터 한번에 삽입

```sql
-- 여러 상품을 한번에 추가
INSERT INTO products (
  product_id, name, price, original_price, category,
  rating, review_count, special_offer, seller_name, seller_email

) VALUES
('4', '키보드', 80000, 120000, 'digital', 4.7, 203, 'Y', 'KeyBoardPro',
'sales@keyboardpro.com'),
('5', '모니터', 300000, 400000, 'digital', 4.9, 156, 'N', 'DisplayMax',
'support@displaymax.com');
```

INSERT 문법은 새로운 데이터를 데이터베이스에 추가하는 가장 기본적인 명령어입니다. 'INSERT INTO' 키워드 다음에 테이블 이름을 명시하고, 괄호( ) 안에 삽입할 컬럼들을 나열합니다. 'VALUES' 키워드 다음에는 해당 컬럼들에 들어갈 실제 값들을 순서대로 작성합니다. 여러 개의 데이 터를 한번에 삽입할 때에는 각 행의 값들을 쉼표로 구분하여 나열할 수 있습니다. 이때 모든 컬럼에 값을 입력할 필요는 없으며, 테이블에서 기본값이 설정된 컬럼이나 NULL을 허용하는 컬럼은 생략할 수 있습니다. 데이터 타입에 맞지 않는 값을 입력하거나 필수 컬럼을 누락하면 오류가 발생하므로 주의해야 합니다.

삽입 결과 확인

```sql
-- 삽입된 데이터 확인
SELECT * FROM products WHERE product_id IN ('3', '4', '5');
```

Step 02 데이터 수정 (UPDATE)

삽입한 데이터를 수정하여 다양한 상태의 데이터를 만들어 봅니다.

단일 필드 수정

```sql
-- 특정 상품의 가격 수정
UPDATE products
SET price = 22000
WHERE product_id = '3';


-- 특정 상품의 평점과 리뷰 수 수정
UPDATE products
SET rating = 4.5, review_count = 120
WHERE product_id = '1';
```

```sql
-- 카테고리별 가격 할인
UPDATE products
SET price = price * 0.9
WHERE category = 'digital' AND special_offer = 'N';


-- 특정 판매자의 모든 상품 할인
UPDATE products
SET price = price * 0.8
WHERE seller_name = 'TechSound';
```

UPDATE 문법은 기존 데이터를 수정하는 명령어로, 데이터베이스 관리에서 매우 중요한 역할을 합니다. 'UPDATE' 키워드 다음에 수정할 테이블 이름을 명시하고, 'SET' 키워드로 수정할 컬럼과 새로운 값을 지정합니다. 여러 컬럼을 동시에 수정할 때는 쉼표로 구분하여 나열할 수 있습니다. 'WHERE 절'을 사용하여 수정할 행을 조건으로 지정하는 것이 중요하며, WHERE 절을 생략하면 테이블의 모든 행이 수정되어 위험할 수 있습니다. 수정할 때에는 기존 값에 연산을 적용할 수도 있고, 다른 컬럼의 값을 참조할 수도 있습니다. '데이터 타입'과 '제약 조건'을 준수해야 하며, 잘못된 조건으로 인해 예상치 못한 데이터가 수정되는 것을 방지하기 위해 수정 전에 'SELECT' 문으로 대상 데이터를 먼저 확인하는 것이 좋습니다.

수정 결과 확인

```sql
SELECT product_id, name, price, rating, review_count
FROM products
WHERE product_id IN ('1', '3');
```

 데이터 조회 (SELECT)

이제 풍부한 데이터로 다양한 조회 방법을 실습해 봅니다. **SELECT 문법**은 데이터베이스에서 가장 기본적인 조회 명령어로, 특정 조건에 맞는 데이터를 조회하는 데 사용됩니다. 조회할 컬럼을 'SELECT' 키워드 다음에 나열하고, 'FROM' 키워드로 테이블 이름을 명시합니다. 'WHERE 절'을 사용하여 조건을 지정하고, 'ORDER BY 절'을 사용하여 정렬 기준을 지정할 수 있습니다. 또한 'LIMIT 절'을 사용하여 결과 개수를 제한할 수 있습니다. 조회할 때는 필요한 컬럼만 선택하여 성능을 향상시키는 것이 중요합니다. 또한 복잡한 조건 검색은 단순한 조건부터 차례로 테스트하는 것이 좋습니다.

기본 조회

```sql
-- 모든 상품 조회
SELECT * FROM products;


-- 특정 컬럼만 조회
SELECT name, price, category FROM products;


-- 조건에 맞는 데이터 조회
SELECT * FROM products WHERE category = 'digital';


-- 정렬하여 조회
SELECT * FROM products ORDER BY price DESC;


-- 개수 제한
SELECT * FROM products LIMIT 5;
```

복합 조건 조회

```sql
-- 여러 조건 조합
SELECT name, price FROM products
WHERE category = 'digital' AND price > 50000;


-- 범위 검색
SELECT * FROM products
WHERE price BETWEEN 20000 AND 100000;


-- 패턴 검색
SELECT * FROM products
WHERE name LIKE '%블루투스%';


-- IN 연산자 사용
SELECT * FROM products
WHERE category IN ('digital', 'fashion');
```

집계 함수 사용

```sql
-- 평균 가격 계산
SELECT AVG(price) as avg_price FROM products;


-- 카테고리별 상품 개수
SELECT category, COUNT(*) as product_count
FROM products
GROUP BY category;
```

```sql
-- 최고가, 최저가 상품
SELECT MAX(price) as max_price, MIN(price) as min_price
FROM products;
```

Step 04 데이터 삭제 (DELETE)

불필요한 데이터를 삭제하는 방법을 학습합니다.

특정 데이터 삭제

```sql
-- 특정 상품 삭제
DELETE FROM products WHERE product_id = '5';

-- 조건에 맞는 여러 상품 삭제
DELETE FROM products
WHERE category = 'fashion' AND price < 10000;
```

안전한 삭제 방법

```sql
-- 삭제 전 확인
SELECT * FROM products WHERE product_id = '4';

-- 확인 후 삭제
DELETE FROM products WHERE product_id = '4';

-- 삭제 결과 확인
SELECT COUNT(*) as remaining_products FROM products;
```

DELETE 문법은 데이터베이스에서 불필요한 데이터를 영구적으로 제거하는 명령어입니다. 'DELETE FROM' 키워드 다음에 삭제할 테이블 이름을 명시하고, 'WHERE 절'을 사용하여 삭제할 행을 조건으로 지정합니다. WHERE 절을 생략하면 테이블의 모든 데이터가 삭제되어 매우 위험하므로 반드시 조건을 명확히 지정해야 합니다. 삭제 작업은 되돌릴 수 없기 때문에 삭제 전에 'SELECT 문'으로 대상 데이터를 먼저 확인하는 것이 중요합니다. 또한 외래키 제약 조건이 있는 경우 참조하는 다른 테이블의 데이터가 있으면 삭제에 실패할 수 있습니다. 대량의 데이터를 삭제할 때는 성능 상 'TRUNCATE' 명령어를 사용하는 것이 더 효율적일 수 있습니다. 삭제 작업 후에는 결과를 확인하여 의도한 대로 데이터가 삭제되었는지 검증하는 것이 좋습니다.

Step 05 | 고급 조회 기법

JOIN 연습 (단일 테이블에서도 가능한 JOIN)

JOIN은 원래 여러 테이블을 연결하여 데이터를 조회하는 기능입니다. 하지만 현재 우리는 products 테이블 하나만 가지고 있기 때문에, '서브쿼리'나 '가상 테이블'을 활용하여 JOIN의 개념과 사용법을 실습해 볼 수 있습니다. 이는 실제 다중 테이블 환경에서의 JOIN을 이해하는 데 매우 유용한 연습이 됩니다.

서브쿼리와 JOIN

```sql
-- 평균 가격보다 비싼 상품과 평균 가격 정보를 함께 조회
SELECT p.name, p.price, avg_info.avg_price,
(p.price - avg_info.avg_price) as price_difference
FROM products p
JOIN (
  SELECT AVG(price) as avg_price
  FROM products
) avg_info ON true;
```

서브쿼리는 SQL 쿼리 안에 포함된 또 다른 SELECT 문으로, 복잡한 데이터 조회와 분석을 가능하게 하는 강력한 기능입니다. 서브쿼리는 괄호()로 감싸서 작성하며, 메인 쿼리의 WHERE 절, FROM 절, SELECT 절 등 다양한 위치에서 사용할 수 있습니다. 'WHERE 절'에서 사용할 때는 단일 값을 반환하는 스칼라 서브쿼리나 여러 값을 반환하는 서브쿼리를 사용할 수 있으며, 'IN, EXISTS, ANY, ALL' 등의 연산자와 함께 사용됩니다. 'FROM 절'에서 사용할 때는 가상 테이블 역할을 하여 복잡한 데이터 집계나 변환 작업을 수행할 수 있습니다. 서브쿼리는 중첩이 가능하지만 너무 깊게 중첩하면 성능이 저하될 수 있으므로 적절한 수준에서 사용해야 합니다. 또한 서브쿼리는 독립적으로 실행 가능해야 하며, 메인 쿼리의 컬럼을 참조하는 상관 서브쿼리도 있습니다.

○○○ SQL 쿼리의 결과도 테이블이다

SQL의 핵심 개념 중 하나는 "모든 SELECT 쿼리의 결과는 테이블"이라는 것입니다. 이 개념을 이해하면 SQL의 다양한 기능들을 더 쉽게 활용할 수 있습니다.

01 서브쿼리 이해
- 서브쿼리는 임시 테이블을 생성하는 것
- 이 임시 테이블을 메인 쿼리에서 활용

02 JOIN 활용
- 서브쿼리 결과를 가상 테이블로 사용하여 JOIN 가능
- 복잡한 집계나 변환 작업을 단계별로 수행

03 중첩 쿼리
- 쿼리 결과를 다시 쿼리할 수 있음
- 단계별로 데이터를 가공하고 분석 가능

04 뷰(View) 개념
- 복잡한 쿼리를 뷰로 저장하여 재사용
- 마치 테이블처럼 사용 가능

05 CTE(Common Table Expression)
- WITH 절을 사용한 임시 결과셋
- 복잡한 쿼리를 단계별로 구성 가능

이 개념을 이해하면 SQL을 더욱 유연하고 효율적으로 사용할 수 있습니다.

가상 테이블과 JOIN

```sql
-- 카테고리별 통계 정보와 상품 정보를 조인
SELECT p.name, p.price, p.category,
  cat_stats.avg_price, cat_stats.product_count
FROM products p
JOIN (
  SELECT category,
    AVG(price) as avg_price,
    COUNT(*) as product_count
  FROM products
  GROUP BY category
) cat_stats ON p.category = cat_stats.category;
```

SELF JOIN (자기 자신과 조인)

```sql
-- 같은 카테고리의 다른 상품들과 비교
SELECT p1.name as product1, p1.price as price1,
  p2.name as product2, p2.price as price2,
  p1.category
FROM products p1
JOIN products p2 ON p1.category = p2.category
  AND p1.product_id != p2.product_id
WHERE p1.price > p2.price;
```

VALUES 절을 활용한 가상 테이블과 JOIN

```sql
-- 가격대별 분류와 상품 정보를 조인
SELECT p.name, p.price, price_range.range_name
FROM products p
JOIN (
  VALUES
    ('저가', 0, 50000),
    ('중가', 50000, 200000),
    ('고가', 200000, 999999999)
) AS price_range(range_name, min_price, max_price)
ON p.price >= price_range.min_price
  AND p.price < price_range.max_price;
```

서브쿼리 사용

```sql
-- 평균 가격보다 비싼 상품 조회
SELECT name, price FROM products
WHERE price > (SELECT AVG(price) FROM products);


-- 가장 높은 평점을 가진 상품 조회
SELECT name, rating FROM products
WHERE rating = (SELECT MAX(rating) FROM products);
```

윈도우 함수 사용

```sql
-- 카테고리별 가격 순위
SELECT name, category, price,
  ROW_NUMBER() OVER (PARTITION BY category ORDER BY price DESC) as price_rank
FROM products;
```

윈도우 함수는 SQL의 고급 기능 중 하나로, 행 그룹에 대해 집계 함수를 적용하면서도 각 행의 개별 정보를 유지할 수 있게 해주는 강력한 도구입니다. GROUP BY와 달리 윈도우 함수는 결과 집합의 행 수를 줄이지 않고 원본 데이터의 모든 행을 유지하면서 집계 정보를 추가합니다. 'OVER 절'을 사용하여 윈도우를 정의하며, 'PARTITION BY'로 그룹을 나누고 'ORDER BY'로 정렬 순서를 지정할 수 있습니다. 'ROW_NUMBER, RANK, DENSE_RANK' 등의 순위 함수와 'SUM, AVG, COUNT' 등의 집계 함수를 윈도우 함수로 사용할 수 있습니다. 또한 'LAG, LEAD 함수'를 사용하여 이전 행이나 다음 행의 값을 참조할 수 있어 시계열 데이터 분석에 매우 유용합니다. 윈도우 함수는 복잡한 분석 쿼리를 단순하게 만들 수 있지만, 성능에 영향을 줄 수 있으므로 적절한 인덱스와 함께 사용해야 합니다.

Step 06 데이터 정리 (DELETE와 TRUNCATE)

실습을 마치고 다음 실습을 위해 테이블을 깨끗하게 정리합니다.

DELETE 사용

```sql
-- 특정 조건에 맞는 데이터 삭제
DELETE FROM products WHERE product_id IN ('3', '4', '5');


-- 모든 데이터 삭제 (테이블 구조는 유지)
DELETE FROM products;
```

TRUNCATE 사용

```sql
-- 모든 데이터를 빠르게 삭제 (테이블 구조는 유지)
TRUNCATE TABLE products;
```

> ○ ○ ○ **DELETE vs TRUNCATE 차이점**
>
> - **DELETE** : 행 단위로 삭제, WHERE 조건 사용 가능, 롤백 가능, 느림
> - **TRUNCATE** : 테이블 전체 삭제, WHERE 조건 사용 불가, 롤백 불가, 빠름

정리 후 확인

```sql
-- 테이블이 비어있는지 확인
SELECT COUNT(*) as product_count FROM products;


-- 테이블 구조는 그대로 유지되는지 확인
SELECT column_name, data_type FROM information_schema.columns
WHERE table_name = 'products';
```

> ○ ○ ○ **SQL 학습 팁**
>
> **01 단계별 학습**
> - 기본 SELECT 문부터 시작하여 점진적으로 복잡한 쿼리로 발전
> - 각 단계에서 결과를 확인하며 학습

02 실습 중심

- 이론보다는 실제 데이터를 다루면서 학습
- 다양한 조건과 함수를 조합하여 실험

03 오류 해결

- SQL 문법 오류가 발생하면 에러 메시지를 자세히 읽기
- 작은 단위로 나누어 테스트하기

04 성능 고려

- EXPLAIN 명령어로 쿼리 실행 계획 확인
- 인덱스가 있는 컬럼을 WHERE 조건에 사용하기

CURSOR IDE ASK 모드 활용

- 문제 해결을 위해 질문을 던지고 답변을 받으세요.

이제 SQL 기본 문법을 익혔으니, 다음 섹션에서는 실제로 스크래핑한 데이터를 데이터베이스에 저장하고 관리하는 방법을 학습해 보겠습니다.

2.4.5 스크래핑 데이터를 Supabase에 저장하기 ○ ○ ○

이제 앞서 만든 공통 모듈과 데이터 정제 함수들을 활용해서 스크래핑한 데이터를 CSV 파일 대신 Supabase 데이터베이스에 직접 저장하는 프로그램을 만들어 보겠습니다. [스크래핑 ➜ 데이터 정제 ➜ 유효성 검사 ➜ 중복 제거 ➜ 데이터베이스 저장] 의 전체 과정을 하나의 API로 구현합니다.

데이터베이스 저장 함수 구현

스크래핑한 Product 데이터를 데이터베이스용 ProductDB 형태로 변환하고 저장하는 함수를 구현합니다.

```typescript
// lib/database-utils.ts
import { supabase } from './supabase';
import { Product, productToDB } from './types/product';


// 상품 데이터 저장 (가격 변동 추적을 위해 모든 데이터 저장)
export async function saveProducts(products: Product[]): Promise<{
  success: boolean;
  savedCount: number;
  errors: string[];
}> {
  const errors: string[] = [];
  let savedCount = 0;
  try {
    // 모든 상품을 데이터베이스에 저장 (가격 변동 추적을 위해)
    for (const product of products) {
      const productDB = productToDB(product);
      const { error: insertError } = await supabase
        .from('products')
        .insert([productDB]);
      if (insertError) {
        errors.push(`저장 실패 (${product.name}): ${insertError.message}`);
      } else {
        savedCount++;
      }
    }
```

```ts
    return { success: true, savedCount, errors };
  } catch (error) {
    const errorMessage = error instanceof Error ? error.message : '상품 저장 실패';
    errors.push(errorMessage);
    return { success: false, savedCount, errors };
  }
}
```

스크래핑 및 데이터베이스 저장 API

이제 모든 기능을 통합한 완전한 API를 구현합니다.

```ts
// app/api/supabase/complete/route.ts
import { NextResponse } from 'next/server';
import { fetchProductData } from '@/lib/scraping-utils';
import { cleanProductData, validateProduct, removeDuplicates } from '@/lib/data-utils';
import { saveProducts } from '@/lib/database-utils';
import { Product } from '@/lib/types/product';

export async function GET(request: Request) {
  try {
    const { searchParams } = new URL(request.url);
    const category = searchParams.get('category') || 'all';
    const pageSize = parseInt(searchParams.get('pageSize') || '10');
    const maxPages = parseInt(searchParams.get('maxPages') || '50');
    console.log(`스크래핑 시작: 카테고리=${category}, 페이지크기=${pageSize}, 최대페이지=${maxPages}`);
```

```typescript
    // 1단계: 스크래핑으로 원시 데이터 수집
    const rawProducts: Product[] = await fetchProductData(category, pageSize,
maxPages);
    console.log(`원시 데이터 수집 완료: ${rawProducts.length}개`);


    // 2단계: 데이터 정제
    const cleanedProducts: Product[] = rawProducts.map(product =>
cleanProductData(product));
    console.log(`데이터 정제 완료: ${cleanedProducts.length}개`);


    // 3단계: 유효성 검사 및 필터링
    const validProducts: Product[] = cleanedProducts.filter(product => {
      const validation = validateProduct(product);
      if (!validation.isValid) {
        console.log(`유효하지 않은 상품 제외: ${product.name} - ${validation.
errors.join(', ')}`);
      }
      return validation.isValid;
    });
    console.log(`유효성 검사 완료: ${validProducts.length}개`);


    // 4단계: 중복 제거 (메모리 내)
    const uniqueProducts: Product[] = removeDuplicates(validProducts);
    console.log(`메모리 내 중복 제거 완료: ${uniqueProducts.length}개`);


    // 5단계: 데이터베이스 저장 (가격 변동 추적을 위해 모든 데이터 저장)
    const saveResult = await saveProducts(uniqueProducts);
    console.log(`데이터베이스 저장 완료: 저장=${saveResult.savedCount}개`);
    return NextResponse.json({
      success: true,
```

```typescript
        message: '완전한 스크래핑 및 데이터베이스 저장 완료!',
        data: {
          totalProducts: uniqueProducts.length,
          savedCount: saveResult.savedCount,
          category: category,
          processingSteps: {
            rawData: rawProducts.length,
            cleanedData: cleanedProducts.length,
            validData: validProducts.length,
            finalData: uniqueProducts.length,
            savedToDB: saveResult.savedCount
          },
          errors: saveResult.errors.length > 0 ? saveResult.errors : undefined
        }
      });
  } catch (error: unknown) {
    const errorMessage = error instanceof Error ? error.message : '알 수 없는 오류';
    console.error('완전한 스크래핑 오류:', errorMessage);
    return NextResponse.json(
      {
        success: false,
        error: '완전한 스크래핑 실패',
        details: errorMessage
      },
      { status: 500 }
    );
  }
}
```

테스트 방법

브라우저에서 다음 URL로 테스트할 수 있습니다.

```
→ http://localhost:3000/api/scraping/supabase/complete
→ http://localhost:3000/api/scraping/supabase/complete?category=digital&pageSi
  ze=20
```

저장된 데이터는 Supabase 대시보드의 Table Editor에서 확인할 수 있습니다.

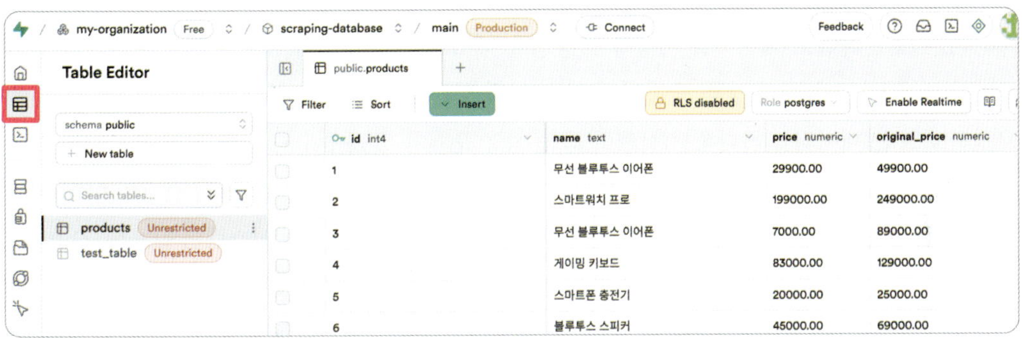

처리 과정 상세 설명

이 API는 다음과 같은 단계로 데이터를 처리합니다:

01 **스크래핑** : `fetchProductData` 함수로 원시 데이터 수집

02 **데이터 정제** : `cleanProductData` 함수로 데이터 정리

03 **유효성 검사** : `validateProduct` 함수로 잘못된 데이터 필터링

04 **중복 제거** : `removeDuplicates` 함수로 메모리 내 중복 상품 제거

05 **데이터베이스 저장** : `saveProducts` 함수로 데이터베이스에 저장 (가격 변동 추적을 위해 모든 데이터 저장)

각 단계마다 처리된 데이터 개수를 로그로 출력하여 어느 단계에서 데이터가 줄어드는지 확인할 수 있습니다. 가격 변동 추적을 위해 같은 상품이라도 다른 시간에 스크래핑한 데이터는 모두 저장됩니다.

이제 CSV 파일 저장 대신 데이터베이스를 활용한 완전한 데이터 관리 시스템이 구축되었습니다.

이번 섹션에서는 스크래핑한 데이터를 체계적으로 관리하기 위한 데이터베이스 시스템을 구축했습니다. CSV 파일 저장의 한계를 극복하고 클라우드 데이터베이스를 활용한 완전한 데이터 관리 시스템을 완성했습니다. 이번 섹션에서 배운 내용을 정리하겠습니다.

데이터베이스 도입의 필요성

처음에는 CSV 파일로 데이터를 저장하는 방법을 배웠지만, 데이터가 많아지면서 여러 문제점이 드러났습니다. 10만 개의 상품 중에서 특정 조건에 맞는 상품을 찾으려면 전체 파일을 메모리에 로딩하고 모든 데이터를 하나씩 검사해야 하는 성능 문제가 있었습니다. 또한 여러 프로그램이 동시에 같은 파일을 수정하려고 할 때 발생하는 동시성 문제, 그리고 복잡한 조건 검색의 어려움 등이 있었습니다. 이러한 문제들을 해결하기 위해 전문적인 데이터베이스 시스템이 필요했습니다.

특히 대용량 데이터에서는 인덱스의 중요성이 더욱 부각됩니다. 인덱스는 데이터베이스의 목차와 같은 역할을 하여 특정 컬럼으로 검색할 때 빠르게 찾을 수 있게 해줍니다. 예를 들어 상품명으로 검색할 때 인덱스가 있으면 전체 데이터를 검사하지 않고 바로 찾을 수 있습니다.

대용량 데이터에서 인덱스가 없다면 매번 전체 테이블을 스캔해야 하는 '풀 테이블 스캔(Full Table Scan)'이 발생합니다. 100만 개의 상품 데이터에서 특정 카테고리의 상품을 찾으려면 모든 100만 개의 레코드를 하나씩 확인해야 합니다. 이는 매우 비효율적이며 검색 시간이 데이터 양에 비례하여 증가합니다.

반면 적절한 인덱스가 있다면 데이터베이스는 인덱스를 먼저 확인하여 해당하는 데이터의 위치를 빠르게 찾아갑니다. 이는 마치 책에서 목차를 보고 원하는 페이지로 바로 이동하는 것과 같죠. 인덱스를 사용하면 검색 시간이 로그 스케일로 증가하여 대용량 데이터에서도 빠른 성능을 유지할 수 있습니다.

하지만 인덱스는 저장 공간을 추가로 사용하고, 데이터 삽입이나 수정 시 인덱스도 함께 업데이트해야 하므로 약간의 오버헤드가 있습니다. 따라서 자주 검색하는 컬럼에만 인덱스를 생성하는 것이 효율적이죠. 우리가 설계한 products 테이블에서는 상품명, 카테고리, 가격 등 자주 검색되는 컬럼에 인덱스를 생성하여 빠른 검색 성능을 확보했습니다.

○○○ 인덱스는 왜 빠르게 검색할 수 있나요?

인덱스가 빠른 이유를 이해하기 위해서는 컴퓨터가 데이터를 어떻게 저장하고 읽는지 알아야 합니다. 결국 성능은 **파일 I/O(입출력)를 얼마나 덜 할 수 있느냐**가 핵심입니다.

01 파일 I/O의 비용

컴퓨터에서 가장 느린 작업은 하드디스크나 SSD에서 데이터를 읽는 것입니다. 메모리에서 데이터를 읽는 것보다 수백 배에서 수천 배 느립니다. 따라서 데이터베이스 성능의 핵심은 **디스크 접근 횟수를 최소화**하는 것입니다.

02 인덱스 없이 검색할 때 (O(n) 복잡도)

인덱스가 없다면 데이터베이스는 다음과 같이 작동합니다:

- 전체 테이블을 순차적으로 스캔 (Full Table Scan)
- 각 행을 디스크에서 읽어와서 조건 확인
- 100만 개 데이터에서 특정 값을 찾으려면 최악의 경우 100만 번의 디스크 접근 필요

이는 선형 시간 복잡도 O(n)으로, 데이터가 2배 늘어나면 검색 시간도 2배 늘어납니다.

참고 : 실제로는 DBMS가 페이지 단위로 데이터를 읽기 때문에 완전히 100만 번 접근하지는 않지만, 여전히 전체 데이터를 읽어야 하므로 비효율적입니다.

03 현대 DBMS의 인덱스 구조 (O(log n) 복잡도)

현대 DBMS는 단순한 이진 트리가 아닌 더 효율적인 구조를 사용합니다:

B+ Tree (가장 일반적)
- 각 노드가 여러 개의 키를 가질 수 있음 (보통 수백 개)
- 모든 리프 노드가 같은 레벨에 위치
- **핵심** : 데이터가 미리 정렬된 상태로 저장
- 리프 노드들이 연결 리스트로 연결되어 범위 검색에 효율적

Hash Index (등가 검색에 특화)
- 해시 함수를 사용하여 O(1) 시간에 검색

- 하지만 범위 검색이나 정렬에는 부적합

왜 미리 정렬이 핵심일까요?

인덱스의 핵심은 **정렬된 데이터 구조**를 활용한 효율적인 탐색입니다. 정렬된 데이터에서만 이진 탐색이 가능하기 때문입니다. 예를 들어 정렬된 배열 [1, 3, 5, 7, 9, 11, 13]에서 7을 찾는다면,

- 중간값 7과 비교 ➡ 바로 찾음!
- 만약 정렬되지 않았다면 [3, 1, 11, 7, 5, 13, 9]에서 7을 찾으려면 모든 값을 확인해야 함

왜 트리로 하면 O(log n)이 될까요?

B+ Tree는 각 단계마다 검색 범위를 크게 줄입니다:

- 각 노드에 수백 개의 키가 있으므로 한 번에 많은 범위를 제외
- 1단계 : 100만 개 ➡ 수천 개로 범위 축소
- 2단계 : 수천 개 ➡ 수십 개로 범위 축소
- 3단계 : 수십 개 ➡ 몇 개로 범위 축소
- …

이 과정을 반복하면 $\log_{100}(1{,}000{,}000) \approx$ **3-4번**만에 원하는 데이터를 찾을 수 있습니다.

참고 : 실제 B+ Tree의 분기 계수(branching factor)는 페이지 크기와 키 크기에 따라 달라집니다. 일반적으로 수백에서 수천 개의 키를 가질 수 있어 매우 효율적입니다.

B+ Tree 인덱스로 검색할 때:

- 루트 노드부터 시작하여 조건에 맞는 경로로 이동
- 각 레벨에서 한 번씩만 디스크 접근
- 100만 개 데이터에서도 최대 3-4번 정도의 디스크 접근으로 검색 완료

이는 **로그 시간 복잡도 O(log n)**으로, 데이터가 2배 늘어나도 검색 시간은 거의 늘어나지 않습니다.

중요 : 실제로는 인덱스 페이지들이 메모리에 캐시되어 있을 가능성이 높아서, 첫 번째 검색 이후에는 더욱 빠른 성능을 보입니다.

04 실제 성능 비교

데이터 크기에 따른 성능 차이는 매우 큽니다. 1,000개의 데이터에서 인덱스 없이는 최대 1,000번의 접근이 필요하지만 B+ Tree 인덱스를 사용하면 최대 3번의 접근으로 충분합니다. 100,000개의 데이터에서는 인덱스 없이 최대 100,000번 접근이 필요하지만 인덱스 사용 시 최대 3-4번 접근으로 해결됩니다. 1,000,000개의 대용량 데이터에서도 인덱스 없이는 최대 1,000,000번 접근이 필요하지만 인덱스 사용 시 여전히 최대 3-4번 접근으로 처리할 수 있습니다.

05 왜 이렇게 큰 차이가 날까요?

- **인덱스 없음 :** "전체 책을 처음부터 끝까지 읽어서 원하는 내용 찾기"
- **B+ Tree 인덱스 :** "목차를 보고 바로 해당 페이지로 이동하기"

실제로는 디스크 접근이 가장 큰 병목이므로, 접근 횟수를 줄이는 것이 성능 향상의 핵심입니다. B+ Tree 인덱스는 이 접근 횟수를 극적으로 줄여주기 때문에 대용량 데이터에서도 빠른 검색이 가능합니다.

Supabase 클라우드 데이터베이스 구축

Supabase는 PostgreSQL 기반의 클라우드 데이터베이스 서비스로, Firebase의 오픈소스 대안입니다. 실시간 기능과 강력한 SQL 지원을 제공하며 Next.js와 완벽하게 호환됩니다. 무료 티어로도 충분한 기능을 사용할 수 있어 학습과 개발에 적합합니다.

Supabase 계정을 생성하고 프로젝트를 설정하는 과정을 통해 클라우드 데이터베이스 환경을 구축했습니다. 특히 서버리스 환경에서는 파일 시스템에 직접 접근할 수 없기 때문에 클라우드 데이터베이스가 필수적입니다. 서버리스 함수는 실행될 때마다 새로운 임시 환경이 생성되고, 함수 실행이 끝나면 모든 파일과 데이터가 사라지기 때문입니다.

데이터베이스 스키마 설계

스크래핑할 상품 데이터의 구조를 분석하여 효율적인 테이블을 설계했습니다. 기존 Product 인터페이스는 그대로 유지하고, 데이터베이스 저장을 위한 별도의 ProductDB 인터페이스를 생성했습니다.

핵심 설계 원칙은 가격 변동 추적이었습니다. 같은 상품이라도 다른 시간에 스크래핑한 데이터를 모두 저장하여 가격 변화를 추적할 수 있도록 했습니다. 이를 위해 id는 자동 증가하는 레코드 고유 ID로, `product_id`는 실제 상품 식별자로 분리했습니다. 또한 `collected_at` 필드로 언제 스크래핑했는지 기록하여 시간별 데이터 분석이 가능하도록 했습니다.

데이터 타입 선택에서도 신중함을 기했습니다. 가격 정보는 `DECIMAL(10, 2)` 타입을 사용하여 정확한 소수점 계산을 보장했습니다. 이는 금융 데이터에서 매우 중요한 요소입니다. 또한 각 컬럼에 적절한 제약조건을 설정하여 데이터 무결성을 보장했습니다.

SQL 기본 문법과 CRUD 연산

관계형 데이터베이스를 효과적으로 활용하기 위해 SQL 기본 문법을 학습했습니다. 특히 실무에서 자주 사용되는 CRUD 연산에 집중했습니다.

INSERT 문법은 데이터베이스에 새로운 데이터를 추가하는 명령어로, 테이블 이름과 컬럼 목록을 명시한 후 VALUES 절에 실제 데이터를 입력합니다. 데이터 타입에 맞는 값만 입력할 수 있으며, NOT NULL 제약조건이 있는 컬럼은 반드시 값을 제공해야 합니다.

UPDATE 문법은 기존 데이터를 수정하는 명령어로, SET 절에서 수정할 컬럼과 값을 지정하고 WHERE 절로 수정할 행을 조건으로 지정합니다. WHERE 절을 생략하면 테이블의 모든 데이터가 수정되어 매우 위험하므로 반드시 조건을 명확히 지정해야 합니다.

SELECT 문법은 데이터베이스에서 가장 많이 사용되는 명령어로, FROM 절로 테이블을 지정하고 WHERE 절로 조건을 설정하며 ORDER BY 절로 정렬할 수 있습니다. GROUP BY와 HAVING을 사용하면 집계 함수와 함께 그룹별 통계를 구할 수 있습니다.

DELETE 문법은 데이터베이스에서 불필요한 데이터를 영구적으로 제거하는 명령어로, WHERE 절을 사용하여 삭제할 행을 조건으로 지정합니다. 삭제 작업은 되돌릴 수 없기 때문에 삭제 전에 SELECT 문으로 대상 데이터를 먼저 확인하는 것이 중요합니다.

고급 SQL 기능 활용

단일 테이블 환경에서도 JOIN의 개념을 이해하기 위해 서브쿼리와 가상 테이블을 활용했습니다. 서브쿼리는 다른 쿼리 내부에 중첩된 쿼리로, 복잡한 조건이나 집계 결과를 활용할 때 유용합니다. 가상 테이블은 VALUES 절을 사용하여 임시 테이블을 생성하거나 서브쿼리의 결과를 테이블처럼 사용하는 방법입니다.

SQL 쿼리의 결과도 테이블이라는 핵심 개념을 이해했습니다. 이는 서브쿼리, JOIN, 중첩 쿼리, 뷰, CTE 등 다양한 고급 기능의 기반이 됩니다. 쿼리 결과를 다른 쿼리에서 테이블처럼 사용할 수 있기 때문에 복잡한 데이터 분석이 가능합니다.

윈도우 함수는 표준 SQL의 고급 기능으로, 행 그룹에 대해 집계 함수를 적용하면서도 각 행의 개별 값을 유지할 수 있게 해줍니다. OVER 절과 함께 PARTITION BY, ORDER BY를 사용하여 그룹별 순위나 누적 합계 등을 계산할 수 있습니다.

완전한 데이터 저장 시스템 구축

앞서 만든 공통 모듈과 데이터 정제 함수들을 활용하여 스크래핑한 데이터를 데이터베이스에 직접 저장하는 완전한 시스템을 구축했습니다. '스크래핑 ➜ 데이터 정제 ➜ 유효성 검사 ➜ 중복 제거 ➜ 데이터베이스 저장'의 전체 과정을 하나의 API로 구현했습니다.

데이터베이스 저장 함수에서는 가격 변동 추적을 위해 모든 데이터를 저장하도록 설계했습니다. 같은 상품이라도 다른 시간에 스크래핑한 데이터는 모두 저장하여 가격 변화를 추적할 수 있도록 했습니다. 각 단계마다 처리된 데이터 개수를 로그로 출력하여 어느 단계에서 데이터가 줄어드는지 확인할 수 있도록 했습니다.

학습 성과와 다음 단계

이번 섹션을 통해 단순한 파일 저장에서 전문적인 데이터베이스 시스템으로 발전시켰습니다. 클라우드 환경의 장점을 활용하여 확장 가능하고 안정적인 데이터 관리 시스템을 구축했습니다. 특히 가격 변동 추적이라는 실무적인 요구 사항을 반영하여 데이터베이스 스키마를 설계하고 구현했습니다.

다음 단계에서는 Elasticsearch를 활용하여 검색 엔진을 구축할 예정입니다. 현재까지는 관계형 데이터베이스로 데이터를 저장했지만, 관계형 데이터베이스에서는 다루기 어려운 풀텍스트 서치(Full-text Search) 등의 기능이 필요합니다.

관계형 데이터베이스의 LIKE 연산자는 단순한 패턴 매칭에만 사용할 수 있고, 상품명이나 설명에서 의미 있는 키워드를 찾거나 유사한 상품을 검색하는 것은 한계가 있습니다. 또한 복잡한 텍스트 분석이나 자동완성, 오타 교정 등의 기능도 구현하기 어렵습니다.

Elasticsearch는 이러한 관계형 데이터베이스의 한계를 극복하여 빠른 텍스트 검색, 복합 쿼리, 실시간 분석, 확장성 등의 장점을 제공합니다. 스크래핑한 상품 데이터를 더욱 강력하고 유용한 검색 서비스로 발전시킬 수 있습니다.

이번 섹션에서 배운 데이터베이스 설계 원칙과 SQL 활용 방법은 향후 다양한 프로젝트에서도 유용하게 활용할 수 있는 핵심 역량입니다.

2.5 검색과 분석을 위한 Elasticsearch 활용하기

2.5.1 Elasticsearch와 관계형 데이터베이스의 차이점

앞 장에서 Supabase를 사용해 스크래핑한 데이터를 클라우드 관계형 데이터베이스에 저장하는 방법을 배웠습니다. Supabase는 구조화된 데이터를 안전하게 보관하고 SQL로 정확한 검색을 할 수 있어 매우 유용합니다. 하지만 수집한 데이터의 양이 많아지고 복잡한 텍스트 검색이나 실시간 분석이 필요해지면 관계형 데이터베이스만으로는 한계가 있습니다.

예를 들어 수만 개의 상품 리뷰를 수집했을 때 "배송이 빠르고 품질이 좋다"는 내용이 포함된 리뷰를 찾거나, 시간대별 판매 동향을 실시간으로 분석하거나, 유사한 상품들을 자동으로 그룹핑하는 작업은 관계형 데이터베이스로는 어렵고 느립니다. 이런 상황에서 Elasticsearch가 매우 유용한 도구가 됩니다.

Elasticsearch는 검색과 분석에 특화된 NoSQL 데이터베이스입니다. 텍스트를 자동으로 분석해 검색에 최적화된 형태로 저장하고, 실시간으로 복잡한 집계와 분석을 수행할 수 있습니다. 또한 대용량 데이터를 여러 서버에 분산 저장해 빠른 응답 속도를 유지할 수 있습니다.

Elasticsearch와 Supabase 같은 관계형 데이터베이스는 서로 다른 목적과 특성을 가지고 있습니다.

관계형 데이터베이스는 데이터의 정확성과 일관성을 보장하는 것이 가장 중요한 목표입니다. 데이터를 테이블과 행으로 구조화해서 저장하고, ACID 속성을 통해 트랜잭션의 안전성을 보장합니다. SQL이라는 표준화된 언어로 정확하고 복잡한 조건의 검색이 가능하며, 데이터 간의 관계를 명확하게 정의할 수 있습니다. 예를 들어 "2024년 1월에 주문한 고객 중 배송비가 무료인 주문의 총액"과 같은 복잡한 조건의 정확한 계산에 적합합니다.

반면 Elasticsearch는 검색 속도와 분석 성능에 최적화되어 있습니다. 문서 지향 NoSQL 데이터베이스로, JSON 형태의 문서를 저장합니다. 텍스트를 형태소 단위로 분석해 검색 인덱스를 생성하므로 "빠른 배송"이라고 검색해도 "배송이 빨랐다"는 내용을 찾을 수 있습니다. 또한 실시간으로 집계와 통계를 계산할 수 있어 대시보드나 모니터링 시스템에 적합합니다.

Elasticsearch가 풀텍스트 서치에 유리한 이유 : 역인덱스

Elasticsearch가 풀텍스트 서치에 강력한 이유는 **역인덱스(Inverted Index)**라는 특별한 데이터 구조를 사용하기 때문입니다. 역인덱스는 관계형 데이터베이스의 B+ Tree 인덱스와는 완전히 다른 방식으로 작동합니다.

역인덱스는 텍스트 검색을 위한 핵심 기술로, 전통적인 데이터베이스 인덱스와는 근본적으로 다른 접근 방식을 사용합니다. 일반적인 데이터베이스 인덱스는 "문서 ➡ 단어"의 방향으로 데이터를 정리하지만, 역인덱스는 "단어 ➡ 문서"의 역방향으로 매핑을 구성합니다. 이는 마치 책의 목차가 아니라 단어별 색인을 만드는 것과 같습니다. 예를 들어 "배송"이라는 단어가 어떤 문서들에 포함되어 있는지를 미리 계산해두고, 검색 시에는 이 미리 계산된 정보를 활용하여 즉시 결과를 찾아냅니다. 이러한 방식은 특히 대용량 텍스트 데이터에서 검색 성능을 극적으로 향상시킵니다.

관계형 데이터베이스의 한계

관계형 데이터베이스에서 텍스트 검색을 할 때는 주로 LIKE 연산자를 사용합니다. 이는 전통적인 데이터베이스가 구조화된 데이터 처리에 최적화되어 있기 때문입니다. 관계형 데이터베이스는 정확한 값 매칭이나 범위 검색에는 탁월하지만, 자연어 텍스트의 의미적 검색에는 한계가 있습니다. 예를 들어 "배송이 빠르다"라는 내용을 찾으려면 다음과 같은 쿼리를 사용합니다:

```sql
SELECT * FROM reviews WHERE content LIKE '%배송%' AND content LIKE '%빠르%';
```

이 방식의 문제점은 다음과 같습니다:

- 전체 테이블을 스캔해야 함(Full Table Scan)
- 부분 문자열 매칭만 가능(정확한 단어 순서나 형태에 의존)
- 의미적 검색 불가능("빠른 배송"과 "배송이 빨랐다"를 연결하지 못함)
- 검색 성능이 데이터 양에 비례하여 저하

역인덱스의 작동 원리

역인덱스의 작동 원리는 매우 직관적이면서도 효율적입니다. 전통적인 방식에서는 각 문서를 읽어서 검색어가 포함되어 있는지 확인해야 하지만, 역인덱스는 미리 모든 단어에 대해 어떤 문서들이 포함하고 있는지를 계산해둡니다. 이는 마치 도서관에서 책을 찾을 때 각 책의 내용을 직접 읽어보는 것이 아니라, 미리 만들어둔 단어별 색인을 참조하는 것과 같습니다. 예를 들어 다음과 같은 문서들이 있다고 가정해 보겠습니다:

- 문서 1 : "빠른 배송이 좋습니다"
- 문서 2 : "배송이 빨랐어요"
- 문서 3 : "품질이 좋습니다"

역인덱스는 다음과 같이 구성됩니다:

```
빠른 → [문서1]
배송 → [문서1, 문서2]
이 → [문서1, 문서2]
좋습니다 → [문서1, 문서3]
빨랐어요 → [문서2]
품질 → [문서3]
```

역인덱스의 장점

역인덱스는 단순히 빠른 검색만을 제공하는 것이 아닙니다. 이 구조는 다양한 검색 패턴을 지원하면서도 높은 성능을 유지할 수 있습니다. 첫째로, 특정 단어가 포함된 문서를 즉시 찾을 수 있어 검색 속도가 극적으로 향상됩니다. 둘째로, 단어의 일부만 검색해도 관련 문서를 찾을 수 있어 사용자가 정확한 단어를 기억하지 못해도 검색이 가능합니다. 셋째로, 형태소 분석을 통해 의미적으로 유사한 표현들을 연결할 수 있어 "빠른 배송"과 "배송이 빨랐다" 같은 다양한 표현을 모두 찾아낼 수 있습니다. 마지막으로, 단어의 빈도나 중요도에 따라 점수를 계산하여 더 관련성 높은 결과를 우선적으로 보여줄 수 있습니다.

실제 검색 과정

실제로 역인덱스를 사용한 검색 과정은 매우 체계적이고 효율적입니다. 사용자가 "배송이 빠르다"를 검색하면 시스템은 먼저 이 문장을 형태소 분석을 통해 의미 있는 단어들로 분해합니다. "배송"과 "빠르"라는 핵심 단어를 추출한 후, 미리 구축된 역인덱스에서 각 단어가 포함된 문서 목록을 즉시 찾아냅니다. "배송"이 포함된 문서는 [문서1, 문서2]이고, "빠르"가 포함된 문서는 [문서1]입니다. 이제 두 목록의 교집합을 계산하여 두 단어가 모두 포함된 문서인 [문서1]을 찾아냅니다. 마지막으로 각 문서의 관련성 점수를 계산하고 높은 점수 순으로 정렬하여 사용자에게 결과를 제공합니다. 이 전체 과정은 관계형 데이터베이스의 전체 테이블 스캔과 달리 매우 빠르게 수행되며, 데이터 양이 증가해도 검색 속도가 크게 저하되지 않습니다.

Elasticsearch의 텍스트 분석 과정 : 애널라이저와 토크나이저

역인덱스를 생성하기 위해서는 원본 텍스트를 검색에 최적화된 형태로 변환해야 합니다. 이는 마치 요리를 할 때 재료를 손질하는 과정과 같습니다. 원재료 그대로는 맛있는 요리를 만들기 어렵듯이, 원본 텍스트 그대로는 효율적인 검색이 어렵습니다. Elasticsearch는 이 과정을 **애널라이저(Analyzer)**를 통해 수행합니다. 애널라이저는 세 가지 단계로 구성되어 있으며, 각 단계는 텍스트를 점진적으로 정제하고 최적화하는 역할을 담당합니다. 이 과정을 통해 사용자가 입력한 검색어와 저장된 문서들이 효과적으로 매칭될 수 있게 됩니다.

Step 01 캐릭터 필터 (Character Filter)

캐릭터 필터는 텍스트 분석의 첫 번째 단계로, 원본 텍스트를 정제하는 역할을 담당합니다. 이는 마치 요리하기 전에 재료를 씻고 다듬는 과정과 같습니다. 웹에서 수집된 텍스트는 HTML 태그, 특수문자, 이모지 등이 포함되어 있어 검색에 방해가 될 수 있습니다. 캐릭터 필터는 이러한 불필요한 요소들을 제거하고 텍스트를 정규화합니다. HTML 태그 제거, 특수문자 변환, 숫자 정규화 등을 수행하여 깨끗한 텍스트를 만들어냅니다.

원본: "<p>빠른 배송이 좋습니다!</p>"

결과: "빠른 배송이 좋습니다!"

Step 02 토크나이저 (Tokenizer)

토크나이저는 정제된 텍스트를 개별 토큰(단어)으로 분리하는 핵심 과정입니다. 이는 마치 문장을 단어별로 나누는 과정과 같습니다. 토크나이저는 언어의 특성과 검색 요구 사항에 따라 다양한 방식으로 텍스트를 분리할 수 있습니다. 가장 기본적인 토크나이저는 **Standard Tokenizer**로, 공백과 구두점을 기준으로 텍스트를 분리합니다. 하지만 언어마다 분리 규칙이 다르므로, 한국어나 일본어 같은 언어에서는 더 정교한 토크나이저가 필요합니다.

입력: "빠른 배송이 좋습니다"

출력: ["빠른", "배송이", "좋습니다"]

다른 토크나이저들 :

- **Keyword Tokenizer :** 전체 텍스트를 하나의 토큰으로 처리
- **Whitespace Tokenizer :** 공백으로만 분리
- **Pattern Tokenizer:** 정규표현식 패턴으로 분리

Step 03 토큰 필터 (Token Filter)

토큰 필터는 분리된 토큰들을 정제하고 변환하는 마지막 단계입니다. 이는 마치 요리할 때 양념을 넣고 맛을 조절하는 과정과 같습니다. 토큰 필터는 여러 개를 순차적으로 적용할 수 있으며, 각 필터는 특정한 역할을 담당합니다. 예를 들어 대소문자 통일, 불용어 제거, 동의어 처리, 어간 추출 등을 통해 검색 품질을 향상시킵니다. 이 과정을 통해 최종적으로 역인덱스에 저장될 토큰들이 만들어집니다.

➜ **주요 토큰 필터들 :**

- **Lowercase Filter :** 모든 문자를 소문자로 변환

입력: ["Apple", "Banana"]

출력: ["apple", "banana"]

- Stop Filter : 불용어(조사, 어미 등) 제거

```
입력: ["빠른", "배송이", "좋습니다"]
출력: ["빠른", "배송", "좋습니다"]   // "이" 제거
```

- Stemmer Filter : 어간 추출 (영어)

```
입력: ["running", "jumps", "better"]
출력: ["run", "jump", "better"]
```

- Synonym Filter : 동의어 처리

```
입력: ["빠른", "빨리"]
출력: ["빠른", "빨리", "fast"]   // 동의어 추가
```

한국어 텍스트 분석의 특별한 점

한국어는 영어와 달리 매우 복잡한 언어적 특성을 가지고 있습니다. 띄어쓰기가 없어도 의미를 파악할 수 있고, 조사와 어미가 복잡하게 결합되어 하나의 단어처럼 보이기도 합니다. 또한 어순이 자유롭고, 존댓말과 반말이 구분되며, 한자어와 순우리말이 혼재되어 있습니다. 이러한 특성들로 인해 영어용 토크나이저로는 한국어 텍스트를 제대로 분석할 수 없습니다. 따라서 한국어 텍스트 분석에는 특별한 처리가 필요하며, 이를 위해 Elasticsearch는 전용 애널라이저를 제공합니다.

Nori 애널라이저 (한국어 전용)

Elasticsearch는 한국어의 복잡한 언어적 특성을 해결하기 위해 **Nori** 애널라이저를 제공합니다. Nori는 한국어 형태소 분석기로, 한국어 텍스트를 의미 단위로 정확하게 분리할 수 있습니다. 이는 마치 한국어 전문가가 문장을 분석하는 것과 같습니다. Nori는 다음과 같은 과정을 거칩니다:

➔ **형태소 분석** : 단어를 의미 단위로 분리

```
입력: "배송이빨랐어요"
출력: ["배송", "이", "빨랐", "어요"]
```

➜ **품사 태깅** : 각 형태소의 품사를 식별

> 배송: 명사
>
> 이: 조사
>
> 빨랐: 형용사
>
> 어요: 어미

➜ **불용어 제거:** 조사, 어미 등 검색에 불필요한 요소 제거

> 최종: ["배송", "빨랐"]

➜ **실제 애널라이저 설정 예시**

```json
{
  "settings": {
    "analysis": {
      "analyzer": {
        "korean_analyzer": {
          "type": "custom",
          "tokenizer": "nori_tokenizer",
          "filter": [
            "nori_part_of_speech",
            "nori_readingform",
            "lowercase",
            "nori_stop"
          ]
        }
      }
    }
  }
}
```

애널라이저의 중요성

올바른 애널라이저 설정은 검색 품질에 직접적인 영향을 미칩니다. 이는 마치 요리할 때 적절한 양념을 사용하는 것과 같습니다. 잘못된 애널라이저 설정은 사용자가 원하는 결과를 찾지 못하게 만들고, 올바른 설정은 사용자의 의도를 정확히 파악하여 관련성 높은 결과를 제공합니다. 예를 들어 "스마트폰"을 검색할 때 잘못된 설정에서는 "스마트 폰"을 찾지 못하지만, 형태소 분석을 통한 올바른 설정에서는 "스마트폰", "스마트 폰", "스마트폰" 등 다양한 표현을 모두 검색할 수 있습니다. 이는 사용자 경험을 크게 향상시키고 검색 시스템의 신뢰성을 높입니다.

Elasticsearch의 추가 장점

Elasticsearch는 역인덱스와 애널라이저 외에도 여러 가지 강력한 기능을 제공합니다. 분산 처리 능력은 대용량 데이터를 여러 서버에 나누어 저장하고 처리할 수 있게 해주어 확장성을 보장합니다. 실시간 업데이트 기능은 새로운 문서가 추가되면 즉시 역인덱스를 업데이트하여 최신 정보를 검색할 수 있게 해줍니다. 복합 쿼리 지원은 여러 조건을 조합한 복잡한 검색 요구 사항을 충족시킬 수 있게 해주며, 자동완성 기능은 역인덱스를 활용하여 사용자가 타이핑하는 동안 실시간으로 검색 제안을 제공합니다. 이러한 기능들은 Elasticsearch를 단순한 검색 엔진을 넘어서 종합적인 데이터 분석 플랫폼으로 만들어 줍니다.

간단히 말하면 Supabase 같은 관계형 데이터베이스는 "정확한 데이터 보관과 조회"에, Elasticsearch는 "빠른 검색과 실시간 분석"에 특화되어 있습니다. 따라서 많은 서비스에서 두 시스템을 함께 사용합니다. 주문이나 사용자 정보 같은 중요한 데이터는 Supabase에 저장하고, 검색 기능이나 로그 분석을 위해서는 Elasticsearch를 활용하는 방식입니다.

2.5.2 { Elasticsearch Cloud 설정하기 ○○○ }

이 영역에서는 Elasticsearch Cloud를 사용해 실습을 진행하겠습니다. 'Elasticsearch Cloud'는 Elastic에서 제공하는 관리형 서비스로, 복잡한 설치나 설정 없이 바로 사용할 수 있습니다. 로컬에 Elasticsearch를 설치하는 방법도 있지만, 메모리 사용량이 많고 설정이 복잡해서 처음 사용하기에는 클라우드 서비스가 편리합니다.

Elasticsearch Cloud는 클라우드 환경에서 Elasticsearch 클러스터를 자동으로 관리해주는 서비스입니다. 서버 설치, 설정, 모니터링, 백업 등 모든 인프라 관리 작업을 Elastic에서 담당하므로, 개발자는 검색 기능 구현에만 집중할 수 있습니다. 또한 자동 스케일링, 고가용성, 보안 기능 등 엔터프라이즈급 기능들도 포함되어 있어 실무 환경과 유사한 조건에서 실습할 수 있습니다.

Step 01   Elastic Cloud 계정 생성

먼저 Elastic Cloud 웹 사이트(`https://cloud.elastic.co`)에 접속합니다. 이 사이트는 Elasticsearch의 공식 클라우드 서비스 플랫폼으로, 전 세계 수많은 기업들이 사용하고 있는 안정적인 서비스입니다.

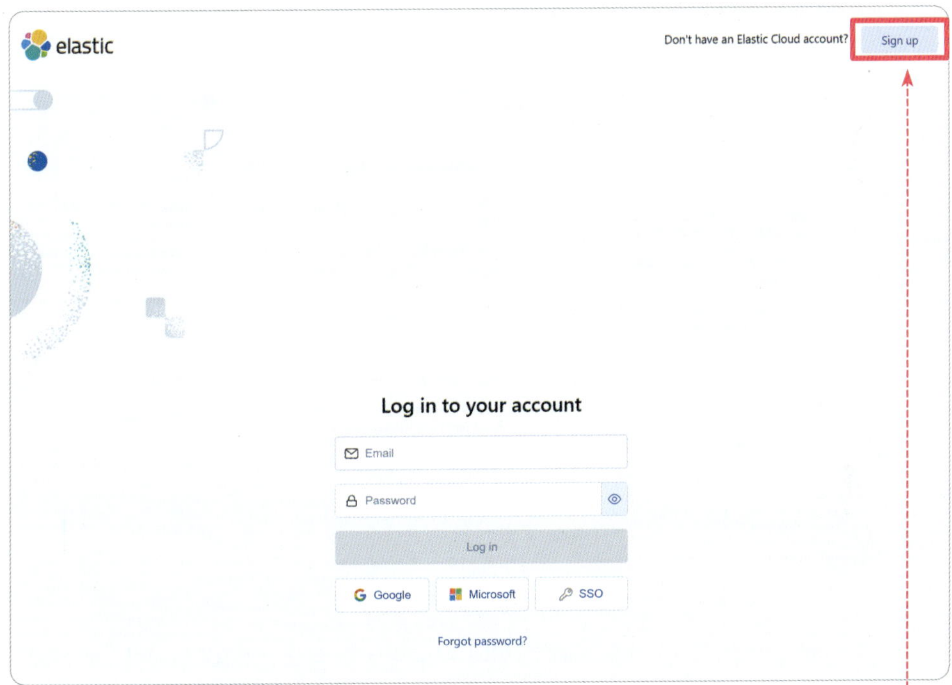

웹 사이트에 접속하면 로그인 페이지가 나타납니다. 페이지 상단에는 Elastic의 컬러풀한 로고가 표시되고, 중앙에는 [Log in to your account] 폼이 있습니다. 우측 상단에는 "Don't have an Elastic Cloud account?" 메시지와 함께 파란색 [Sign up] 버튼이 있습니다.

새로운 계정을 생성하려면 우측 상단의 **[Sign up]** 버튼을 클릭합니다. Elastic Cloud는 14일 무료 트라이얼을 제공하므로 실습하기에 충분합니다. 트라이얼 기간 동안에는 모든 기능을 제한 없이 사용할 수 있으며, 기간이 만료되어도 데이터는 보존됩니다.

계정 생성은 이메일 주소와 비밀번호를 직접 입력하거나, 구글 계정, 마이크로소프트 계정을 연동하여 간편하게 가입할 수 있습니다. 소셜 계정 연동을 사용하면 별도의 비밀번호 설정이나 이메일 인증 과정 없이 바로 서비스를 이용할 수 있어 더욱 편리합니다.

계정 생성이 완료되면 Elastic Cloud의 온보딩 과정이 시작됩니다. 이 과정에서는 사용자의 목적에 맞는 서비스를 추천하기 위해 몇 가지 질문을 합니다.

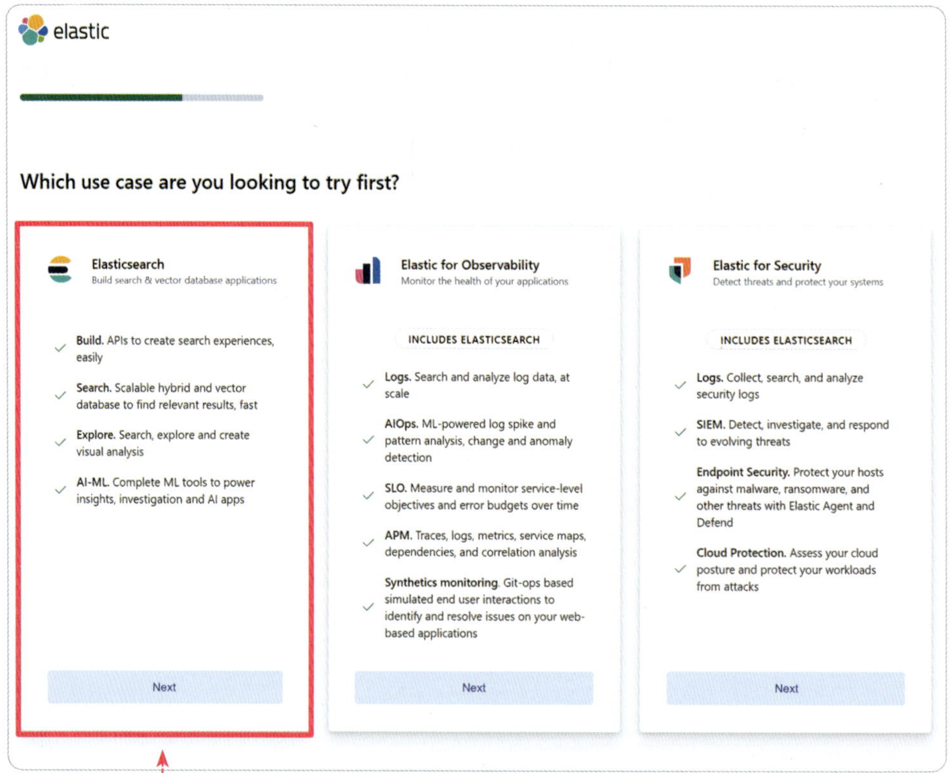

첫 번째 질문은 "어떤 사용 사례를 먼저 시도해보고 싶으신가요?"입니다. 세 가지 주요 옵션이 제공됩니다:

- **Elasticsearch :** 검색 및 벡터 데이터베이스 애플리케이션 구축에 특화된 서비스입니다. API를 통한 검색 경험 생성, 확장 가능한 하이브리드 및 벡터 데이터베이스, 시각적 분석 도구, AI/ML 기능 등을 포함합니다.
- **Elastic for Observability :** 애플리케이션의 상태를 모니터링하는 서비스입니다. 로그 분석, AIOps, SLO 모니터링, APM(Application Performance Monitoring), 합성 모니터링 등의 기능을 제공합니다.

- **Elastic for Security :** 시스템 보안 및 위협 탐지에 특화된 서비스입니다. 보안 로그 분석, SIEM, 엔드포인트 보안, 클라우드 보호 등의 기능을 포함합니다.

실습 목적이므로 **Elasticsearch 옵션**을 선택합니다. 이는 우리가 배우고자 하는 검색 엔진 기능에 가장 적합한 선택입니다.

다음 단계에서는 배포 유형을 선택해야 합니다. "어떤 배포 유형을 원하십니까?"라는 질문이 나타나며, 두 가지 주요 옵션이 제공됩니다.

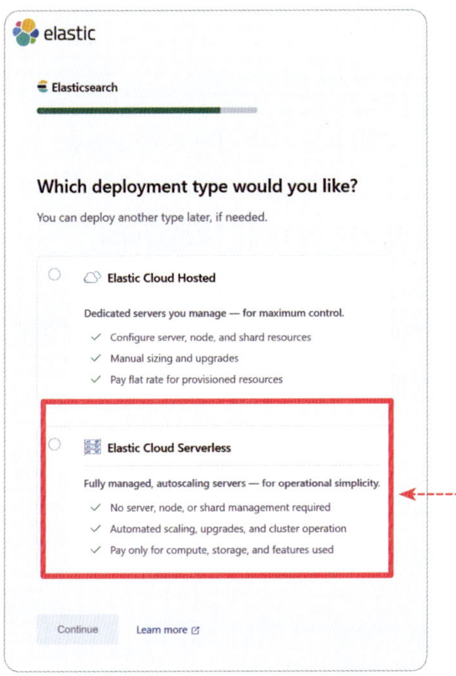

- **Elastic Cloud Hosted :** 전용 서버를 직접 관리하는 방식입니다. 서버, 노드, 샤드 리소스를 직접 구성할 수 있고, 수동으로 크기 조정과 업그레이드를 수행합니다. 프로비저닝된 리소스에 대해 고정 요금을 지불하는 방식으로, 최대한의 제어권을 원하는 사용자에게 적합합니다.

- **Elastic Cloud Serverless :** 완전 관리형 서비스로, 서버 관리가 전혀 필요하지 않습니다. 자동 스케일링, 업그레이드, 클러스터 운영이 모두 자동으로 처리되며, 사용한 컴퓨팅, 스토리지, 기능에 대해서만 비용을 지불하는 방식입니다. 운영의 단순함을 원하는 사용자에게 적합합니다.

실습 목적이므로 관리가 간편한 **Elastic Cloud Serverless** 옵션을 선택합니다. 이는 서버 관리에 신경 쓸 필요 없이 Elasticsearch 기능에만 집중할 수 있게 해줍니다.

마지막 단계에서는 데이터 저장 위치를 선택해야 합니다. "마지막으로, 데이터를 어디에 저장하시겠습니까?"라는 질문이 나타나며, 기본적으로 Google Cloud Platform의 아이오와 지역이 선택되어 있습니다.

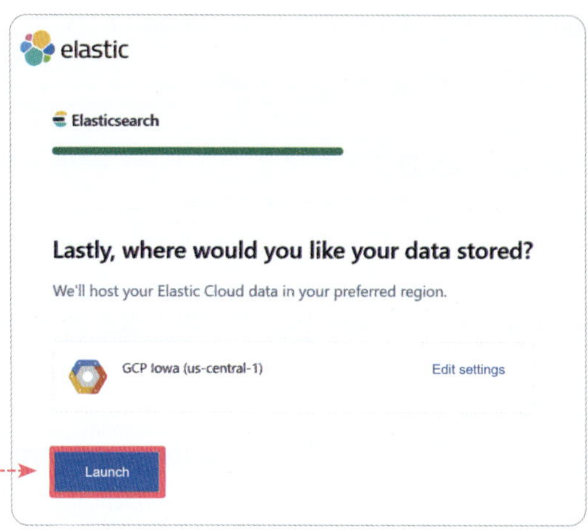

화면에는 현재 선택된 데이터 저장 위치가 표시됩니다. 기본 설정은 'GCP Iowa (us-central-1)' 로, Google Cloud Platform의 아이오와 지역을 의미합니다. 이 지역은 미국 중부에 위치하여 전 세계적으로 안정적인 성능을 제공하며, 실습 목적에는 충분합니다.

실습을 위해서는 기본값인 **아이오와 지역**을 그대로 사용하겠습니다. 다른 지역으로 변경할 수도 있지만, 실습 단계에서는 기본 설정으로도 충분히 학습할 수 있습니다.

모든 설정이 완료되면 하단의 [Launch] 버튼을 클릭하여 Elasticsearch 클러스터 생성을 시작합니다.

Step 02 Elasticsearch 시작 화면 및 테스트용 인덱스 생성

서버리스 방식에서는 별도의 복잡한 설정 없이 바로 클러스터가 생성됩니다. [Launch] 버튼을 클릭하면 Elastic Cloud가 자동으로 최적화된 설정으로 Elasticsearch 클러스터를 생성하고, 바로 Elasticsearch 시작 화면으로 이동합니다.

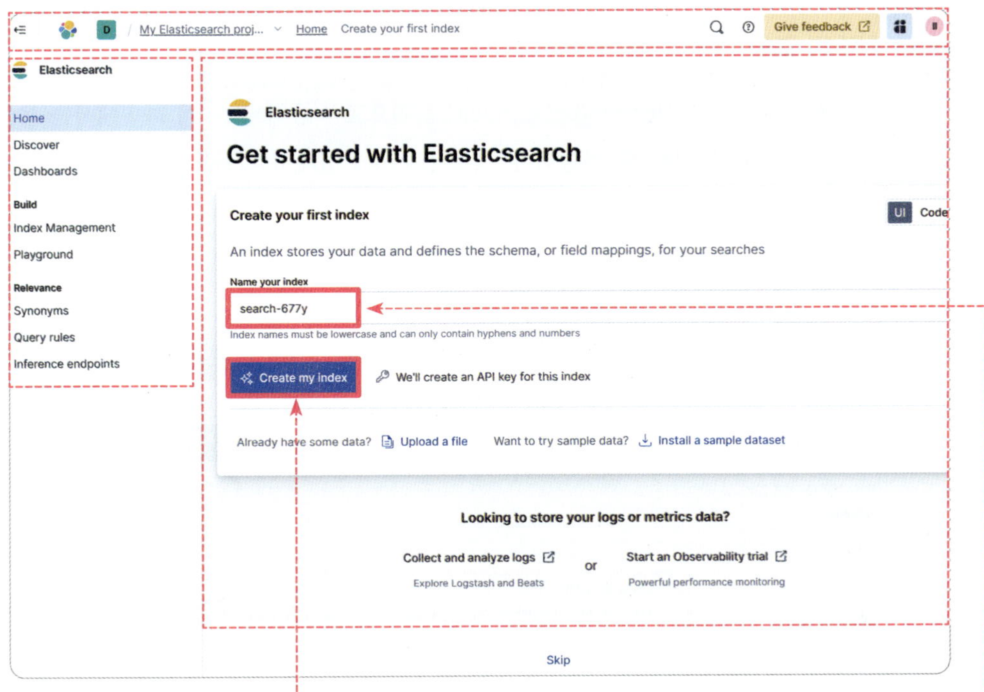

화면 상단에는 현재 프로젝트 이름과 브레드크럼이 표시되며, 왼쪽 사이드바에는 Elasticsearch의 주요 기능들이 메뉴로 구성되어 있습니다. 중앙에는 "Get started with Elasticsearch"라는 제목과 함께 첫 번째 인덱스를 생성할 수 있는 섹션이 있습니다.

테스트용 인덱스 생성 : 인덱스는 데이터를 저장하고 검색 스키마를 정의하는 핵심 구성 요소입니다. 기본적으로 랜덤하게 생성된 이름이 미리 입력되어 있으며, 이 이름을 그대로 사용하거나 원하는 이름으로 변경할 수 있습니다. 인덱스 이름은 소문자로만 작성하고 하이픈과 숫자만 사용할 수 있습니다. 실습을 위해 먼저 테스트용 인덱스를 생성하겠습니다. 기본 이름은 각자 다르게 생성되므로, 테스트 목적에 맞게 "test-index"로 변경하는 것을 권장합니다.

API 키 확인 : [Create my index] 버튼을 클릭하면 인덱스가 생성되고, 프로젝트 전체에 대한 API 키가 자동으로 생성됩니다. 이 API 키는 홈화면에서도 언제든지 확인할 수 있으며, 모든 인덱스에 접근할 때 사용할 수 있는 인증 정보입니다.

추가 옵션들 : 화면 하단에는 기존 데이터 업로드, 샘플 데이터 설치, 로그 및 메트릭스 데이터 수집 등의 옵션도 제공됩니다

Step 03 API 키 확인

인덱스가 생성되면 [Index Management] 화면으로 이동합니다. 이 화면에서는 생성된 인덱스의 정보를 확인할 수 있습니다. 좌측 [Home] 탭에서 'Elasticsearch URL'과 프로젝트 전체에 대한 'API 키'가 표시되며, 이 정보들을 복사해 사용할 수 있습니다.

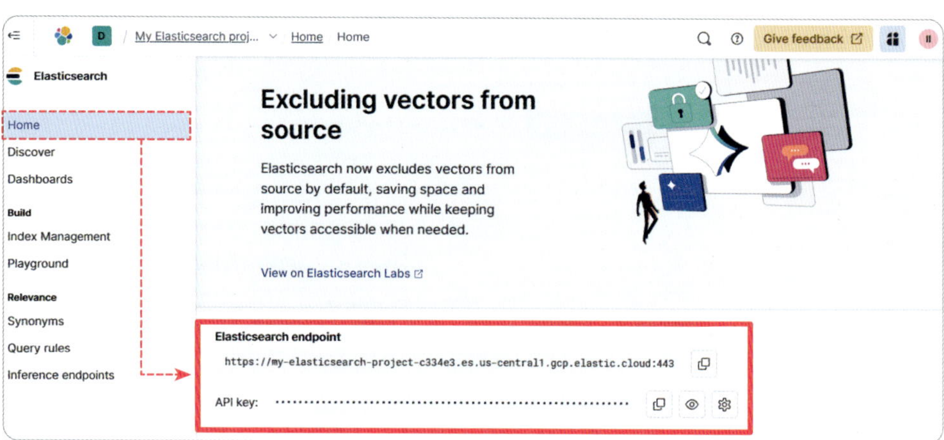

Step 04 연결 정보 환경변수 설정

보안을 위해 API 키는 환경변수로 관리하는 것이 좋습니다. 프로젝트 루트에 `.env.local` 파일을 생성하고 다음과 같이 설정합니다:

```
# .env.local
ELASTIC_API_KEY=your_api_key_here
```

서버리스 방식에서는 Cloud ID가 필요하지 않으며, API 키만으로 연결할 수 있습니다.

이제 Elasticsearch Cloud 설정이 완료되었습니다. 다음 섹션에서는 이 연결 정보를 사용하여 Next.js 프로젝트에서 Elasticsearch에 연결하는 방법을 배우겠습니다.

Elastic Cloud Serverless에서는 Kibana Dev Tools가 제공되지 않지만, 대신 'Run in Console' 기능을 통해 Elasticsearch DSL을 직접 실습할 수 있습니다. 이 기능은 미리 작성된 샘플 코드와 함께 단계별로 Elasticsearch의 핵심 기능을 학습할 수 있는 인터랙티브 환경을 제공합니다.

○○○ DSL 이란 무엇인가요?

DSL(Domain Specific Language)은 특정 도메인이나 문제 영역에 특화된 프로그래밍 언어입니다. 일반적인 프로그래밍 언어와 달리, DSL은 특정 용도에 최적화되어 있어 해당 영역의 문제를 더 직관적이고 효율적으로 해결할 수 있습니다.

RDB의 SQL도 DSL입니다

앞서 2.1 파트에서 학습한 관계형 데이터베이스의 SQL(Structured Query Language)도 사실 DSL의 대표적인 예입니다. SQL은 데이터베이스 조작이라는 특정 도메인에 특화된 언어로, 다음과 같은 특징을 가집니다.

- **선언적 언어** : 원하는 결과만 명시하고, 어떻게 처리할지는 데이터베이스 엔진이 결정합니다
- **도메인 특화** : 데이터 저장, 조회, 수정, 삭제에 최적화된 문법을 제공합니다
- **표준화** : ANSI SQL 표준을 통해 다양한 데이터베이스에서 일관된 문법을 사용할 수 있습니다

```sql
-- SQL 예시: 직원 테이블에서 부서별 평균 급여 조회
SELECT department, AVG(salary)
FROM employees
WHERE hire_date > '2020-01-01'
GROUP BY department
HAVING AVG(salary) > 50000;
```

엘라스틱 서치의 DSL

엘라스틱 서치의 DSL은 검색과 분석이라는 특정 도메인에 최적화된 언어입니다. SQL과 유사하게 선언적 방식으로 작성되지만, 검색 엔진의 특성에 맞게 설계되었습니다.

- **JSON 기반** : 구조화된 JSON 형태로 쿼리를 작성합니다

- **검색 최적화** : 풀텍스트 검색, 필터링, 집계 등 검색 관련 기능에 특화되어 있습니다
- **유연한 구조** : 복잡한 검색 조건을 직관적으로 표현할 수 있습니다

```
// 엘라스틱 서치 DSL 예시: 책 제목에서 "brave" 검색
{
    "query": {
        "match": {
            "name": "brave"
        }
    }
}
```

DSL의 장점

01 **직관성** : 도메인 전문가가 쉽게 이해하고 사용할 수 있습니다

02 **효율성** : 특정 용도에 최적화되어 있어 더 효율적인 처리가 가능합니다

03 **유지보수성** : 명확한 의도 표현으로 코드의 가독성과 유지보수성이 향상됩니다

04 **표준화** : 도메인 내에서 일관된 방식으로 문제를 해결할 수 있습니다

이제 엘라스틱 서치의 DSL을 통해 검색과 분석의 세계를 탐험해 보겠습니다.

Search basics 콘솔 접속하기

Elasticsearch 시작 화면에서 [Search basics] 카드의 [>_ Run in Console] 버튼을 클릭합니다. 이는 Elasticsearch의 핵심 개념을 체계적으로 학습할 수 있는 가장 적합한 시작점입니다.

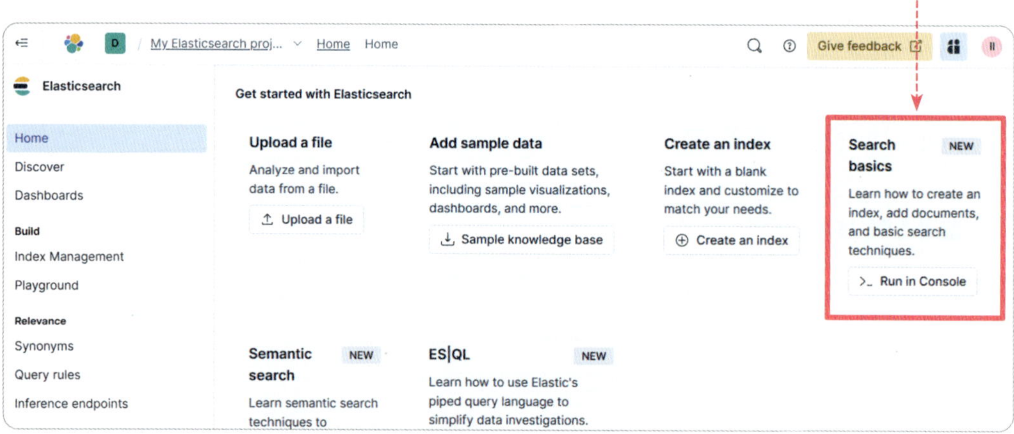

콘솔에 접속하면 다음과 같은 환영 메시지와 함께 단계별 실습 가이드가 제공됩니다:

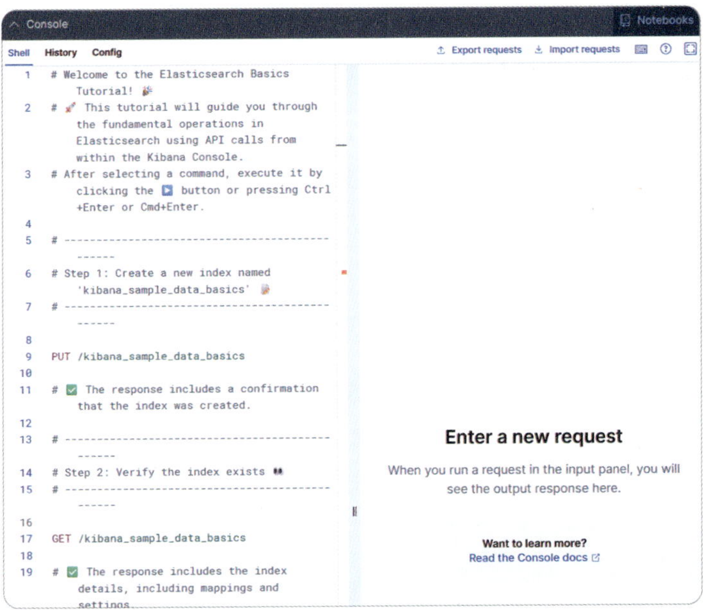

콘솔에는 이미 실습을 위한 DSL 코드가 작성되어 있습니다. 실습이 어떤 의미인지 직접 실행하며 익혀 보겠습니다. 콘솔에서 각 DSL 쿼리에 마우스를 올리면 해당 쿼리를 실행할 수 있는 버튼이 나타납니다. 버튼을 실행해 쿼리를 실행할수 있습니다.

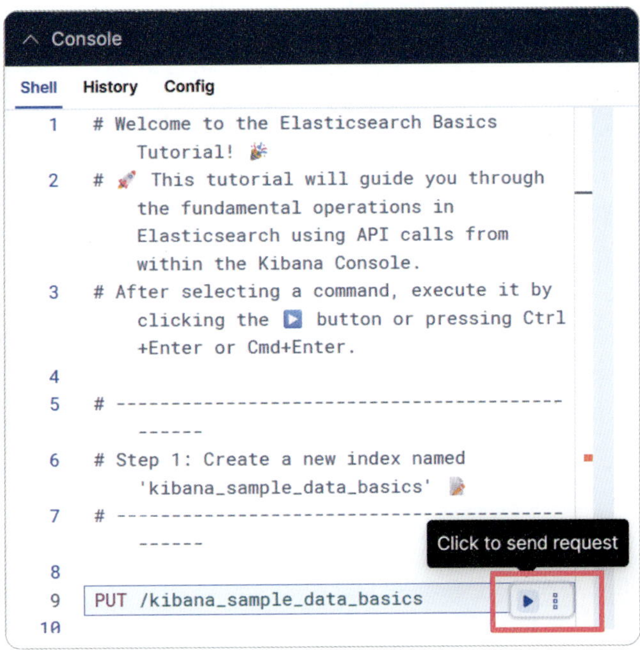

실습 과정 : 단계별 Elasticsearch DSL 학습

Step 01 | 기존 인덱스 삭제 (선택사항)

```
DELETE /test-index
```

- 기존에 test-index가 있다면 삭제합니다
- 실습을 깨끗하게 시작하기 위한 준비 단계입니다

실습을 처음부터 시작하기 위해 기존에 있을 수 있는 test-index를 삭제합니다. DELETE 메서드를 사용하여 인덱스를 완전히 제거할 수 있으며, 이는 실습 환경을 초기화하는 안전한 방법입니다. 실제 운영 환경에서는 인덱스 삭제에 매우 주의해야 합니다.

Step 02 | 새 인덱스 생성

```
PUT /test-index
```

- 새로운 인덱스 test-index를 생성합니다
- 인덱스는 Elasticsearch에서 데이터를 저장하는 기본 단위입니다

이 단계에서는 Elasticsearch의 가장 기본적인 개념인 인덱스를 생성합니다. 인덱스는 관계형 데이터베이스의 테이블과 유사한 개념으로, 동일한 구조를 가진 문서들을 그룹화하여 저장하는 컨테이너입니다. PUT 메서드를 사용하여 새로운 인덱스를 생성할 수 있으며, 이는 데이터를 저장하기 위한 첫 번째 단계입니다.

Step 03 | 인덱스 확인

```
GET /test-index
```

- 생성된 인덱스의 상세 정보를 확인합니다
- 매핑(mapping)과 설정(settings) 정보를 볼 수 있습니다

인덱스가 성공적으로 생성되었는지 확인하는 단계입니다. GET 요청을 통해 인덱스의 메타데이터를 조회할 수 있으며, 이는 인덱스의 설정 정보와 매핑 정보를 포함합니다. 매핑은 각 필드의 데이터 타입과 검색 동작을 정의하는 스키마와 같은 역할을 하며, 설정은 인덱스의 동작 방식을 제어하는 파라미터들입니다.

Step 04 단일 문서 추가

```
POST test-index/_doc
{
  "name": "Snow Crash",
  "author": "Neal Stephenson",
  "release_date": "1992-06-01",
  "page_count": 470,
  "description": "Snow Crash is a science fiction novel that explores
virtual reality and the metaverse. The story follows Hiro Protagonist,
a pizza delivery driver and hacker, as he navigates both the real
world and the virtual realm. This groundbreaking novel introduced many
concepts that are now common in cyberpunk literature and influenced
countless works in the genre."
}
```

- JSON 형태의 문서를 인덱스에 추가합니다
- Elasticsearch는 자동으로 고유한 _id를 생성합니다

실제 데이터를 인덱스에 저장하는 첫 번째 단계입니다. POST 메서드와 _doc 엔드포인트를 사용하여 JSON 형태의 문서를 인덱스에 추가합니다. 이때 Elasticsearch는 자동으로 고유한 문서 ID를 생성하여 할당합니다. 이 과정을 통해 빈 인덱스에 첫 번째 데이터가 저장되며, 이후 검색과 분석의 기반이 마련됩니다.

```
POST test-index/_doc
{
  "name": "Revelation Space",
  "author": "Alastair Reynolds",
  "release_date": "2000-03-15",
  "page_count": 585,
  "description": "Revelation Space is a space opera novel set in a
universe where faster-than-light travel is impossible. The story
follows various characters including Dan Sylveste, an archaeologist
studying ancient alien civilizations, and Ana Khouri, a soldier
seeking revenge. This epic tale explores themes of artificial
intelligence, space exploration, and the mysteries of the universe."
}

POST test-index/_doc
{
  "name": "1984",
  "author": "George Orwell",
  "release_date": "1985-06-01",
  "page_count": 328,
  "description": "1984 is a dystopian novel that depicts a
totalitarian society under constant surveillance. The protagonist
Winston Smith works for the Party and begins to question the
oppressive regime. This classic work explores themes of surveillance,
thought control, and the manipulation of truth, making it one of the
most influential novels of the 20th century."
}
```

- 개별적으로 문서를 추가합니다
- Elastic Cloud Serverless 콘솔에서는 NDJSON 형식이 지원되지 않습니다

실제 운영 환경에서는 벌크 API를 사용하여 효율성을 높이지만, Elastic Cloud Serverless 콘솔 환경에서는 NDJSON 형식이 지원되지 않습니다. 따라서 개별 문서 추가 방식을 사용합니다. 각 문서는 POST 메서드와 _doc 엔드포인트를 통해 추가되며, Elasticsearch가 자동으로 고유한 문서 ID를 생성합니다. 이는 실습 환경에서 충분히 학습 효과를 제공합니다.

Step 06 동적 매핑 이해

```
POST test-index/_doc
{
  "name": "The Great Gatsby",
  "author": "F. Scott Fitzgerald",
  "release_date": "1925-04-10",
  "page_count": 180,
  "language": "EN"
}
```

- 새로운 필드 language를 추가합니다
- Elasticsearch가 자동으로 매핑을 생성하는 것을 확인할 수 있습니다

Elasticsearch의 핵심 특징 중 하나인 동적 매핑의 작동 원리를 이해하는 단계입니다. 기존에 없던 language 필드를 추가하면, Elasticsearch가 자동으로 해당 필드의 데이터 타입을 분석하여 적절한 매핑을 생성합니다. 이는 스키마리스(NoSQL) 데이터베이스의 유연성을 보여주는 대표적인 예시로, 데이터 구조가 변경되어도 별도의 스키마 수정 없이 새로운 필드를 추가할 수 있습니다.

```
GET /test-index/_mapping
```

- 인덱스의 매핑 정보를 확인합니다
- 새로 추가된 `language` 필드가 매핑에 포함된 것을 볼 수 있습니다

```
{
  "test-index": {
    "mappings": {
      "properties": {
        "author": {
          "type": "text",
          "fields": {
            "keyword": {
              "type": "keyword",
              "ignore_above": 256
            }
          }
        },
        "language": {
          "type": "text",
          "fields": {
            "keyword": {
              "type": "keyword",
              "ignore_above": 256
            }
          }
        },
        "name": {
```

```json
          "type": "text",
          "fields": {
            "keyword": {
              "type": "keyword",
              "ignore_above": 256
            }
          }
        },
        "page_count": {
          "type": "long"
        },
        "release_date": {
          "type": "date"
        }
      }
    }
  }
}
```

앞서 동적 매핑으로 생성된 필드가 실제로 어떻게 매핑되었는지 확인하는 단계입니다. `_mapping` 엔드포인트를 통해 인덱스의 전체 매핑 정보를 조회할 수 있으며, 각 필드의 데이터 타입과 분석기 설정을 확인할 수 있습니다. 이는 데이터의 구조를 이해하고 검색 동작을 예측하는 데 중요한 정보를 제공합니다.

Step 08 전체 검색

```
GET /test-index/_search
```

- 인덱스의 모든 문서를 검색합니다
- 기본적으로 최대 10개의 문서가 반환됩니다

Elasticsearch의 가장 기본적인 검색 기능을 체험하는 단계입니다. 쿼리 조건 없이 `_search` 엔드포인트를 호출하면 인덱스에 저장된 모든 문서를 반환합니다. 이때 기본적으로 최대 10개의 문서가 반환되며, 각 문서는 관련성 점수와 함께 표시됩니다. 이는 검색 엔진의 기본 동작을 이해하는 중요한 첫 걸음입니다.

Step 09 매치 쿼리

```
GET /test-index/_search
{
  "query": {
    "match": {
      "description": "novel story"
    }
  }
}
```

- 특정 필드에서 여러 키워드를 검색합니다
- 풀텍스트 검색의 기본 쿼리입니다

실제 검색 쿼리를 작성하는 첫 번째 단계입니다. `match` 쿼리는 풀텍스트 검색의 기본이 되는 쿼리로, 지정된 필드에서 검색어를 찾습니다. 이때 Elasticsearch는 검색어를 분석하여 토큰화하고, 각 토큰과 일치하는 문서를 찾아 관련성 점수를 계산합니다.

위 쿼리는 `description` 필드에서 "novel" 또는 "story"를 검색하여 세 문서를 모두 찾을 것입니다. 공백으로 구분된 여러 키워드는 OR 조건으로 처리되어, 하나라도 일치하는 문서가 검색됩니다. 긴 텍스트에서 검색할 때는 TF-IDF 알고리즘 확하게 관찰할 수 있습니다.

검색 결과 예시:

```
{
  "took": 2,
  "timed_out": false,
  "_shards": {
    "total": 3,
    "successful": 3,
    "skipped": 0,
    "failed": 0
  },
  "hits": {
    "total": {
      "value": 3,
      "relation": "eq"
    },
    "max_score": 0.43171066,
    "hits": [
      {
        "_index": "test-index",
        "_id": "dzxQt5kBFKpp9u4lJ91V",
        "_score": 0.43171066,
        "_ignored": [
          "description.keyword"
        ],
        "_source": {
          "name": "Snow Crash",
          "author": "Neal Stephenson",
          "release_date": "1992-06-01",
          "page_count": 470,
          "description": "Snow Crash is a science fiction novel that
```

explores virtual reality and the metaverse. The story follows Hiro
Protagonist, a pizza delivery driver and hacker, as he navigates
both the real world and the virtual realm. This groundbreaking novel
introduced many concepts that are now common in cyberpunk literature
and influenced countless works in the genre."
        }
      },
      {
        "_index": "test-index",
        "_id": "eDxQt5kBFKpp9u4lS92m",
        "_score": 0.3687199,
        "_ignored": [
          "description.keyword"
        ],
        "_source": {
          "name": "Revelation Space",
          "author": "Alastair Reynolds",
          "release_date": "2000-03-15",
          "page_count": 585,
          "description": "Revelation Space is a space opera novel
set in a universe where faster-than-light travel is impossible.
The story follows various characters including Dan Sylveste, an
archaeologist studying ancient alien civilizations, and Ana Khouri, a
soldier seeking revenge. This epic tale explores themes of artificial
intelligence, space exploration, and the mysteries of the universe."
        }
      },
      {
        "_index": "test-index",
        "_id": "eTxQt5kBFKpp9u4lZN2H",
        "_score": 0.2876821,

```json
      "_ignored": [
        "description.keyword"
      ],
      "_source": {
        "name": "1984",
        "author": "George Orwell",
        "release_date": "1985-06-01",
        "page_count": 328,
        "description": "1984 is a dystopian novel that depicts a totalitarian society under constant surveillance. The protagonist Winston Smith works for the Party and begins to question the oppressive regime. This classic work explores themes of surveillance, thought control, and the manipulation of truth, making it one of the most influential novels of the 20th century."
      }
    }
  ]
  }
}
```

이 예시에서 각 문서가 서로 다른 점수를 가지는 이유를 분석해 보겠습니다:

- **Snow Crash (0.43171066)** : "novel"과 "story" 두 단어 모두 포함되어 가장 높은 점수
- **Revelation Space (0.3687199)** : "novel"과 "story" 두 단어 모두 포함되어 두 번째 점수
- **1984 (0.2876821)** : "novel"만 포함되어 가장 낮은 점수

이는 TF-IDF 알고리즘이 문서 내에서 검색어가 나타나는 빈도와 전체 문서에서의 희귀성을 모두 고려하여 점수를 계산하기 때문입니다. 'novel'과 'story' 두 단어를 모두 포함한 문서가 더 높은 관련성 점수를 받게 됩니다.

◉ ○ ○ **Elasticsearch의 기본 스코어링 알고리즘 (TF-IDF)**

Elasticsearch는 기본적으로 **TF-IDF(Term Frequency-Inverse Document Frequency)** 알고리즘을 사용하여 관련성 점수를 계산합니다.

TF (Term Frequency) : 문서 내에서 검색어가 나타나는 빈도

- 검색어가 문서에서 더 자주 나타날수록 높은 점수
- ㉠ 'novel'이 description에 1번 나타나면 TF = 1, 2번 나타나면 TF = 2

IDF (Inverse Document Frequency) : 전체 인덱스에서 검색어의 희귀성

- 검색어가 전체 문서에서 드물게 나타날수록 높은 점수
- ㉠ 'novel'이 모든 문서에 나타나면 IDF가 낮고, 'cyberpunk'가 한 문서에만 나타나면 IDF가 높음

최종 점수 = TF × IDF × 필드 길이 정규화

➜ **실제 예시로 이해하기:**

- 'novel story' 검색에서 Snow Crash가 가장 높은 점수 : 두 키워드 모두 포함
- 'novel story' 검색에서 1984가 가장 낮은 점수 : 'novel'만 포함, 'story' 없음
- 문서 길이와 단어 위치도 점수에 영향을 미침

이 알고리즘은 다음과 같은 특징을 가집니다:

- **문서 길이 정규화** : 긴 description에서 검색어가 나타나도 불리하지 않도록 조정
- **필드 부스트** : 특정 필드에 가중치를 부여할 수 있음
- **동적 점수** : 문서와 검색어의 조합에 따라 실시간으로 계산
- **다중 키워드** : 여러 키워드가 모두 포함된 문서가 더 높은 점수를 받음

관련성 점수(Relevance Score)의 의미 :

- **높은 점수** : 검색어와 문서가 더 잘 일치함
- **낮은 점수** : 검색어와 문서의 일치도가 낮음
- **0점** : 검색어와 전혀 일치하지 않음
- **OR 조건** : 공백으로 구분된 키워드는 OR 조건으로 처리되어, 하나라도 일치하면 검색됩니다

```
PUT /test-index-explicit
{
  "mappings": {
    "dynamic": false,
    "properties": {
      "author": {
        "type": "text"
      }
    }
  }
}
```

- 명시적으로 매핑을 정의합니다
- `dynamic: false`로 설정하여 동적 매핑을 비활성화합니다

동적 매핑과 대조되는 명시적 매핑의 개념을 학습하는 단계입니다. 인덱스 생성 시점에 미리 매핑을 정의함으로써 데이터 구조를 명확히 제어할 수 있습니다. `dynamic: false` 설정은 새로운 필드가 추가되어도 자동으로 매핑을 생성하지 않도록 하여, 데이터 무결성을 보장하고 예상치 못한 필드 추가를 방지합니다. 이는 프로덕션 환경에서 중요한 데이터 관리 기법입니다.

Step 11 와일드카드 검색

```
GET /test-index*/_search
  {
    "query": {
      "match": {
```

```json
      "author": "Neal Stephenson"
    }
  }
}
```

- 여러 인덱스에서 동시에 검색합니다
- * 와일드카드를 사용하여 패턴 매칭을 수행합니다

인덱스 패턴을 활용한 고급 검색 기법을 학습하는 단계입니다. 와일드카드(*)를 사용하여 여러 인덱스를 동시에 검색할 수 있으며, 이는 시간 기반 인덱스나 카테고리별 인덱스를 관리할 때 매우 유용합니다. 예를 들어 `logs-2024-*`와 같은 패턴으로 특정 기간의 모든 로그를 검색하거나, `products-*`로 모든 상품 카테고리를 검색할 수 있습니다. 이는 대규모 데이터 환경에서 필수적인 검색 전략입니다.

실습의 핵심 개념

인덱싱과 검색 : Elasticsearch의 핵심 기능인 데이터 저장과 검색의 기본 원리를 이해합니다.
매핑 : 필드 타입과 검색 동작을 제어하는 방법을 학습합니다.
쿼리 DSL : JSON 기반의 강력한 검색 쿼리 문법을 익힙니다.
문서 관리 : 개별 문서 추가와 동적 매핑을 통한 유연한 데이터 구조 관리 방법을 배웁니다.

다음 단계

이 기본 실습을 완료한 후에는 다음과 같은 순서로 학습을 진행할 수 있습니다:

01 **Semantic search** : 고급 검색 기법과 관련성 점수 이해
02 **실제 프로젝트 적용** : Next.js 애플리케이션에서 학습한 DSL 활용
03 **상품 데이터 검색** : 스크래핑한 상품 데이터를 활용한 실제 검색 구현

이러한 단계적 실습을 통해 Elasticsearch의 핵심 개념을 체계적으로 익히고, 실제 프로젝트에 적용할 수 있는 실무 역량을 기를 수 있습니다.

이제 앞서 만든 공통 모듈과 데이터 정제 함수들을 활용해서 스크래핑한 데이터를 Supabase 대신 엘라스틱 클라우드에 직접 저장하는 프로그램을 만들어보겠습니다. '스크래핑 ➡ 데이터 정제 ➡ 유효성 검사 ➡ 중복 제거 ➡ 엘라스틱 클라우드 저장'의 전체 과정을 하나의 API로 구현합니다. 가격 변동 추적을 위해 모든 스크래핑 데이터를 저장합니다.

필요한 패키지 설치

먼저 엘라스틱 클라우드 클라이언트를 사용하기 위해 필요한 패키지를 설치합니다.

```
npm install @elastic/elasticsearch@8.11.0
```

환경변수 설정

엘라스틱 클라우드 연결을 위한 환경변수를 설정합니다.

```
# .env.local
ELASTIC_ENDPOINT=https://your-project.es.us-central1.gcp.elastic.cloud:443
ELASTIC_API_KEY=your_elastic_api_key
ELASTIC_INDEX_NAME=products
```

엘라스틱 클라우드 클라이언트 설정

다음은 엘라스틱 클라우드에 연결하기 위한 클라이언트를 설정합니다.

```typescript
// lib/elasticsearch.ts
import { Client } from '@elastic/elasticsearch';
const client = new Client({
  node: process.env.ELASTIC_ENDPOINT!,
  auth: {
    apiKey: process.env.ELASTIC_API_KEY!,
  },
});
export { client };
```

인덱스 생성 및 관리 함수

인덱스가 없는 경우 생성하고 매핑을 설정하는 함수를 구현합니다. 엘라스틱 클라우드 서버리스
모드에서는 샤드와 레플리카 설정을 사용할 수 없으므로 매핑만 정의합니다. 최신 엘라스틱 서치
클라이언트에서는 body 속성 대신 직접 매핑을 전달합니다.

인덱스에 상품 데이터를 저장할때에는 벌크 삽입을 사용합니다. 벌크 삽입을 사용하면 개별 문서
를 하나씩 저장하는 것보다 훨씬 효율적으로 대량의 데이터를 저장할 수 있습니다.

```typescript
// lib/elasticsearch-utils.ts
import { client } from './elasticsearch';
import { Product, productToDB } from './types/product';
const INDEX_NAME = process.env.ELASTIC_INDEX_NAME || 'products';


// 벌크 응답 타입 정의
```

```typescript
interface BulkResponseItem {
  index?: {
    error?: {
      reason: string;
    };
  };
}
interface BulkResponse {
  errors: boolean;
  items: BulkResponseItem[];
}


// 인덱스 생성 (존재하지 않는 경우)
export async function createIndexIfNotExists(): Promise<void> {
  try {
    const exists = await client.indices.exists({ index: INDEX_NAME });
    if (!exists) {
      console.log(`인덱스 ${INDEX_NAME} 생성 중...`);
      await client.indices.create({
        index: INDEX_NAME,
        mappings: {
          properties: {
            id: {
              type: 'keyword'
            },
            name: {
              type: 'text',
              fields: {
                keyword: {
                  type: 'keyword',
```

```
        ignore_above: 256
      }
    }
  },
  price: {
    type: 'float'
  },
  originalPrice: {
    type: 'float'
  },
  discountRate: {
    type: 'float'
  },
  category: {
    type: 'keyword'
  },
  brand: {
    type: 'text',
    fields: {
      keyword: {
        type: 'keyword',
        ignore_above: 256
      }
    }
  },
  rating: {
    type: 'float'
  },
  reviewCount: {
    type: 'integer'
```

```javascript
        },
        imageUrl: {
          type: 'keyword'
        },
        productUrl: {
          type: 'keyword'
        },
        scrapedAt: {
          type: 'date'
        },
        createdAt: {
          type: 'date'
        },
        description: {
          type: 'text',
          fields: {
            keyword: {
              type: 'keyword',
              ignore_above: 256
            }
          }
        }
      }
    }
  });
  console.log(`인덱스 ${INDEX_NAME} 생성 완료`);
} else {
  console.log(`인덱스 ${INDEX_NAME} 이미 존재함`);
}
} catch (error) {
```

```typescript
    console.error('인덱스 생성 오류:', error);
    throw error;
  }
}


// 상품 데이터를 엘라스틱 클라우드에 벌크 저장 (가격 변동 추적을 위해 모든 데이터 저장)
export async function saveProductsToElasticsearch(products: Product[]):
Promise<{
  success: boolean;
  savedCount: number;
  errors: string[];
}> {
  const errors: string[] = [];
  let savedCount = 0;
  try {
    // 인덱스가 없으면 생성
    await createIndexIfNotExists();

    // 벌크 삽입을 위한 데이터 준비
    const bulkBody = [];
    for (const product of products) {
      const productDB = productToDB(product);

      // 벌크 삽입을 위한 메타데이터와 문서 데이터 추가
      bulkBody.push({
        index: {
          _index: INDEX_NAME
        }
      });
      bulkBody.push(productDB);
```

```typescript
  }

  // 벌크 삽입 실행
  const response = await client.bulk({
    body: bulkBody
  }) as BulkResponse;


  // 벌크 응답에서 성공/실패 개수 확인
  if (response.errors) {
    response.items.forEach(((item: BulkResponseItem, index: number) => {
      if (item.index?.error) {
        const product = products[index];
        errors.push(`저장 실패 (${product.name}): ${item.index.error.reason}`);
      } else {
        savedCount++;
      }
    });
  } else {
    savedCount = products.length;
  }
  return { success: true, savedCount, errors };
} catch (error) {
  const errorMessage = error instanceof Error ? error.message : '엘라스틱
클라우드 저장 실패';
  errors.push(errorMessage);
  return { success: false, savedCount, errors };
  }
}
```

스크래핑 및 엘라스틱 클라우드 저장 API

이제 모든 기능을 통합한 완전한 API를 구현합니다.

```ts
// app/api/elasticsearch/complete/route.ts
import { NextResponse } from 'next/server';
import { fetchProductData } from '@/lib/scraping-utils';
import { cleanProductData, validateProduct, removeDuplicates } from '@/lib/
data-utils';
import { saveProductsToElasticsearch } from '@/lib/elasticsearch-utils';
import { Product } from '@/lib/types/product';

export async function GET(request: Request) {
  try {
    const { searchParams } = new URL(request.url);
    const category = searchParams.get('category') || 'all';
    const pageSize = parseInt(searchParams.get('pageSize') || '10');
    const maxPages = parseInt(searchParams.get('maxPages') || '50');
    console.log(`스크래핑 시작: 카테고리=${category}, 페이지크기=${pageSize},
최대페이지=${maxPages}`);

    // 1단계: 스크래핑으로 원시 데이터 수집
    const rawProducts: Product[] = await fetchProductData(category, pageSize,
maxPages);
    console.log(`원시 데이터 수집 완료: ${rawProducts.length}개`);

    // 2단계: 데이터 정제
    const cleanedProducts: Product[] = rawProducts.map(product =>
cleanProductData(product));
    console.log(`데이터 정제 완료: ${cleanedProducts.length}개`);
```

```typescript
    // 3단계: 유효성 검사 및 필터링
    const validProducts: Product[] = cleanedProducts.filter(product => {
      const validation = validateProduct(product);
      if (!validation.isValid) {
        console.log(`유효하지 않은 상품 제외: ${product.name} - ${validation.
errors.join(', ')}`);
      }
      return validation.isValid;
    });
    console.log(`유효성 검사 완료: ${validProducts.length}개`);

    // 4단계: 중복 제거 (메모리 내)
    const uniqueProducts: Product[] = removeDuplicates(validProducts);
    console.log(`메모리 내 중복 제거 완료: ${uniqueProducts.length}개`);

    // 5단계: 엘라스틱 클라우드 저장
    const saveResult = await saveProductsToElasticsearch(uniqueProducts);
    console.log(`엘라스틱 클라우드 저장 완료: 저장=${saveResult.savedCount}개`);
    return NextResponse.json({
      success: true,
      message: '완전한 스크래핑 및 엘라스틱 클라우드 저장 완료!',
      data: {
        totalProducts: uniqueProducts.length,
        savedCount: saveResult.savedCount,
        category: category,
        processingSteps: {
          rawData: rawProducts.length,
          cleanedData: cleanedProducts.length,
          validData: validProducts.length,
          finalData: uniqueProducts.length,
          savedToElasticsearch: saveResult.savedCount
```

```typescript
        },
        errors: saveResult.errors.length > 0 ? saveResult.errors : undefined
      }
    });
  } catch (error: unknown) {
    const errorMessage = error instanceof Error ? error.message : '알 수 없는 오류';
    console.error('완전한 스크래핑 오류:', errorMessage);
    return NextResponse.json(
      {
        success: false,
        error: '완전한 스크래핑 실패',
        details: errorMessage
      },
      { status: 500 }
    );
  }
}
```

테스트 방법

브라우저에서 다음 URL로 데이터 저장을 테스트할 수 있습니다:

데이터 저장 테스트

```
→ http://localhost:3000/api/elasticsearch/complete
→ http://localhost:3000/api/elasticsearch/complete?category=digital&pageSi
  ze=20
```

저장된 데이터 확인

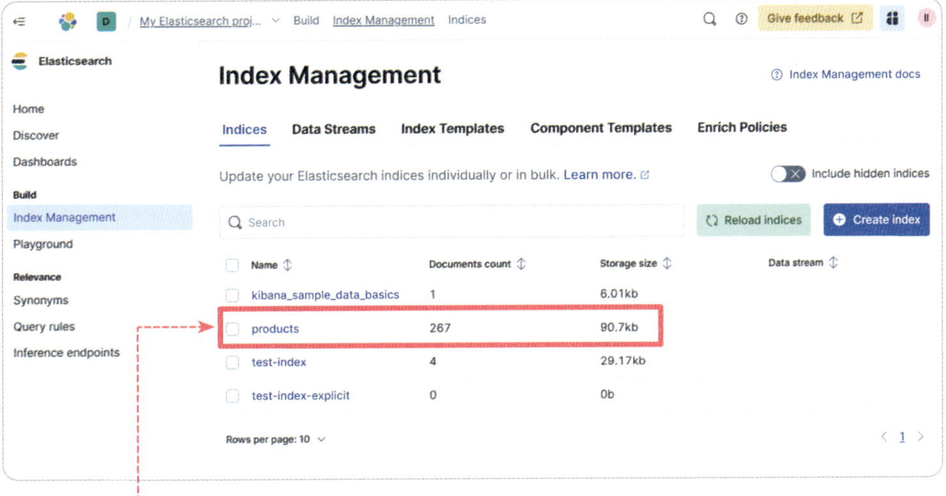

위 스크린샷은 엘라스틱 클라우드의 Index Management 페이지를 보여줍니다. 스크린샷을 보면 products 인덱스가 성공적으로 생성되어 있음을 확인할 수 있습니다. 이 인덱스에는 스크래핑된 상품 데이터가 267개 저장되어 있으며, 저장 공간은 90.7kb를 차지하고 있습니다. 인덱스를 클릭하면 데이터 프리뷰를 통해 실제 저장된 데이터의 내용을 확인할 수 있습니다.

처리 과정 상세 설명

이 API는 다음과 같은 단계로 데이터를 처리합니다:

01 스크래핑 : `fetchProductData` 함수로 원시 데이터 수집

02 데이터 정제 : `cleanProductData` 함수로 데이터 정리

03 유효성 검사 : `validateProduct` 함수로 잘못된 데이터 필터링

04 중복 제거 : `removeDuplicates` 함수로 메모리 내 중복 상품 제거

05 엘라스틱 클라우드 저장 : `saveProductsToElasticsearch` 함수로 엘라스틱 클라우드에 저장

각 단계마다 처리된 데이터 개수를 로그로 출력하여 어느 단계에서 데이터가 줄어드는지 확인할 수 있습니다. 엘라스틱 클라우드의 강력한 검색 기능을 활용하여 저장된 데이터를 효율적으로 검색할 수 있습니다.

벌크 삽입의 장점 :

- **성능 향상 :** 개별 삽입 대비 10-100배 빠른 처리 속도
- **네트워크 효율성 :** 한 번의 HTTP 요청으로 여러 문서 처리
- **원자성 :** 전체 벌크 작업이 성공하거나 실패하는 원자적 처리
- **에러 처리 :** 개별 문서의 성공/실패를 세밀하게 추적 가능
- **메모리 효율성 :** 대량 데이터 처리 시 메모리 사용량 최적화

이제 Supabase 대신 엘라스틱 클라우드를 활용한 완전한 검색 기반 데이터 관리 시스템이 구축되었습니다.

2.5.5 Elasticsearch에서 검색하기

앞서 **2.5.4** 에서 엘라스틱 클라우드에 저장한 상품 데이터를 다양한 방법으로 검색해보겠습니다. 엘라스틱 서치의 강력한 검색 기능을 활용하여 저장된 데이터를 효율적으로 조회할 수 있습니다. 엘라스틱 클라우드의 콘솔을 통해 다음 쿼리를 실행하여 저장된 데이터를 확인해 보세요.

콘솔을 통한 간단한 쿼리 확인

전체 데이터 개수 확인

가장 기본적인 쿼리로 저장된 전체 상품 데이터의 개수를 확인합니다. 이 쿼리는 인덱스에 저장된 문서의 총 개수를 빠르게 반환하며, 데이터 저장이 성공적으로 완료되었는지 확인하는 데 유용합니다.

```
GET /products/_count
```

최근 저장된 데이터 확인

생성일 기준으로 최근에 저장된 상품 데이터 5개를 조회합니다. 이 쿼리는 `match_all`을 사용하여 모든 문서를 대상으로 하되, `sort` 옵션을 통해 `createdAt` 필드를 기준으로 내림차순 정렬하여 가장 최근 데이터부터 보여줍니다. 스크래핑이 최근에 완료된 경우 이 쿼리로 최신 데이터를 확인할 수 있습니다.

```
GET /products/_search
{
  "query": {
    "match_all": {}
  },
  "size": 5,
  "sort": [
    {
      "createdAt": {
        "order": "desc"
      }
    }
  ]
}
```

특정 카테고리 상품 확인

`term` 쿼리를 사용하여 특정 카테고리의 상품만 필터링하여 조회합니다. 이 쿼리는 정확한 값 매칭을 수행하므로 "digital" 카테고리에 속한 상품만 정확히 찾아 줍니다. 카테고리별로 상품 분포를 확인하거나 특정 카테고리의 상품만 분석할 때 유용하죠.

```
GET /products/_search
{
```

```
  "query": {
    "term": {
      "category": "digital"
    }
  },
  "size": 3
}
```

가격 범위로 상품 검색

`range` 쿼리를 사용하여 특정 가격 범위에 속하는 상품을 검색합니다. 이 예시에서는 10만
원 이상 50만원 이하의 상품을 찾습니다. `gte`는 "greater than or equal to"를 의미하고, `lte`
는 "less than or equal to"를 의미합니다. 가격대별 상품 분석이나 특정 예산 범위의 상품을
찾을 때 활용할 수 있습니다.

```
GET /products/_search
{
  "query": {
    "range": {
      "price": {
        "gte": 100000,
        "lte": 500000
      }
    }
  },
  "size": 5
}
```

`match` 쿼리를 사용하여 상품명에서 특정 키워드를 검색합니다. 이 쿼리는 텍스트 분석을 수행하여 "노트북"이라는 단어가 포함된 상품명을 찾아줍니다. 엘라스틱 서치의 기본 분석기를 사용하여 부분 일치도 가능하며, 관련성 점수에 따라 결과가 정렬됩니다. 사용자가 원하는 상품을 찾을 때 가장 일반적으로 사용되는 검색 방법입니다.

```
GET /products/_search
{
  "query": {
    "match": {
        "name": "노트북"
    }
  },
  "size": 3
}
```

특별 할인 상품 확인

`special_offer` 필드가 "Y"인 상품만 조회합니다. 이 쿼리는 `term` 쿼리를 사용하여 특별 할인이 적용된 상품을 정확히 찾아 주죠. 특별 할인 상품의 분포를 확인하거나 특별 프로모션 상품을 분석할 때 유용합니다.

```
GET /products/_search
{
  "query": {
    "term": {

        "special_offer": "Y"
```

```
      }
    },
  "size": 5
}
```

할인 상품 확인 (원가와 정가 비교)

원가(`original_price`)가 정가(`price`)보다 큰 상품을 찾아 할인이 적용된 상품을 확인합니다. 이 쿼리는 `script` 쿼리를 사용하여 두 필드 값을 비교합니다. 실제 할인율을 계산하거나 할인된 상품만 분석할 때 유용합니다.

```
GET /products/_search
{
  "query": {
    "script": {
      "script": {
        "source": "doc['original_price'].value > doc['price'].value"
      }
    }
  },
  "size": 5
}
```

높은 평점 상품 확인

평점이 4.5 이상인 상품만 조회합니다. 이 쿼리는 `range` 쿼리를 사용하여 높은 평점을 받은 상품을 필터링합니다. 고품질 상품을 찾거나 평점 기반 상품 분석에 유용합니다.

```
GET /products/_search
{
  "query": {
    "range": {
      "rating": {
        "gte": 4.5
      }
    }
  },
  "size": 5
}
```

리뷰가 많은 상품 확인

리뷰 개수가 100개 이상인 상품을 조회합니다. 이 쿼리는 인기가 많은 상품이나 신뢰도가 높은 상품을 찾을 때 유용합니다. 리뷰 수가 많을수록 상품에 대한 신뢰도가 높다고 볼 수 있습니다.

```
GET /products/_search
{
  "query": {
    "range": {
      "review_count": {
        "gte": 100
      }
    }
  },
  "size": 5
}
```

현재까지는 엘라스틱 클라우드 콘솔을 통해 직접 쿼리를 실행하여 데이터를 확인했습니다. 실제 웹 애플리케이션에서는 이러한 검색 기능을 API를 통해 제공해야 합니다. 향후 프론트엔드 개발을 학습할 때, 엘라스틱 서치의 검색 결과를 API로 제공하는 방법과 이를 웹 페이지에서 활용하는 방법을 다룰 예정입니다.

2.5.6 엘라스틱 서치에 스크래핑 데이터 저장 완료 및 정리

이번 섹션에서는 관계형 데이터베이스만으로는 해결하기 어려운 텍스트 검색 문제를 Elasticsearch로 해결했습니다. Supabase에서 데이터를 안전하게 저장하고, Elasticsearch에서 빠른 검색을 제공하는 하이브리드 시스템을 구축했습니다. 이 과정에서 배운 핵심 개념들을 정리해 보겠습니다.

검색 엔진 도입의 필요성

관계형 데이터베이스는 구조화된 데이터를 저장하고 정확한 조건으로 검색하는 데는 뛰어나지만, 텍스트 검색에는 한계가 있습니다. 예를 들어 상품명에서 "노트북"이라는 키워드를 찾거나, 설명에 "고성능"이라는 단어가 포함된 상품을 검색할 때 LIKE 연산자만으로는 부족합니다. 더 나아가 자동완성이나 오타 교정 같은 고급 기능은 구현하기 어렵습니다.

문제는 데이터가 많아질수록 더 심각해집니다. 관계형 데이터베이스에서 텍스트를 검색할 때에는 전체 테이블을 하나씩 확인하는 풀 테이블 스캔이 발생합니다. 100만 개의 상품 데이터에서 특정 키워드를 찾으려면 최악의 경우 모든 레코드를 확인해야 하므로, 데이터가 늘어날수록 검색 속도가 현저히 느려집니다.

이런 문제를 해결하기 위해 Elasticsearch 같은 전문 검색 엔진을 도입했습니다. Elasticsearch는 데이터를 저장할 때 미리 텍스트를 분석하여 역인덱스(Inverted Index)를 만듭니다. 이는 책의 색인과 같은 역할로, 특정 단어가 어떤 문서에 있는지 즉시 찾을 수 있게 해줍니다. 결과적으로 데이터가 아무리 많아져도 검색 속도는 거의 변하지 않습니다.

○ ○ ○ 역인덱스(Inverted Index)는 왜 빠르게 검색할 수 있나요?

역인덱스가 빠른 이유를 이해하기 위해서는 일반적인 인덱스와 역인덱스의 차이를 알아야 합니다.

01 일반적인 인덱스 (Forward Index)

- 문서 ➡ 단어들의 매핑
- ㉧ 문서1 ➡ [apple, banana, orange]
- 특정 단어를 찾으려면 모든 문서를 검사해야 함

02 역인덱스 (Inverted Index)

- 단어 ➡ 문서들의 매핑
- ㉧ apple ➡ [문서1, 문서3, 문서5]
- 특정 단어를 찾으면 바로 해당 문서들을 알 수 있음

03 실제 검색 과정

역인덱스 없이 검색할 때:

- 'apple'을 검색하려면 모든 문서를 하나씩 확인
- 100만 개 문서에서 'apple'을 찾으려면 최악의 경우 100만 번 확인 필요
- 시간 복잡도 : $O(n)$

역인덱스로 검색할 때:

- 'apple'을 검색하면 역인덱스에서 바로 해당 문서 목록을 찾음
- 해시 테이블이나 B+ Tree 구조로 $O(1)$ 또는 $O(\log n)$ 시간에 검색
- 시간 복잡도 : $O(1)$ 또는 $O(\log n)$

04 실제 성능 비교

데이터 크기에 따른 성능 차이는 매우 큽니다. 1,000개의 문서에서 역인덱스 없이는 최대 1,000번의 확인이 필요하지만 역인덱스를 사용하면 최대 3번의 확인으로 충분합니다. 100,000개의 문서에서는 역인덱스 없이 최대 100,000번 확인이 필요하지만 역인덱스 사용 시 최대 3-4번 확인으로 해결됩니다. 1,000,000개의 대용량 문서에서도 역인덱스 없이는 최대 1,000,000번 확인이 필요하지만 역인덱스 사용 시 여전히 최대 3-4번 확인으로 처리할 수 있습니다.

05 왜 이렇게 큰 차이가 날까요?

- **역인덱스 없음** : "모든 책을 처음부터 끝까지 읽어서 원하는 단어 찾기"

- **역인덱스** : "책의 색인을 보고 바로 해당 페이지로 이동하기"

실제로는 디스크 접근이 가장 큰 병목이므로, 접근 횟수를 줄이는 것이 성능 향상의 핵심입니다. 역인덱스는 이 접근 횟수를 극적으로 줄여주기 때문에 대용량 텍스트 데이터에서도 빠른 검색이 가능합니다.

Elasticsearch 핵심 개념 이해

DSL(Domain Specific Language) 이해하기

DSL은 특정 분야에 특화된 프로그래밍 언어입니다. 우리가 이미 알고 있는 SQL도 관계형 데이터베이스라는 분야에 특화된 DSL입니다. Elasticsearch는 JSON 형태의 DSL을 사용하는데, SQL과 다른 점은 중첩된 구조를 자연스럽게 표현할 수 있다는 것입니다. 이를 통해 복잡한 검색 조건도 직관적으로 작성할 수 있습니다.

TF-IDF로 관련성 점수 계산하기

Elasticsearch는 검색 결과의 관련성을 TF-IDF 알고리즘으로 계산합니다. TF(Term Frequency)는 문서 내에서 검색어가 얼마나 자주 나타나는지를, IDF(Inverse Document Frequency)는 전체 문서에서 그 단어가 얼마나 희귀한지를 나타냅니다. 이 두 값을 곱해서 최종 점수를 만들죠.

예를 들어 "노트북"이라는 단어를 검색할 때, 특정 문서에서 "노트북"이 자주 나타나고 전체 문서에서는 드물게 나타난다면 높은 점수를 받습니다. 반대로 "상품"처럼 모든 문서에서 자주 나타나는 단어는 점수가 낮아집니다. 이렇게 해서 사용자가 원하는 결과가 상위에 나타나게 됩니다.

분산 시스템의 장점

Elasticsearch는 여러 서버에 데이터를 나누어 저장하는 분산 시스템입니다. 이렇게 하면 단일 서버의 용량 한계를 넘어서고, 한 서버에 문제가 생겨도 다른 서버가 계속 작동할 수 있습니다. 클라우드 환경에서는 이런 복잡한 관리 작업을 자동으로 처리해주므로 개발자는 데이터와 검색에만 집중할 수 있습니다.

Elastic Cloud 서버리스 아키텍처

서버리스 모드의 편리함

Elastic Cloud의 서버리스 모드는 서버 관리 걱정 없이 Elasticsearch의 모든 기능을 사용할 수 있게 해줍니다. 인덱스와 데이터에만 집중하면 되고, 복잡한 샤드 관리나 노드 확장, 백업 같은 작업은 모두 자동으로 처리됩니다.

서버리스 모드에서는 `number_of_shards`나 `number_of_replicas` 같은 세부 설정을 건드릴 수 없습니다. 대신 Elastic이 알아서 최적의 설정을 관리해주기 때문입니다. 개발자는 어떤 데이터를 어떻게 저장할지만 고민하면 되고, 성능 최적화는 클라우드가 알아서 처리해 줍니다.

벌크 삽입으로 빠르게 저장하기

많은 데이터를 한 번에 저장할 때는 하나씩 저장하는 것보다 벌크로 저장하는 것이 훨씬 빠릅니다. 벌크 삽입은 여러 문서를 하나의 요청으로 묶어서 처리하므로 네트워크 비용을 줄이고 속도를 크게 향상시킵니다. 보통 개별 삽입보다 10-100배 빠르게 처리됩니다.

하이브리드 아키텍처의 설계

각 시스템의 역할 나누기

Supabase(PostgreSQL)는 데이터를 안전하게 저장하고 정확한 조건으로 검색하는 일을 담당합니다. 반면 Elasticsearch는 텍스트 검색과 복잡한 쿼리를 처리합니다. 이렇게 각 시스템이 자신이 잘하는 일에 집중하도록 설계했습니다.

관계형 데이터베이스는 ACID 특성을 보장하여 데이터 일관성이 중요한 작업에 적합하고, 검색 엔진은 빠른 텍스트 검색에 특화되어 있습니다. 두 시스템을 함께 사용하면 각각의 장점을 모두 활용할 수 있어서 더 나은 결과를 얻을 수 있습니다.

두 시스템을 함께 사용할 때 중요한 것은 "데이터를 어떻게 동기화할지"입니다. 현재는 스크래핑할 때 두 시스템에 동시에 저장하는 방식을 사용했지만, 실무에서는 변경 데이터 캡처(CDC)나 이벤트 소싱 같은 더 정교한 방법을 사용할 수 있습니다.

학습 성과와 다음 단계

이번 섹션을 통해 단순한 파일 저장에서 전문적인 검색 시스템으로 한 단계 발전시켰습니다. 관계형 데이터베이스만으로는 해결하기 어려운 문제를 인식하고, 적절한 도구를 선택해서 해결하는 방법을 배웠죠. 특히 각 시스템의 장점을 살린 하이브리드 아키텍처 설계 능력을 기를 수 있었습니다.

다음 단계에서는 프론트엔드 개발을 통해 사용자 인터페이스를 만들어볼 예정입니다. 지금까지는 백엔드 시스템에 집중했지만, 실제 사용자에게 서비스를 제공하려면 검색 결과를 보기 좋게 표시하고 사용자와 상호작용할 수 있는 프론트엔드가 필요합니다.

React나 Next.js를 활용해서 검색 결과를 표시하고, 필터링 기능을 제공하며, 사용자 경험을 향상시키는 웹 애플리케이션을 구축하게 됩니다. 이를 통해 지금까지 만든 강력한 검색 기능을 사용자가 실제로 활용할 수 있는 완전한 서비스로 발전시킬 수 있습니다.

이번 섹션에서 배운 검색 엔진의 개념과 하이브리드 아키텍처 설계 원칙은 앞으로 다양한 프로젝트에서도 유용하게 활용할 수 있는 핵심 역량이 될 것입니다.

크롤러 자동으로 실행하기

2.6.1 자동화의 필요성과 학습 목표

지금까지는 수동으로 API를 호출해서 데이터를 수집했습니다. 하지만 실제 서비스에서는 정기적으로 자동으로 데이터를 수집해야 합니다. 예를 들어 매일 아침마다 최신 상품 정보를 가져오거나, 할인 정보가 변경될 때마다 실시간으로 업데이트해야 하죠.

이번 섹션에서는 Vercel Cron Jobs를 활용해서 자동으로 데이터를 수집하는 시스템을 구축해보겠습니다. 이를 통해 완전 자동화된 데이터 수집 파이프라인을 만들어보겠습니다.

학습 목표

이번 섹션에서는 세 가지 주요 목표를 달성하고자 합니다. **첫째,** Vercel Cron Jobs의 작동 원리를 이해하고 Cron 표현식을 사용한 스케줄링 방법을 학습합니다. 정기적인 작업 실행 설정과 에러 처리, 모니터링 방법도 함께 배웁니다.

둘째, 배포 전에 필요한 준비 작업들을 완료합니다. 린트 에러를 수정하여 코드 품질을 향상시키고, API 보안을 강화하여 무단 접근을 방지합니다. 또한 환경 변수와 설정을 최적화하여 안정적인 운영 환경을 구축합니다.

셋째, 실제 운영 환경에서 사용할 수 있는 안정적인 자동화 시스템을 구축합니다. 모니터링과 알림 기능을 구현하고, 확장 가능한 아키텍처를 설계하여 장기적으로 유지보수할 수 있는 시스템을 만듭니다.

자동화의 장점

자동화를 도입하면 여러 가지 실질적인 이점을 얻을 수 있습니다. 먼저 정기적인 데이터 업데이트가 가능해집니다. 매일, 매주, 매월 등 원하는 주기로 자동 실행되어 최신 상품 정보와 가격 변동을 자동으로 반영할 수 있습니다. 사용자가 직접 실행할 필요 없이 백그라운드에서 처리되므로 편리합니다.

운영 효율성도 크게 향상됩니다. 수동 작업으로 인한 실수를 방지할 수 있고, 24시간 무인 운영이 가능해집니다. 인력 비용을 절약하면서도 업무 효율성을 증대시킬 수 있습니다.

또한 확장성과 안정성을 확보할 수 있습니다. 트래픽이 증가해도 자동 스케일링이 가능하고, 장애가 발생하면 자동으로 복구됩니다. 로그와 모니터링을 통해 시스템 상태를 지속적으로 추적할 수 있어 안정적인 서비스 운영이 가능합니다.

다음 단계 미리보기

이번 섹션에서는 체계적인 순서로 진행됩니다. 먼저 코드 품질을 개선하기 위해 린트 에러를 수정하고 코드를 최적화합니다. 그 다음 API 키를 보호하고 접근 제어를 구현하여 보안을 강화합니다.

이어서 Vercel에 애플리케이션을 배포하여 프로덕션 환경을 구축합니다. 배포가 완료되면 Cron Jobs를 설정하여 정기적인 데이터 수집 작업을 등록합니다. 마지막으로 작업 실행 상태와 에러를 추적할 수 있는 모니터링 시스템을 구축합니다.

이러한 과정을 통해 완전 자동화된 데이터 수집 시스템을 구축하고, 실제 운영 환경에서 사용할 수 있는 안정적인 서비스를 만들어 보겠습니다.

Vercel 운영 배포 전 불필요한 코드 정리하기

Vercel에 애플리케이션을 배포하기 전에 몇 가지 중요한 준비 작업을 완료해야 합니다. 코드 품질을 개선하고 보안을 강화한 후 배포하는 것이 안정적인 서비스 운영의 기본입니다.

불필요한 코드 정리하기

개발 과정에서 테스트용으로 만들었던 코드들을 정리해야 합니다. CSV 파일 저장, 데이터베이스 저장, Elasticsearch 저장 기능이 모두 완성되었으므로 이제 실제 운영에 필요한 코드만 남겨 두어야 합니다.

먼저 실습 파일 중 완성본을 제외한 코드는 삭제할 필요가 있습니다. 실습을 위해 린트 에러를 무시하고 진행했기 때문입니다. `api` 디렉토리 하위에 CSV, SUPABASE, ELASTICSEARCH 저장코드의 최종본을 제외하고는 삭제합니다.

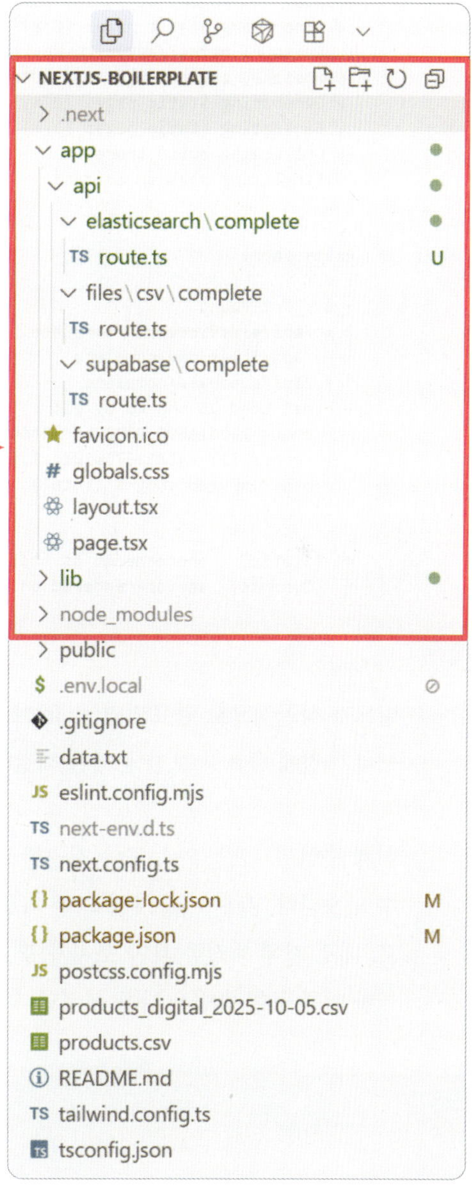

배포 전 문제 확인하기

배포 전에 가장 먼저 해야 할 일은 빌드 커맨드를 실행하여 문제가 없는지 확인하는 것입니다. Vercel은 배포 시 자동으로 빌드를 실행하므로, 로컬에서 미리 빌드 테스트를 해보는 것이 중요합니다.

```
npm run build
```

이 명령어를 실행하면 TypeScript 컴파일, 린트 검사, 번들링 등이 모두 수행됩니다. 빌드 과정에서 발생하는 에러들을 미리 확인하고 수정할 수 있습니다. 빌드가 성공적으로 완료되면 `out` 또는 `.next` 폴더에 배포 가능한 파일들이 생성됩니다.

불필요한 코드를 정리하고 빌드가 성공적으로 완료되면 다음과 같은 화면이 보이게 됩니다.

```
 ✓ Collecting page data
supabaseUrl https://vxyaicbvxpykapgvjjye.supabase.co
supabaseKey sb_secret_5CXljf-iD438bokNe8ZLtQ_luWumrj6
supabaseKey sb_secret_5CXljf-iD438bokNe8ZLtQ_luWumrj6
 ✓ Collecting page data
supabaseUrl https://vxyaicbvxpykapgvjjye.supabase.co
supabaseKey sb_secret_5CXljf-iD438bokNe8ZLtQ_luWumrj6
 ✓ Generating static pages (8/8)
 ✓ Collecting page data
supabaseUrl https://vxyaicbvxpykapgvjjye.supabase.co
supabaseKey sb_secret_5CXljf-iD438bokNe8ZLtQ_luWumrj6
 ✓ Generating static pages (8/8)
supabaseUrl https://vxyaicbvxpykapgvjjye.supabase.co
supabaseKey sb_secret_5CXljf-iD438bokNe8ZLtQ_luWumrj6
 ✓ Generating static pages (8/8)
 ✓ Generating static pages (8/8)
 ✓ Collecting build traces
 ✓ Finalizing page optimization


Route (app)                                Size      First Load JS
┌ o /                                      145 B           106 kB
├ o /_not-found                            979 B           106 kB
├ ƒ /api/elasticsearch/complete            145 B           106 kB
├ ƒ /api/files/csv/complete                145 B           106 kB
└ ƒ /api/supabase/complete                 145 B           106 kB
+ First Load JS shared by all              105 kB
  ├ chunks/4bd1b696-20882bf820444624.js    52.9 kB
  ├ chunks/517-fe882a976a10ccc2.js         50.5 kB
  └ other shared chunks (total)            1.95 kB


o  (Static)    prerendered as static content
ƒ  (Dynamic)   server-rendered on demand
```

빌드가 성공적으로 완료되면 main 브랜치에 push 하여 Vercel로 배포할 수 있습니다. 하지만 배포하기 전에 중요한 보안 문제를 해결해야 합니다.

현재 구현된 API들은 누구나 접근할 수 있는 상태로, 실제 운영 환경에서는 보안 문제가 발생할 수 있습니다. 무단 사용자에 의한 과도한 API 호출이나 민감한 데이터 접근 등의 위험이 있으므로, 배포 전에 적절한 보안 조치가 필요합니다. 다음 섹션에서 Next.js 미들웨어를 활용한 API 키 기반 인증 구현 방법을 다룰 예정입니다.

실제 운영 환경에서는 API에 무단 접근을 방지하기 위한 보안 조치가 필수입니다. 이번 섹션에서는 Next.js 미들웨어를 활용하여 API 키 기반 인증을 구현하는 방법을 알아보겠습니다.

API 보안의 필요성

현재까지 구현한 API들은 누구나 접근할 수 있는 상태입니다. 이는 다음과 같은 문제를 야기할 수 있습니다. 무단 사용자에 의한 과도한 API 호출로 인한 서버 부하, 민감한 데이터에 대한 무단 접근, 악의적인 사용자에 의한 시스템 공격 등입니다. 따라서 적절한 인증 메커니즘을 도입하여 이러한 위험을 방지해야 합니다.

미들웨어를 활용한 API 키 인증

Next.js의 미들웨어 기능을 활용하여 API 요청을 가로채고 인증을 수행할 수 있습니다. 미들웨어는 요청이 실제 API 핸들러에 도달하기 전에 실행되므로, 인증 로직을 중앙에서 관리할 수 있습니다.

미들웨어 파일 생성

프로젝트 루트에 `middleware.ts` 파일을 생성합니다.

```ts
// middleware.ts
import { NextRequest, NextResponse } from 'next/server';
export function middleware(request: NextRequest) {
  // 보호할 API 경로들
  const protectedPaths = ['/api/supabase', '/api/elasticsearch', '/api/files'];

  // 현재 요청 경로가 보호 대상인지 확인
  const isProtectedPath = protectedPaths.some(path =>
```

```javascript
      request.nextUrl.pathname.startsWith(path)
  );
  if (isProtectedPath) {
    // URL 파라미터에서 API 키 확인
    const apiKey = request.nextUrl.searchParams.get('apikey');

    // 환경 변수에서 설정된 API 키와 비교
    const validApiKey = process.env.API_KEY;
    if (!apiKey || apiKey !== validApiKey) {
      return NextResponse.json(
        { error: 'Unauthorized: Invalid or missing API key' },
        { status: 401 }
      );
    }
  }
  return NextResponse.next();
}

export const config = {
  matcher: [
    '/api/supabase/:path*',
    '/api/elasticsearch/:path*',
    '/api/files/:path*'
  ]
};
```

환경 변수 설정

`.env.local` 파일에 API 키를 설정합니다.

```
# .env.local
API_KEY=your-secure-api-key-here
```

이 API 키는 독자가 임의로 설정할 수 있으며, HTTP GET 파라미터로 전달되므로 URL에 안전하게 포함될 수 있는 형태여야 합니다. 보안을 위해 충분히 복잡하고 예측하기 어려운 문자열을 생성한 후 Base64로 인코딩하여 사용하는 것이 좋습니다. 예를 들어 영문자, 숫자, 특수 문자를 조합한 32자 이상의 랜덤한 문자열을 생성하고, 이를 Base64로 인코딩하여 사용할 수 있습니다. 실제 운영 환경에서는 이 API 키를 안전하게 관리하고, 정기적으로 변경하는 것이 보안상 중요합니다.

테스트 방법

모든 API 테스트는 브라우저에서 직접 URL을 입력하여 수행할 수 있습니다. 이는 개발 편의성을 위해 설계된 방식으로, 복잡한 도구 없이도 쉽게 테스트할 수 있습니다.

먼저 API 키 없이 보호된 엔드포인트에 접근하면 401 Unauthorized 에러가 발생합니다. 브라우저 주소창에 다음 URL을 입력하여 테스트할 수 있습니다.

```
http://localhost:3000/api/supabase/complete
```

이 경우 브라우저에서 다음과 같은 JSON 응답을 확인할 수 있습니다:

```
{
  "error": "Unauthorized: Invalid or missing API key"
}
```

존재하지 않거나 잘못된 API 키를 사용하여 호출하면 동일하게 401 에러가 발생합니다. 브라우저 주소창에 다음 URL을 입력하여 테스트할 수 있습니다.

```
http://localhost:3000/api/supabase/complete?apikey=wrong-key
```

환경 변수에 설정된 올바른 API 키를 사용하면 정상적으로 데이터를 받을 수 있습니다. 브라우저 주소창에 다음 URL을 입력하여 테스트할 수 있습니다.

```
http://localhost:3000/api/supabase/complete?apikey=your-secure-api-key-here
```

이 경우 브라우저에서 정상적인 API 응답을 확인할 수 있으며, 스크래핑된 상품 데이터나 데이터베이스에서 조회한 정보를 JSON 형태로 볼 수 있습니다.

개발 편의성을 위한 설계 고려사항

이번 예제에서는 학습과 개발의 편의성을 위해 몇 가지 설계 결정을 내렸습니다. 일반적으로 API 키는 HTTP 헤더나 POST 요청의 본문에 포함하여 전달하는 것이 보안상 더 안전합니다. 하지만 개발과 테스트의 편의성을 위해 이번 예제에서는 URL 파라미터를 사용했습니다. 이는 브라우저에서 직접 URL을 입력하여 테스트할 수 있고, 개발 도구에서 쉽게 확인할 수 있기 때문입니다.

마찬가지로 데이터 조회 작업은 일반적으로 GET 요청을 사용하지만, 데이터 저장이나 수정 작업은 POST 요청을 사용하는 것이 일반적입니다. 하지만 개발 편의성을 위해 모든 작업을 GET 요청으로 통일하여 테스트하기 쉽게 구성했습니다.

실제 운영 환경에서는 다음과 같은 보안 강화 방안을 고려해야 합니다. API 키를 HTTP 헤더에 포함하여 전달하고, 민감한 작업은 POST 요청으로 처리하며, HTTPS를 사용하여 통신을 암호화하고, Rate Limiting을 구현하여 과도한 요청을 제한합니다.

2.6.4 { Vercel에서 Cron Jobs를 통해 자동화된 크롤링 시스템 구축하기 }

지금까지는 수동으로 API를 호출하여 데이터를 수집했습니다. 하지만 실제 서비스에서는 정기적으로 자동으로 데이터를 수집해야 합니다. 이번 섹션에서는 Vercel Cron Jobs를 활용하여 완전 자동화된 스크래핑 시스템을 구축하는 방법을 알아보겠습니다.

Cron Jobs의 개념과 필요성

Cron Jobs는 특정 시간 간격으로 자동으로 실행되는 작업을 의미합니다. 예를 들어 매일 아침 9시에 최신 상품 정보를 수집하거나, 매주 월요일마다 가격 변동을 확인하는 등의 작업을 자동화할 수 있습니다. 이를 통해 수동 개입 없이 지속적으로 최신 데이터를 유지할 수 있습니다.

Vercel에서는 Cron Jobs 기능을 제공하여 Next.js 애플리케이션에서 정기적인 작업을 쉽게 구현할 수 있습니다. 이는 서버리스 환경에서 실행되므로 별도의 서버 관리 없이도 안정적으로 작동합니다.

Vercel Cron Jobs 플랜별 제한사항

Vercel Cron Jobs는 모든 플랜에서 사용할 수 있지만, 플랜에 따라 제한사항이 다릅니다. Vercel 공식 문서(https://vercel.com/docs/cron-jobs/usage-and-pricing)에 따르면 다음과 같습니다:

Hobby 플랜 (무료)
- 계정당 최대 2개의 Cron Jobs 생성 가능
- 하루에 한 번만 실행되는 스케줄만 지원
- 정확한 실행 시간을 보장하지 않음 (예: 오전 1시로 설정해도 1:00~1:59 사이에 실행될 수 있음)

Pro 플랜 (유료)
- 계정당 최대 40개의 Cron Jobs 생성 가능
- 무제한 Cron 실행 횟수
- 정확한 실행 시간 보장

Enterprise 플랜
- 계정당 최대 100개의 Cron Jobs 생성 가능
- 무제한 Cron 실행 횟수

모든 플랜에서 프로젝트당 최대 20개의 Cron Jobs를 생성할 수 있습니다. 또한 Cron Jobs는 Vercel Functions를 호출하므로, Functions의 사용량과 가격 제한이 적용됩니다.

기존 API 엔드포인트 활용

Cron Jobs는 기존에 구현된 API 엔드포인트를 활용하여 동작합니다. **2.6.3** 에서 구현한 미들웨어와 API 키 인증 시스템을 그대로 사용하므로, 별도의 새로운 코드를 작성할 필요가 없습니다.

기존의 `/api/supabase/complete`, `/api/elasticsearch/complete`, `/api/csv/complete` 엔드포인트들이 이미 구현되어 있으므로, 이들을 Cron Jobs에서 호출하면 됩니다.

Vercel Cron Jobs 설정

Vercel에서 Cron Jobs를 설정하려면 `vercel.json` 파일을 프로젝트 루트에 생성해야 합니다.

vercel.json 파일 생성

```json
{
  "crons": [
    {
      "path": "/api/supabase/complete?apikey=your-secure-api-key-here",
      "schedule": "0 9 * * *"
    }
  ]
}
```

무료 Hobby 플랜의 제한사항을 고려하여 하나의 Cron Job만 설정했습니다. 이 설정은 매일 오전 9시에 Supabase 저장 API를 호출합니다. 만약 Elasticsearch 저장도 필요하다면, 같은 API 엔드포인트 내에서 두 저장소 모두에 데이터를 저장하도록 구현하거나, Pro 플랜으로 업그레이드해야 합니다.

Cron 표현식의 의미는 다음과 같습니다:

- `0 9 * * *` : 매일 오전 9시 0분
- `0 */6 * * *` : 6시간마다
- `0 0 * * 1` : 매주 월요일 자정
- `0 0 1 * *` : 매월 1일 자정

Cron Jobs 테스트

배포 전에 Cron Jobs가 정상적으로 작동하는지 테스트할 수 있습니다. 브라우저에서 다음 URL
들을 입력하여 수동으로 실행해 볼 수 있습니다.

```
→ http://localhost:3000/api/supabase/complete?apikey=your-secure-api-key-here
→ http://localhost:3000/api/elasticsearch/complete?apikey=your-secure-api-key-here
```

이미 **2.6.3** 에서 구현한 API 키 인증 시스템이 적용되어 있으므로, 올바른 API 키를 사용하면
정상적으로 실행됩니다.

Vercel 배포 및 Cron Jobs 활성화

Vercel에 애플리케이션을 배포한 후, Cron Jobs는 자동으로 활성화됩니다. Vercel 대시보드에서
Cron Jobs의 실행 상태와 로그를 확인할 수 있습니다.

> ### 배포 후 확인 사항
>
> 배포가 완료되면 다음과 같은 사항들을 확인해야 합니다. Cron Jobs가 설정된 시간에 정상
> 적으로 실행되는지, API 엔드포인트가 올바르게 응답하는지, 데이터가 정상적으로 저장되
> 는지 등을 점검합니다.

모니터링 및 에러 처리

Cron Jobs 실행 중 발생할 수 있는 에러들을 적절히 처리하고 모니터링해야 합니다. 네트워크 오
류, 대상 사이트의 구조 변경, 데이터베이스 연결 문제 등이 발생할 수 있으므로, 각 단계별로 에
러 처리를 구현하고 로그를 남겨야 합니다.

또한 Cron Jobs 실행 결과를 Slack이나 이메일로 알림을 받을 수 있도록 구현하면, 문제 발생 시
즉시 대응할 수 있습니다.

이러한 자동화 시스템을 통해 수동 개입 없이 지속적으로 최신 데이터를 수집하고 관리할 수 있는
완전 자동화된 스크래핑 시스템을 구축할 수 있습니다.

책에서 다 다루지 못한 백엔드 주요 개념들

02장에서는 웹 스크래핑부터 데이터 저장, 검색 엔진 활용, 자동화까지 백엔드 개발의 핵심 개념들을 다뤘습니다. 하지만 실제 프로덕션 환경에서는 더 많은 고급 개념들이 필요합니다. 이번 섹션에서는 미처 다루지 못한 중요한 백엔드 개념들을 간략하게 소개하고, 더 자세한 학습을 위한 방향을 제시합니다

2.7.1 고급 웹 스크래핑 기술

현재까지는 단순한 정적 페이지 스크래핑만 다뤘지만, 실제로는 로그인이 필요한 사이트나 동적 콘텐츠를 다뤄야 할 경우가 많습니다. 이러한 경우 세션 관리와 인증 토큰 처리가 필수입니다.

세션 기반 인증에서는 쿠키를 통한 세션 유지, CSRF 토큰 처리, 로그인 상태 유지 및 갱신 등의 기술이 필요합니다. JWT 토큰 인증의 경우 Bearer 토큰을 통한 API 인증, 토큰 만료 처리 및 자동 갱신, 리프레시 토큰 활용 등의 방법을 사용할 수 있습니다.

```javascript
// 세션을 유지하는 스크래핑 예시
const session = await chromium.launch().newContext();
await session.addCookies([...]);          // 로그인 쿠키 설정
const page = await session.newPage();
await page.goto('https://example.com/protected-page');
```

JavaScript로 렌더링되는 동적 콘텐츠를 처리하기 위해서는 Puppeteer나 Playwright 같은 헤드리스 브라우저 도구가 필요합니다. SPA(Single Page Application) 스크래핑, 무한 스크롤 처리, 지연 로딩 콘텐츠 대기, JavaScript 이벤트 트리거 등의 기술을 활용할 수 있습니다.

2.7.2 { 관계형 데이터베이스 설계 ○○○ }

현재까지는 단순한 테이블 구조만 다뤘지만, 실제 서비스에서는 복잡한 관계형 데이터베이스 설계가 필요합니다. ERD(Entity Relationship Diagram) 설계에서는 정규화(Normalization) 과정, 외래키 (Foreign Key) 관계, 인덱스 설계 및 최적화, 트랜잭션 관리 등의 핵심 개념을 다뤄야 합니다.

```
Users (1) ----< Orders (N)

Users (1) ----< Reviews (N)

Products (1) ----< OrderItems (N)

Products (1) ----< Reviews (N)

Categories (1) ----< Products (N)
```

데이터베이스 최적화에서는 EXPLAIN 분석을 통한 성능 튜닝, 적절한 인덱스 설계, N+1 문제 해결 등의 쿼리 최적화 기술이 필요합니다. 또한 데이터베이스 연결 관리, 동시 접속자 처리, 연결 타임아웃 설정 등의 연결 풀링 기술도 중요합니다.

2.7.3 { 고급 검색 엔진 활용 ○○○ }

현재까지는 기본적인 검색만 다뤘지만, 실제 서비스에서는 더 정교한 검색 기능이 필요합니다. Elasticsearch의 고급 기능으로는 복합 쿼리(Bool Query) 활용, 집계(Aggregation) 분석, 자동완성 (Autocomplete) 구현, 검색 결과 하이라이팅 등이 있습니다.

성능 최적화 측면에서는 샤딩(Sharding) 전략, 복제(Replication) 설정, 캐싱 전략, 검색 성능 모니터링 등의 기술이 중요합니다. 또한 검색 품질 향상을 위해 사용자 행동 기반 학습, A/B 테스트를 통한 검색 알고리즘 개선, 개인화된 검색 결과 등의 관련성 개선 방법을 활용할 수 있습니다.

2.7.4 마이크로서비스 아키텍처

현재까지는 모놀리식 구조로 개발했지만, 실제 프로덕션 환경에서는 마이크로서비스 아키텍처가 필요할 수 있습니다. 서비스 분리 전략으로는 도메인별 서비스 분리, API Gateway 패턴, 서비스 간 통신 (REST, GraphQL, gRPC) 등의 방법을 사용할 수 있습니다.

컨테이너화 측면에서는 Docker를 활용한 애플리케이션 컨테이너화, Docker Compose를 통한 로컬 개발 환경 구축, 프로덕션 배포 전략 수립 등의 기술이 중요합니다.

2.7.5 보안과 성능

보안 강화 측면에서는 OAuth 2.0/OpenID Connect, RBAC(Role-Based Access Control), API 보안 강화 등의 인증과 인가 기술이 중요합니다. 또한 데이터 보호를 위해 암호화 (AES, RSA), 해시 함수 (bcrypt, Argon2), 개인정보 보호 (GDPR 준수) 등의 기술을 활용해야 합니다.

성능 최적화에서는 Redis를 활용한 캐싱, CDN 활용, 브라우저 캐싱 최적화 등의 캐싱 전략이 필요합니다. 또한 APM(Application Performance Monitoring), 구조화된 로깅, 에러 추적 및 알림 등의 모니터링과 로깅 기술도 필수적입니다.

더 깊이 학습하기

이러한 고급 개념들은 각각 전문적인 학습이 필요한 영역입니다. Cursor의 ASK 모드를 활용하여 다음과 같은 질문들을 통해 더 깊이 있는 학습을 진행할 수 있습니다.

웹 스크래핑 관련으로는 "JavaScript로 렌더링되는 동적 웹 페이지를 Puppeteer로 스크래핑하는 방법을 알려주세요"나 "로그인이 필요한 사이트에서 세션을 유지하며 스크래핑하는 방법은?" 등의 질문을 할 수 있습니다.

데이터베이스 관련으로는 "복잡한 관계형 데이터베이스의 ERD를 설계할 때 고려사항은?"이나 "PostgreSQL에서 쿼리 성능을 최적화하는 방법은?" 등의 질문이 유용합니다.

검색 엔진 관련으로는 "Elasticsearch에서 복합 검색 쿼리를 작성하는 방법은?"이나 "검색 결과의 관련성을 높이는 알고리즘은?" 등의 질문을 통해 학습할 수 있습니다.

아키텍처 관련으로는 "마이크로서비스 아키텍처로 전환할 때 고려사항은?"이나 "Docker를 활용한 컨테이너 배포 전략은?" 등의 질문이 도움이 됩니다.

보안 관련으로는 "JWT 토큰 기반 인증 시스템을 구현하는 방법은?"이나 "API 보안을 강화하는 모범 사례는?" 등의 질문을 통해 실무에 필요한 기술을 학습할 수 있습니다.

이러한 질문들을 통해 Cursor ASK 모드에서 구체적인 코드 예시와 구현 방법을 학습할 수 있습니다. 각 개념은 실제 프로덕션 환경에서 필수적인 요소들이므로, 단계적으로 학습하여 전문성을 쌓아가시기 바랍니다.

02장을 마무리하며

02장에서는 백엔드 개발의 핵심 개념들을 다뤘지만, 실제 서비스는 프론트엔드와 백엔드가 유기적으로 연결되어야 완성됩니다. 03장에서는 프론트엔드 개발을 다루면서 동시에 프론트엔드에서 사용할 API를 직접 구현해보겠습니다. 이를 통해 백엔드 개념을 자연스럽게 복습하고, 전체적인 풀스택 개발 경험을 쌓을 수 있을 것입니다.

03

데이터 시각화

02장에서 우리는 웹 스크래핑을 통해 상품 데이터를 수집하고 저장하는 방법을 배웠습니다. 데이터베이스에는 이제 상품 정보와 가격 변동 이력이 쌓여있습니다. 하지만 아직 이 데이터는 데이터베이스에만 존재할 뿐, 사용자가 볼 수 있는 화면은 없습니다. 이번 장에서는 저장된 데이터를 꺼내와서 사용자에게 보여주는 방법을 배워보겠습니다.

이번 장에서는 지난 번에 수집했던 상품 데이터를 사용자에게 보여주는 웹 애플리케이션을 만들어보겠습니다. 상품 목록을 보여주고, 각 상품을 클릭하면 상세 페이지로 이동하여 가격 변동 추이를 차트로 확인할 수 있는 프로그램입니다.

이 과정에서 프론트엔드 개발의 핵심 요소들을 배우게 됩니다. Next.js 프레임워크를 사용하여 페이지를 구성하고, HTML 태그로 화면 구조를 만들며, React 컴포넌트로 재사용 가능한 UI를 개발합니다. CSS와 Tailwind를 활용해 스타일을 입히고, 마지막으로 차트 라이브러리를 사용해 데이터를 시각화합니다.

학습은 단계적으로 진행됩니다. 먼저 하드코딩된 데이터로 화면을 만들어 기본 구조를 익히고, 그다음 실제 API를 연동하여 데이터베이스의 데이터를 불러옵니다. 이러한 점진적 접근 방식을 통해 각 단계를 명확하게 이해할 수 있습니다.

3.1 JSX와 HTML로 데이터 보여주기

프론트엔드 개발의 첫 단계는 화면에 데이터를 표시하는 것입니다. 아무리 멋진 디자인이라도 데이터가 제대로 표시되지 않으면 의미가 없습니다. 이번 섹션에서는 스타일링은 잠시 제쳐두고, JSX와 HTML을 사용해서 02장에서 수집한 상품 데이터를 화면에 표시하는 방법을 학습해 보겠습니다.

먼저 하드코딩된 데이터로 시작합니다. API를 연동하기 전에 고정된 데이터로 화면 구조를 만들면 각 단계를 명확하게 이해할 수 있습니다. 데이터 구조가 어떻게 화면으로 변환되는지 보면서 HTML과 JSX의 역할을 자연스럽게 익히게 됩니다.

3.1.1 HTML과 JSX

HTML은 HyperText Markup Language의 약자로, 웹 페이지의 구조를 만드는 마크업 언어입니다. 마크업 언어란 문서의 구조와 의미를 표현하기 위해 태그를 사용하는 언어를 말합니다. HTML은 프로그래밍 언어가 아니라 구조를 정의하는 언어입니다.

JSX는 JavaScript XML의 약자로, 자바스크립트 안에서 HTML과 유사한 문법을 작성할 수 있게 해주는 문법 확장입니다. Next.js와 React에서는 JSX를 사용하여 컴포넌트를 작성합니다. JSX는 일반 HTML과 거의 똑같아 보이지만, 자바스크립트 코드 안에서 사용되며 몇 가지 중요한 차이점이 있습니다.

HTML과 JSX 모두 〈태그〉라는 단위로 구성됩니다. 태그는 꺾쇠 괄호로 감싸진 형태인데요. 대부분의 태그는 여는 태그(<)와 닫는 태그(>)가 쌍으로 존재합니다. 예를 들어 `<div>`는 여는 태그이고 `</div>`는 닫는 태그이죠. 태그 사이에 내용을 넣으면 그 내용이 해당 태그로 감싸집니다.

HTML과 JSX는 비슷해 보이지만 몇 가지 중요한 차이점이 있습니다. 첫째, HTML의 `class` 속성은 JSX에서 `className`으로 작성합니다. 자바스크립트에서 `class`는 예약어이기 때문입니다. 둘째, JSX에서는 중괄호 `{}`를 사용하여 자바스크립트 표현식을 넣을 수 있습니다. 예를 들어 `<div>{userName}</div>`처럼 변수 값을 직접 표시할 수 있습니다. 셋째, JSX의 모든 태그는 닫혀야 합니다. HTML에서는 `<img>` 태그를 닫지 않아도 되지만, JSX에서는 `<img />`처럼 반드시 닫아야 합니다. 먼저 자주 사용하는 태그들을 살펴보겠습니다.

3.1.2 자주 사용하는 HTML 태그

웹 페이지를 만들 때 자주 사용하는 기본 태그들이 있습니다. 직접 실행해 보면서 각 태그가 화면에 어떻게 표시되는지 확인하겠습니다. `app/tags-basic/page.tsx` 파일을 만들고 다음 코드를 작성합니다.

```tsx
export default function TagsBasicPage() {
  return (
    <>
      {/* 각 태그의 브라우저 기본 스타일을 보여주기 위한 설정입니다 */}
      {/* Tailwind CSS가 모든 스타일을 리셋하기 때문에 */}
      {/* all: revert로 브라우저 기본 스타일을 복원합니다 */}
      <style>{`
        .browser-default * {
        all: revert;
        }
      `}</style>
      <div className="browser-default" style={{ padding: '20px' }}>
```

```jsx
      {/* div 태그는 영역을 나누는 가장 기본적인 컨테이너입니다 */}
      {/* 다른 요소들을 그룹으로 묶을 때 사용합니다 */}
      <div>이것은 영역을 나누는 컨테이너입니다</div>

      {/* h1, h2, h3 등은 제목 태그입니다 */}
      {/* h1이 가장 큰 제목이고 숫자가 커질수록 작은 제목입니다 */}
      <h1>이것은 가장 큰 제목입니다</h1>
      <h2>이것은 두 번째 크기의 제목입니다</h2>
      <h3>이것은 세 번째 크기의 제목입니다</h3>

      {/* p 태그는 문단을 나타냅니다 */}
      {/* 일반적인 텍스트 내용을 표시할 때 사용합니다 */}
      <p>이것은 일반 문단입니다</p>

      {/* span 태그는 인라인 요소로, 텍스트의 일부분을 그룹화합니다 */}
      {/* div는 블록 요소이고 span은 인라인 요소라는 차이가 있습니다 */}
      <p>이 문장에서 <span style={{ backgroundColor: 'yellow', fontWeight:
'bold' }}>이 부분만</span> 스타일을 적용할 수 있습니다</p>
      {/* img 태그는 이미지를 표시합니다 */}
      {/* Next.js는 Image 컴포넌트 사용을 권장하지만, */}
      {/* 여기서는 기본 HTML 태그 학습을 위해 img를 사용합니다 */}
      {/* eslint-disable-next-line @next/next/no-img-element */}
      <img
        src="/next.svg"
        alt="Next.js 로고"
        width={180}
        height={37}
      />
    </div>
  </>
  );
}
```

코드를 작성했다면 개발 서버를 실행합니다.

```
npm run dev
```

브라우저에서 `http://localhost:3000/tags-basic`로 접속하면 각 태그가 화면에 어떻게 표시되는지 확인할 수 있습니다.

화면을 보면 각 태그의 차이를 명확하게 알 수 있습니다. h1이 가장 크고 굵게 표시되고, h2, h3,…. 순서로 작아집니다. p 태그는 일반 문단으로 표시되며, span 태그는 문장 안에서 인라인으로 표시됩니다. img 태그는 이미지를 화면에 표시합니다.

실제 상품 목록을 만들 때는 이런 태그들을 조합하여 사용합니다. 예를 들어 상품 목록이라면 각 상품을 담을 div 태그가 반복되고, 그 안에 제목, 이미지, 가격 등의 정보가 들어갑니다. 다음 섹션에서 하드코딩된 데이터로 실제 상품 목록을 만들어보면서 학습해 보겠습니다.

○○○ 블록 요소와 인라인 요소의 차이?

블록 요소(Block Element)

- 한 줄 전체를 차지함
- 앞뒤로 줄바꿈 발생
- 레이아웃을 구성하는 큰 틀에 사용
- 예 <div>, <p>, <h1>~<h6>, <section> 등

인라인 요소(Inline Element)

- 줄 안에서 이어짐
- 줄바꿈 없이 텍스트 흐름 속에 배치
- 주로 글자나 작은 부분 꾸밈에 사용
- 예 <span>, <a>, <strong>, <em> 등

※ 블록은 줄을 차지해 구조를 만들고, 인라인인 줄 안에서 내용을 꾸미는 데에 활용됩니다.

3.1.3 하드코딩된 데이터로 시작하기 ○○○

실제 데이터베이스나 API에 연결하기 전에 하드코딩된 데이터로 시작하는 것이 좋은 이유가 있습니다. **첫째** 데이터 구조를 명확하게 이해할 수 있습니다. **둘째** 네트워크 문제나 API 오류와 같은 외부 요인 없이 순수하게 화면 렌더링에만 집중할 수 있습니다. **셋째** 빠르게 프로토 타입을 만들어 볼 수 있어 시행착오를 줄일 수 있습니다.

자바스크립트에서 데이터는 보통 '객체'나 '배열'로 표현됩니다. 즉, 상품 목록이라면 상품 객체들의 배열이 되겠죠. 02장에서는 특정 시간마다 상품 정보를 스크래핑하여 데이터베이스에 저장했었는데요. 각 레코드는 수집 시점의 가격과 정보를 담고 있습니다. 하지만 목록 화면에서는 이런 상세한 히스토리 데이터가 아니라, 상품별로 그룹핑된 최신 정보만 보여주면 됩니다.

목록 화면용 데이터는 상품 ID, 이름, 현재 가격, 카테고리처럼 기본적인 정보만 포함합니다. 자세한 정보나 시간별 가격 변동은 나중에 상세 화면에서 차트로 보여줄 것입니다.

```javascript
const products = [
  {
    id: '1',
    name: '무선 블루투스 이어폰',
    price: 29900,
    category: 'digital'
  },
  {
    id: '2',
    name: '스마트워치 프로',
    price: 199000,
    category: 'digital'
  },
  {
    id: '3',
    name: '노트북 울트라',
    price: 1299000,
    category: 'digital'
  }
];
```

이런 배열 데이터를 화면에 표시하려면 배열의 각 항목을 순회하면서 HTML 요소를 만들어야 합니다. 자바스크립트의 `map` 함수를 사용하면 배열의 각 항목을 새로운 형태로 변환할 수 있습니다. React와 Next.js에서는 이 map 함수를 사용해서 데이터 배열을 JSX 요소 배열로 변환합니다.

이제 실제로 상품 목록 페이지를 만들어 보겠습니다. Next.js 프로젝트에서 새 페이지를 만들려면 app 폴더 안에 폴더와 page.tsx 파일을 만들면 됩니다.

먼저 app/products-simple/page.tsx 파일을 만들고 다음 코드를 작성해 보세요.

```tsx
export default function ProductsSimplePage() {
  const products = [
    {
      id: '1',
      name: '무선 블루투스 이어폰',
      price: 29900,
      category: 'digital'
    },
    {
      id: '2',
      name: '스마트워치 프로',
      price: 199000,
      category: 'digital'
    },
    {
      id: '3',
      name: '노트북 울트라',
      price: 1299000,
      category: 'digital'
    }
  ];
  return (
```

```jsx
    <div style={{ padding: '20px' }}>
      <h1>상품 목록</h1>
      <div>
        {products.map(product => (
          <div key={product.id}>
            <div>상품명: {product.name}</div>
            <div>가격: {product.price}원</div>
            <div>카테고리: {product.category}</div>
            <div>---</div>
          </div>
        ))}
      </div>
    </div>
  );
}
```

이 코드를 단계별로 살펴보겠습니다. 함수 내부에서 products 배열을 정의합니다. 이것이 하드코딩된 데이터입니다. 실제 프로젝트에서는 이 데이터가 API로부터 올 것입니다.

return 문 안에는 화면에 표시할 JSX를 작성합니다. 가장 바깥쪽 <div>는 전체를 감싸는 컨테이너입니다. React와 Next.js에서는 컴포넌트가 반드시 하나의 루트 요소를 반환해야 합니다.

<h1> 태그로 페이지 제목을 표시합니다. 그다음 <div> 안에서 상품 목록을 렌더링합니다.

중요한 부분은 {products.map(product => ...)}입니다. 중괄호 { }는 JSX 안에서 자바스크립트 표현식을 사용할 때 쓰입니다. map 함수는 products 배열의 각 항목에 대해 JSX를 생성합니다.

map 함수 안에서 각 상품 객체를 받아서 <div> 요소를 반환합니다. key={product.id}는 React가 각 항목을 구별하기 위해 필요한 고유 식별자입니다. 배열을 렌더링할 때에는 반드시 key를 지정해야 합니다.

각 상품의 div 안에는 상품 정보를 표시하는 더 작은 div 요소들이 있습니다. {product.name}, {product.price}, {product.category}처럼 중괄호 안에 자바스크립트 변수를 넣으면 그 값이 화면에 표시됩니다.

코드를 작성했다면 개발 서버를 실행해서 결과를 확인해 보세요. 터미널에서 프로젝트 폴더로 이동한 후 다음 명령을 실행합니다.

```
npm run dev
```

브라우저에서 http://localhost:3000/products-simple로 접속하면 상품 목록이 표시됩니다. 아직 스타일이 적용되지 않아서 밋밋해 보이지만, 데이터가 제대로 화면에 나타나는 것을 확인할 수 있습니다.

각 상품의 이름, 가격, 카테고리가 순서대로 표시되고, 구분선으로 사용한 ---도 보일 것입니다. 이것이 바로 데이터를 HTML로 변환한 결과입니다.

상품 목록
상품명: 무선 블루투스 이어폰
가격: 29900원
카테고리: digital

상품명: 스마트워치 프로
가격: 199000원
카테고리: digital

상품명: 노트북 울트라
가격: 1299000원
카테고리: digital

3.1.5 조건부 렌더링

때로는 특정 조건에 따라 다른 내용을 표시해야 할 때가 있습니다. 다음 예제에서는 현재 시간에 따라 다른 카테고리의 상품을 보여줍니다. app/products-conditional/page.tsx 파일을 만들고 다음 코드를 작성합니다.

```jsx
export default function ProductsConditionalPage() {
  // 현재 시간의 분을 가져옵니다
  const currentMinute = new Date().getMinutes();


  // 짝수 분일 때는 디지털 제품, 홀수 분일 때는 패션 제품을 보여줍니다
  const isEven = currentMinute % 2 === 0;
  const digitalProducts = [
    { id: '1', name: '무선 블루투스 이어폰', price: 29900, category: 'digital' },
    { id: '2', name: '스마트워치 프로', price: 199000, category: 'digital' },
    { id: '3', name: '노트북 울트라', price: 1299000, category: 'digital' }
  ];
  const fashionProducts = [
    { id: '4', name: '면 티셔츠', price: 19900, category: 'fashion' },
    { id: '5', name: '청바지', price: 59900, category: 'fashion' },
    { id: '6', name: '운동화', price: 89000, category: 'fashion' }
  ];
  const products = isEven ? digitalProducts : fashionProducts;
  const categoryName = isEven ? '디지털' : '패션';
  return (
    <div style={{ padding: '20px' }}>
      <h1>상품 목록 - {categoryName}</h1>
      <p>총 {products.length}개의 상품</p>
      <p style={{ color: 'gray', fontSize: '0.9em' }}>
        (현재 시각: {currentMinute}분 - {isEven ? '짝수' : '홀수'}분)
      </p>
      <p style={{ color: 'blue', fontSize: '0.9em' }}>
        페이지를 새로고침하면 시간에 따라 다른 카테고리가 표시됩니다
      </p>
      <div>
        {products.map(product => (
```

```jsx
      <div key={product.id}>
        <h2>{product.name}</h2>
        <p>현재 가격: {product.price.toLocaleString()}원</p>
        <p>카테고리: {product.category}</p>
        <hr />
      </div>
    ))}
    </div>
  </div>
  );
}
```

브라우저에서 `http://localhost:3000/products-conditional`로 접속하면 현재 시간에 따라 다른 카테고리의 상품을 볼 수 있습니다.

상품 목록 - 디지털
총 3개의 상품
(현재 시각: 30분 - 짝수분)
페이지를 새로고침하면 시간에 따라 다른 카테고리가 표시됩니다
무선 블루투스 이어폰
현재 가격: 29,900원
카테고리: digital
스마트워치 프로
현재 가격: 199,000원
카테고리: digital
노트북 울트라
현재 가격: 1,299,000원
카테고리: digital

이 예제에서는 현재 시간의 분이 짝수인지 홀수인지에 따라 다른 카테고리의 상품을 보여줍니다. 짝수 분에는 디지털 제품이, 홀수 분에는 패션 제품이 표시됩니다. `isEven ? digitalProducts : fashionProducts`는 삼항 연산자로, 조건이 참이면 첫 번째 값을, 거짓이면 두 번째 값을 선택합니다.

페이지를 새로고침하면 시간에 따라 다른 상품 목록을 볼 수 있죠. 1분만 기다렸다가 새로고침하면 바로 다른 결과를 확인할 수 있습니다. 이런 패턴을 **조건부 렌더링**이라고 합니다. 실제 애플리케이션에서는 사용자의 선택이나 API 응답에 따라 다른 내용을 보여줄 때 이런 방식을 사용합니다.

이번 섹션에서는 HTML과 JSX의 기본 개념을 배우고, 하드코딩된 데이터를 화면에 표시하는 방법을 익혔습니다. div, h1, h2, p 같은 기본 태그로 구조를 만들고, map 함수로 배열 데이터를 반복 렌더링했습니다.

지금은 스타일이 없어서 단순해 보이지만, HTML 구조를 제대로 만드는 것이 매우 중요합니다. 나중에 CSS를 추가할 때 이 구조를 기반으로 스타일을 입히게 됩니다. 또한 의미있는 태그를 사용하는 것이 좋습니다. 제목은 h1, h2 같은 제목 태그를 사용하고, 본문은 p 태그를 사용하면 스크린 리더를 사용하는 사용자나 검색 엔진이 페이지 구조를 이해하기 쉽습니다.

목록 화면에서는 상품의 기본 정보만 간결하게 보여주었습니다. 02장에서 수집한 데이터는 시간별 가격 히스토리를 포함하고 있지만, 목록에서는 상품별로 그룹핑된 최신 정보만 필요합니다. 나중에 상세 화면을 만들 때는 해당 상품의 시간별 가격 변동을 차트로 시각화하여 보여줄 것입니다.

조건부 렌더링을 통해 상황에 따라 다른 화면을 표시하는 방법도 배웠습니다. 실제 프로젝트에서는 사용자의 선택, 로딩 상태, API 응답 등에 따라 유연하게 화면을 구성할 때 이런 패턴을 사용합니다.

다음 섹션에서는 반복되는 코드를 React 컴포넌트로 재활용하는 방법을 배워보겠습니다. 컴포넌트를 사용하면 코드를 더 깔끔하게 관리할 수 있고, 재사용성도 높아집니다.

앞선 과정에서 만든 상품 목록 페이지를 다시 살펴보면, 각 상품을 표시하는 코드가 반복되죠. 이런 반복되는 코드를 'React 컴포넌트'로 분리하면 코드를 더 깔끔하게 관리할 수 있고, 재사용성도 높아집니다. 이번 섹션에서는 목록 화면을 개선하면서 React 컴포넌트의 핵심 개념을 익혀 보겠습니다.

이전에 작성한 상품 목록 코드를 다시 살펴보겠습니다. 다음은 **3.1** 파트에서 작성한 간단한 버전입니다.

```jsx
export default function ProductsSimplePage() {
  const products = [
    { id: '1', name: '무선 블루투스 이어폰', price: 29900, category: 'digital' },
    { id: '2', name: '스마트워치 프로', price: 199000, category: 'digital' },
    { id: '3', name: '노트북 울트라', price: 1299000, category: 'digital' }
  ];
  return (
    <div>
      <h1>상품 목록</h1>
```

```jsx
      <p>총 {products.length}개의 상품</p>
      <div>
        {products.map(product => (
          <div key={product.id}>
            <h2>{product.name}</h2>
            <p>현재 가격: {product.price.toLocaleString()}원</p>
            <p>카테고리: {product.category}</p>
            <hr />
          </div>
        ))}
      </div>
    </div>
  );
}
```

이 코드는 학습용으로는 충분하지만, 실제 프로젝트에서는 UI가 훨씬 복잡합니다. 가격 트래킹 시스템이라면 각 상품 카드에 더 많은 정보를 보여줘야 하고, CSS로 스타일도 세밀하게 조정해야 합니다. 예를 들어 다음과 같은 UI가 필요할 것입니다.

```jsx
export default function ProductsSimplePage() {
  const products = [
    { id: '1', name: '무선 블루투스 이어폰', price: 29900, category: 'digital' },
    { id: '2', name: '스마트워치 프로', price: 199000, category: 'digital' },
    { id: '3', name: '노트북 울트라', price: 1299000, category: 'digital' }
  ];
  return (
    <div style={{ padding: '20px' }}>
      <h1>상품 목록</h1>
      <p>총 {products.length}개의 상품</p>
      <div>
```

```jsx
      {products.map(product => (
        <div key={product.id} style={{
          border: '1px solid #ddd',
          padding: '20px',
          marginBottom: '20px',
          borderRadius: '8px',
          boxShadow: '0 2px 4px rgba(0,0,0,0.1)'
        }}>
          <div style={{ display: 'flex', justifyContent: 'space-between',
alignItems: 'start' }}>
            <h2 style={{ margin: 0, fontSize: '1.5em' }}>{product.name}</h2>
            <span style={{
              backgroundColor: '#4CAF50',
              color: 'white',
              padding: '4px 8px',
              borderRadius: '4px',
              fontSize: '0.8em'
            }}>
              추적중
            </span>
          </div>
          <div style={{ marginTop: '10px' }}>
            <p style={{
              fontSize: '1.3em',
              fontWeight: 'bold',
              color: '#2196F3',
              margin: '8px 0'
            }}>
              {product.price.toLocaleString()}원
            </p>
            <p style={{
```

```jsx
                fontSize: '0.9em',
                color: '#666',
                margin: '4px 0'
              }}>
                카테고리: {product.category}
              </p>
            </div>
            <div style={{
              marginTop: '15px',
              paddingTop: '15px',
              borderTop: '1px solid #eee'
            }}>
              <button style={{
                padding: '8px 16px',
                backgroundColor: 'white',
                color: '#2196F3',
                border: '1px solid #2196F3',
                borderRadius: '4px',
                cursor: 'pointer'
              }}>
                상세 보기
              </button>
            </div>
          </div>
        ))}
      </div>
    </div>
  );
}
```

이런 코드들을 하나의 파일로 작성한다고 상상해 보세요. 당연히 다음과 같은 문제가 발생할 것입니다.

첫째, 가독성이 급격히 떨어집니다. `products.map` 안의 코드만 50줄이 넘어갑니다. ProductsSimplePage 함수 전체를 읽으려면 스크롤을 여러 번 해야 하겠죠. 페이지 레이아웃과 개별 상품 카드의 UI가 뒤섞여 있어서 어디가 어디인지 파악하기 어렵습니다.

둘째, 수정이 매우 번거롭습니다. 상품 카드의 [상세 보기] 버튼 색상을 바꾸고 싶다면 map 함수 안을 찾아서 스타일 객체를 다시 찾아야 합니다. 코드가 깊게 중첩되어 있어서 해당 부분을 찾는 것도 일이겠죠.

셋째, 재사용이 불가능합니다. 만약 "추천 상품" 섹션에서도 같은 상품 카드를 사용하고 싶다면 이 50줄 이상의 코드를 복사해야 합니다. 또한 나중에라도 이 디자인을 수정하려면 모든 복사본을 찾아 수정해야 합니다.

넷째, 테스트가 어렵습니다. 개별 상품 카드만 따로 테스트할 방법이 없습니다. 전체 페이지를 렌더링해야만 상품 카드를 테스트할 수 있습니다.

다섯째, 스타일 클래스 충돌 위험이 있습니다. 인라인 스타일 대신 CSS 클래스를 사용한다면 상황은 더 나빠집니다. 전체 페이지에서 `.card`, `.button`, `.title` 같은 일반적인 클래스명을 쓰면 여러 곳에서 충돌이 발생합니다. 예를 들어 다른 개발자가 다른 부분에서 같은 `.button` 클래스를 정의하면 서로 영향을 줍니다.

이런 문제들은 React 컴포넌트를 사용하면 해결할 수 있습니다. 복잡한 상품 카드 UI를 별도의 컴포넌트로 만들면 코드를 읽기 쉬워지고, 여러 곳에서 재사용할 수 있으며, 유지보수 역시 훨씬 편해집니다.

다음 섹션에서는 실제로 ProductCard 컴포넌트를 만들어서 이 문제를 해결해 보겠습니다.

ProductCard 컴포넌트 만들기

컴포넌트는 재사용 가능한 UI 조각입니다. 앞서 본 복잡한 상품 카드 코드를 실제로 컴포넌트로 추출해 보겠습니다.

`app/products-component/page.tsx` 파일을 새로 만들고, map 함수 안의 복잡한 코드를 `ProductCard` 컴포넌트로 분리합니다. 먼저 같은 파일 안에서 만들어 보겠습니다.

코드 안에 스타일을 위한 CSS가 포함되어 있지만, CSS는 바로 뒤에서 학습할 것이므로 여기서는 자세히 설명하지 않겠습니다.

```tsx
// 상품 데이터
const products = [
  { id: '1', name: '무선 블루투스 이어폰', price: 29900, category: 'digital' },
  { id: '2', name: '스마트워치 프로', price: 199000, category: 'digital' },
  { id: '3', name: '노트북 울트라', price: 1299000, category: 'digital' }
];

// React 컴포넌트 - 함수명이 대문자로 시작하고 JSX를 반환합니다
function ProductCard() {
  // 첫 번째 상품을 표시합니다
  const product = products[0];
  return (
    <div style={{
      border: '1px solid #ddd',
      padding: '20px',
      marginBottom: '20px',
      borderRadius: '8px',
      boxShadow: '0 2px 4px rgba(0,0,0,0.1)'
```

```jsx
      }}>
        <div style={{ display: 'flex', justifyContent: 'space-between',
alignItems: 'start' }}>
          <h2 style={{ margin: 0, fontSize: '1.5em' }}>{product.name}</h2>
          <span style={{
            backgroundColor: '#4CAF50',
            color: 'white',
            padding: '4px 8px',
            borderRadius: '4px',
            fontSize: '0.8em'
          }}>
            추적중
          </span>
        </div>
        <div style={{ marginTop: '10px' }}>
          <p style={{
            fontSize: '1.3em',
            fontWeight: 'bold',
            color: '#2196F3',
            margin: '8px 0'
          }}>
            {product.price.toLocaleString()}원
          </p>
          <p style={{
            fontSize: '0.9em',
            color: '#666',
            margin: '4px 0'
          }}>
            카테고리: {product.category}
          </p>
        </div>
      </div>
```

```jsx
      <div style={{
        marginTop: '15px',
        paddingTop: '15px',
        borderTop: '1px solid #eee'
      }}>
        <button style={{
          padding: '8px 16px',
          backgroundColor: 'white',
          color: '#2196F3',
          border: '1px solid #2196F3',
          borderRadius: '4px',
          cursor: 'pointer'
        }}>
          상세 보기
        </button>
      </div>
    </div>
  );
}
// 실제 페이지 컴포넌트 - ProductCard 덕분에 매우 간단합니다
export default function ProductsComponentPage() {
  return (
    <div style={{ padding: '20px' }}>
      <h1>상품 목록</h1>
      <p>총 {products.length}개의 상품</p>
      <div>
        {/* ProductCard 컴포넌트를 세 번 사용합니다 */}
        <ProductCard />
        <ProductCard />
        <ProductCard />
      </div>
```

```
    </div>
  );
}
```

방금 만든 `ProductCard`가 바로 React 컴포넌트의 예입니다. 컴포넌트는 자바스크립트 함수이고, 'JSX'를 반환합니다.

컴포넌트의 핵심 특징을 코드에서 확인해 보겠습니다.

함수형 컴포넌트입니다. `function ProductCard()`는 일반 자바스크립트 함수입니다. React에서는 이런 함수를 '컴포넌트'라고 부릅니다.

이름이 대문자로 시작합니다. `ProductCard`처럼 첫 글자가 대문자입니다. 이것이 일반 함수와 컴포넌트를 구분하는 규칙입니다. `productCard`나 `product_card`는 안 됩니다.

JSX를 반환합니다. `return` 문에서는 JSX를 반환합니다. 이 JSX가 화면에 표시될 내용입니다.

HTML 태그처럼 사용합니다. `<ProductCard />` 형식으로 사용합니다. 마치 HTML 태그처럼 보이지만, 우리가 만든 커스텀 컴포넌트입니다.

같은 파일의 데이터에 접근합니다. 지금은 동일한 파일에 있으므로 `products` 배열에 직접 접근할 수 있습니다. `products[0]`으로 첫 번째 상품을 가져와서 표시합니다.

> ○ ○ ○ **함수형 컴포넌트란?**
> --
> 함수형 컴포넌트는 `function ProductCard()`처럼 일반 자바스크립트 함수로 작성합니다. 반면 예전에 React에서 흔히 사용했던 클래스형 컴포넌트는 `class ProductCard extends React.Component`처럼 클래스 문법을 사용했습니다. 클래스형 컴포넌트는 `this.state`로 상태를 관리하고 `componentDidMount` 같은 생명주기 메서드를 사용했습니다. 하지만 2019년 React Hooks가 도입되면서 함수형 컴포넌트에서도 `useState`로 상태를 관리하고 `useEffect`로 생명주기를

다룰 수 있게 되었습니다. 현재는 함수형 컴포넌트가 표준이며, 코드가 더 간단하고 읽기 쉬워서 대부분의 프로젝트에서 사용합니다. Next.js도 함수형 컴포넌트를 기본으로 사용하며, 클래스형 컴포넌트는 레거시 코드나 특수한 경우에만 사용됩니다.

이제 개발 서버를 실행하고 `http://localhost:3000/products-component`로 접속해서 확인해 보겠습니다.

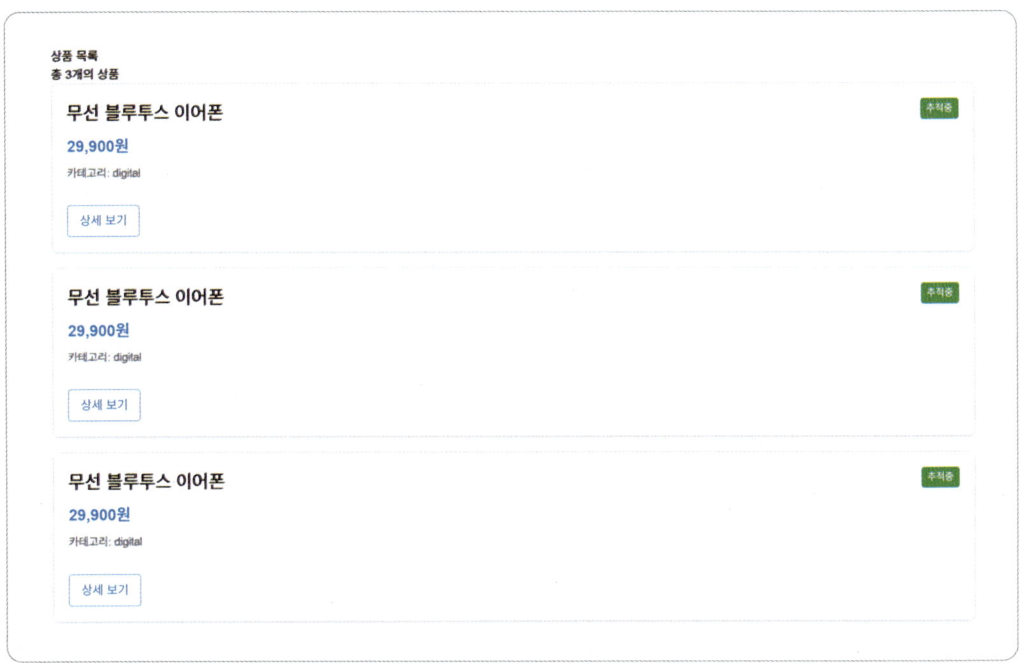

화면을 보면 세 개의 상품 카드가 표시됩니다. 하지만 모두 똑같은 상품입니다. `ProductCard` 컴포넌트가 항상 `products[0]`, 즉 첫 번째 상품만 표시하기 때문입니다.

```
function ProductCard() {
  const product = products[0];    // 항상 첫 번째 상품
  // ...
}
```

현재 ProductCard 함수는 파라미터를 받지 않기 때문에, 항상 `products[0]`을 사용하여 첫 번째 상품만 표시합니다. 세 번 호출해도 매번 같은 값을 반환하는 것입니다. 이것을 해결하려면 함수에서 파라미터를 받아야 합니다.

일반 자바스크립트 함수는 `function add(a, b)`처럼 파라미터를 직접 받습니다. 하지만 React 컴포넌트는 일반 함수와 달리 'Props'라는 특별한 방식을 사용합니다. Props는 'Properties'의 약자로, 컴포넌트에 데이터를 전달하는 React의 표준 방법입니다. `<ProductCard product={someProduct} />`와 같이 HTML 속성처럼 보이지만, 실제로는 객체 형태로 컴포넌트 함수에 전달됩니다. 이렇게 Props를 사용하면 컴포넌트를 재사용하기 쉽고, 데이터 흐름이 명확해집니다.

또 지금은 같은 파일에 ProductCard 컴포넌트와 페이지 코드가 함께 있어서 ProductCard가 `products` 배열에 직접 접근할 수 있습니다. 하지만 이렇게 하면 코드가 복잡해지고 컴포넌트를 재사용하기 어려워집니다. 실제 프로젝트에서는 컴포넌트를 별도 파일로 분리하여 관리하면 코드가 훨씬 깔끔해집니다. 하지만 파일을 분리하면 ProductCard는 `products` 배열에 접근할 수 없게 됩니다. 이 경우 컴포넌트가 필요한 데이터를 외부에서 전달받아야 하므로, 파일을 분리하기 위해서도 Props가 필요합니다.

이러한 문제를 해결하는 것이 바로 Props입니다. 다음 섹션에서는 Props를 사용하여 컴포넌트에 데이터를 전달하는 방법을 배우고, 컴포넌트를 별도 파일로 분리하는 방법도 알아보겠습니다.

3.2.3 Props로 데이터 전달하기

이전 섹션에서 ProductCard 컴포넌트를 만들었지만, 파라미터를 받지 않아서 모든 카드가 첫 번째 상품만 보여주는 문제가 있었습니다. 이 문제를 해결하는 것이 'Props'입니다.

Props는 부모 컴포넌트가 자식 컴포넌트에게 데이터를 전달하는 방법입니다. 이제 ProductCard를 별도 파일로 분리하고, Props로 데이터를 전달하여 문제를 해결해 보겠습니다.

먼저 `app/components/ProductCard.tsx` 파일을 새로 만듭니다.

```tsx
// app/components/ProductCard.tsx
// Props 타입 정의 - 컴포넌트가 받을 데이터의 형태를 정의합니다
interface ProductCardProps {
  product: {
    id: string;
    name: string;
    price: number;
    category: string;
  };
}
// Props로 product를 받아서 표시하는 컴포넌트
// { product }: ProductCardProps - 부모 컴포넌트로부터 product 데이터를 받습니다
export default function ProductCard({ product }: ProductCardProps) {
  return (
    <div style={{
      border: '1px solid #ddd',
      padding: '20px',
      marginBottom: '20px',
      borderRadius: '8px',
      boxShadow: '0 2px 4px rgba(0,0,0,0.1)'
    }}>
      <div style={{ display: 'flex', justifyContent: 'space-between', alignItems: 'start' }}>
        {/* 전달받은 product 데이터를 사용합니다 */}
        <h2 style={{ margin: 0, fontSize: '1.5em' }}>{product.name}</h2>
        <span style={{
          backgroundColor: '#4CAF50',
          color: 'white',
          padding: '4px 8px',
```

```jsx
          borderRadius: '4px',
          fontSize: '0.8em'
        }}>
          추적중
        </span>
      </div>
      <div style={{ marginTop: '10px' }}>
        <p style={{
          fontSize: '1.3em',
          fontWeight: 'bold',
          color: '#2196F3',
          margin: '8px 0'
        }}>
          {product.price.toLocaleString()}원
        </p>
        <p style={{
          fontSize: '0.9em',
          color: '#666',
          margin: '4px 0'
        }}>
          카테고리: {product.category}
        </p>
      </div>
      <div style={{
        marginTop: '15px',
        paddingTop: '15px',
        borderTop: '1px solid #eee'
      }}>
        <button style={{
          padding: '8px 16px',
          backgroundColor: 'white',
```

```tsx
        color: '#2196F3',
        border: '1px solid #2196F3',
        borderRadius: '4px',
        cursor: 'pointer'
      }}>
        상세 보기
      </button>
    </div>
  </div>
  );
}
```

이제 `app/products-with-props/page.tsx` 파일을 새로 만들어서 Props를 사용하는 페이지 코드를 작성합니다.

```tsx
// app/products-with-props/page.tsx
// 별도 파일의 ProductCard 컴포넌트를 import합니다
import ProductCard from '@/app/components/ProductCard';
export default function ProductsWithPropsPage() {
  // 상품 데이터
  const products = [
    { id: '1', name: '무선 블루투스 이어폰', price: 29900, category: 'digital' },
    { id: '2', name: '스마트워치 프로', price: 199000, category: 'digital' },
    { id: '3', name: '노트북 울트라', price: 1299000, category: 'digital' }
  ];
  return (
    <div style={{ padding: '20px' }}>
      <h1>상품 목록</h1>
      <p>총 {products.length}개의 상품</p>
```

```jsx
    <div>
      {/* map으로 각 상품을 순회하며 ProductCard에 전달합니다 */}
      {/* product={product} - 이것이 Props 전달입니다 */}
      {products.map(product => (
        <ProductCard key={product.id} product={product} />
      ))}
    </div>
  </div>
  );
}
```

이제 다시 개발 서버를 실행하고 `http://localhost:3000/products-with-props`로 접속하면 세 개의 서로 다른 상품이 표시됩니다.

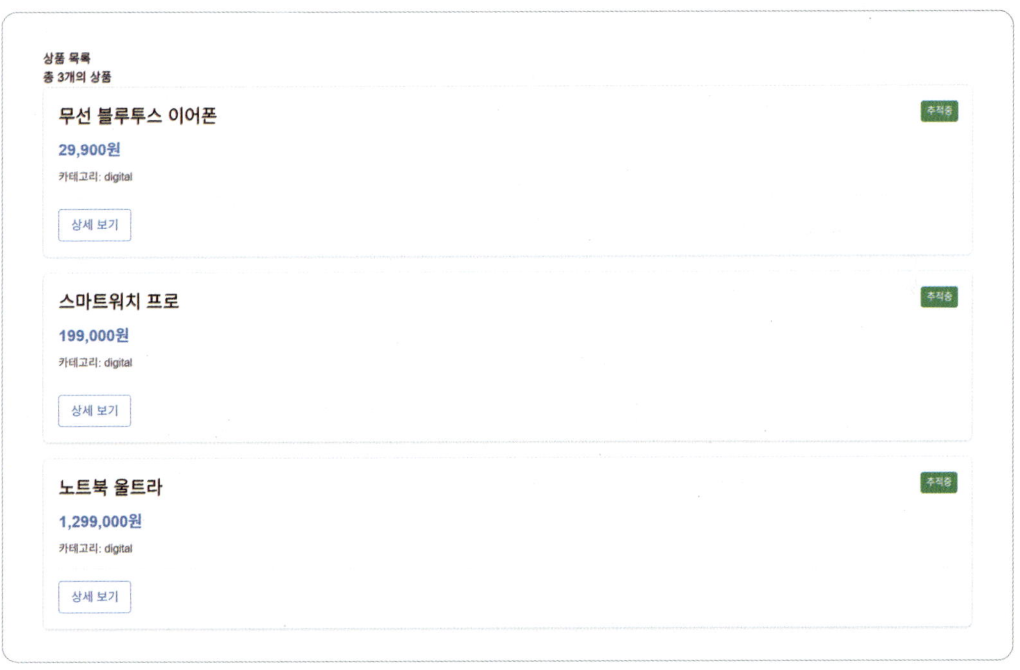

이전 섹션의 `http://localhost:3000/products-component`와 비교해 보세요. 이전에는 모두 같은 상품이었지만, Props를 사용하니 각각 다른 상품을 보여줍니다.

코드에서 Props가 어떻게 동작하는지 핵심 부분을 살펴보겠습니다.

```
<ProductCard key={product.id} product={product} />
```

product={product}가 Props를 전달하는 방법입니다. HTML 속성을 쓰듯이 **속성이름={값}** 형태로 전달하죠. 이때 일반 문자열이 아닌 '값'은 중괄호{ }로 감싸야 적용됩니다.

> **○ ○ ○ key 속성**
> --
>
> ```
> <ProductCard key={product.id} product={product} />
> ```
>
> 여기서 props 말고 key 속성도 사용하고 있는데 이것은 무엇일까요?
>
> `key={product.id}` 부분은 React에서 배열을 렌더링할 때 각 요소를 고유하게 식별하기 위해 사용하는 특별한 속성입니다. React는 key 값을 사용하여 어떤 항목이 변경되었는지, 추가되었는지, 삭제되었는지를 추적합니다. 배열의 각 항목마다 고유한 key 값을 제공해야 하죠.
>
> 일반적으로 데이터의 고유 식별자인 id를 사용합니다. key가 없으면 React는 성능 최적화를 제대로 할 수 없고, 예상치 못한 렌더링 문제가 발생할 수 있습니다. key는 컴포넌트에 전달되지만 실제로는 Props가 아닙니다. 컴포넌트 내부에서 `props.key`로 접근할 수 없으며, React 내부적으로만 사용됩니다.

props를 받는 ProductCard 컴포넌트 코드를 확인해 보겠습니다.

```
function ProductCard({ product }: ProductCardProps) {
  // product를 바로 사용할 수 있습니다
  return <h2>{product.name}</h2>;
}
```

`{ product }: ProductCardProps`는 구조 분해 할당입니다. 이렇게 하면 `props.product` 대신 바로 `product`로 접근할 수 있어 코드가 간결해집니다.

다음으로 TypeScript 타입 정의 부분을 살펴보겠습니다.

```tsx
interface ProductCardProps {
  product: {
    id: string;
    name: string;
    // ...
  };
}
```

TypeScript에서는 Props의 타입을 미리 정의합니다. 이렇게 하면 잘못된 데이터를 전달할 때 오류를 미리 알 수 있습니다.

파일 분리를 위해서는 import와 export가 필요합니다. import 와 export 는 타입스크립트 모듈 시스템의 기능입니다.

```tsx
// ProductCard.tsx
export default function ProductCard({ product }: ProductCardProps) {
  // ...
}

// page.tsx
import ProductCard from '@/app/components/ProductCard';
```

`export default`로 컴포넌트를 내보내고, `import`로 가져와서 사용합니다. `@/app`은 프로젝트 루트의 `app` 폴더를 가리킵니다.

Props를 사용해서 데이터를 전달할 때 알아야 할 중요한 특징들을 정리해 보겠습니다.

부모에서 자식으로만 전달됩니다. 데이터는 한 방향으로만 흐릅니다. ProductsComponentPage(부모)가 ProductCard(자식)에게 데이터를 주지만, 자식이 부모의 데이터를 직접 바꿀 수는 없습니다.

읽기 전용입니다. 컴포넌트 내부에서 props 값을 직접 수정할 수 없습니다. `product.name = "다른 이름"`처럼 쓸 수 없습니다.

여러 개를 전달할 수 있습니다. 하나의 컴포넌트에 여러 props를 전달할 수 있습니다.

```
<ProductCard
  product={product}
  showButton={true}
  onButtonClick={() => alert('클릭')}
/>
```

선택적으로 만들 수 있습니다. 필수가 아닌 props는 `?` 기호를 사용하여 선택적으로 만들 수 있습니다.

```
interface ProductCardProps {
  product: {
    // ...
  };
  showButton?: boolean;  // 선택적 props
}
function ProductCard({ product, showButton = true }: ProductCardProps) {
  // showButton을 전달하지 않으면 기본값 true 사용
}
```

Props를 잘 활용하면 컴포넌트를 유연하게 만들 수 있습니다. 같은 컴포넌트에 다른 데이터를 전달하여 다양한 상황에서 재사용할 수 있습니다. 이것이 React 컴포넌트의 핵심 개념입니다. 다음은 컴포넌트를 활용해 실제 자주 사용하는 헤더, 푸터등을 만들어 페이지를 구성해 보겠습니다.

이제 여러 컴포넌트를 조합하여 화면을 구성하는 방법을 익혀 보겠습니다. 작은 컴포넌트들을 레고 블록처럼 조립하면 복잡한 UI도 쉽게 만들 수 있습니다.

지금 app/products-with-props/page.tsx를 보면 상품 카드만 표시하고 있습니다. 실제 웹 사이트를 보면 헤더와 푸터가 거의 모든 페이지에 있습니다. 이 부분들을 별도 컴포넌트로 분리하면 어떨까요? 그러면 페이지 컴포넌트는 더 간단해지고, 헤더와 푸터는 다른 페이지에서도 재사용할 수 있습니다.

새로운 페이지 app/products-combined/page.tsx를 만들어서 헤더와 푸터를 추가한 버전을 만들어 보겠습니다. 이렇게 하면 기존 products-with-props 페이지와 비교할 수 있습니다.

먼저 app/components/Header.tsx 파일을 만듭니다.

```tsx
// app/components/Header.tsx
import Link from 'next/link';
import Image from 'next/image';
export default function Header() {
  return (
    <header style={{
      borderBottom: '1px solid #ddd',
      padding: '20px',
      backgroundColor: '#f9f9f9',
      display: 'flex',
      alignItems: 'center',
      gap: '15px'
    }}>
      <Image
        src="/next.svg"
```

```
      alt="Next.js 로고"
      width={120}
      height={24}
    />
    <div style={{ flex: 1 }}>
      <h1 style={{ margin: 0 }}>상품 추적 시스템</h1>
      <nav style={{ marginTop: '10px' }}>
        <Link href="/products-combined">상품 목록</Link>
      </nav>
    </div>
  </header>
);
}
```

Next.js의 **Link** 컴포넌트를 사용하여 페이지 간 이동을 구현했습니다. **Link**는 Next.js에서 제공하는 컴포넌트로, 일반 **<a>** 태그와 달리 클라이언트 사이드 라우팅을 지원합니다.

Link 컴포넌트의 장점 :

- **빠른 페이지 전환 :** 페이지 전체를 새로고침하지 않고 필요한 부분만 업데이트합니다. 사용자 경험이 훨씬 부드럽습니다.
- **자동 최적화 :** Next.js가 자동으로 필요한 JavaScript만 미리 로드하여 성능을 최적화합니다.
- **브라우저 히스토리 관리 :** 뒤로 가기, 앞으로 가기 버튼이 자연스럽게 작동합니다.

import Link from 'next/link'로 가져와서 사용하며, **href** 속성에 이동할 경로를 지정합니다. 내부적으로는 **<a>** 태그로 렌더링되지만, Next.js가 라우팅을 최적화합니다.

다음으로 **app/components/Footer.tsx** 파일을 만듭니다.

```
// app/components/Footer.tsx
export default function Footer() {
```

```tsx
  return (
    <footer style={{
      borderTop: '1px solid #ddd',
      padding: '20px',
      backgroundColor: '#f9f9f9',
      marginTop: '40px',
      textAlign: 'center'
    }}>
      <p style={{ margin: 0, color: '#666' }}>
        상품 추적 시스템. All rights reserved.
      </p>
    </footer>
  );
}
```

이제 새로운 페이지 컴포넌트를 만들어서 헤더와 푸터를 조합합니다.

```tsx
// app/products-combined/page.tsx
import Header from '@/app/components/Header';
import Footer from '@/app/components/Footer';
import ProductCard from '@/app/components/ProductCard';
export default function ProductsCombinedPage() {
  const products = [
    { id: '1', name: '무선 블루투스 이어폰', price: 29900, category: 'digital' },
    { id: '2', name: '스마트워치 프로', price: 199000, category: 'digital' },
    { id: '3', name: '노트북 울트라', price: 1299000, category: 'digital' }
  ];
  return (
    <div>
      <Header />
```

```jsx
    <main style={{ padding: '20px', minHeight: '60vh' }}>
      <h2>상품 목록</h2>
      <p>총 {products.length}개의 상품</p>
      <div>
        {products.map(product => (
          <ProductCard key={product.id} product={product} />
        ))}
      </div>
    </main>
    <Footer />
  </div>
);
}
```

훨씬 간결해졌습니다. 페이지 컴포넌트는 데이터를 준비하고 전체 레이아웃만 관리합니다. 헤더, 푸터, 상품 카드는 각각 독립적인 컴포넌트로 분리되어 있습니다.

이제 컴포넌트 구조는 다음과 같습니다.

```
ProductsCombinedPage (페이지)
├── Header (헤더)
├── main (본문)
│       └── div (상품 카드 목록)
│               ├── ProductCard
│               ├── ProductCard
│               └── ProductCard
└── Footer (푸터)
```

각 컴포넌트는 자식 컴포넌트를 포함할 수 있고, 이런 식으로 계층 구조를 만듭니다. '트리 구조'라고도 하죠.

각 컴포넌트는 하나의 명확한 책임을 가져야 합니다.

- **ProductsCombinedPage** : 페이지 전체 레이아웃과 데이터 준비를 담당합니다.
- **Header** : 사이트 상단의 헤더와 네비게이션을 표시합니다.
- **ProductCard** : 하나의 상품 정보를 카드 형태로 표시합니다. (**3.2.3** 에서 만든 컴포넌트 재사용)
- **Footer** : 사이트 하단의 푸터 정보를 표시합니다.

이렇게 분리하면 각 컴포넌트를 독립적으로 수정할 수 있습니다. Header의 디자인을 바꿔도 Footer나 상품 카드는 영향받지 않습니다.

개발 서버를 실행하고 `http://localhost:3000/products-combined`로 접속하면 헤더와 푸터가 추가된 페이지를 볼 수 있습니다. 기존 `http://localhost:3000/products-with-props`와 비교해 보세요. 헤더와 푸터가 추가되어 더 완성도 높은 페이지가 되었습니다.

Props 사용시 기억해야 할 점은 데이터의 흐름입니다. React에서 데이터는 위에서 아래로 흐릅니다. 즉 부모 컴포넌트에서 자식 컴포넌트로만 전달됩니다. 자식 컴포넌트는 부모에게 데이터를 요청할 수 없습니다. 오직 부모가 props로 전달해 준 데이터만 사용할 수 있죠. 이런 단방향 데이터 흐름이 React의 핵심 개념입니다.

○○○ 단방향 데이터 흐름, 양방향 데이터 흐름

React는 단방향 데이터 흐름을 사용합니다. 데이터는 부모 컴포넌트에서 자식 컴포넌트로만 전달되며, 자식이 부모의 데이터를 직접 변경할 수 없습니다. 반면 Angular나 Vue는 양방향 데이터 바인딩을 지원합니다. 양방향 바인딩에서는 `v-model`이나 `ngModel` 같은 디렉티브를 통해 자식 컴포넌트의 변경 사항이 부모의 데이터에 반영되어 데이터 흐름이 양쪽 방향으로 이루어집니다. React의 단방향 흐름은 데이터 흐름을 예측하기 쉽고 디버깅이 간단하다는 장점이 있습니다. 어떤 컴포넌트가 데이터를 변경했는지 추적하기 쉽기 때문이죠. 반면 양방향 바인딩은 편리하지만 데이터 흐름이 복잡해질 수 있어서 대규모 애플리케이션에서는 예상치 못한 부작용이 발생할 수 있습니다.

그렇다면 React에서 자식 컴포넌트가 부모의 데이터를 변경해야 할 때는 어떻게 할까요? React에서는 콜백 함수를 Props로 전달하는 방식을 사용합니다. 부모 컴포넌트가 데이터를 변경하는 함수를 만들고, 그 함수를 자식 컴포넌트에 Props로 전달합니다. 자식 컴포넌트는 이 콜백 함수를 호출하여 부모에게 데이터 변경을 요청하죠.

예를 들어 `<ProductCard onDelete={handleDelete} />`처럼 전달하면, 자식이 `onDelete()`를 호출할 때 부모의 `handleDelete` 함수가 실행되어 부모의 상태가 변경됩니다. 이렇게 하면 단방향 데이터 흐름을 유지하면서도 자식이 부모에게 변경을 요청할 수 있습니다. 이 방식은 React의 공식 권장 방법이며, 컴포넌트 간의 책임을 명확하게 분리할 수 있습니다.

Header와 Footer는 Props를 받지 않는 정적 컴포넌트입니다. 모든 페이지에서 동일하게 표시되므로 재사용성이 높습니다. 이제 만든 컴포넌트들은 어디서든 사용할 수 있습니다. 예를 들어 다른 페이지를 만든다면 같은 Header와 Footer를 사용할 수 있습니다.

```tsx
// app/about/page.tsx
import Header from '@/app/components/Header';
import Footer from '@/app/components/Footer';
export default function AboutPage() {
  return (
    <div>
```

```jsx
      <Header />
      <main style={{ padding: '20px', minHeight: '60vh' }}>
        <h1>회사 소개</h1>
        <p>우리는 상품 가격을 추적하는 서비스를 제공합니다.</p>
      </main>
      <Footer />
    </div>
  );
}
```

같은 컴포넌트를 재사용하면 일관된 UI를 유지할 수 있고, 코드 중복도 줄일 수 있습니다. Header를 한 번만 수정하면 모든 페이지에 자동으로 반영됩니다. 이처럼 컴포넌트들을 조합하면 무한한 가능성이 생깁니다. 마치 레고 블록으로 무엇이든 만들 수 있는 것처럼, 잘 설계된 컴포넌트로 복잡한 UI도 쉽게 구성할 수 있습니다.

다음 섹션에서는 지금까지 배운 내용을 정리해 보겠습니다.

3.2.5 { 정리 ○○○ }

이번 섹션에서는 React 컴포넌트의 핵심 개념을 배우고, **3.1** 파트에서 만든 상품 목록 페이지를 컴포넌트 기반으로 개선했습니다. 처음에는 하나의 파일에 모든 코드가 있었지만, 이제는 각 부분이 독립적인 컴포넌트로 분리되었습니다.

배운 내용을 요약하면 다음과 같습니다.

- **컴포넌트의 필요성** : 반복되는 코드 패턴을 발견하고, 이를 컴포넌트로 분리하면 재사용성과 유지보수성이 높아집니다.
- **React 컴포넌트** : UI의 독립적인 조각으로, 입력(Props)을 받아서 출력(JSX)을 반환하는 함수입니다. 첫 글자는 대문자로 시작합니다.

- **컴포넌트 만들기** : 함수형 컴포넌트를 작성하고, JSX를 반환합니다. 같은 파일 내에서 시작하여 점차 별도 파일로 분리했습니다.
- **Props로 데이터 전달** : 부모 컴포넌트에서 자식 컴포넌트로 데이터를 전달할 때 Props를 사용합니다. HTML 속성처럼 전달하고, 함수 매개변수로 받습니다.
- **TypeScript 타입 정의** : 인터페이스로 Props의 타입을 명시하면, 오류를 조기에 발견하고 자동완성의 도움을 받을 수 있습니다.
- **파일 분리** : 각 컴포넌트를 별도 파일로 관리하면 코드를 찾기 쉽고, import/export로 연결합니다. `components` 폴더에 컴포넌트를 저장하고, `types` 폴더에 타입을 저장합니다.
- **컴포넌트 조합** : 작은 컴포넌트들을 조합하여 복잡한 UI를 만듭니다. 각 컴포넌트는 단일 책임을 가지며, 데이터는 위에서 아래로 흐릅니다.

컴포넌트 기반 개발의 이점은 다음과 같습니다.

- **재사용성** : ProductItem과 ProductList는 다른 페이지에서도 사용할 수 있습니다. 추천 상품, 관련 상품, 검색 결과 등 어디서든 활용할 수 있습니다.
- **유지보수성** : 상품 표시 방식을 바꾸려면 ProductItem만 수정하면 됩니다. 이 컴포넌트를 사용하는 모든 곳에 자동으로 반영됩니다.
- **가독성** : 각 컴포넌트가 작고 명확한 역할을 가지고 있어, 코드를 읽는 사람이 쉽게 이해할 수 있습니다.
- **테스트 용이성** : 작은 단위로 나뉘어 있어 개별적으로 테스트하기 쉽습니다.
- **협업 효율성** : 팀원들이 서로 다른 컴포넌트를 동시에 작업할 수 있습니다.

지금까지 배운 내용을 바탕으로 좋은 컴포넌트를 만드는 원칙을 정리하면 다음과 같습니다.

- **단일 책임** : 하나의 컴포넌트는 하나의 역할만 합니다.
- **명확한 이름** : 컴포넌트 이름만 봐도 무엇을 하는지 알 수 있어야 합니다.
- **Props로 커스터마이징** : 하드코딩 대신 Props를 받아서 동작을 조정합니다.
- **타입 정의** : TypeScript로 Props 타입을 명시하여 안정성을 높입니다.
- **적절한 크기** : 너무 크지도, 너무 작지도 않게 적절한 크기로 나눕니다.

실제 프로젝트에서는 이런 컴포넌트들이 수십, 수백 개가 됩니다. 하지만 기본 원리는 같습니다. 작은 컴포넌트를 만들고, Props로 데이터를 전달하고, 조합하여 화면을 구성하죠.

이제 컴포넌트 구조는 완성되었지만, 아직 스타일이 없어서 보기에 밋밋합니다. 다음 파트에서는 지금까지 만든 컴포넌트 구조는 그대로 유지하면서, 시각적으로 좀 더 멋진 UI를 만들 것입니다.

컴포넌트가 제대로 분리되어 있어 스타일링도 체계적으로 진행할 수 있으므로, CSS와 Tailwind CSS를 사용하여 컴포넌트에 스타일을 입히는 방법을 살펴보겠습니다.

3.3 CSS와 Tailwind로 데이터를 멋지게 보여주기

이제, CSS와 Tailwind CSS를 사용하여 상품 목록을 시각적으로 멋지게 만들어 보겠습니다. Tailwind의 유틸리티 클래스를 활용하면 빠르고 일관성 있는 디자인을 구현할 수 있습니다.

3.3.1 왜 스타일링이 필요한가

이전 실습에서 React 컴포넌트로 깔끔하게 구조화한 상품 목록을 만들었습니다. `products-combined` 페이지를 보면 헤더, 상품 카드, 푸터가 모두 인라인 스타일로 스타일링되어 있죠. 기능은 동작하지만, 인라인 스타일은 여러 문제점이 있습니다.

인라인 스타일의 문제점은 다음과 같습니다. 우선 코드가 길어지고 가독성이 떨어집니다. 반응형 디자인을 구현하기 어렵고, 스타일을 재사용하기도 어렵죠. 또한 호버 효과나 애니메이션 같은 인터랙티브한 효과를 추가하기에도 복잡합니다.

좋은 UI/UX는 사용자 경험을 크게 향상시킵니다. 시각적으로 명확한 계층 구조와 적절한 색상, 간격을 통해 사용자가 원하는 정보를 빠르게 찾을 수 있게 도와줍니다.

Tailwind CSS를 사용하면 카드 레이아웃, 그리드 배치, 반응형 디자인, 호버 효과 등을 쉽게 구현할 수 있습니다. 이번 섹션에서는 Tailwind CSS를 사용하여 더 나은 스타일링을 배워보겠습니다. Tailwind CSS는 유틸리티 클래스를 제공하는 CSS 프레임워크로, 인라인 스타일보다 훨씬 효율적이고 유지보수하기 쉽습니다. HTML 태그에 클래스를 추가하는 것만으로 스타일을 적용할 수 있습니다. 다음은 tailwind css를 사용한 예제입니다.

```
// 인라인 스타일
<div style={{ padding: '20px', backgroundColor: 'white', borderRadius: '8px' }}>
  <h2 style={{ fontSize: '1.5em', fontWeight: 'bold' }}>{product.name}</h2>
</div>


// Tailwind CSS
<div className="p-5 bg-white rounded-lg">
  <h2 className="text-2xl font-bold">{product.name}</h2>
</div>
```

`p-5`는 패딩을, `bg-white`는 흰색 배경을, `rounded-lg`는 둥근 모서리를 의미합니다. 클래스 이름만 봐도 무엇을 하는지 알 수 있고, 코드도 훨씬 간결합니다.

이번 섹션이 끝나면 우리의 상품 목록은 다음과 같이 개선될 것입니다.

- 그리드로 배치되어 여러 상품이 한눈에 보임
- 호버하면 반응하는 인터랙티브한 UI
- 모바일, 태블릿, 데스크톱 모두 최적화된 반응형 디자인

이제 CSS의 기본 개념을 이해하고, Tailwind CSS를 사용하여 실제로 스타일을 적용해 보겠습니다.

3.3.2 CSS 기본 개념 이해하기

Tailwind를 사용하기 전에 CSS의 기본 개념을 이해해야 합니다. Tailwind의 클래스 이름은 CSS 속성에 기반하므로, CSS를 알면 Tailwind를 더 쉽게 사용할 수 있습니다.

실제로 코드를 작성하면서 CSS 개념을 배워 보겠습니다. `app/css-basics/page.tsx` 파일을 만들어서 CSS의 주요 개념을 시각적으로 확인할 수 있는 예제를 작성합니다.

```tsx
// app/css-basics/page.tsx
export default function CSSBasicsPage() {
  return (
    <div style={{ padding: '20px', maxWidth: '800px', margin: '0 auto' }}>
      <h1>CSS 기본 개념 실습</h1>

      {/* 1. Margin과 Padding의 차이 */}
      <section style={{ marginTop: '40px' }}>
        <h2>1. Margin과 Padding의 차이</h2>
        <p style={{ color: '#666' }}>
          margin은 요소 바깥의 공간이고, padding은 요소 안쪽의 공간입니다.
        </p>
        <div style={{
          margin: '30px',          // 바깥 여백 - 다른 요소와의 거리
          padding: '20px',         // 안쪽 여백 - 내용과 테두리 사이의 공간
          border: '3px solid #2196F3',
          backgroundColor: '#E3F2FD'
        }}>
          <p style={{ margin: 0 }}>
            이 박스는 margin 30px, padding 20px입니다.
            <br />
            파란색 테두리와 배경색으로 영역을 확인할 수 있습니다.
          </p>
        </div>
        <div style={{
          margin: '10px',          // margin이 작으면 요소들이 가까워집니다
          padding: '40px',         // padding이 크면 내용 주변 공간이 넓어집니다
          border: '3px solid #4CAF50',
          backgroundColor: '#E8F5E9'
        }}>
```

```jsx
      <p style={{ margin: 0 }}>
        이 박스는 margin 10px, padding 40px입니다.
        <br />
        padding이 크면 내용 주변 공간이 넓어집니다.
      </p>
    </div>
</section>

{/* 2. 색상과 크기 */}
<section style={{ marginTop: '60px' }}>
  <h2>2. 색상과 크기</h2>
  <div style={{
    color: '#2196F3',           // 텍스트 색상
    fontSize: '24px',           // 글자 크기
    fontWeight: 'bold',         // 글자 굵기
    marginTop: '20px'
  }}>
    파란색, 24px, 굵은 텍스트
  </div>
  <div style={{
    color: '#ff5722',           // 다른 색상
    fontSize: '18px',           // 작은 크기
    fontWeight: 'normal',       // 일반 굵기
    marginTop: '10px'
  }}>
    주황색, 18px, 일반 텍스트
  </div>
  <div style={{
    backgroundColor: '#4CAF50', // 배경 색상
    color: 'white',             // 텍스트 색상
    padding: '15px',
```

```jsx
      marginTop: '20px',
      borderRadius: '8px'          // 둥근 모서리
  }}>
      배경색과 텍스트 색상, 둥근 모서리
  </div>
</section>

{/* 3. Flexbox 레이아웃 */}
<section style={{ marginTop: '60px' }}>
  <h2>3. Flexbox 레이아웃</h2>
  <p style={{ color: '#666' }}>
    display: flex를 사용하면 요소들을 가로나 세로로 배치할 수 있습니다.
  </p>
  <div style={{
    display: 'flex',              // Flexbox 활성화
    gap: '10px',                 // 요소 사이 간격
    marginTop: '20px'
  }}>
    <div style={{
      flex: 1,                   // 남은 공간을 균등하게 차지
      padding: '20px',
      backgroundColor: '#FFE0B2',
      borderRadius: '8px',
      textAlign: 'center'
    }}>
      박스 1
    </div>
    <div style={{
      flex: 1,
      padding: '20px',
      backgroundColor: '#C5E1A5',
```

```jsx
      borderRadius: '8px',
      textAlign: 'center'
  }}>
    박스 2
  </div>
  <div style={{
    flex: 1,
    padding: '20px',
    backgroundColor: '#BBDEFB',
    borderRadius: '8px',
    textAlign: 'center'
  }}>
    박스 3
  </div>
</div>
<div style={{
  display: 'flex',
  flexDirection: 'column',       // 세로 방향 배치
  gap: '10px',
  marginTop: '20px'
}}>
  <div style={{
    padding: '15px',
    backgroundColor: '#F8BBD0',
    borderRadius: '8px'
  }}>
    세로 배치 1
  </div>
  <div style={{
    padding: '15px',
    backgroundColor: '#CE93D8',
```

```jsx
      borderRadius: '8px'
    }}>
      세로 배치 2
    </div>
  </div>
</section>


{/* 4. 테두리와 그림자 */}
<section style={{ marginTop: '60px' }}>
  <h2>4. 테두리와 그림자</h2>
  <div style={{
    border: '2px solid #2196F3',              // 테두리: 두께, 스타일, 색상
    borderRadius: '12px',                      // 둥근 모서리
    padding: '20px',
    marginTop: '20px',
    boxShadow: '0 4px 6px rgba(0,0,0,0.1)'  // 그림자 효과
  }}>
    테두리와 둥근 모서리, 그림자가 있는 박스
  </div>
  <div style={{
    border: '1px dashed #ff5722',             // 점선 테두리
    borderRadius: '0px',                       // 직각 모서리
    padding: '20px',
    marginTop: '20px'
  }}>
    점선 테두리, 직각 모서리
  </div>
</section>


{/* 5. 텍스트 정렬 */}
<section style={{ marginTop: '60px' }}>
```

```jsx
      <h2>5. 텍스트 정렬</h2>
      <div style={{
        textAlign: 'left',              // 왼쪽 정렬
        padding: '15px',
        backgroundColor: '#F5F5F5',
        marginTop: '20px'
      }}>
        왼쪽 정렬된 텍스트
      </div>
      <div style={{
        textAlign: 'center',            // 가운데 정렬
        padding: '15px',
        backgroundColor: '#F5F5F5',
        marginTop: '10px'
      }}>
        가운데 정렬된 텍스트
      </div>
      <div style={{
        textAlign: 'right',             // 오른쪽 정렬
        padding: '15px',
        backgroundColor: '#F5F5F5',
        marginTop: '10px'
      }}>
        오른쪽 정렬된 텍스트
      </div>
    </section>
  </div>
  );
}
```

개발 서버를 실행하고 `http://localhost:3000/css-basics`로 접속하면 각 CSS 개념을 시각적으로 확인할 수 있습니다.

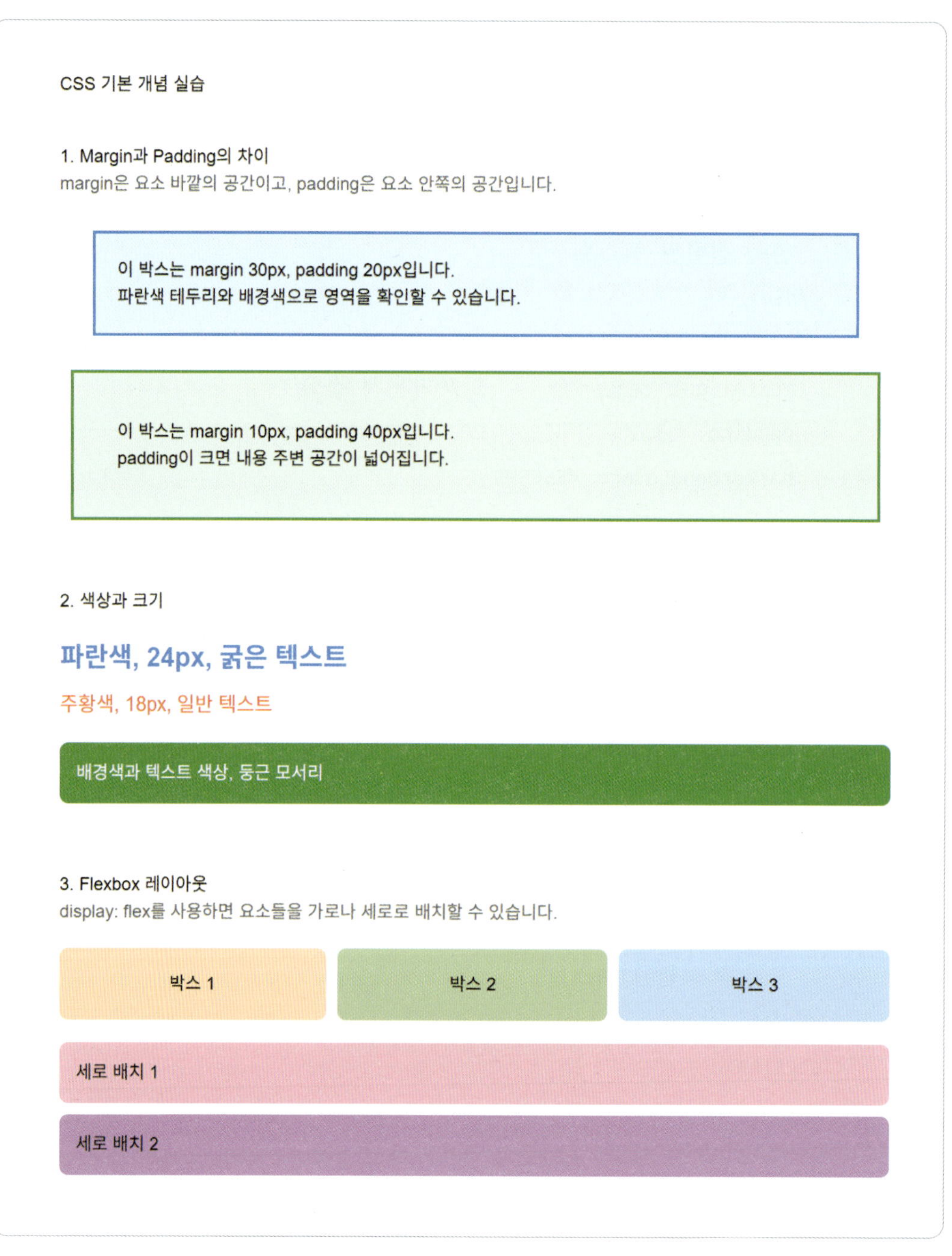

그럼, 주요 CSS 개념 정리을 정리해 보겠습니다.

- **Margin과 Padding :** margin은 요소 바깥의 공간, padding은 요소 안쪽의 공간입니다. Tailwind에서는 `m-4`는 margin, `p-4`는 padding을 의미합니다.
- **색상 :** `color`는 텍스트 색상, `backgroundColor`는 배경 색상입니다. Tailwind에서는 `text-blue-500`, `bg-white`처럼 사용합니다.
- **크기 :** `fontSize`는 글자 크기, `width`와 `height`는 요소의 너비와 높이입니다. Tailwind에서는 `text-xl`, `w-full`, `h-20`처럼 사용합니다.
- **Flexbox :** `display: flex`로 요소들을 가로나 세로로 배치합니다. `flexDirection`으로 방향을 정하고, `gap`으로 간격을 조정합니다. Tailwind에서는 **flex**, **flex-col**, **gap-4**처럼 사용합니다.
- **테두리와 그림자 :** `border`로 테두리를, `borderRadius`로 둥근 모서리를, `boxShadow`로 그림자를 만듭니다. Tailwind에서는 `border`, `rounded-lg`, `shadow`처럼 사용합니다.

이제 CSS의 기본 개념을 이해했으니, 다음 섹션에서는 Tailwind CSS를 사용하여 더 효율적으로 스타일을 적용하는 방법을 살펴보겠습니다.

3.3.3 Tailwind CSS 소개

3.3.2 파트에서 인라인 스타일로 CSS 개념을 배웠습니다. 이제 같은 예제를 Tailwind CSS로 변환해 보겠습니다. Tailwind CSS는 유틸리티 클래스를 제공하는 CSS 프레임워크로, 인라인 스타일보다 훨씬 효율적이고 유지보수하기 쉽습니다.

`app/tailwind-basics/page.tsx` 파일을 만들어서 **3.3.2**의 예제를 Tailwind로 변환한 버전을 작성해 보겠습니다.

```tsx
// app/tailwind-basics/page.tsx
export default function TailwindBasicsPage() {
  return (
```

```jsx
<div className="p-5 max-w-4xl mx-auto">
  <h1 className="text-3xl font-bold mb-10">Tailwind CSS 실습</h1>

  {/* 1. Margin과 Padding - 인라인 스타일 vs Tailwind */}
  <section className="mt-10">
    <h2 className="text-2xl font-semibold mb-4">1. Margin과 Padding</h2>
    <p className="text-gray-600 mb-4">
      margin은 요소 바깥의 공간이고, padding은 요소 안쪽의 공간입니다.
    </p>

    {/* 인라인 스타일 버전 */}
    <div className="mb-6">
      <h3 className="text-lg font-medium mb-2">인라인 스타일:</h3>
      <div style={{
        margin: '30px',
        padding: '20px',
        border: '3px solid #2196F3',
        backgroundColor: '#E3F2FD'
      }}>
        <p style={{ margin: 0 }}>
          margin: 30px, padding: 20px
        </p>
      </div>
    </div>

    {/* Tailwind 버전 */}
    <div>
      <h3 className="text-lg font-medium mb-2">Tailwind CSS:</h3>
      <div className="m-8 p-5 border-4 border-blue-500 bg-blue-50">
        <p className="m-0">
```

```jsx
          m-8 (margin 32px), p-5 (padding 20px)
        </p>
      </div>
    </div>
    <div className="mt-4">
      <div className="m-2 p-10 border-4 border-green-500 bg-green-50">
        <p className="m-0">
          m-2 (margin 8px), p-10 (padding 40px)
        </p>
      </div>
    </div>
  </section>

  {/* 2. 색상과 크기 */}
  <section className="mt-16">
    <h2 className="text-2xl font-semibold mb-4">2. 색상과 크기</h2>
    <div className="mb-4">
      <h3 className="text-lg font--medium mb-2">인라인 스타일:</h3>
      <div style={{
        color: '#2196F3',
        fontSize: '24px',
        fontWeight: 'bold',
        marginTop: '20px'
      }}>
        파란색, 24px, 굵은 텍스트
      </div>
    </div>
    <div>
      <h3 className="text-lg font-medium mb-2">Tailwind CSS:</h3>
      <div className="text-blue-500 text-2xl font-bold mt-5">
        text-blue-500, text-2xl, font-bold
```

```jsx
      </div>
      <div className="text-orange-500 text-lg font-normal mt-2">
        text-orange-500, text-lg, font-normal
      </div>
      <div className="bg-green-500 text-white p-4 mt-5 rounded-lg">
        bg-green-500, text-white, rounded-lg
      </div>
    </div>
</section>

{/* 3. Flexbox 레이아웃 */}
<section className="mt-16">
  <h2 className="text-2xl font-semibold mb-4">3. Flexbox 레이아웃</h2>
  <p className="text-gray-600 mb-4">
    display: flex를 사용하면 요소들을 가로나 세로로 배치할 수 있습니다.
  </p>
  <div className="mb-6">
    <h3 className="text-lg font-medium mb-2">인라인 스타일:</h3>
    <div style={{
      display: 'flex',
      gap: '10px',
      marginTop: '20px'
    }}>
      <div style={{
        flex: 1,
        padding: '20px',
        backgroundColor: '#FFE0B2',
        borderRadius: '8px',
        textAlign: 'center'
      }}>
        박스 1
```

```jsx
        </div>
        <div style={{
          flex: 1,
          padding: '20px',
          backgroundColor: '#C5E1A5',
          borderRadius: '8px',
          textAlign: 'center'
        }}>
          박스 2
        </div>
        <div style={{
          flex: 1,
          padding: '20px',
          backgroundColor: '#BBDEFB',
          borderRadius: '8px',
          textAlign: 'center'
        }}>
          박스 3
        </div>
      </div>
    </div>
    <div>
      <h3 className="text-lg font-medium mb-2">Tailwind CSS:</h3>
      <div className="flex gap-2.5 mt-5">
        <div className="flex-1 p-5 bg-orange-200 rounded-lg text-center">
          박스 1
        </div>
        <div className="flex-1 p-5 bg-green-200 rounded-lg text-center">
          박스 2
        </div>
        <div className="flex-1 p-5 bg-blue-200 rounded-lg text-center">
```

```jsx
          박스 3
        </div>
      </div>
      <div className="flex flex-col gap-2.5 mt-5">
        <div className="p-4 bg-pink-200 rounded-lg">
          세로 배치 1
        </div>
        <div className="p-4 bg-purple-200 rounded-lg">
          세로 배치 2
        </div>
      </div>
    </div>
  </section>

  {/* 4. 테두리와 그림자 */}
  <section className="mt-16">
    <h2 className="text-2xl font-semibold mb-4">4. 테두리와 그림자</h2>
    <div className="mb-6">
      <h3 className="text-lg font--medium mb-2">인라인 스타일:</h3>
      <div style={{
        border: '2px solid #2196F3',
        borderRadius: '12px',
        padding: '20px',
        marginTop: '20px',
        boxShadow: '0 4px 6px rgba(0,0,0,0.1)'
      }}>
        테두리와 둥근 모서리, 그림자
      </div>
    </div>
    <div>
      <h3 className="text-lg font-medium mb-2">Tailwind CSS:</h3>
```

```jsx
        <div className="border-2 border-blue-500 rounded-xl p-5 mt-5
shadow-md">
          border-2, border-blue-500, rounded-xl, shadow-md
        </div>
        <div className="border border-dashed border-orange-500
rounded-none p-5 mt-5">
          border-dashed, rounded-none
        </div>
      </div>
    </section>

    {/* 5. 텍스트 정렬 */}
    <section className="mt-16">
      <h2 className="text-2xl font-semibold mb-4">5. 텍스트 정렬</h2>
      <div className="mb-6">
        <h3 className="text-lg font--medium mb-2">인라인 스타일:</h3>
        <div style={{
          textAlign: 'left',
          padding: '15px',
          backgroundColor: '#F5F5F5',
          marginTop: '20px'
        }}>
          왼쪽 정렬된 텍스트
        </div>
      </div>
      <div>
        <h3 className="text-lg font-medium mb-2">Tailwind CSS:</h3>
        <div className="text-left p-4 bg-gray-100 mt-5">
          text-left - 왼쪽 정렬
        </div>
        <div className="text-center p-4 bg-gray-100 mt-2">
```

```jsx
          text-center - 가운데 정렬
        </div>
        <div className="text-right p-4 bg-gray-100 mt-2">
          text-right - 오른쪽 정렬
        </div>
      </div>
    </section>
  </div>
  );
}
```

개발 서버를 실행하고 `http://localhost:3000/tailwind-basics`로 접속하면 인라인 스타일과 Tailwind CSS를 비교할 수 있습니다.

Tailwind CSS 실습

1. Margin과 Padding

margin은 요소 바깥의 공간이고, padding은 요소 안쪽의 공간입니다.

인라인 스타일:

margin: 30px, padding: 20px

Tailwind CSS:

m-8 (margin 32px), p-5 (padding 20px)

m-2 (margin 8px), p-10 (padding 40px)

Tailwind CSS의 장점은 다음과 같습니다.

코드가 간결합니다. 인라인 스타일은 긴 객체를 작성해야 하지만, Tailwind는 짧은 클래스 이름으로 표현할 수 있습니다.

```
// 인라인 스타일
<div style={{ padding: '20px', backgroundColor: 'white', borderRadius: '8px' }}>

// Tailwind CSS
<div className="p-5 bg-white rounded-lg">
```

일관성 있는 디자인. Tailwind는 정해진 값들만 사용하므로 디자인이 일관적입니다. p-4는 항상 16px, p-5는 항상 20px입니다.

재사용이 쉽습니다. 같은 클래스를 여러 곳에서 사용할 수 있고, 수정도 간단합니다.

반응형 디자인이 쉽습니다. `md:p-6`, `lg:flex`처럼 화면 크기에 따라 다른 스타일을 적용할 수 있습니다.

호버 효과가 간단합니다. `hover:bg-blue-500`처럼 상태에 따른 스타일을 쉽게 추가할 수 있습니다.

Tailwind CSS는 유틸리티 클래스를 제공하여 빠르고 일관성 있는 스타일링을 가능하게 합니다. 별도 CSS 파일 없이 HTML에 클래스만 추가하면 됩니다.

다음 섹션에서는 실제 상품 목록에 Tailwind CSS를 적용해 보겠습니다.

3.3.4 Tailwind로 ProductCard 스타일링하기 ○○○

이제 실제로 ProductCard 컴포넌트에 Tailwind 클래스를 적용해 보겠습니다. 앞서 **3.2.3** 파트에서 만든 인라인 스타일의 상품 카드를 Tailwind 버전으로 변환하겠습니다. 더불어 스타일 요소도 추가해 좀더 예쁘게 만들어 보겠습니다.

기존 코드와의 비교를 위해 별도의 디렉토리와 파일로 분리합니다. `app/components/styled/products/ProductCard.tsx` 파일을 새로 만들어서 Tailwind 버전을 작성합니다.

```tsx
// app/components/styled/products/ProductCard.tsx
interface ProductCardProps {
  product: {
    id: string;
    name: string;
    price: number;
    category: string;
  };
}
```

```tsx
export default function ProductCard({ product }: ProductCardProps) {
  return (
    <div className="bg-white border border-gray-200 rounded-lg shadow-sm
hover:shadow-md transition-shadow p-5 mb-5">

      {/* 헤더: 상품명과 추적중 태그 */}
      <div className="flex justify-between items-start mb-3">
        <h2 className="text-xl font-bold text-gray-900 m-0 flex-1">
          {product.name}
        </h2>
        <span className="bg-green-500 text-white text-xs font-medium px-2
py-1 rounded ml-3 whitespace-nowrap">
          추적중
        </span>
      </div>

      {/* 가격과 카테고리 */}
      <div className="mt-2">
        <p className="text-2xl font-semibold text-blue-600 mb-2">
          {product.price.toLocaleString()}원
        </p>
        <p className="text-sm text-gray-500">
          카테고리: {product.category}
        </p>
      </div>

      {/* 버튼 영역 */}
      <div className="mt-4 pt-4 border-t border-gray-100">
        <button className="w-full py-2 px-4 bg-white text-blue-600 border
border-blue-600 rounded-md hover:bg-blue-50 transition-colors font-medium">
          상세 보기
```

```
        </button>
      </div>
    </div>
  );
}
```

주요 변경 사항은 다음과 같습니다.

카드 컨테이너 :

- `bg-white` : 흰색 배경
- `border border-gray-200` : 연한 회색 테두리
- `rounded-lg` : 둥근 모서리
- `shadow-sm hover:shadow-md` : 기본 그림자와 호버 시 더 진한 그림자
- `transition-shadow` : 그림자 변화 애니메이션
- `p-5` : 20px 패딩
- `mb-5` : 아래 마진 20px

헤더 부분 :

- `flex justify-between items-start` : 상품명과 태그를 양쪽 끝에 배치
- `text-xl font-bold text-gray-900` : 큰 제목, 굵은 글씨, 진한 회색
- `bg-green-500 text-white` : 초록색 배경, 흰색 텍스트
- `text-xs font-medium px-2 py-1 rounded` : 작은 글씨, 적절한 패딩, 둥근 모서리
- `whitespace-nowrap` : 태그가 줄바꿈되지 않도록

가격 :

- `text-2xl font-semibold text-blue-600` : 큰 글씨, 중간 굵기, 파란색
- `mb-2` : 아래 마진 8px

카테고리 :

- `text-sm text-gray-500` : 작은 글씨, 회색

버튼 :

- `w-full` : 전체 너비
- `py-2 px-4` : 세로 8px, 가로 16px 패딩
- `hover:bg-blue-50` : 호버 시 연한 파란색 배경
- `transition-colors` : 색상 변화 애니메이션
- `font-medium` : 중간 굵기

이제 `app/products-styled/page.tsx` 파일을 만들어서 새로운 ProductCard를 사용합니다.

```tsx
// app/products-styled/page.tsx
import Header from '@/app/components/Header';
import Footer from '@/app/components/Footer';
import ProductCard from '@/app/components/styled/products/ProductCard';
export default function ProductsStyledPage() {
  const products = [
    { id: '1', name: '무선 블루투스 이어폰', price: 29900, category: 'digital' },
    { id: '2', name: '스마트워치 프로', price: 199000, category: 'digital' },
    { id: '3', name: '노트북 울트라', price: 1299000, category: 'digital' }
  ];
  return (
    <div className="min-h-screen bg-gray-50">
      <Header />
      <main className="p-8 max-w-6xl mx-auto">
        <h1 className="text-3xl font-bold text-gray-900 mb-2">
          상품 목록
        </h1>
        <p className="text-gray-600 mb-8">
          총 {products.length}개의 상품
        </p>
        <div>
```

```jsx
        {products.map(product => (
          <ProductCard key={product.id} product={product} />
        ))}
      </div>
    </main>
    <Footer />
  </div>
  );
}
```

페이지에 적용한 스타일은 다음과 같습니다.

- `min-h-screen bg-gray-50` : 최소 높이 화면 전체, 연한 회색 배경
- `p-8` : 32px 패딩
- `max-w-6xl mx-auto` : 최대 너비 제한, 가운데 정렬
- `mb-8` : 아래 마진 32px

개발 서버를 실행하고 `http://localhost:3000/products-styled`로 접속하여, Tailwind로 스타일 링된 카드를 확인해 보세요.

노트북 울트라

1,299,000원

카테고리: digital

추적중

상세 보기

이번에 적용한 효과를 정리하면 다음과 같습니다.

호버 효과 : 카드에 마우스를 올리면 그림자가 진해지고, 버튼에 올리면 배경색이 변합니다. 사용자가 클릭 가능한 요소임을 직관적으로 알 수 있습니다.

일관된 간격 : Tailwind의 정해진 간격 시스템을 사용하여 디자인이 일관적입니다.

타이포그래피 : 글자 크기와 굵기를 계층적으로 구성하여 정보의 중요도를 명확히 전달합니다.

색상 시스템 : Tailwind의 색상 팔레트를 사용하여 일관된 색상 체계를 유지합니다.

반응형 준비 : 다음 섹션에서 그리드 레이아웃을 추가하면 화면 크기에 따라 자동으로 조정됩니다.

인라인 스타일 버전과 비교하면, Tailwind 버전이 훨씬 간결하고 유지보수하기 쉽습니다. 또한 호버 효과 같은 인터랙티브한 요소도 쉽게 추가할 수 있죠.

다음 섹션에서는 여러 카드를 그리드 레이아웃으로 배치하여 더 효율적으로 공간을 사용하는 방법을 익혀 보겠습니다.

현재 상품 카드들이 세로로만 나열되어 있습니다. 'CSS Grid'를 사용하면 여러 카드를 가로로 나란히 배치하여 공간을 효율적으로 사용할 수 있습니다.

이제 그리드 레이아웃을 적용한 새로운 페이지를 만들겠습니다. `app/products-grid/page.tsx` 파일을 생성하여 그리드 레이아웃을 적용합니다.

```tsx
// app/products-grid/page.tsx
import Header from '@/app/components/Header';
import Footer from '@/app/components/Footer';
import ProductCard from '@/app/components/styled/products/ProductCard';
export default function ProductsGridPage() {
  const products = [
    { id: '1', name: '무선 블루투스 이어폰', price: 29900, category: 'digital' },
    { id: '2', name: '스마트워치 프로', price: 199000, category: 'digital' },
    { id: '3', name: '노트북 울트라', price: 1299000, category: 'digital' },
    { id: '4', name: '태블릿 프로', price: 899000, category: 'digital' },
    { id: '5', name: '무선 마우스', price: 39000, category: 'digital' },
    { id: '6', name: '키보드 기계식', price: 129000, category: 'digital' }
  ];
  return (
    <div className="min-h-screen bg-gray-50">
      <Header />
      <main className="p-8 max-w-6xl mx-auto">
        <h1 className="text-3xl font-bold text-gray-900 mb-2">
          상품 목록
        </h1>
        <p className="text-gray-600 mb-8">
          총 {products.length}개의 상품
```

```
    </p>

    {/* Grid 레이아웃: 모바일 1열, 태블릿 2열, 데스크톱 3열 */}
    <div className="grid grid-cols-1 md:grid-cols-2 lg:grid-cols-3 gap-
4 md:gap-6">
        {products.map(product => (
          <ProductCard key={product.id} product={product} />
        ))}
      </div>
    </main>
    <Footer />
  </div>
  );
}
```

주요 변경 사항은 다음과 같습니다.

Grid 레이아웃 클래스

- `grid` : CSS Grid 레이아웃 활성화
- `grid-cols-1` : 기본(모바일) 1열 – 작은 화면에서는 세로로 배치
- `md:grid-cols-2` : 중간 화면(768px 이상) 2열 – 태블릿에서는 가로로 2개씩
- `lg:grid-cols-3` : 큰 화면(1024px 이상) 3열 – 데스크톱에서는 가로로 3개씩
- `gap-4 md:gap-6` : 카드 사이 간격 – 모바일 16px, 태블릿 이상 24px

Tailwind는 모바일 우선(Mobile-First) 접근법을 사용합니다. 기본값이 모바일이고, 화면이 커질수록 더 많은 열을 표시합니다.

개발 서버를 실행하고 `http://localhost:3000/products-grid`로 접속한 후 브라우저 창 크기를 조절해 보세요. 모바일에서는 1열, 태블릿에서는 2열, 데스크톱에서는 3열로 자동으로 변경됩니다. `http://localhost:3000/products-styled`와 비교해 보면 그리드 레이아웃의 차이를 명확히 확인할 수 있습니다.

브라우저 개발자 도구(F12)의 반응형 모드(Ctrl+Shift+M)를 사용하면 다양한 화면 크기에서 레이아웃이 어떻게 변하는지 확인할 수 있습니다. 개발자 도구에서 직접 변경해서 확인해 보세요.

이번 섹션에는 Grid 레이아웃으로 상품 카드를 효율적으로 배치했습니다. 배운 내용을 정리해 보겠습니다.

3.3.6 정리

이번 섹션에서는 CSS와 Tailwind CSS를 사용하여 상품 목록에 스타일을 적용하는 방법을 배웠습니다. 스타일링의 기본 개념부터 반응형 디자인까지 실습을 통해 익혔습니다.

CSS 기본 개념

CSS는 HTML을 꾸미는 언어입니다. 선택자로 요소를 선택하고, 속성으로 스타일을 지정합니다. 색상, 크기, 간격, 레이아웃을 제어할 수 있습니다. 인라인 스타일로 직접 스타일을 적용할 수 있지만, 유지보수가 어렵고 재사용성이 떨어집니다.

Tailwind CSS

Tailwind CSS는 유틸리티 퍼스트 CSS 프레임워크입니다. 미리 정의된 클래스를 조합하여 빠르고 일관성 있는 스타일링을 할 수 있습니다. 각 클래스는 하나의 CSS 속성에 대응하므로, 클래스 이름만 봐도 어떤 스타일이 적용되는지 쉽게 알 수 있습니다.

레이아웃 시스템

Flexbox와 Grid는 현대적인 레이아웃을 만드는 핵심 도구입니다. Flexbox는 1차원 레이아웃으로 요소를 가로 또는 세로로 배치할 때 사용합니다. Grid는 2차원 레이아웃으로 행과 열을 동시에 제어하여 복잡한 레이아웃을 만들 수 있습니다. 상품 카드 목록처럼 정해진 개수로 배치하려면 Grid가 적합합니다.

반응형 디자인

모바일 우선 접근법으로 모든 화면 크기에 대응하는 레이아웃을 만듭니다. 기본 스타일을 모바일에 맞추고, 화면이 커질수록 스타일을 추가합니다. Tailwind의 브레이크포인트 접두사(`sm:`, `md:`, `lg:`, `xl:`)를 사용하여 화면 크기에 따라 다른 스타일을 적용할 수 있습니다.

인터랙션 효과

호버 효과와 transition 애니메이션으로 사용자 상호작용을 개선합니다. 카드에 마우스를 올렸을 때 그림자가 진해지거나, 버튼에 올렸을 때 배경색이 변하는 등의 효과로 클릭 가능한 요소임을 직관적으로 전달할 수 있습니다.

주요 Tailwind 클래스를 정리하면 다음과 같습니다.

레이아웃 :

```
grid                    // Grid 레이아웃
grid-cols-{n}           // n개의 열
gap-{n}                 // 간격
flex                    // Flexbox
flex-col                // 세로 방향
```

간격 :

```
p-{n}                   // 패딩 (전체)
px-{n}, py-{n}          // 패딩 (좌우, 상하)
m-{n}                   // 마진 (전체)
mt-{n}, mb-{n}          // 마진 (위, 아래)
```

색상 :

```
bg-{color}-{shade}      // 배경색
text-{color}-{shade}    // 텍스트 색
border-{color}          // 테두리 색
```

타이포그래피 :

```
text-{size}             // 글자 크기
font-bold               // 굵은 글씨
font-semibold           // 중간 굵기
```

테두리와 그림자 :

```
rounded-{size}          // 둥근 모서리
border                  // 테두리
shadow-{size}           // 그림자
```

상호작용 :

```
hover:{class}          // 호버 시
transition-{prop}      // 애니메이션
duration-{ms}          // 애니메이션 속도
cursor-pointer         // 커서 변경
```

반응형 :

```
sm:{class}             // 640px 이상
md:{class}             // 768px 이상
lg:{class}             // 1024px 이상
xl:{class}             // 1280px 이상
```

Tailwind 활용 팁을 몇 가지 소개합니다.

일관성 유지하기 : Tailwind의 정해진 값들을 사용하면 디자인이 일관적입니다. 임의의 값보다는 제공되는 옵션 중에서 선택하세요.

공식 문서 활용하기 : tailwindcss.com의 문서는 매우 잘 되어 있습니다. 클래스를 검색하면 바로 사용 예제를 볼 수 있습니다.

VS Code 확장 프로그램 : Tailwind CSS IntelliSense를 설치하면 자동완성과 미리보기를 제공합니다.

과도한 클래스 피하기 : 한 요소에 너무 많은 클래스가 들어가면 컴포넌트로 분리하는 것이 좋습니다.

디자인 토큰 활용 : Tailwind의 색상, 간격, 크기는 모두 디자인 토큰입니다. 이들을 일관되게 사용하면 프로페셔널한 디자인을 만들 수 있습니다.

또한, 프로젝트 전체에서 일관된 스타일을 유지하는 것이 중요합니다.

색상 팔레트 정하기 :

```
주요 색상 : blue-600
배경 : gray-50, white
텍스트 : gray-900 (주요), gray-500 (보조)
테두리 : gray-200
```

간격 스케일 정하기 :

```
작은 간격 : 2, 3, 4 (8-16px)
중간 간격 : 6, 8 (24-32px)
큰 간격 : 12, 16 (48-64px)
```

그림자 레벨 정하기 :

```
기본 : shadow-sm
호버 : shadow-md
```

이렇게 규칙을 정해 두면 팀원들과 협업할 때도 일관성을 유지할 수 있습니다.

Tailwind는 빌드 시에 사용하지 않는 클래스를 제거합니다(Purge). 최종 CSS 파일은 실제 사용한 클래스만 포함되어 매우 작습니다. 컴포넌트 기반 개발과 Tailwind 스타일링을 결합하면, 빠르고 유지보수하기 쉬운 UI를 만들 수 있습니다. 각 컴포넌트가 독립적이면서도 일관된 디자인을 유지할 수 있습니다.

다음에는 상세보기 화면을 만들면서 차트를 그려 보겠습니다.

3.4 상품 상세 화면과 차트 만들기

목록 화면에서 상품을 클릭하면 해당 상품의 상세 정보를 보여주는 페이지를 만들어 보겠습니다. 하드코딩된 데이터로 가격 변동 차트를 시각화하여, 차트 라이브러리 사용법을 먼저 익힌 후 다음 섹션에서 실제 API 데이터로 연결하겠습니다.

3.4.1 동적 라우팅 이해하기

목록 화면에서 각 상품을 클릭하면 해당 상품의 상세 정보를 보여줘야 합니다. 하지만 상품마다 별도의 페이지를 만들 수는 없습니다. 상품이 수천, 수만 개가 될 수 있기 때문입니다. Next.js의 동적 라우팅을 사용하면 하나의 템플릿으로 무한한 페이지를 만들 수 있습니다.

정적 라우팅은 각 페이지마다 파일을 만듭니다.

```
app/
├── about/page.tsx        → /about
├── contact/page.tsx      → /contact
└── products/page.tsx     → /products
```

동적 라우팅은 하나의 파일로 여러 경로를 처리합니다.

```
app/
└── products/
        ├── page.tsx              → /products (목록)
        └── [id]/
                └── page.tsx      → /products/1, /products/2, /products/abc...
```

대괄호 [id]는 "이 부분은 동적입니다"라는 의미입니다. URL의 이 부분에 어떤 값이 와도 같은 페이지 컴포넌트가 처리합니다.

사용자가 /products/123에 접근하면 다음과 같은 일이 발생합니다.

01   Next.js가 app/products/[id]/page.tsx를 찾습니다
02   [id] 부분의 값인 '123'을 추출합니다
03   page.tsx 컴포넌트에 { params: { id: '123' } }를 전달합니다
04   컴포넌트가 이 값을 사용하여 페이지를 렌더링합니다

app/products/[id]/page.tsx 파일을 만들어 보겠습니다.

```tsx
export default function ProductDetailPage() {
  return (
    <div>
      <h1>상품 상세 페이지</h1>
    </div>
  );
}
```

이 상태에서 /products/123, /products/abc, /products/test 모두 같은 페이지를 보여줍니다. Next.js는 페이지 컴포넌트에 params 객체를 자동으로 전달합니다.

```
export default function ProductDetailPage({
  params
}: {
  params: { id: string }
}) {
  return (
    <div>
      <h1>상품 ID: {params.id}</h1>
    </div>
  );
}
```

이제 각 URL에서 다른 값을 표시합니다.

- `/products/123` → "상품 ID: 123"
- `/products/abc` → "상품 ID: abc"
- `/products/test` → "상품 ID: test"

params의 타입을 명확히 정의하면 자동완성과 타입 체크를 받을 수 있습니다.

```
type Props = {
  params: {
    id: string;
  };
};
export default function ProductDetailPage({ params }: Props) {
  const productId = params.id;
  return (
    <div>
      <h1>상품 ID: {productId}</h1>
```

```
    </div>
  );
}
```

```
app/
└── products/
        ├── page.tsx                    → /products (목록 페이지)
        └── [id]/
                └── page.tsx            → /products/:id (상세 페이지)
```

각 파일의 역할은 명확합니다.

- `products/page.tsx`   → 전체 상품 목록을 보여주는 페이지
- `products/[id]/page.tsx` → 특정 상품의 상세 정보를 보여주는 페이지

Next.js는 정적 경로를 먼저 확인하고, 없으면 동적 경로를 확인합니다.

```
app/products/
├── page.tsx                → /products (최우선)
├── new/page.tsx            → /products/new (두 번째)
└── [id]/page.tsx           → /products/123 (마지막)
```

`/products/new`로 접근하면 `new/page.tsx`가 실행됩니다. `[id]/page.tsx`가 아닙니다.

필요하면 여러 레벨의 동적 라우팅을 만들 수 있습니다. 다음은 카테고리 아이디와 프로덕트 아이디로 동적 라우팅을 만든 예시입니다.

```
app/products/[categoryId]/[productId]/page.tsx
→ /products/digital/123
→ params: { categoryId: 'digital', productId: '123' }
```

```tsx
type Props = {
  params: {
    categoryId: string;
    productId: string;
  };
};
export default function ProductDetailPage({ params }: Props) {
  return (
    <div>
      <p>카테고리: {params.categoryId}</p>
      <p>상품 ID: {params.productId}</p>
    </div>
  );
}
```

하지만 우리 프로젝트에는 [id] 하나면 충분합니다. 프로젝트에 다음 폴더 구조를 만들어 보겠습니다.

```
app/
  └─ products/
        ├─ page.tsx          ← 목록 페이지 (필요시 생성)
        └─ [id]/
              └─ page.tsx    ← 새로 만들 파일
```

app/products/[id]/page.tsx 파일을 생성합니다.

```tsx
type Props = {
  params: {
```

```tsx
    id: string;
  };
};
export default function ProductDetailPage({ params }: Props) {
  return (
    <div className="min-h-screen bg-gray-50 p-8">
      <div className="max-w-7xl mx-auto">
        <h1 className="text-3xl font-bold mb-4">
          상품 상세 페이지
        </h1>
        <p className="text-gray-600">
          상품 ID: {params.id}
        </p>
      </div>
    </div>
  );
}
```

개발 서버를 실행하고 브라우저에서 다음 주소들을 방문해 보세요.

```
➡ http://localhost:3000/products/1
➡ http://localhost:3000/products/2
➡ http://localhost:3000/products/test
➡ http://localhost:3000/products/anything
```

모든 주소에서 페이지가 표시되고, 각각 다른 ID 값이 나타날 것입니다. 다음 섹션에서는 동적 라우팅과 하드코딩된 가격 히스토리 데이터로 가격 차트를 그려 보겠습니다.

가격 히스토리 데이터를 숫자로만 보면 변동 추이를 파악하기 어렵습니다. 차트로 시각화하면 한눈에 가격 변동을 이해할 수 있습니다.

텍스트 데이터로 표현하면 이렇습니다.

```
2024-01-01 09:00 - 29,900원
2024-01-01 10:30 - 32,000원
2024-01-01 12:00 - 28,000원
2024-01-01 13:30 - 31,000원
2024-01-01 15:00 - 25,000원
```

텍스트 대신 차트로 표현하면 추세를 한눈에 파악하고 급격한 변동을 쉽게 발견할 수 있으며, 시각적으로 전문적이고 사용자 경험이 크게 향상됩니다.

Recharts는 React에 최적화된 간단하고 직관적인 차트 라이브러리입니다. 선언적 방식으로 사용하기 쉽고 가장 많이 사용됩니다.

터미널에서 다음 명령어를 실행합니다.

```
npm install recharts
```

이제 완성된 PriceChart 컴포넌트를 만들어 보겠습니다. 모든 기능이 포함된 최종 코드를 주석과 함께 살펴보겠습니다.

```tsx
// app/components/PriceChart.tsx
'use client';   // Recharts는 브라우저 API를 사용하므로 클라이언트 컴포넌트 필요
```

```typescript
import {
  AreaChart,
  Area,
  XAxis,
  YAxis,
  CartesianGrid,
  Tooltip,
  ResponsiveContainer
} from 'recharts';
type PriceHistory = {
  price: number;
  collected_at: string;
};
type Props = {
  history: PriceHistory[];
};

/**
 * 커스텀 툴팁 - 차트의 데이터 포인트에 마우스를 올렸을 때 표시
 */
type TooltipProps = {
  active?: boolean;
  payload?: Array<{
    payload: {
      date: string;
      price: number;
    };
  }>;
};
function CustomTooltip({ active, payload }: TooltipProps) {
  if (!active || !payload || !payload.length) return null;
```

```tsx
  const data = payload[0].payload;
  return (
    <div className="bg-white border border-gray-200 rounded-lg shadow-lg p-3">
      <p className="text-sm text-gray-600 mb-1">{data.date}</p>
      <p className="text-lg font-bold text-blue-600">
        {data.price.toLocaleString()}원
      </p>
    </div>
  );
}
export default function PriceChart({ history }: Props) {
  // 1. 빈 데이터 처리 - 데이터가 없으면 안내 메시지 표시
  if (history.length === 0) {
    return (
      <div className="w-full bg-white rounded-lg shadow p-6">
        <h2 className="text-xl font-bold mb-4">가격 변동 추이</h2>
        <div className="h-80 flex items-center justify-center text-gray-500">
          수집된 가격 데이터가 없습니다.
        </div>
      </div>
    );
  }

  // 2. Recharts용 데이터 변환
  // ISO 날짜 문자열을 읽기 쉬운 형식으로 변환
  // "2024-01-01T09:00:00.000Z" → "1/1 09:00"
  const chartData = history.map(item => {
    const date = new Date(item.collected_at);
    const month = date.getMonth() + 1;
    const day = date.getDate();
    const hours = date.getHours().toString().padStart(2, '0');
```

```jsx
    const minutes = date.getMinutes().toString().padStart(2, '0');
    return {
      date: `${month}/${day} ${hours}:${minutes}`,
      price: item.price
    };
  });


  // 3. 통계 계산 - 가격 히스토리로부터 주요 통계 추출
  const prices = history.map(h => h.price);
  const stats = {
    current: prices[prices.length - 1],     // 배열의 마지막 = 최신 가격
    lowest: Math.min(...prices),            // 기간 내 최저가
    highest: Math.max(...prices),           // 기간 내 최고가
    average: Math.round(prices.reduce((a, b) => a + b, 0) / prices.length)   // 평균
  };


  // 4. 가격 변동률 계산
  const firstPrice = prices[0];
  const changeAmount = stats.current - firstPrice;
  const changePercent = ((changeAmount / firstPrice) * 100).toFixed(2);
  const isIncreased = changeAmount >= 0;   // 상승인지 하락인지
  return (
    <div className="w-full bg-white rounded-lg shadow p-6">
      {/* 제목 + 변동률 표시 */}
      <div className="flex items-center gap-2 mb-4">
        <h2 className="text-xl font-bold">가격 변동 추이</h2>
        {/* 상승은 빨간색 ▲, 하락은 파란색 ▼ */}
        <span className={`text-sm font-semibold ${
          isIncreased ? 'text-red-600' : 'text-blue-600'
        }`}>
          {isIncreased ? '▲' : '▼'} {Math.abs(Number(changePercent))}%
```

```jsx
      </span>
    </div>

    {/* 통계 정보 그리드 - 모바일에서는 2열, 데스크톱에서는 4열 */}
    <div className="grid grid-cols-2 md:grid-cols-4 gap-4 mb-6">
      <div className="text-center">
        <p className="text-sm text-gray-600 mb-1">현재 가격</p>
        <p className="text-lg font-bold text-blue-600">
          {stats.current.toLocaleString()}원
        </p>
      </div>
      <div className="text-center">
        <p className="text-sm text-gray-600 mb-1">최저가</p>
        <p className="text-lg font-bold text-green-600">
          {stats.lowest.toLocaleString()}원
        </p>
      </div>
      <div className="text-center">
        <p className="text-sm text-gray-600 mb-1">최고가</p>
        <p className="text-lg font-bold text-red-600">
          {stats.highest.toLocaleString()}원
        </p>
      </div>
      <div className="text-center">
        <p className="text-sm text-gray-600 mb-1">평균가</p>
        <p className="text-lg font-bold text-gray-700">
          {stats.average.toLocaleString()}원
        </p>
      </div>
    </div>
```

```jsx
{/* 차트 영역 - 모바일 256px, 데스크톱 320px 높이 */}
<div className="h-64 md:h-80">
  {/* ResponsiveContainer: 부모 요소의 크기에 맞춰 자동으로 차트 크기 조절 */}
  <ResponsiveContainer width="100%" height="100%">
    <AreaChart data={chartData}>
    {/* SVG 그라데이션 정의 - 위쪽은 진하게, 아래쪽은 연하게 */}
    <defs>
      <linearGradient id="colorPrice" x1="0" y1="0" x2="0" y2="1">
        <stop offset="5%" stopColor="#2563eb" stopOpacity={0.8}/>
        <stop offset="95%" stopColor="#2563eb" stopOpacity={0.1}/>
      </linearGradient>
    </defs>
    {/* 격자선 - 점선 스타일 */}
    <CartesianGrid strokeDasharray="3 3" stroke="#e5e7eb" />
    {/* X축 - 날짜와 시간 표시 */}
    <XAxis
      dataKey="date"
      stroke="#6b7280"
      style={{ fontSize: '12px' }}
    />
    {/* Y축 - 가격 표시, 만원 단위로 변환 (30000 → 3만원) */}
    <YAxis
      stroke="#6b7280"
      style={{ fontSize: '12px' }}
      tickFormatter={(value) => {
        if (value >= 10000) {
          return `${(value / 10000).toFixed(0)}만원`;
        }
        return `${(value / 1000).toFixed(0)}천원`;
      }}
    />
```

```tsx
        {/* 커스텀 툴팁 적용 */}
        <Tooltip content={<CustomTooltip />} />
        {/* 영역 차트 그리기 */}
        <Area
          type="monotone"                // 부드러운 곡선
          dataKey="price"                // 데이터의 price 필드 사용
          stroke="#2563eb"               // 선 색상
          strokeWidth={2}                // 선 두께
          fillOpacity={1}                // 채우기 투명도
          fill="url(#colorPrice)"        // 위에서 정의한 그라데이션 적용
        />
      </AreaChart>
    </ResponsiveContainer>
    </div>
  </div>
  );
}
```

페이지에서 차트 컴포넌트를 사용해 구현해 보겠습니다.. 지금은 하드코딩된 데이터를 사용하며, 다음 섹션에서 실제 API 데이터로 연결하겠습니다.

```tsx
// app/products/[id]/page.tsx
import PriceChart from '@/app/components/PriceChart';
type Props = {
  params: {
    id: string;
  };
};
export default function ProductDetailPage({ params }: Props) {
```

```jsx
  // 하드코딩된 상품 데이터
  const product = {
    id: params.id,
    name: '무선 블루투스 이어폰',
    price: 29900,
    category: 'digital'
  };
  // 하드코딩된 가격 히스토리 데이터 (단기간 변동을 보여주기 위해 같은 날짜
내 시간/분 간격)
  // 상승과 하락이 섞여있고 변동폭이 커서 차트에서 명확하게 보입니다
  const history = [
    { price: 29900, collected_at: '2024-01-01T09:00:00.000Z' },
    { price: 32000, collected_at: '2024-01-01T10:30:00.000Z' },
    { price: 28000, collected_at: '2024-01-01T12:00:00.000Z' },
    { price: 31000, collected_at: '2024-01-01T13:30:00.000Z' },
    { price: 25000, collected_at: '2024-01-01T15:00:00.000Z' },
    { price: 27000, collected_at: '2024-01-01T16:30:00.000Z' },
    { price: 29000, collected_at: '2024-01-01T18:00:00.000Z' },
    { price: 27500, collected_at: '2024-01-01T19:30:00.000Z' }
  ];
  return (
    <div className="min-h-screen bg-gray-50 p-8">
      <div className="max-w-7xl mx-auto">
        <h1 className="text-3xl font-bold mb-6">
          {product.name}
        </h1>
        {/* 가격 차트 */}
        <PriceChart history={history} />
      </div>
    </div>
  );
}
```

개발 서버를 실행하고 `http://localhost:3000/products/1`로 접속하면 가격 차트가 표시됩니다.

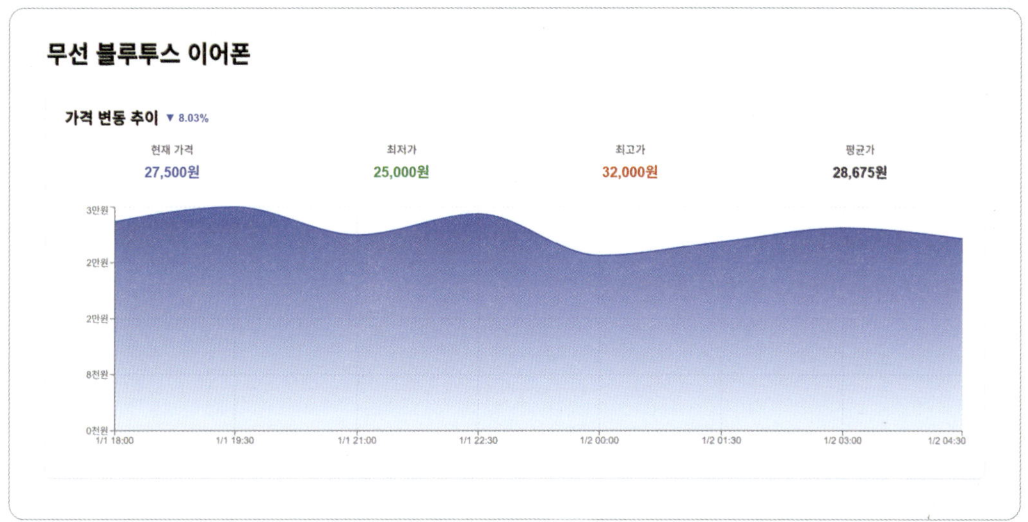

화면을 보면 가격 변동 추이를 한눈에 파악할 수 있습니다. 차트 위쪽에는 현재 가격, 최저가, 최고가, 평균가가 표시되고, 차트에 마우스를 올리면 해당 시점의 정확한 가격을 확인할 수 있습니다. Y축은 만원 단위로, X축은 날짜와 시간으로 표시되어 단기간 가격 변동을 명확하게 볼 수 있습니다.

Recharts는 React용 차트 라이브러리로, 다양한 차트 타입을 제공합니다. 우리가 사용한 영역 차트(`AreaChart`) 외에도 선 차트(`LineChart`), 막대 차트(`BarChart`), 원형 차트(`PieChart`) 등을 만들 수 있습니다. 각 차트는 컨테이너 컴포넌트와 데이터 시각화 컴포넌트를 조합하여 구성합니다.

주요 컴포넌트는 다음과 같습니다.

- **컨테이너 컴포넌트** : 차트의 종류를 결정합니다 (`AreaChart`, `LineChart`, `BarChart` 등).
- **데이터 시각화 컴포넌트** : 실제 데이터를 그리는 컴포넌트입니다 (`Area`, `Line`, `Bar` 등).
- **축 및 부가 기능** : `XAxis`, `YAxis`로 축을 설정하고, `CartesianGrid`로 격자를 표시하며, `Tooltip`으로 상세 정보를 제공합니다. `ResponsiveContainer`를 사용하면 반응형 차트를 만들 수 있습니다.

Recharts는 배열 형태의 데이터를 받아 각 객체를 차트의 한 점으로 표시합니다. `dataKey` 속성으로 어떤 필드를 X축과 Y축에 사용할지 지정합니다. 필요에 따라 여러 데이터 시리즈를 동시에 표시하거나, 다른 차트 타입으로 변경할 수 있습니다.

차트를 구현할 때는 데이터가 없을 때의 처리와 로딩 상태 관리도 고려해야 합니다. 빈 데이터일 때는 적절한 안내 메시지를 표시하고, 로딩 중에는 스켈레톤 UI를 보여주는 것이 좋습니다.

Recharts의 더 자세한 사용법과 다양한 옵션은 공식 사이트인 `https://recharts.org`를 참고하세요.

다음 섹션에서는 이 차트를 포함한 전체 상세 페이지 레이아웃을 완성하겠습니다. 이후 `3.5` 섹션에서 실제 API 데이터로 연결하겠습니다.

3.4.3 상세 페이지 레이아웃 구성하기

가격 차트 컴포넌트를 만들었으니 이제 상품 상세 페이지의 전체 레이아웃을 완성해 보겠습니다. 상품 정보, 가격 차트, 추가 정보를 보기 좋게 배치하겠습니다.

`app/products/[id]/page.tsx` 파일을 다음과 같이 변경하세요.

```tsx
import Link from 'next/link';
import PriceChart from '@/app/components/PriceChart';
// 동적 라우팅을 위한 Props 타입 정의
// Next.js는 [id] 폴더명을 params.id로 전달합니다
type Props = {
  params: {
    id: string;
  };
};
export default function ProductDetailPage({ params }: Props) {
  // 하드코딩된 상품 데이터 (3.5에서 API로 대체)
  const product = {
```

```jsx
    id: params.id,
    name: '무선 블루투스 이어폰',
    price: 29900,
    category: 'digital'
  };
  // 하드코딩된 가격 히스토리 데이터 (3.5에서 API로 대체)
  // 단기간 변동을 보여주기 위해 같은 날짜 내 시간/분 간격으로 설정
  // 상승과 하락이 섞여있고 변동폭이 커서 차트에서 명확하게 보입니다
  const history = [
    { price: 29900, collected_at: '2024-01-01T09:00:00.000Z' },
    { price: 32000, collected_at: '2024-01-01T10:30:00.000Z' },
    { price: 28000, collected_at: '2024-01-01T12:00:00.000Z' },
    { price: 31000, collected_at: '2024-01-01T13:30:00.000Z' },
    { price: 25000, collected_at: '2024-01-01T15:00:00.000Z' },
    { price: 27000, collected_at: '2024-01-01T16:30:00.000Z' },
    { price: 29000, collected_at: '2024-01-01T18:00:00.000Z' },
    { price: 27500, collected_at: '2024-01-01T19:30:00.000Z' }
  ];

  return (
    <div className="min-h-screen bg-gray-50">
      {/* 최대 너비와 반응형 패딩 설정 */}
      <div className="max-w-7xl mx-auto px-4 sm:px-6 lg:px-8 py-4 sm:py-8">
        {/* 뒤로가기 버튼 - Link 컴포넌트로 클라이언트 사이드 네비게이션 */}
        <div className="mb-6">
          <Link
            href="/products"
            className="inline-flex items-center text-blue-600 hover:text-
blue-700 transition-colors"
          >
            {/* SVG 아이콘 - 화살표 모양 */}
            <svg className="w-5 h-5 mr-1" fill="none" stroke="currentColor"
viewBox="0 0 24 24">
```

```jsx
                <path strokeLinecap="round" strokeLinejoin="round"
strokeWidth={2} d="M15 19l-7-7 7-7" />
            </svg>
            목록으로 돌아가기
          </Link>
        </div>

        {/* 상품 기본 정보 카드 */}
        <div className="bg-white rounded-lg shadow overflow-hidden mb-6">
          {/* 상품명과 카테고리 섹션 */}
          <div className="p-6 border-b border-gray-200">
            <h1 className="text-3xl font-bold text-gray-900 mb-2">
              {product.name}
            </h1>
            {/* 카테고리 배지 */}
            <span className="px-3 py-1 bg-blue-100 text-blue-700 rounded-full text-sm font-medium">
              {product.category}
            </span>
          </div>
          {/* 가격 표시 섹션 */}
          <div className="p-6 bg-gray-50">
            <div className="flex items-baseline gap-2">
              <p className="text-5xl font-bold text-blue-600">
                {product.price.toLocaleString()}
              </p>
              <span className="text-2xl text-gray-600">원</span>
            </div>
          </div>
        </div>
        {/* 가격 차트 섹션 - 3.4.2에서 만든 PriceChart 컴포넌트 사용 */}
        <div className="mb-6">
```

```jsx
        <PriceChart history={history} />
      </div>
      {/* 추가 정보 섹션 - 그리드 레이아웃으로 정보 표시 */}
      <div className="bg-white rounded-lg shadow p-6">
        <h2 className="text-xl font--bold mb-4">상품 정보</h2>
        {/* 반응형 그리드: 모바일 1열, 데스크톱 3열 */}
        <div className="grid grid-cols-1 md:grid-cols-3 gap-6">
          {/* 수집 데이터 개수 */}
          <div className="border-l-4 border-blue-500 pl-4">
            <p className="text-sm text-gray-600 mb-1">수집 데이터</p>
            <p className="text-2xl font-bold text-gray-900">
              {history.length}개
            </p>
          </div>
          {/* 최초 수집일 */}
          <div className="border-l-4 border-green-500 pl-4">
            <p className="text-sm text-gray-600 mb-1">최초 수집일</p>
            <p className="text-lg font-semibold text-gray-900">
              {history.length > 0
                ? new Date(history[0].collected_at).toLocaleDateString('ko-KR')
                : '-'
              }
            </p>
          </div>
          {/* 최근 수집일 */}
          <div className="border-l-4 border-purple-500 pl-4">
            <p className="text-sm text-gray-600 mb-1">최근 수집일</p>
            <p className="text-lg font-semibold text-gray-900">
              {history.length > 0
                ? new Date(history[history.length - 1].collected_at).
```

```
toLocaleDateString('ko-KR')
                              : '_'
                      }
                    </p>
                  </div>
                </div>
              </div>
            </div>
          </div>
        );
      }
```

개발 서버를 실행하고 `http://localhost:3000/products/1`로 접속하면 완성된 상세 페이지를 확인할 수 있습니다.

화면을 보면 상품 정보, 가격 차트, 추가 정보가 논리적으로 배치되어 있습니다. [목록으로 돌아가기] 버튼을 클릭하면 목록 페이지로 되돌아 가고, Link 컴포넌트를 사용하여 페이지 전환 역시 부드럽죠. 반응형 그리드 레이아웃으로 모바일과 데스크톱에서 모두 잘 보입니다.

상세 페이지 레이아웃의 핵심은 정보를 논리적 섹션으로 나누고, Tailwind CSS로 깔끔한 디자인을 적용하며, 반응형 그리드로 모바일 친화적으로 만드는 것입니다. Link 컴포넌트를 사용하면 클라이언트 사이드 네비게이션으로 빠르고 부드러운 페이지 전환을 제공할 수 있습니다.

다음 섹션에서는 목록 페이지에서 상세 페이지로 연결하는 기능을 구현하겠습니다.

3.4.4 목록과 상세 화면 연결하기

이제 목록 페이지를 만들고, 상품 카드를 클릭하면 상세 페이지로 이동하도록 연결하겠습니다. Next.js의 Link 컴포넌트를 활용하여 부드러운 페이지 전환을 구현하겠습니다.

먼저 목록 페이지를 생성합니다. `app/products/page.tsx` 파일을 만들고 다음 코드를 작성합니다.

```tsx
// app/products/page.tsx
import Header from '@/app/components/Header';
import Footer from '@/app/components/Footer';
import ProductCard from '@/app/components/styled/products/ProductCard';
export default function ProductsPage() {
  // 하드코딩된 상품 데이터 (3.5에서 API로 대체)
  const products = [
    { id: '1', name: '무선 블루투스 이어폰', price: 29900, category: 'digital' },
    { id: '2', name: '스마트워치 프로', price: 199000, category: 'digital' },
    { id: '3', name: '노트북 울트라', price: 1299000, category: 'digital' },
```

```tsx
    { id: '4', name: '태블릿 프로', price: 899000, category: 'digital' },
    { id: '5', name: '무선 마우스', price: 39000, category: 'digital' },
    { id: '6', name: '키보드 기계식', price: 129000, category: 'digital' }
  ];
  return (
    <div className="min-h-screen bg-gray-50">
      <Header />
      <main className="p-8 max-w-6xl mx-auto">
        <h1 className="text-3xl font-bold text-gray-900 mb-2">
          상품 목록
        </h1>
        <p className="text-gray-600 mb-8">
          총 {products.length}개의 상품
        </p>
        {/* Grid 레이아웃: 모바일 1열, 태블릿 2열, 데스크톱 3열 */}
        <div className="grid grid-cols-1 md:grid-cols-2 lg:grid-cols-3 gap-
4 md:gap-6">
          {products.map(product => (
            <ProductCard key={product.id} product={product} />
          ))}
        </div>
      </main>
      <Footer />
    </div>
  );
}
```

이제 ProductCard 컴포넌트에 Link를 추가하여 상세 페이지로 연결합니다. `app/components/ styled/products/ProductCard.tsx` 파일을 다음과 같이 수정합니다.

```tsx
// app/components/styled/products/ProductCard.tsx
import Link from 'next/link';
interface ProductCardProps {
  product: {
    id: string;
    name: string;
    price: number;
    category: string;
  };
}
export default function ProductCard({ product }: ProductCardProps) {
  return (
    <div className="bg-white border border-gray-200 rounded-lg shadow-sm
hover:shadow-md transition-shadow p-5 mb-5">
      {/* 헤더: 상품명과 추적중 태그 */}
      <div className="flex justify-between items-start mb-3">
        <h2 className="text-xl font-bold text-gray-900 m-0 flex-1">
          {product.name}
        </h2>
        <span className="bg-green-500 text-white text-xs font-medium px-2
py-1 rounded ml-3 whitespace-nowrap">
          추적중
        </span>
      </div>
      {/* 가격과 카테고리 */}
      <div className="mt-2">
        <p className="text-2xl font-semibold text-blue-600 mb-2">
          {product.price.toLocaleString()}원
        </p>
        <p className="text-sm text-gray-500">
```

```jsx
          카테고리: {product.category}
        </p>
      </div>
      {/* 버튼 영역 - Link로 감싸서 상세 페이지로 이동 */}
      <div className="mt-4 pt-4 border-t border-gray-100">
        <Link
          href={`/products/${product.id}`}
          className="block w-full py-2 px-4 bg-white text-blue-600 border
border-blue-600 rounded-md hover:bg-blue-50 transition-colors font-medium
text-center focus:outline-none focus:ring-2 focus:ring-blue-600 focus:ring-
offset-2"
          aria-label={`${product.name} 상세 보기`}
        >
          상세 보기
        </Link>
      </div>
    </div>
  );
}
```

주요 변경 사항은 다음과 같습니다.

- [상세 보기] 버튼을 `Link` 컴포넌트로 감쌌습니다.
- `href`에 동적 경로 `/products/${product.id}`를 지정했습니다.
- 버튼 스타일은 유지하되, `Link`의 `className`에 버튼 스타일을 적용했습니다.
- `aria-label`로 접근성을 개선했습니다.
- `focus:ring`으로 키보드 포커스 스타일을 명확하게 했습니다.

개발 서버를 실행하고 `http://localhost:3000/products`로 접속하면 상품 목록이 그리드 레이아
웃으로 표시됩니다. 상품 카드에 마우스를 올리면 그림자가 강해지는 효과가 나타납니다. 각 카
드 하단의 [상세 보기] 버튼을 클릭하면 해당 상품의 상세 페이지(`/products/[id]`)로 이동합니다.
직접 클릭해서 확인해 보세요.

상세 페이지에서 [목록으로 돌아가기] 버튼을 클릭하면 다시 목록 페이지로 돌아옵니다. Next.js 의 Link 컴포넌트를 사용하면 브라우저의 [뒤로가기/앞으로가기] 버튼도 자동으로 작동합니다.

목록과 상세 화면 연결의 핵심은 다음과 같습니다. [상세 보기] 버튼을 Link 컴포넌트로 감싸고, href에 동적 경로를 지정하여 클릭 시 상세 페이지로 이동하도록 합니다. 접근성 속성을 추가하여 사용자 경험을 개선합니다. Next.js는 뷰포트에 보이는 링크를 자동으로 prefetch하여 빠른 페이지 전환을 제공합니다.

이제 하드코딩된 데이터로 목록, 상세 페이지, 차트가 모두 완성되었습니다. 다음 섹션인 **3.5** 파트 에서는 실제 API 데이터를 연결하여 동작하는 애플리케이션을 완성하겠습니다.

이번 섹션에서는 하드코딩된 데이터를 사용하여 상품 상세 화면과 가격 변동 차트를 만들었습니다. 동적 라우팅을 통해 개별 상품 페이지를 만들고, 차트 라이브러리를 사용하여 데이터를 시각화하는 방법을 배웠습니다. 이번에 배운 내용을 정리해 보겠습니다.

동적 라우팅

Next.js의 동적 라우팅을 사용하면 하나의 템플릿으로 무한한 페이지를 만들 수 있습니다. `[id]` 폴더명을 사용하면 URL의 해당 부분이 동적으로 처리됩니다. 예를 들어 `app/products/[id]/page.tsx`는 `/products/1`, `/products/2` 등 모든 경로를 처리합니다. `params` prop을 통해 동적 경로값을 받아올 수 있습니다.

차트 라이브러리 (Recharts)

Recharts는 React에 최적화된 차트 라이브러리입니다. 선언적 방식으로 사용하기 쉽고, 다양한 차트 타입을 제공합니다. 영역 차트(`AreaChart`), 선 차트(`LineChart`), 막대 차트(`BarChart`) 등을 만들 수 있습니다. `ResponsiveContainer`를 사용하면 반응형 차트를 만들 수 있고, `Tooltip`으로 상세 정보를 제공할 수 있습니다.

상세 페이지 레이아웃

상세 페이지는 논리적 섹션으로 나누어 구성합니다. 상품 기본 정보, 가격 차트, 추가 정보를 카드 형태로 배치하여 가독성을 높입니다. Tailwind CSS의 그리드 레이아웃을 사용하여 반응형으로 만들 수 있습니다. Link 컴포넌트를 사용하여 목록 페이지로 돌아가는 네비게이션을 제공합니다.

ProductCard 컴포넌트의 "상세 보기" 버튼을 Link 컴포넌트로 감싸서 상세 페이지로 연결합니다. `href`에 동적 경로를 지정하여 클릭 시 해당 상품의 상세 페이지로 이동하도록 합니다. Next.js는 뷰포트에 보이는 링크를 자동으로 prefetch하여 빠른 페이지 전환을 제공합니다.

이제 하드코딩된 데이터로 목록, 상세 페이지, 차트가 모두 완성되었습니다. 다음 섹션(3.5)에서는 실제 API 데이터를 연결하여 동작하는 애플리케이션을 완성하겠습니다.

API를 호출해 데이터 연결하기

이전 실습에서 만든 차트와 상세 화면은 하드코딩된 데이터를 사용합니다. 이번 섹션에서는 실제 데이터를 가져오는 방법과 클라이언트 컴포넌트에서 상태를 관리하는 방법을 배워 보겠습니다. Next.js의 서버 컴포넌트를 사용하여 목록 화면과 상세 화면에 실제 데이터베이스 데이터를 연결하고, React의 useState를 사용하여 사용자 상호작용 기능을 구현하겠습니다.

3.5.1 데이터 페칭 방법 이해하기

지금까지 만든 상품 목록은 하드코딩된 데이터를 사용합니다. 실제 애플리케이션에서는 데이터베이스나 외부 API에서 데이터를 가져와야 합니다. Next.js에서 데이터를 가져오는 방법을 간단히 살펴보겠습니다.

02장과 03장의 차이점을 먼저 이해해야 합니다. 이전 장에서는 크롤링, 스크래핑 같은 백엔드 작업을 다뤘고, 이는 API Routes가 적합합니다. 03장에서는 기존 데이터를 조회하여 화면에 표시하는 프론트엔드 작업을 다루며, 서버 컴포넌트가 더 적합합니다.

작업 유형	방법	예시
크롤링 및 스크래핑	API Routes	02장의 크롤러
페이지 렌더링	서버 컴포넌트	상품 목록 및 상세

서버 컴포넌트는 Next.js App Router의 기본 방식입니다. 컴포넌트를 async 함수로 만들고 직접 데이터를 가져옵니다. 예를 들어 `3.4.4` 파트에서 만든 `app/products/page.tsx` 파일을 서버 컴포넌트로 변경하면 `export default async function`으로 선언하고, 서버에서 실행되는 함수로 `getProducts()`를 호출하여 상품 목록을 가져올 수 있습니다.

Header, Footer, ProductCard 컴포넌트를 import하여 사용하고, `await getProducts()`로 가져온 데이터를 map 함수로 반복하여 ProductCard를 렌더링합니다. 이 방식의 장점은 SEO에 유리하고, 초기 로딩이 빠르며, 보안에 안전하며, 코드가 간단하다는 점입니다.

실제 애플리케이션에서는 서버 컴포넌트와 클라이언트 컴포넌트를 함께 사용하는 하이브리드 방식을 사용합니다. 서버 컴포넌트에서 데이터를 가져오고, 인터랙티브한 기능이 필요한 부분은 클라이언트 컴포넌트로 만듭니다. 예를 들어 `3.4.3` 파트에서 만든 상세 페이지인 `app/products/[id]/page.tsx`는 서버 컴포넌트로 `getProduct()`와 `getProductHistory()`를 호출하여 데이터를 가져옵니다. 상품명과 가격 같은 정적 정보는 서버 컴포넌트로 렌더링하고, `3.4.2` 파트에서 만든 PriceChart 컴포넌트는 `'use client'` 지시어를 사용하여 클라이언트 컴포넌트로 만들어 차트 렌더링이나 자동 새로고침 같은 인터랙티브 기능을 구현합니다.

언제 무엇을 사용할지 정리하면 다음과 같습니다.

서버 컴포넌트는 초기 데이터 페칭, SEO가 중요한 콘텐츠, 정적 정보 표시에 사용합니다. 클라이언트 컴포넌트는 차트, 자동 새로고침, 사용자 인터랙션, 브라우저 API 사용이 필요한 경우에 사용합니다.

다른 방법들도 참고할 수 있습니다. 클라이언트 페칭은 실시간 업데이트나 복잡한 사용자 상호작용이 필요한 특수한 경우에만 사용합니다. API Routes는 외부 클라이언트 접근이나 웹훅 수신 등 특수 목적이 있을 때 사용합니다.

이번 챕터에서는 서버 컴포넌트로 데이터를 가져오고, 필요한 부분만 클라이언트 컴포넌트로 만드는 하이브리드 방식을 사용합니다.

다음 섹션에서는 서버 컴포넌트로 데이터를 가져오는 기본 방법을 배워 보겠습니다.

 서버 컴포넌트에서 데이터 가져오기

이제 실제로 서버 컴포넌트에서 데이터를 가져와 보겠습니다. Next.js 서버 컴포넌트는 async 함수로 만들 수 있습니다. 일반 React 컴포넌트는 async가 될 수 없지만, Next.js 서버 컴포넌트는 가능합니다. 컴포넌트가 렌더링되기 전에 데이터를 가져오므로, 항상 데이터가 있는 상태로 화면을 그립니다.

서버 컴포넌트에서 데이터를 가져오면 여러 장점이 있습니다. 서버는 데이터베이스와 가까운 곳에 있어서 브라우저에서 접근하는 것보다 훨씬 빠르게 데이터에 접근할 수 있습니다. API 키나 데이터베이스 비밀번호를 브라우저에 노출하지 않아 보안에도 유리합니다. 데이터 페칭 로직이 서버에만 있으므로 브라우저로 보내는 자바스크립트가 줄어들어 번들 크기가 작아집니다. 검색 엔진이 완성된 HTML을 받아서 내용을 인덱싱할 수 있어 SEO에도 유리합니다. useEffect나 useState 같은 훅이 필요 없고 그냥 await만 사용하면 되므로 코드가 간단합니다.

서버 컴포넌트 사용법을 보여주기 위해 새로운 예시 파일을 만들어 보겠습니다.

Supabase와 연결하기 전 단계이므로 예시 파일로 작성합니다. `app/products-api-example/page.tsx` 파일을 생성하고 다음 코드를 작성합니다.

```tsx
// app/products-api-example/page.tsx
import Header from '@/app/components/Header';
import Footer from '@/app/components/Footer';
import ProductCard from '@/app/components/styled/products/ProductCard';

// 데이터를 가져오는 함수 (예시 - 실제로는 Supabase에서 가져옴)
// async 함수로 선언하여 비동기 작업을 처리합니다
async function getProducts() {

  // 실제로는 데이터베이스나 API를 호출하지만
```

```jsx
  // 지금은 시뮬레이션을 위해 1초 대기합니다
  // 이렇게 하면 실제 네트워크 요청과 유사한 경험을 할 수 있습니다
  await new Promise(resolve => setTimeout(resolve, 1000));


  // 하드코딩된 상품 데이터를 반환합니다
  // 나중에 Supabase 쿼리로 대체됩니다
  return [
    { id: '1', name: '무선 블루투스 이어폰', price: 29900, category: 'digital' },
    { id: '2', name: '스마트워치 프로', price: 199000, category: 'digital' },
    { id: '3', name: '노트북 울트라', price: 1299000, category: 'digital' },
    { id: '4', name: '태블릿 프로', price: 899000, category: 'digital' },
    { id: '5', name: '무선 마우스', price: 39000, category: 'digital' },
    { id: '6', name: '키보드 기계식', price: 129000, category: 'digital' }
  ];
}


// 서버 컴포넌트는 async 함수로 선언할 수 있습니다
// 일반 React 컴포넌트는 async가 될 수 없지만, Next.js 서버 컴포넌트는 가능
합니다
export default async function ProductsApiExamplePage() {


  // await는 비동기 작업이 완료될 때까지 기다립니다
  // 이 줄은 getProducts()가 완료될 때까지 실행되지 않습니다
  // 따라서 products는 항상 데이터가 있는 상태입니다
  const products = await getProducts();
  return (
    <div className="min-h-screen bg-gray-50">
      <Header />
      <main className="p-8 max-w-6xl mx-auto">
        <h1 className="text-3xl font-bold text-gray-900 mb-2">
          상품 목록
```

```jsx
      </h1>
      <p className="text-gray-600 mb-8">
        총 {products.length}개의 상품
      </p>

      {/* Grid 레이아웃: 모바일 1열, 태블릿 2열, 데스크톱 3열 */}
      <div className="grid grid-cols-1 md:grid-cols-2 lg:grid-cols-3 gap-4 md:gap-6">
        {/* map 함수로 products 배열을 반복하여 ProductCard를 렌더링합니다 */}
        {products.map(product => (
          <ProductCard key={product.id} product={product} />
        ))}
      </div>
    </main>
    <Footer />
  </div>
  );
}
```

개발 서버를 실행하고 `http://localhost:3000/products-api-example`로 접속하면, 1초 정도 기다린 후 상품 목록이 표시됩니다. 브라우저의 네트워크 탭을 보면, 페이지 자체의 HTML에 이미 상품 데이터가 포함되어 있는 것을 확인할 수 있습니다. 추가 API 호출이 없습니다.

서버 컴포넌트는 서버에서만 실행되므로 몇 가지 제약이 있습니다. useState나 useEffect 같은 React 훅을 사용할 수 없고, 브라우저 API인 window나 localStorage도 사용할 수 없습니다. 이벤트 핸들러인 onClick 등도 사용할 수 없습니다. 반면 async/await를 사용할 수 있고, 데이터베이스에 직접 접근하거나 파일 시스템에 접근할 수 있으며, 서버 전용 환경 변수를 사용할 수 있습니다.

실무에서는 이러한 제약을 하이브리드 방식으로 해결합니다. 서버 컴포넌트에서 데이터를 가져온 후, 인터랙티브한 기능이 필요한 부분만 클라이언트 컴포넌트로 분리합니다. 예를 들어 상품 목록 페이지는 서버 컴포넌트로 데이터를 가져오고, 각 상품 카드의 [좋아요] 버튼이나 [장바구니 추가] 버튼 같은 인터랙티브 요소는 클라이언트 컴포넌트로 만듭니다. 이렇게 하면 서버 컴포넌트의 성능과 SEO 장점을 유지하면서도 필요한 곳에만 클라이언트 기능을 추가할 수 있습니다. **3.4.3** 파트에서 만든 상세 페이지처럼 서버 컴포넌트로 상품 정보를 가져오고, PriceChart 같은 인터랙티브 컴포넌트는 클라이언트 컴포넌트로 만드는 것이 대표적인 하이브리드 방식입니다.

상호작용이 필요한 부분만 클라이언트 컴포넌트로 만들고, 나머지는 서버 컴포넌트로 유지하는 것이 좋습니다.

async/await를 사용하면 여러 데이터를 순차적으로 또는 병렬로 가져올 수 있습니다. 순차적으로 가져오면 하나씩 기다리므로 시간이 더 걸립니다. 예를 들어 `getProducts()`가 1초, `getCategories()`가 1초 걸리면 총 2초가 걸립니다. 병렬로 가져오면 `Promise.all`을 사용하여 여러 요청을 동시에 보내서 시간을 절약할 수 있습니다. 같은 예시에서 `Promise.all`을 사용하면 총 1초만 걸립니다.

서버 컴포넌트를 async 함수로 만들고 await로 데이터를 가져왔습니다. 코드가 매우 간단하면서도 성능이 좋고 SEO에 유리합니다. 클라이언트 컴포넌트처럼 useState와 useEffect를 사용하지 않아도 되므로 코드가 훨씬 깔끔합니다. 데이터가 항상 있는 상태로 렌더링되므로 로딩 상태를 관리할 필요도 없습니다.

다음 섹션에서는 Supabase를 직접 연결하여 실제 데이터베이스에서 데이터를 가져오는 방법을 배워 보겠습니다.

3.5.3 Supabase로 상품 목록 페이지 만들기 ○○○

이제 하드코딩된 데이터에서 벗어나 실제 데이터베이스와 연결합니다. **02**장에서 설정한 Supabase를 사용하여 **3.4.4** 파트에서 만든 상품 목록 페이지에 실제 데이터를 연결하겠습니다.

`2.4` 챕터에서 이미 Supabase 프로젝트 생성, 테이블 설정, 환경 변수 구성을 완료했습니다. 프로젝트 루트에 `.env.local` 파일이 있어야 하며, `2.4.2` 섹션에서 만든 `lib/supabase.ts` 파일을 사용합니다. 이 파일이 없다면 `2.4.2` 섹션을 참고하여 만들어 주세요.

이제 `3.4.4` 파트에서 만든 `app/products/page.tsx` 파일을 Supabase와 연결하여 실제 데이터를 가져오도록 수정하겠습니다.

목록 페이지에서는 각 상품을 한 번만 표시해야 합니다. 하지만 데이터베이스에는 같은 `product_id`를 가진 여러 레코드가 있을 수 있습니다. 가격 히스토리를 추적하기 위해 같은 상품이 여러 번 수집되기 때문입니다. 따라서 `product_id`별로 그룹화하여 각 상품의 최신 레코드만 가져와야 합니다.

Supabase JavaScript 클라이언트는 SQL의 `DISTINCT ON` 같은 고급 그룹화 기능을 직접 지원하지 않습니다. 대신 클라이언트 측에서 그룹화를 수행합니다. `collected_at` 기준으로 내림차순 정렬하여 최신 데이터가 먼저 오도록 하고, JavaScript의 `Map`을 사용하여 각 `product_id`별로 첫 번째(최신) 레코드만 선택합니다.

```tsx
// app/products/page.tsx
import Header from '@/app/components/Header';
import Footer from '@/app/components/Footer';
import ProductCard from '@/app/components/styled/products/ProductCard';
import supabase from '@/lib/supabase';

// Supabase에서 상품 목록을 가져오는 함수
async function getProducts() {
  try {
    // Supabase 쿼리 실행
    // from('products'): products 테이블 선택
    // select(): 필요한 컬럼만 선택하여 네트워크 비용 절약
    // product_id: 상품 고유 ID (그룹화 기준이자 상세 페이지 링크용)
    // collected_at: 수집 시간 (최신 레코드 판별용)
```

```typescript
// order(): collected_at 기준 내림차순 정렬 (최신 데이터가 먼저)
const { data, error } = await supabase
  .from('products')
  .select(`
    product_id,
    name,
    price,
    category,
    collected_at
  `)
  .order('collected_at', { ascending: false });


// 에러가 발생하면 예외를 던집니다
if (error) {
  throw new Error(`Supabase 쿼리 실패: ${error.message}`);
}
// 데이터가 없으면 빈 배열 반환
if (!data) {
  return [];
}
// product_id별로 그룹화하여 각 상품의 최신 레코드만 선택
// Map을 사용하여 각 product_id별로 첫 번째(최신) 레코드만 유지
// collected_at 기준으로 이미 내림차순 정렬되어 있으므로, 첫 번째 레코드가 최신
const productMap = new Map<string, typeof data[0]>();
data.forEach(item => {
  // 이미 해당 product_id의 레코드가 없으면 추가 (최신 레코드만 유지)
  // 정렬 순서상 첫 번째로 만나는 product_id가 항상 최신이므로 추가만 하면 됨
  if (!productMap.has(item.product_id)) {
    productMap.set(item.product_id, item);
  }
});
// Map의 값들을 배열로 변환하고 프론트엔드 구조로 변환
```

```jsx
      // id: product_id를 그대로 사용 (상세 페이지에서도 product_id 사용)
      // DECIMAL 타입의 price를 number로 변환
      return Array.from(productMap.values()).map(item => ({
        id: item.product_id,              // product_id를 id로 사용
        name: item.name,
        price: Number(item.price),        // DECIMAL → number 변환
        category: item.category
      }));
  } catch (error) {
    // 에러 발생 시 콘솔에 로그 출력
    // 프로덕션에서는 에러 로깅 서비스에 전송하는 것이 좋습니다
    console.error('상품 목록 가져오기 실패:', error);
    // 빈 배열을 반환하여 앱이 계속 작동하도록 합니다
    return [];
  }
}

// 서버 컴포넌트: async 함수로 선언하여 데이터를 가져옵니다
export default async function ProductsPage() {

  // await로 데이터 가져오기
  const products = await getProducts();
  return (
    <div className="min-h-screen bg-gray-50">
      <Header />
      <main className="p-8 max-w-6xl mx-auto">
        <h1 className="text-3xl font-bold text-gray-900 mb-2">
          상품 목록
        </h1>

        {/* 데이터가 없을 때 빈 상태 표시 */}
```

```jsx
        {products.length === 0 ? (
          <div className="text-center py--12">
            <p className="text-gray-600 text-lg">
              등록된 상품이 없습니다.
            </p>
            <p className="text-gray-500 text-sm mt-2">
              Supabase 대시보드에서 데이터를 추가하세요.
            </p>
          </div>
        ) : (
          <>
            <p className="text-gray-600 mb-8">
              총 {products.length}개의 상품
            </p>
            {/* Grid 레이아웃: 모바일 1열, 태블릿 2열, 데스크톱 3열 */}
            <div className="grid grid-cols-1 md:grid-cols-2 lg:grid-cols-3 gap-4 md:gap-6">
              {/* map 함수로 products 배열을 반복하여 ProductCard를 렌더링합니다 */}
              {/* key는 product_id를 사용 (상세 페이지에서도 product_id 사용) */}
              {products.map(product => (
                <ProductCard key={product.id} product={product} />
              ))}
            </div>
          </>
        )}
      </main>
      <Footer />
    </div>
  );
}
```

클라이언트 측 그룹화 방식을 사용하는 이유는 다음과 같습니다. Supabase JavaScript 클라이언트는 SQL의 `DISTINCT ON` 같은 고급 그룹화 기능을 직접 지원하지 않습니다. RPC 함수를 만들어서 SQL 레벨에서 그룹화할 수도 있지만, 이는 추가 설정이 필요하고 코드가 복잡해지죠.

클라이언트 측 그룹화는 간단하고 직관적이며, 데이터가 많지 않은 경우 성능 차이도 크지 않습니다. `collected_at` 기준으로 내림차순 정렬하여 최신 데이터가 먼저 오도록 하고, `Map`을 사용하여 각 `product_id`별로 첫 번째 레코드만 선택하면 됩니다.

개발 서버를 실행하고 `http://localhost:3000/products`로 접속하면, Supabase에서 가져온 실제 데이터가 표시됩니다. 브라우저의 네트워크 탭을 보면, 페이지 자체의 HTML에 이미 상품 데이터가 포함되어 있는 것을 확인할 수 있습니다.

브라우저에서 페이지가 제대로 표시되지 않는다면, Supabase 대시보드에서 데이터를 확인하세요. Supabase 대시보드에 접속하여 Table Editor에서 products 테이블을 선택하고 데이터가 있는지 확인하세요. 데이터가 없다면 **2.4.3** 섹션의 샘플 데이터 삽입 SQL을 다시 실행하세요.

Supabase와 연결하여 실제 데이터베이스의 데이터를 가져왔습니다. 서버 컴포넌트에서 Supabase 클라이언트를 사용하여 select 쿼리를 실행하고, 클라이언트 측에서 product_id별로 그룹화하여 각 상품의 최신 레코드만 선택했습니다. 데이터를 프론트엔드 구조로 변환하여 목록 페이지에 표시했습니다. 하드코딩된 데이터에서 벗어나 실제로 동작하는 애플리케이션이 되었습니다. 이제 Supabase 대시보드에서 데이터를 추가, 수정, 삭제하면 즉시 웹 사이트에 반영됩니다.

다음 섹션에서는 상품 상세 페이지에 실제 데이터를 연결해 보겠습니다.

3.5.4 { Supabase로 상품 상세 페이지 데이터 가져오기 }

이제 **3.4.3** 파트에서 만든 상품 상세 페이지에 실제 데이터를 연결하겠습니다. **3.5.3** 파트에서 목록 페이지를 Supabase와 연결했듯이, 상세 페이지도 Supabase에서 데이터를 가져오도록 수정하겠습니다.

3.4.3 파트에서 만든 app/products/[id]/page.tsx 파일을 Supabase와 연결하여 실제 데이터를 가져오도록 수정하겠습니다. **3.5.3** 파트에서 목록 페이지의 key를 product_id로 변경했으므로, params.id는 이제 product_id입니다.

```tsx
// app/products/[id]/page.tsx
import Link from 'next/link';
import PriceChart from '@/app/components/PriceChart';
import supabase from '@/lib/supabase';

// 동적 라우팅을 위한 Props 타입 정의
type Props = {
```

```typescript
  params: {
    id: string;
  };
};


// 상품 정보를 가져오는 함수
// params.id는 이제 product_id입니다 (3.5.3에서 변경됨)
async function getProduct(productId: string) {
  try {
    // Supabase 쿼리: product_id로 특정 상품의 최신 레코드 조회
    // eq('product_id', productId): product_id 컬럼이 전달받은 productId와 일
치하는 레코드
    // order('collected_at', { ascending: false }): 최신 레코드 먼저
    // limit(1): 최신 레코드 하나만
    // single(): 단일 레코드만 반환 (배열이 아닌 객체)
    const { data, error } = await supabase
      .from('products')
      .select(`
        product_id,
        name,
        price,
        category
      `)
      .eq('product_id', productId)
      .order('collected_at', { ascending: false })
      .limit(1)
      .single();

    if (error) {
      throw new Error(`상품 조회 실패: ${error.message}`);
    }
```

```typescript
    if (!data) {
      return null;
    }
    // 데이터베이스 구조를 프론트엔드 구조로 변환
    return {
      id: data.product_id,          // product_id를 id로 사용
      name: data.name,
      price: Number(data.price),
      category: data.category
    };
  } catch (error) {
    console.error('상품 정보 가져오기 실패:', error);
    return null;
  }
}


// 가격 히스토리를 가져오는 함수
// 같은 product_id를 가진 모든 레코드를 collected_at 기준으로 정렬
async function getPriceHistory(productId: string) {
  try {
    // Supabase 쿼리: product_id로 필터링하여 가격 히스토리 조회
    // eq('product_id', productId): 같은 product_id를 가진 모든 레코드
    // order('collected_at', { ascending: true }): 수집 시간 순으로 정렬
    const { data, error } = await supabase
      .from('products')
      .select(`
        price,
        collected_at
      `)
      .eq('product_id', productId)
      .order('collected_at', { ascending: true });
```

```tsx
    if (error) {
      throw new Error(`가격 히스토리 조회 실패: ${error.message}`);
    }
    if (!data) {
      return [];
    }


    // 데이터베이스 구조를 프론트엔드 구조로 변환
    return data.map(item => ({
      price: Number(item.price),
      collected_at: item.collected_at
    }));
  } catch (error) {
    console.error('가격 히스토리 가져오기 실패:', error);
    return [];
  }
}

// 서버 컴포넌트: async 함수로 선언하여 데이터를 가져옵니다
export default async function ProductDetailPage({ params }: Props) {
  // await로 상품 정보 가져오기
  // params.id는 이제 product_id입니다
  const product = await getProduct(params.id);
  // 상품 정보가 없으면 에러 페이지 표시
  if (!product) {
    return (
      <div className="min-h-screen bg-gray-50 flex items-center justify-center">
        <div className="text-center">
          <p className="text-xl text-gray-600">상품을 찾을 수 없습니다.</p>
```

```jsx
        <Link
          href="/products"
          className="mt-4 inline-block text-blue-600 hover:text-blue-700"
        >
          목록으로 돌아가기
        </Link>
      </div>
    </div>
  );
}


// 상품 정보를 가져온 후 product_id로 히스토리 조회
// params.id가 이미 product_id이므로 직접 사용
const history = await getPriceHistory(params.id);
return (
  <div className="min-h-screen bg-gray-50">
    {/* 최대 너비와 반응형 패딩 설정 */}
    <div className="max-w-7xl mx-auto px-4 sm:px-6 lg:px-8 py-4 sm:py-8">
      {/* 뒤로가기 버튼 - Link 컴포넌트로 클라이언트 사이드 네비게이션 */}
      <div className="mb-6">
        <Link
          href="/products"
          className="inline-flex items-center text-blue-600 hover:text-blue-700 transition-colors"
        >
          {/* SVG 아이콘 - 화살표 모양 */}
          <svg className="w-5 h-5 mr-1" fill="none" stroke="currentColor" viewBox="0 0 24 24">
            <path strokeLinecap="round" strokeLinejoin="round" strokeWidth={2} d="M15 19l-7-7 7-7" />
          </svg>
```

```jsx
          목록으로 돌아가기
        </Link>
      </div>
      {/* 상품 기본 정보 카드 */}
      <div className="bg-white rounded-lg shadow overflow-hidden mb-6">
        {/* 상품명과 카테고리 섹션 */}
        <div className="p-6 border-b border-gray-200">
          <h1 className="text-3xl font-bold text-gray-900 mb-2">
            {product.name}
          </h1>
          {/* 카테고리 배지 */}
          <span className="px-3 py-1 bg-blue-100 text-blue-700 rounded-full text-sm font-medium">
            {product.category}
          </span>
        </div>
        {/* 가격 표시 섹션 */}
        <div className="p-6 bg-gray-50">
          <div className="flex items-baseline gap-2">
            <p className="text-5xl font-bold text-blue-600">
              {product.price.toLocaleString()}
            </p>
            <span className="text-2xl text-gray-600">원</span>
          </div>
        </div>
      </div>
      {/* 가격 차트 섹션 - 3.4.2에서 만든 PriceChart 컴포넌트 사용 */}
      <div className="mb-6">
        <PriceChart history={history} />
      </div>
      {/* 추가 정보 섹션 - 그리드 레이아웃으로 정보 표시 */}
```

```jsx
      <div className="bg-white rounded-lg shadow p-6">
        <h2 className="text-xl font-bold mb-4">상품 정보</h2>
        {/* 반응형 그리드: 모바일 1열, 데스크톱 3열 */}
        <div className="grid grid-cols-1 md:grid-cols-3 gap-6">
          {/* 수집 데이터 개수 */}
          <div className="border-l-4 border-blue-500 pl-4">
            <p className="text-sm text-gray-600 mb-1">수집 데이터</p>
            <p className="text-2xl font-bold text-gray-900">
              {history.length}개
            </p>
          </div>
          {/* 최초 수집일 */}
          <div className="border-l-4 border-green-500 pl-4">
            <p className="text-sm text-gray-600 mb-1">최초 수집일</p>
            <p className="text-lg font--semibold text-gray-900">
              {history.length > 0
                ? new Date(history[0].collected_at).toLocaleDateString('ko-KR')
                : '-'
              }
            </p>
          </div>
          {/* 최근 수집일 */}
          <div className="border-l-4 border-purple-500 pl-4">
            <p className="text-sm text-gray-600 mb-1">최근 수집일</p>
            <p className="text-lg font-semibold text-gray-900">
              {history.length > 0
                ? new Date(history[history.length - 1].collected_at).
toLocaleDateString('ko-KR')
                : '-'
              }
            </p>
```

```
          </div>
        </div>
      </div>
    </div>
  );
}
```

개발 서버를 실행하고 목록 페이지에서 상품 카드의 [상세 보기] 버튼을 클릭하면, Supabase에서 가져온 실제 데이터가 표시됩니다. 상품 정보와 가격 히스토리 차트가 모두 실제 데이터베이스의 데이터로 표시됩니다.

브라우저에서 페이지가 제대로 표시되지 않는다면, Supabase 대시보드에서 데이터를 확인하세요. 상품이 존재하는지, 가격 히스토리 데이터가 있는지 확인하세요.

Supabase와 연결하여 상세 페이지에 실제 데이터를 가져왔습니다. 서버 컴포넌트에서 Supabase 클라이언트를 사용하여 `product_id`로 특정 상품의 최신 레코드를 조회하고, 같은 `product_id`를 가진 모든 레코드로 가격 히스토리를 조회했습니다. **3.4.3** 파트에서 만든 레이아웃 구조를 그대로 유지하면서 실제 데이터로 채웠습니다.

다음 섹션에서는 React의 핵심 개념인 useState와 useEffect를 사용하여 클라이언트 컴포넌트에서 상태를 관리하고 사용자 상호작용을 처리하는 방법을 익혀 보겠습니다.

3.5.5 useState와 useRouter로 상태 관리하기 ○○○

지금까지 서버 컴포넌트를 사용하여 데이터를 가져왔습니다. 서버 컴포넌트는 초기 데이터 로딩에 최적화되어 있지만, 사용자 상호작용(버튼 클릭, 입력, 필터링 등)이나 동적인 상태 변경이 필요한 경우에는 클라이언트 컴포넌트와 React 훅(hooks)이 필요합니다.

3.4.2 파트에서 만든 `PriceChart` 컴포넌트는 `'use client'`를 사용했지만, 실제로 상태나 상호작용은 없었습니다. 이번 섹션에서는 React의 가장 기본이 되는 `useState` 훅과 Next.js의 `useRouter` 훅을 배워 보겠습니다.

useState : 컴포넌트 내부의 상태를 관리합니다. 상태가 변경되면 컴포넌트가 자동으로 다시 렌더링됩니다.

useRouter : Next.js의 클라이언트 사이드 라우팅을 위한 훅입니다. URL을 업데이트하여 서버 컴포넌트를 다시 렌더링할 수 있습니다.

3.5.3 파트에서 만든 상품 목록 페이지에 검색 기능을 추가하여 useState와 useRouter를 실습해 보겠습니다. 실무에서 가장 많이 사용되는 방법인 URL 파라미터를 사용하여 검색어를 관리합니

다. 이렇게 하면 검색 결과를 URL로 공유할 수 있고, 브라우저의 [뒤로가기/앞으로가기] 기능도 자연스럽게 작동하며, SEO에도 유리합니다.

먼저 검색 기능을 담당하는 클라이언트 컴포넌트를 만듭니다. 컴포넌트는 `app/components` 디렉토리에 두어 다른 페이지에서도 재사용할 수 있도록 구성합니다.

```tsx
// app/components/ProductList.tsx
'use client';   // useState와 useRouter를 사용하므로 클라이언트 컴포넌트 필요
import { useState } from 'react';
import { useRouter } from 'next/navigation';
import ProductCard from '@/app/components/styled/products/ProductCard';
// 상품 타입 정의
type Product = {
  id: string;
  name: string;
  price: number;
  category: string;
};
// Props 타입 정의: 서버 컴포넌트에서 받은 필터링된 상품 목록과 검색어
type Props = {
  products: Product[];
  searchQuery: string;
};
export default function ProductList({ products, searchQuery: initialQuery }:
Props) {
  // useState: 검색어 상태 (입력창용)
  // [상태값, 상태를 변경하는 함수] = useState(초기값)
  const [searchQuery, setSearchQuery] = useState<string>(initialQuery);
  // useRouter: URL을 업데이트하기 위한 훅
  const router = useRouter();
  // 검색어 입력 시 URL 업데이트
```

```tsx
  const handleSearch = (query: string) => {
    if (query.trim() === '') {
      // 검색어가 비어있으면 파라미터 제거
      router.push('/products');
    } else {
      // 검색어가 있으면 URL에 추가
      router.push(`/products?q=${encodeURIComponent(query)}`);
    }
  };
  // Enter 키 입력 시 검색 실행
  const handleKeyDown = (e: React.KeyboardEvent<HTMLInputElement>) => {
    if (e.key === 'Enter') {
      handleSearch(searchQuery);
    }
  };
  return (
    <>
      {/* 검색 입력창 */}
      <div className="mb-6">
        <input
          type="text"
          placeholder="상품명을 입력하세요..."
          // value: 입력창의 값 (상태와 연결)
          // onChange: 입력값이 변경될 때마다 setSearchQuery 호출
          value={searchQuery}
          onChange={(e) => setSearchQuery(e.target.value)}
          onKeyDown={handleKeyDown}
          className="w-full md:w-96 px-4 py-2 border border-gray-300
rounded-lg focus:outline-none focus:ring-2 focus:ring-blue-500"
        />
        <button
          onClick={() => handleSearch(searchQuery)}
```

```jsx
              className="ml-2 px-4 py-2 bg-blue-600 text-white rounded-lg
hover:bg-blue-700 transition-colors"
            >
              검색
            </button>
          </div>
          {/* 검색 결과 개수 */}
          <p className="text-gray-600 mb-4">
            {products.length}개의 상품을 찾았습니다.
          </p>
          {/* 상품 그리드 */}
          <div className="grid grid-cols-1 md:grid-cols-2 lg:grid-cols-3 gap-4
md:gap-6">
            {products.map(product => (
              <ProductCard
                key={product.id}
                product={product}
              />
            ))}
          </div>
          {/* 검색 결과가 없을 때 */}
          {products.length === 0 && initialQuery.trim() !== '' && (
            <div className="text-center py-12">
              <p className="text-gray-500 text-lg">
                {`"${initialQuery}"에 대한 검색 결과가 없습니다.`}
              </p>
            </div>
          )}
        </>
      );
}
```

이제 서버 컴포넌트에서 URL 파라미터를 읽어서 검색어에 따라 데이터를 필터링하도록 수정합니다. 위에서 만든 `ProductList` 컴포넌트를 사용합니다.

```tsx
// app/products/page.tsx
// 서버 컴포넌트: URL 파라미터에서 검색어를 읽어서 데이터 가져오기
import Header from '@/app/components/Header';
import Footer from '@/app/components/Footer';
import ProductList from '@/app/components/ProductList';  // 클라이언트 컴포넌트
import supabase from '@/lib/supabase';
// 상품 타입 정의
type Product = {
  id: string;
  name: string;
  price: number;
  category: string;
};
// Supabase에서 상품 목록을 가져오는 함수
// query: 검색어 (있으면 필터링, 없으면 전체)
async function getProducts(query?: string): Promise<Product[]> {
  try {
    // Supabase 쿼리 실행
    let supabaseQuery = supabase
      .from('products')
      .select(`
        product_id,
        name,
        price,
        category,
        collected_at
      `)
      .order('collected_at', { ascending: false });
```

```typescript
    // 검색어가 있으면 필터링
    // ilike: 대소문자 구분 없이 부분 일치 검색
    if (query?.trim()) {
      supabaseQuery = supabaseQuery.ilike('name', `%${query}%`);
    }
    const { data, error } = await supabaseQuery;
    if (error) {
      throw new Error(`Supabase 쿼리 실패: ${error.message}`);
    }
    if (!data) {
      return [];
    }
    // product_id별로 그룹화하여 각 상품의 최신 레코드만 선택
    const productMap = new Map<string, typeof data[0]>();
    data.forEach(item => {
      if (!productMap.has(item.product_id)) {
        productMap.set(item.product_id, item);
      }
    });
    // 프론트엔드 구조로 변환
    return Array.from(productMap.values()).map(item => ({
      id: item.product_id,
      name: item.name,
      price: Number(item.price),
      category: item.category
    }));
  } catch (error) {
    console.error('상품 목록 가져오기 실패:', error);
    return [];
  }
}
```

```tsx
}
// 서버 컴포넌트: async 함수로 선언하여 데이터를 가져옵니다
// searchParams: URL 파라미터를 받는 props
export default async function ProductsPage({
  searchParams
}: {
  searchParams: { q?: string };
}) {
  // URL 파라미터에서 검색어 가져오기
  // 예: /products?q=노트북
  const query = searchParams.q || '';
  // 검색어에 따라 필터링된 상품 목록 가져오기
  const products = await getProducts(query);
  return (
    <div className="min-h-screen bg-gray-50">
      <Header />
      <main className="p-8 max-w-6xl mx-auto">
        <h1 className="text-3xl font-bold text-gray-900 mb-2">
          상품 목록
        </h1>
        {/* 데이터가 없을 때 빈 상태 표시 */}
        {products.length === 0 ? (
          <div className="text-center py-12">
            <p className="text-gray-600 text-lg">
              {query ? `"${query}"에 대한 검색 결과가 없습니다.` : '등록된
상품이 없습니다.'}
            </p>
            {!query && (
              <p className="text-gray-500 text-sm mt-2">
                Supabase 대시보드에서 데이터를 추가하세요.
              </p>
```

```
        )}
      </div>
    ) : (
      // 클라이언트 컴포넌트에 필터링된 상품 목록 전달
      <ProductList products={products} searchQuery={query} />
    )}
    </main>
    <Footer />
  </div>
  );
}
```

개발 서버를 실행하고 `http://localhost:3000/products`로 접속하면 검색 기능이 포함된 상품 목록 페이지가 표시됩니다.

화면 상단에 [검색 입력창]이 표시되고, 상품명을 입력한 후 Enter 키를 누르거나 [검색] 버튼을 클릭하면 URL이 `/products?q=검색어`로 변경되며 필터링된 결과가 표시됩니다. 검색어가 없으면 전체 상품 목록이 표시되고, 검색 결과가 없으면 "검색 결과가 없습니다"라는 메시지가 표시됩니다.

URL 파라미터를 사용한 검색 기능의 장점은 다음과 같습니다. 검색 결과 URL을 공유하면 다른 사용자도 동일한 검색 결과를 볼 수 있고, 브라우저의 [뒤로가기/앞으로가기] 버튼으로 검색 이력을 탐색할 수 있으며, 페이지를 새로고침해도 검색어가 유지됩니다. 또한 검색 엔진이 URL의 검색어를 인덱싱할 수 있어 SEO에도 유리합니다.

이 예제에서 URL 파라미터를 사용한 하이브리드 방식이 어떻게 작동하는지 역할 별로 살펴보겠습니다.

○○○ 서버 컴포넌트의 역할

서버 컴포넌트는 URL 파라미터(`searchParams.q`)에서 검색어를 읽어서, 검색어에 따라 Supabase에서 필터링된 결과를 가져옵니다. 초기 HTML에 데이터가 포함되어 있어 SEO에 유리하고 빠른 로딩이 가능하며, `ProductList` 클라이언트 컴포넌트에 필터링된 상품 목록을 props로 전달합니다.

○○○ 클라이언트 컴포넌트의 역할

클라이언트 컴포넌트는 `useState`로 검색어 입력 상태를 관리하고, `useRouter`로 검색 시 URL을 업데이트합니다. URL이 변경되면 서버 컴포넌트가 자동으로 다시 렌더링되어 새로운 데이터를 가져오며, 사용자 입력에 반응하여 상호작용 기능을 제공합니다.

`const [searchQuery, setSearchQuery] = useState<string>(initialQuery);` 코드에서 `searchQuery`는 현재 검색어 상태값을 나타내며 읽기 전용입니다. `setSearchQuery`는 검색어를 변경하는 함수이고, `initialQuery`는 초기값으로 서버 컴포넌트에서 전달받은 URL 파라미터입니다.

입력창에 타이핑하면 `onChange` 이벤트가 발생하고, `setSearchQuery(e.target.value)`가 호출되어 `searchQuery` 상태가 업데이트되죠. 상태가 변경되면 React가 컴포넌트를 자동으로 다시 렌더링합니다. `useState`는 컴포넌트의 상태를 관리하는 가장 기본적인 훅입니다. 상태가 변경되면 컴포넌트가 자동으로 다시 렌더링되며, 여러 개의 useState를 사용하여 여러 상태를 독립적으로 관리할 수 있습니다. 다음 useRouter 관련 코드를 주목해 주세요.

```
const router = useRouter();
const handleSearch = (query: string) => {
  if (query.trim() === '') {
    router.push('/products');                  // 검색어가 없으면 파라미터 제거
  } else {
    router.push(`/products?q=${encodeURIComponent(query)}`);   //검색어를 URL에 추가
  }
};
```

useRouter는 Next.js의 클라이언트 사이드 라우팅을 위한 훅입니다. router.push()로 URL을 업데이트하면 서버 컴포넌트가 자동으로 다시 렌더링됩니다. URL이 변경되면 서버 컴포넌트가 새로운 searchParams를 받아서 데이터를 다시 가져옵니다. useRouter는 브라우저의 히스토리 API를 활용하여 [뒤로가기]나 [앞으로가기]가 자연스럽게 작동하도록 합니다.

실제로 사용자가 페이지에 접속하면(/products), 서버 컴포넌트가 searchParams.q를 읽습니다. 검색어가 없으면 빈 문자열을 사용합니다. 그 다음 getProducts(query)를 호출하여 Supabase에서 필터링된 데이터를 가져오고, ProductList 클라이언트 컴포넌트에 필터링된 상품 목록을 props로 전달합니다. 사용자가 검색창에 입력하고 Enter 키를 누르거나 [검색] 버튼을 클릭하면, handleSearch 함수가 호출되어 router.push('/products?q=검색어')로 URL을 업데이트합니다. URL이 변경되면 서버 컴포넌트가 자동으로 다시 렌더링되고, 새로운 searchParams.q로 getProducts(query)를 다시 호출하여 필터링된 새로운 데이터가 화면에 반영됩니다.

이 예제에서는 useEffect를 사용하지 않았지만, useEffect는 컴포넌트의 부수 효과를 처리하는 중요한 훅입니다. 데이터 가져오기, 구독 설정, 타이머 설정 등에 사용되며, 의존성 배열을 통해 언제 실행될지 제어할 수 있습니다. 이 예제에서는 URL 파라미터를 사용하여 서버 컴포넌트가 자동으로 데이터를 다시 가져오므로 useEffect가 필요하지 않습니다.

○○○ 하이드레이션 미스매치 주의사항

Next.js는 서버에서 HTML을 미리 생성하여 브라우저로 전송합니다. 브라우저는 이 정적 HTML을 먼저 표시하고, 그 다음 React가 이 HTML에 이벤트 리스너와 상태 관리 기능을 연결하는 과정을 '하이드레이션(hydration)'이라고 합니다. 하이드레이션은 마른 스펀지에 물을 주는 것처럼, 정적인 HTML에 상호작용 기능을 부여하는 과정입니다.

이 과정에서 서버에서 렌더링된 HTML과 클라이언트에서 생성된 React 트리가 일치하지 않으면 하이드레이션 미스매치 에러가 발생합니다. React는 서버에서 생성된 HTML 구조를 그대로 유지하면서 이벤트 리스너만 추가하려고 하는데, 구조가 다르면 에러가 발생하는 것입니다.

useState의 초기값이 서버와 클라이언트에서 달라질 수 있는 경우에 주의해야 합니다. 예를 들어 `Date.now()`, `Math.random()`, `localStorage` 등을 초기값으로 사용하면 서버와 클라이언트에서 다른 값이 생성되어 에러가 발생합니다.

위 예제처럼 초기값을 `null`로 설정하고, `useEffect`에서 실제 값을 설정하면 하이드레이션 미스매치를 방지할 수 있습니다. `useEffect`는 클라이언트에서만 실행되므로 서버와 클라이언트의 렌더링 결과가 일치합니다.

useState와 useRouter를 사용하여 클라이언트 컴포넌트에서 상태를 관리하고 URL을 업데이트하여 서버 컴포넌트와 연동하는 방법을 배웠습니다. `useState`는 React의 핵심 훅이며, 거의 모든 클라이언트 컴포넌트에서 사용됩니다. `useRouter`는 Next.js에서 URL 기반 상태 관리를 위한 중요한 훅입니다.

다음 섹션에서는 **3.5** 파트의 내용을 정리하겠습니다.

이번 섹션에서는 하드코딩된 데이터에서 실제 데이터베이스로 연결하고, 사용자 상호작용 기능을 구현하는 방법을 배웠습니다. 학습한 내용을 정리해 보겠습니다.

데이터 페칭 방법 이해하기

Next.js에서 데이터를 가져오는 방법은 크게 서버 컴포넌트와 API Routes로 나눌 수 있습니다. 서버 컴포넌트는 페이지 렌더링에 적합하고, API Routes는 크롤링이나 스크래핑 같은 백엔드 작업에 적합합니다. 실무에서는 서버 컴포넌트에서 데이터를 가져오고, 인터랙티브한 기능이 필요한 부분만 클라이언트 컴포넌트로 만드는 하이브리드 방식을 사용합니다.

서버 컴포넌트에서 데이터 가져오기

서버 컴포넌트는 async 함수로 만들 수 있어서 컴포넌트 내에서 직접 데이터를 가져올 수 있습니다. 서버는 데이터베이스와 가까운 곳에 있어서 빠르게 데이터에 접근할 수 있고, API 키나 비밀번호를 브라우저에 노출하지 않아 보안에도 유리합니다. 초기 HTML에 데이터가 포함되어 있어 SEO에 유리하고, useEffect나 useState 같은 혹이 필요 없어 코드가 간단합니다.

Supabase로 목록 페이지 만들기

실제 데이터베이스인 Supabase와 연결하여 상품 목록 페이지를 만들었습니다. 서버 컴포넌트에서 Supabase 클라이언트를 사용하여 데이터를 가져오고, 클라이언트 측에서 `product_id`별로 그룹화하여 각 상품의 최신 레코드만 선택했습니다. `collected_at` 기준으로 내림차순 정렬하여 최신 데이터가 먼저 오도록 하고, JavaScript의 `Map`을 사용하여 각 `product_id`별로 첫 번째 레코드만 유지했습니다.

Supabase로 상세 페이지 데이터 가져오기

동적 라우팅을 사용하여 상품 상세 페이지에 실제 데이터를 연결했습니다. `params.id`를 `product_id`로 사용하여 특정 상품의 최신 레코드를 조회하고, 같은 `product_id`를 가진 모든 레코드로 가격 히스토리를 조회했습니다. 서버 컴포넌트에서 두 개의 데이터를 가져와서 상품 정보와 가격 차트를 표시했습니다.

useState와 useRouter로 상태 관리하기

클라이언트 컴포넌트에서 상태를 관리하고 사용자 상호작용을 처리하는 방법을 배웠습니다. `useState`로 검색어 입력 상태를 관리하고, `useRouter`로 검색 시 URL을 업데이트하여 서버 컴포넌트가 자동으로 다시 렌더링되도록 했습니다. URL 파라미터를 사용하여 검색 결과를 공유할 수 있고, 브라우저의 [뒤로가기/앞으로가기] 기능도 자연스럽게 작동하며, SEO에도 유리합니다.

이제 하드코딩된 데이터에서 벗어나 실제 데이터베이스와 연결된 완전히 동작하는 애플리케이션이 되었습니다. 서버 컴포넌트로 데이터를 가져오고, 필요한 부분만 클라이언트 컴포넌트로 만들어 사용자 상호작용을 처리하는 하이브리드 방식을 사용하여 성능 좋고 유지보수하기 쉬운 애플리케이션을 만들 수 있습니다.

책에서 다 다루지 못한 프론트엔드 주요 개념들

03장에서는 데이터 시각화부터 컴포넌트 구조화, 스타일링, 데이터 페칭, 동적 라우팅까지 프론트엔드 개발의 핵심 개념들을 다뤘습니다. 하지만 실제 프로덕션 환경에서는 더 많은 고급 개념들이 필요합니다. 이번 섹션에서는 **03**장에서 다루지 못한 중요한 **프론트엔드** 개념들을 간략하게 소개하고, 더 자세한 학습을 위한 방향을 제시합니다.

메타데이터와 SEO 최적화

검색 엔진과 소셜 미디어에서 웹 애플리케이션이 잘 보이도록 하는 것은 실제 서비스에서 매우 중요합니다. Next.js는 각 페이지마다 동적으로 메타데이터를 설정할 수 있는 강력한 기능을 제공합니다.

메타데이터는 검색 엔진 결과, 브라우저 탭, 소셜 미디어 공유에서 사용됩니다. 예를 들어 상품 페이지를 카카오톡으로 공유하면 상품 이미지와 가격이 자동으로 표시되는 것이 메타데이터 덕분입니다.

Next.js 13+ App Router에서는 `generateMetadata` 함수로 동적 메타데이터를 생성합니다. 각 페이지의 제목, 설명, Open Graph 이미지 등을 동적으로 설정하여 소셜 미디어 공유 시 풍부한 미리보기를 제공할 수 있습니다. 검색 엔진이 상품 정보를 더 잘 이해하도록 구조화된 데이터(JSON-LD)를 추가할 수도 있습니다. Schema.org 표준을 사용하여 상품, 가격, 리뷰 등의 정보를 구조화된 형태로 제공하면 검색 엔진이 더 정확하게 인덱싱할 수 있습니다.

SEO 최적화를 위해서는 다음 요소들을 고려해야 합니다.

- 각 페이지마다 고유하고 설명적인 제목 (50-60자)
- 명확한 설명 (150-160자)
- Open Graph 메타데이터 (소셜 미디어 공유용)
- 의미있는 URL 구조
- 빠른 페이지 로딩 속도
- 모바일 친화적 디자인

메타데이터 테스트는 다음 도구로 확인할 수 있습니다.

- Facebook Sharing Debugger : https://developers.facebook.com/tools/debug/
- Google 구조화된 데이터 테스트 : https://search.google.com/test/rich-results

SEO는 기술적 구현뿐만 아니라 콘텐츠 품질, 사용자 경험, 페이지 속도 등 다양한 요소가 영향을 미칩니다. Next.js의 서버 컴포넌트를 사용하면 기본적으로 SEO에 유리한 구조를 가지게 됩니다.

성능 최적화

웹 애플리케이션의 성능은 사용자 경험에 직접적인 영향을 미칩니다. 페이지 로딩 속도가 1초 늦어지면 전환율이 7% 감소한다는 연구 결과가 있습니다. 현재까지는 기본적인 렌더링만 다뤘지만, 실제 서비스에서는 체계적인 성능 최적화가 필수입니다.

이미지 최적화는 가장 효과적인 성능 개선 방법입니다. Next.js의 Image 컴포넌트는 자동으로 이미지를 최적화하고, 지연 로딩을 적용하며, WebP 같은 최신 포맷으로 변환합니다. 첫 화면에 보이는 이미지는 우선 로드하고, 품질을 조절하여 용량과 화질의 균형을 맞출 수 있습니다.

코드 스플리팅과 동적 import를 활용하면 초기 로딩 시간을 줄일 수 있습니다. 필요한 시점에만 코드를 불러오는 방식으로, 무거운 차트 컴포넌트나 특정 기능을 사용할 때만 로드하도록 설정할 수 있습니다.

React의 메모이제이션 기법은 불필요한 리렌더링을 방지합니다. React.memo는 props가 변경되지 않으면 컴포넌트를 재사용하고, useMemo는 계산 비용이 높은 값을 캐싱하며, useCallback은 함수를 캐싱합니다. 이러한 기법들을 적절히 활용하면 성능을 크게 개선할 수 있습니다.

번들 사이즈 분석은 @next/bundle-analyzer를 사용하여 어떤 라이브러리가 번들을 크게 만드는지 확인할 수 있습니다. Lighthouse를 통한 성능 점수 측정으로 개선 포인트를 찾을 수 있습니다.

고급 React 패턴과 Hooks

React의 고급 패턴을 활용하면 더 재사용 가능하고 유지보수가 쉬운 코드를 작성할 수 있습니다. 현재까지는 기본 Hooks만 사용했지만, 실제 프로젝트에서는 Custom Hooks와 고급 패턴이 필요합니다.

Custom Hooks는 반복되는 로직을 재사용 가능한 함수로 만듭니다. 데이터 페칭 로직을 Custom Hook으로 분리하면 여러 컴포넌트에서 활용할 수 있습니다. 예를 들어 `useProduct` 같은 Hook을 만들어서 상품 데이터를 가져오는 로직을 캡슐화할 수 있습니다.

useContext는 props drilling 문제를 해결합니다. 여러 단계의 컴포넌트를 거치지 않고 데이터를 전달할 수 있어서 테마 설정이나 사용자 정보 같은 전역 데이터를 효율적으로 관리할 수 있습니다.

useReducer는 복잡한 상태 로직을 관리할 때 useState보다 명확합니다. 여러 상태가 연관되어 있거나 복잡한 업데이트 로직이 있을 때 유용합니다. 장바구니나 폼 상태처럼 여러 액션이 필요한 경우에 특히 효과적입니다.

전역 상태 관리

애플리케이션이 커지면서 상태 관리가 복잡해집니다. 현재까지는 props를 통해 상태를 전달했지만, 실제 프로젝트에서는 전역 상태 관리 라이브러리가 필요할 수 있습니다.

Context API는 간단한 전역 상태에 적합하지만, 성능 문제와 복잡한 업데이트 로직에서 한계가 있습니다. 모든 Provider 하위 컴포넌트가 리렌더링될 수 있고, 여러 Context를 중첩하면 코드가 복잡해집니다.

Zustand는 매우 간단한 전역 상태 관리 라이브러리입니다. Redux보다 보일러플레이트가 적고, 학습 곡선이 낮아서 작은 프로젝트부터 중간 규모 프로젝트까지 적합합니다.

Redux Toolkit은 복잡한 애플리케이션에서 예측 가능한 상태 관리를 제공합니다. 시간 여행 디버깅, 미들웨어, 개발자 도구 등 강력한 기능을 제공합니다.

React Query와 SWR은 서버 상태 관리에 특화되어 있습니다. 캐싱, 재검증, 낙관적 업데이트 등을 자동으로 처리하여 서버 데이터를 효율적으로 관리할 수 있습니다.

상황별 최적의 선택은 다음과 같습니다. 간단한 테마나 사용자 설정은 Context API로 충분합니다. 복잡한 클라이언트 상태는 Zustand나 Redux Toolkit을 사용하고, 서버 데이터는 React Query나 SWR을 사용합니다.

폼 처리와 유효성 검사

사용자 입력을 처리하는 것은 웹 애플리케이션의 핵심입니다. 현재까지는 간단한 입력만 다뤘지만, 실제 서비스에서는 복잡한 폼과 검증이 필요합니다.

React Hook Form은 성능이 뛰어나고 사용하기 쉬운 폼 라이브러리입니다. 비제어 컴포넌트 방식으로 리렌더링을 최소화하여 대규모 폼에서도 뛰어난 성능을 보입니다. 필수 입력 검증, 최소/최대값 검증, 이메일 형식 검증 등을 쉽게 구현할 수 있습니다.

Zod는 TypeScript 친화적인 스키마 검증 라이브러리입니다. React Hook Form과 함께 사용하면 강력한 타입 안정성을 제공합니다. 스키마를 정의하면 자동으로 TypeScript 타입이 생성되어 타입 안정성과 런타임 검증을 동시에 확보할 수 있습니다.

비동기 검증은 중복 확인 같은 서버 검증이 필요할 때 사용합니다. debounce를 활용하여 불필요한 요청을 줄일 수 있습니다.

테스트 전략

안정적인 애플리케이션을 위해 테스트는 필수입니다. 현재까지는 수동 테스트만 했지만, 실제 프로젝트에서는 자동화된 테스트가 필요합니다.

Jest는 가장 많이 사용되는 JavaScript 테스트 프레임워크입니다. 단위 테스트로 개별 함수나 유틸리티를 검증합니다. 유틸리티 함수, 헬퍼 함수, 비즈니스 로직 등을 테스트하는 데 적합합니다.

React Testing Library는 사용자 관점에서 컴포넌트를 테스트합니다. 구현 세부사항이 아닌 사용자가 보는 것을 테스트하여 컴포넌트의 동작을 검증합니다. 사용자가 상호작용하는 방식으로 테스트를 작성하면 리팩토링에도 안전합니다.

MSW(Mock Service Worker)는 API를 모킹하여 네트워크 요청을 테스트합니다. 실제 API 없이도 데이터 페칭을 테스트할 수 있어서 개발 환경과 독립적으로 테스트를 작성할 수 있습니다.

Playwright는 실제 브라우저에서 E2E 테스트를 실행합니다. 사용자의 전체 여정을 검증하여 실제 사용 시나리오를 테스트할 수 있습니다.

접근성과 사용자 경험

모든 사용자가 웹 애플리케이션을 편리하게 사용할 수 있어야 합니다. 현재까지는 시각적인 부분만 고려했지만, 실제 서비스에서는 접근성이 필수입니다.

WCAG(Web Content Accessibility Guidelines) 가이드라인은 웹 접근성의 국제 표준입니다. 인식 가능성, 운용 가능성, 이해 가능성, 견고성의 4가지 원칙을 제시합니다.

ARIA 레이블과 역할은 스크린 리더 사용자에게 맥락을 제공합니다. 아이콘만 있는 버튼에 `aria-label`을 추가하거나, 네비게이션 영역에 `aria-label`을 지정하여 스크린 리더 사용자가 구조를 이해할 수 있도록 합니다.

키보드 네비게이션은 마우스 없이도 모든 기능을 사용할 수 있어야 합니다. `Tab`, `Enter`, `ESC`, 화살표 키로 조작 가능해야 하며, 포커스 순서가 논리적이어야 합니다.

스크린 리더는 시각 장애인이 웹을 사용하는 도구입니다. 의미있는 alt 텍스트, 명확한 heading 구조, 적절한 링크 텍스트가 필요합니다.

Core Web Vitals는 Google이 제시하는 사용자 경험 지표입니다. LCP(Largest Contentful Paint)는 가장 큰 콘텐츠가 로드되는 시간, FID(First Input Delay)는 첫 상호작용까지의 지연, CLS(Cumulative Layout Shift)는 레이아웃 이동 정도를 측정합니다.

애니메이션과 마이크로 인터랙션

적절한 애니메이션은 사용자 경험을 크게 향상시킵니다. 현재까지는 정적인 화면만 만들었지만, 실제 서비스에서는 부드러운 전환이 중요합니다.

CSS Transitions와 Animations는 간단한 전환 효과를 만듭니다. 호버 효과, 페이드 인, 슬라이드 애니메이션 등을 CSS만으로 구현할 수 있습니다.

Framer Motion은 React에서 복잡한 애니메이션을 쉽게 만들 수 있는 라이브러리입니다. 컴포넌트가 나타나거나 사라질 때의 애니메이션, 드래그 앤 드롭, 제스처 인식 등을 구현할 수 있습니다.

스크롤 애니메이션은 스크롤 위치에 따라 요소가 나타나는 효과를 만듭니다. 로딩 스켈레톤은 데이터를 불러오는 동안 콘텐츠 모양을 미리 보여주어 체감 속도를 개선합니다.

국제화와 PWA

글로벌 서비스를 위해서는 다국어 지원이 필요하고, 앱 같은 경험을 제공하려면 PWA 기술이 유용합니다.

next-intl은 Next.js에서 다국어를 지원하는 라이브러리입니다. 언어별 라우팅, 번역 파일 관리, 날짜와 숫자 형식을 자동으로 처리합니다. 각 언어별로 번역 파일을 관리하고, 사용자의 언어 설정에 따라 자동으로 적절한 언어를 표시합니다.

PWA(Progressive Web App)는 웹과 네이티브 앱의 장점을 결합합니다. Service Worker로 오프라인 지원, 캐싱, 푸시 알림 등을 구현할 수 있습니다. 홈 화면에 추가하면 앱처럼 사용할 수 있어서 모바일 사용자 경험을 크게 개선할 수 있습니다.

더 깊이 학습하기

이러한 고급 개념들은 각각 전문적인 학습이 필요한 영역입니다. Cursor의 ASK 모드를 활용하여 다음과 같은 질문들을 통해 더 깊이 있는 학습을 진행할 수 있습니다.

성능 최적화 관련으로는 "Next.js에서 이미지를 자동으로 최적화하는 방법을 알려주세요"나 "React 컴포넌트의 불필요한 리렌더링을 방지하는 방법은?" 등의 질문을 할 수 있습니다.

상태 관리 관련으로는 "Zustand와 Redux Toolkit의 차이점과 선택 기준은?"이나 "React Query로 서버 상태를 관리할 때의 장점은?" 등의 질문이 유용합니다.

테스트 관련으로는 "React Testing Library로 비동기 컴포넌트를 테스트하는 방법은?"이나 "Playwright로 E2E 테스트를 작성하는 모범 사례는?" 등의 질문을 통해 학습할 수 있습니다.

배포 관련으로는 "Vercel에서 환경 변수를 안전하게 관리하는 방법은?"이나 "GitHub Actions로 자동 배포 파이프라인을 구축하는 방법은?" 등의 질문이 도움이 됩니다.

접근성 관련으로는 "웹 접근성을 자동으로 검사하는 도구는?"이나 "키보드만으로 모든 기능을 사용할 수 있게 만드는 방법은?" 등의 질문을 통해 실무에 필요한 기술을 학습할 수 있습니다.

이러한 질문들을 통해 Cursor ASK 모드에서 구체적인 코드 예시와 구현 방법을 학습할 수 있습니다. 각 개념은 실제 프로덕션 환경에서 중요한 요소들이므로, 프로젝트에 필요한 부분부터 단계적으로 학습하여 전문성을 쌓아가시기 바랍니다.

Finish

책을 마무리하며

독자여러분 이 책을 끝까지 읽고 실습을 완료했습니다. 웹 개발의 기본 흐름을 경험했고, 실제로 동작하는 애플리케이션을 만들었죠. 처음에는 낯선 개념들과 에러 메시지에 당황했을 수도 있지만, 하나씩 해결해나가면서 점차 익숙해졌을 것입니다. 이것은 개발자로서의 첫걸음이지만, 매우 중요한 시작입니다.

이 책은 웹 개발의 모든 개념을 다루지 않았습니다. 실제로 웹 개발 분야는 너무 넓어서 한 권의 책으로 모든 것을 다루는 것은 불가능합니다. 대신 이 책은 여러분이 개발에 대한 자신감을 얻고, 새로운 기술이나 개념을 만났을 때도 두려움 없이 학습할 수 있는 기반을 마련하는 것을 목적으로 했습니다.

이제 각 장에서 배운 내용을 되돌아보면서 전체적인 흐름을 정리해 보겠습니다.

개발 환경을 설정하고 코드를 배포하는 기본적인 워크플로우를 경험했습니다. GitHub Codespaces를 통해 어디서나 접근 가능한 클라우드 개발 환경을 구축했고, Vercel을 통해 코드를 배포하는 과정을 직접 해보았습니다. 처음에는 복잡해 보였던 개발 환경 설정이 실제로는 몇 번의 클릭으로 완료될 수 있다는 것을 경험했습니다. 이 과정에서 여러분은 개발자가 실제로 어떻게 일하는지, 코드가 어떻게 서버에 배포되는지 경험했습니다. Git을 사용하여 코드 버전을 관리하고, 커밋과 푸시를 통해 변경 사항을 저장소에 저장하는 방법을 배웠습니다. 에러가 발생했을 때 어떻게 해결하는지, 이전 버전으로 되돌리는 방법도 직접 해보았습니다. 이러한 경험들은 앞으로 어떤 프로젝트를 하더라도 유용한 기반이 됩니다.

02장 에서는

백엔드 개발의 핵심 개념들을 실습을 통해 배웠습니다. 웹 스크래핑을 통해 데이터를 수집하고, 파일 시스템과 데이터베이스에 저장하는 방법을 익혔습니다. 처음에는 단순한 정적 페이지를 스크래핑하는 것부터 시작했지만, 점진적으로 더 복잡한 데이터 수집과 처리 방법을 배웠습니다. Elasticsearch를 활용한 검색 기능을 구현하면서 백엔드 개발의 실제적인 경험을 쌓았습니다. 단순히 데이터를 저장하는 것을 넘어서, 사용자가 원하는 정보를 빠르게 찾을 수 있도록 검색 기능을 구현하는 과정을 경험했습니다. 이 과정에서 여러분은 프로그래밍의 기본 개념인 변수, 함수, 제어문 등을 자연스럽게 익혔고, 비동기 처리, 에러 처리, 모듈화 등의 중요한 개념들을 실습을 통해 이해했습니다. 데이터를 CSV 파일로 저장하는 방법부터 시작하여, 관계형 데이터베이스인 Supabase를 사용하는 방법까지 배웠습니다. 각 저장 방식의 장단점을 이해하고, 상황에 맞는 적절한 방법을 선택할 수 있는 판단력을 기르게 되었습니다. 또한 데이터를 정제하고 유효성을 검사하는 방법, 중복을 제거하는 방법 등 실제 프로덕션 환경에서 필요한 데이터 처리 기법들을 배웠습니다.

03장 에서는

프론트엔드 개발을 다뤘습니다. HTML과 JSX로 데이터를 표시하고, React 컴포넌트로 구조화하며, Tailwind CSS로 스타일링하는 방법을 배웠습니다. 처음에는 단순한 HTML 태그로 시작했지만, 점진적으로 React의 컴포넌트 개념을 이해하고, Props를 통해 데이터를 전달하는 방법을 익혔습니다. 하드코딩된 데이터로 시작하여 점진적으로 실제 데이터베이스와 연결하는 과정을 통해 각 단계를 명확하게 이해했습니다. 이 접근 방식은 복잡한 개념을 한 번에 이해하려고 하기보다는, 단계적으로 학습하여 각 부분을 확실하게 이해할 수 있게 해줍니다. 서버 컴포넌트와 클라이언트 컴포넌트의 차이를 배우고, useState와 useRouter를 활용하여 사용자 상호작용을 구현했습니다. Tailwind CSS를 사용하여 스타일링하는 방법을 배웠고, CSS Grid와 Flexbox를 활용하여 반응형 레이아웃을 만드는 방법도 익혔습니다. 차트 라이브러리를 사용하여 데이터를 시각화하는 과정을 통해, 외부 라이브러리를 프로젝트에 통합하는 방법도 배웠습니다. 이러한 경험들은 여러분이 다른 라이브러리나 프레임워크를 사용할 때도 도움이 될 것입니다.

이 책의 가장 큰 특징은 실습 위주의 학습 방식입니다. 복잡다단한 이론을 먼저 배우는 것이 아니라, 작은 부분이나마 실제로 코드를 작성하고 실행해 보면서 필요한 개념을 자연스럽게 익히도록 구성했습니다. 이러한 접근 방식은 최근 AI 에이전트의 발전과도 잘 맞습니다.

Cursor와 같은 AI 도구를 활용하면 복잡한 코드 작성이나 오류 해결을 AI의 도움을 받아 빠르게 해결할 수 있습니다. 이 시대에는 모든 개념을 먼저 완벽하게 이해하고 시작하는 것보다, 주요 개념들을 실습을 통해 익히고 필요할 때 AI의 도움을 받아 학습을 확장해 나아가는 편이 더 효율적입니다. 예를 들어, 이 책에서 React 컴포넌트의 기본 개념을 배웠다면, 나중에 다른 React 라이브러리를 사용해야 할 때도 Cursor에게 질문하면 구체적인 코드 예시와 함께 학습할 수 있습니다.

이 책을 통해, 독자 여러분은 웹 개발의 전체적인 흐름을 경험했습니다. 데이터를 수집하고, 저장하고, 사용자에게 보여주는 완전한 애플리케이션을 만들었습니다. 이 경험은 여러분이 다른 개발 작업을 할 때도 자신감을 갖도록 도울 것입니다. 새로운 프레임워크를 배우거나, 다른 언어로 개발하거나, 다른 종류의 애플리케이션을 만들더라도, 이 책에서 배운 기본적인 흐름과 사고방식은 여전히 유효합니다.

프로그래밍은 결국 문제를 해결하는 과정입니다. 데이터를 어떻게 수집할지, 어떻게 저장할지, 어떻게 사용자에게 보여줄지 생각하고 구현하는 것이 개발의 본질이죠. 이 책에서 배운 것처럼, 먼저 작동하는 것을 만들고, 점진적으로 개선해 나아가는 방식은 어떤 개발 작업에도 적용할 수 있습니다. 완벽한 코드를 처음부터 작성하려고 하기보다는, 작동하는 코드를 먼저 만들고, 그 다음에 리팩토링하고 개선해 나가는 것이 실무에서도 더 효과적입니다.

미래를 정확히 예측하기는 어렵지만, AI 도구가 발전하면서 개발 환경이 빠르게 변화하고 있습니다. 기술 자체를 완벽하게 익히는 걸 우선시하기보다는, 어떤 문제를 해결하고 싶은지에 대한 문제 의식, 왜 그 문제를 해결해야 하는지에 대한 동기, 그리고 어떤 방향으로 나아가야 할지에 대한 방향성이 점점 더 중요해지고 있습니다. AI 도구가 코드 작성의 많은 부분을 도와주는 시대에는, 기술적 세부 사항보다는 문제를 발견하고 해결 방향을 제시하는 능력이 더 가치 있게 됩니다. 결국 중요한 것은 새로운 도전을 두려워하지 않는 도전의식과, 할 수 있다는 자신감입니다. 이 책을 통해 독자 여러분이 그런 자신감과 도전의식을 가질수 있기를 기대하며 마칩니다.

함수형 컴포넌트 (Functional Component)   353

자바스크립트 함수 형태로 작성된 React 컴포넌트

클래스형 컴포넌트 (Class Component)   353

클래스 문법으로 작성된 React 컴포넌트, 현재는 주로 레거시 코드에서 사용

Props (Properties)   355

React 컴포넌트에 데이터를 전달하는 표준 방식

React Hooks   353

함수형 컴포넌트에서 상태 관리(useState)와 생명주기 (useEffect)를 다루는 기능

CSS (Cascading Style Sheets)   372

HTML 요소에 디자인과 스타일을 적용하는 언어

Tailwind CSS   372

클래스 기반으로 빠르게 스타일을 적용할 수 있는 CSS 프레임워크

차트 라이브러리 (Chart Library)   403

데이터를 시각적으로 표현하기 위해 사용하는 도구 모음